U0453430

当代中国学者代表作文库

THE REPRESENTATIVE WORKS OF THE CONTEMPORARY CHINESE SCHOLARS

侯才 著

青年黑格尔派与马克思早期思想的发展（修订本）

中国社会科学出版社

图书在版编目（CIP）数据

青年黑格尔派与马克思早期思想的发展/侯才著. —修订本. —北京：中国社会科学出版社，2021.5（2022.8 重印）
（当代中国学者代表作文库）
ISBN 978-7-5203-7968-7

Ⅰ.①青… Ⅱ.①侯… Ⅲ.①青年黑格尔派—研究②马克思（Marx, Karl 1818—1883）—哲学思想—思想研究 Ⅳ.①B516.49②A811.63

中国版本图书馆 CIP 数据核字（2021）第 033001 号

出 版 人	赵剑英
责任编辑	孙　萍
责任校对	郝阳洋
责任印制	王　超

出　　版	中国社会科学出版社
社　　址	北京鼓楼西大街甲 158 号
邮　　编	100720
网　　址	http://www.csspw.cn
发 行 部	010-84083685
门 市 部	010-84029450
经　　销	新华书店及其他书店
印　　刷	北京明恒达印务有限公司
装　　订	廊坊市广阳区广增装订厂
版　　次	2021 年 5 月第 1 版
印　　次	2022 年 8 月第 2 次印刷
开　　本	710×1000　1/16
印　　张	26
插　　页	2
字　　数	350 千字
定　　价	139.00 元

凡购买中国社会科学出版社图书，如有质量问题请与本社营销中心联系调换
电话：010-84083683
版权所有　侵权必究

《当代中国学者代表作文库》
编委会

主　　任：蔡　昉

副 主 任：赵剑英

委　　员（按笔画排序）：

　　丁伟志　于　沛　王　浩　黄　平
　　冯天瑜　刘跃进　汝　信　李　扬
　　张卓元　张海鹏　李景源　杨　义
　　陈　来　陈众议　陈先达　陈祖武
　　卓新平　赵剑英　郝时远　周　泓
　　李　林　袁行霈　蔡　昉

总 策 划：赵剑英

项目统筹：王　茵　孙　萍

总　　序

中华人民共和国的成立开启了当代中国历史发展的新进程。伴随社会主义革命、建设和发展的历史，特别是改革开放以来中国特色社会主义道路的探索、开辟和中国特色社会主义理论体系的形成，全球化的深入发展以及中西文化的碰撞交汇，中国的哲学社会科学研究事业得到了显著的发展，涌现了一大批优秀的人文哲学社会科学学者及著作。这些著作体现了时代特色、民族特色和实践特色的统一，在其相应学科中具有开创性、奠基性和代表性。正是这些具有中国特色、中国气派、中国风格的作品，铸就了当代中国哲学社会科学发展的辉煌成就，形成了中国哲学社会科学理论和方法的创新体系。

作为中国社会科学院直属的专门致力于推出哲学社会科学成果的学术出版社，中国社会科学出版社三十多年来，一直秉持传播学术经典的出版理念，把追求高质量、高品位的哲学社会科学学术著作作为自己的主要出版任务。为展示当代中国哲学社会科学研究的成就，积极推动中国哲学社会科学优秀人才和优秀成果走向世界，提高中华文化的软实力，扩大中国哲学社会科学的国际话语权，增强在全球化、信息化背景下中国和平崛起所必需的文化自觉和文化自信，我社决定编辑出版《当代中国学者代表作文库》。

《当代中国学者代表作文库》收录中华人民共和国成立以来我国哲学社会科学各学科的优秀代表作，即在当代哲学社会科学学科体系中具有开创性、奠基性和代表性意义的著作。入选这一文库的著作应当是当代中国哲学社会科学的精品和珍品。因此，这一文库也应当代表当代中国哲学社会科学的最高学术水平。本文库出版的目的还在于抢救部分绝版的经典佳作。有些耄耋之年的老学者，不顾年迈体弱，对作品进行了大幅的修订。他们这种对学术孜孜以求的精神，值得后辈敬仰。

编辑出版《当代中国学者代表作文库》是一项具有重大战略意义的国家学术文化工程，对于构建中国特色哲学社会科学学科体系、学术体系、话语体系，推动中国当代学术的创新发展，加强中外学术文化交流，扩大中国文化的国际影响力，必将产生十分重要和深远的影响。我们愿与学者一道，合心勠力，共襄这一学术盛举。

赵剑英
2017 年 4 月

修订版前言

一

三十年前的旧作现得以再版，不免多少有些感慨。

本书的完成得益于多种机缘和条件，可谓是一种特殊学术因缘的产物。1984年10月，经联邦德国弗里德里希·艾伯特基金会邀请，中央党校首次派出六名教研人员赴联邦德国访问进修，笔者有幸被遴选其中。这是改革开放以来中央党校首次派出教研人员赴国外访问进修，也是中央党校在其历史上首次派出教研人员赴西方发达国家访问进修。综合个人兴趣、工作需要以及德国社会实际等诸方面因素，也鉴于本人不满足于国际学界在青年黑格尔派与马克思思想关系研究方面所取得的既有进展，自己拟定和申报了"青年黑格尔派与马克思的思想关系研究"这一进修选题，并得到了时任中央党校副校长韩树英教授的支持，以及经校委上报后与其他同事的选题一起得到当时分管有关事宜的胡乔木同志的批准。赴联邦德国后，艾伯特基金会遵从本人的意愿将进修地点选定在慕尼黑大学哲学系，并请该系主任、国际黑格尔协会主席迪特·亨利希教授亲任笔者的专业照料人（Betreuer）。这无疑为笔者的专业研究提供了颇为有利的平台。在德期间，得到了众多德国友人以及科研机构的关爱和帮助。亨利希教授除了十分关心笔者的学习生活，及时与笔者进行学术交流，送我他的新著，还将他未刊的论文手稿也送给我参考。法兰克福学派著名代表伊林·费彻尔教授专致笔者长信，讨论和回答马克思《神圣家族》一书中的有关问题，并在家中接待笔者的到访。《费尔巴哈选集》（六卷本）编辑人、时任国际费尔巴哈协会主席的汉斯－马丁·萨斯教授将整理未刊的费尔巴哈手稿供笔者使用，并为笔者搜集资料和学术交流提供许多条件。马克思故居负责人汉斯·佩尔格博士在笔者逗留马克思故居期间，悉心安排笔者的研究和生活，为研究工作的开展提供了种种便利。此外，慕尼黑大学图书馆、黑格尔档案馆、科隆市图书馆、阿姆斯特丹国际社会历史研究所等诸单位均在资料的搜集方面给予了大力支持和协助。访学结束回国后，韩树英教授、王哲民教授以及中央党校哲学部的同事们又在授课任务较为繁重的情况下仍支持笔者兼读博士学位，从而使笔者有一定时间以博士学位论文的形式最终完成本书。尔后，在答辩和本书出版的过程中，如本书初版"后记"所记，又得到国内诸多专家和同行的肯定、青睐和支持……

或许正因以上种种机缘，笔者一直感觉仿佛冥冥之中有一种力量，假自己之手完成了这部著作。同时，每忆起这些点点滴滴，都不免唤起积蓄在心底的愈益强烈的感谢、感激和感恩之情。

二

在笔者看来，本书的主要贡献在于，在国际学界既有的相关研究成果的基础上，通过可靠的资料和实证性研究，对青年黑格尔派哲学即所谓"青年黑格尔主义"与马克思哲学的关系作了进一步的系统探究和阐述；同时，以此为基础，将马克思哲学及其与青年黑格尔主义的关系置于西方整个哲学的发展历史中考察，提出了哲学史中存在和贯穿"主体主义"与"客体主义"两大对立传统的见解,从而将马克思哲学理解为以实践为基础而实现的这两种传统的扬弃和综合,理解为以实践为基础的主体与客体、精神与自然、个体与社会等诸种关系的有机统一,理解为一种包括人化自然在内的广义社会存在论。关于本书的不足,则主要在于因当时写作时间所限,对鲍威尔"自我意识"哲学的阐述还不够详尽、充实。

鉴于笔者在书中所表述的诸种学术观点、见解迄今并无变化,同时也为了保持拙著作为历史文献的原貌,此次再版对本书的修订主要限于校订重要外文概念和引文(主要为德文)的译文,修正和增补人物生平对照年表中的个别重要史实,恢复注释中引证的外文参考书目的原文,订正个别错误,以及统一注释体例。

关于校订重要概念和引文的译文。例如,对于单个人的称谓和表述,在马克思的著作中,无论是早期还是晚期,尤其是早期,针对黑格尔和施蒂纳等人使用"个人"(Person)这一概念并赋予其特定含义的情况,采用的均是"个体"(Individuum)这一语词,借此将马克思自己对"现实的人"的理解与黑格尔、施蒂纳等以往哲学家们的理解严格区分开来。"个体"(Individuum)这一用语的特定使用甚至一直延伸到马克思的《资本论》中。① 然而,迄今所有的有关汉译本均未注意到这种概念在具体的不同人物、不同语境中运用的差异和分疏,统统将马克思使用的特定的"个体"(Individuum)概念译成黑格尔和施蒂纳等使用的"个人"(Person),从而完全混淆了两者的本质性区别。本书的初版沿袭了一般的通例,未能对此作出十分严格的区分。此次再版则对此作了认真的校订和改正②。又例如,费尔巴哈

---

① 例如,在《资本论》第一卷中,马克思提出了"重建个体所有制"这一重要命题。但遗憾的是,在迄今所有的汉译本中,这一命题均被误译为"重建个人所有制"。
② 关于马克思使用的"个体"(Individuum)概念与"个人"(Person)概念的区别以及相关情况的具体考证,请参阅收入本书修订版中的《马克思的"个体"与"共同体"概念》一文。

用来称谓他自己哲学的概念是"人类学"（Anthropologie）和"人类学有神论"（Anthropotheismus）。与此相对应，在德语区，研究者们一般用来称谓费尔巴哈哲学的概念则是"人类学唯物主义"（der anthropologische Materialismus）。但是，在迄今所有相关的汉译本中，均沿用日本学者的传统汉译，将这三个概念分别译为"人本学""人本学有神论"以及"人本学唯物主义"，以致造成"人本学""人本主义""人本学唯物主义"等提法盛行于中国学界。其实，这种误译，不啻对费尔巴哈哲学的曲解和强加。本书的初版对此误译未能予以纠正，此次再版则专门进行了纠正。

关于修正和增补人物生平对照年表中的个别重要史实。例如，按照以往通行的说法，特别是按照 MEGA2 第一部第 5 卷编辑者以及巴加图利亚、陶伯特等学者的意见，《德意志意识形态》开始写作的时间为 1845 年 10 月中旬或 11 月，而按照我个人的研究结果则应是 1845 年夏。又例如，《关于费尔巴哈的提纲》的写作时间通常认为是在 1845 年春，而按照我个人的研究结果则应是在 1844 年底或 1845 年初。

关于恢复注释中引证的外文参考书目的原文。在本书初版中，按照当时通行的注释规范和责任编辑的要求，将注释中所引证的外文参考书目全部由外文（大部分是德文）译成了中文。这固然便利读者的阅读，但对读者查阅和了解原文带来了很大的不便，故此次修订对其予以全部恢复。

关于马克思、恩格斯著作中文版版本的采用。在本书初版中，《马克思恩格斯全集》采用的是第 1 版，而《马克思恩格斯选集》采用的则是 1972 年版。这次修订没有分别改换为《马克思恩格斯全集》第 2 版和《马克思恩格斯选集》1995 年版或《马克思恩格斯文集》2009 年版，仍保持了版本的原貌。其原因是，作者在引证马克思、恩格斯的论述时往往依据德文原文对既有译文进行必要的校订和修改，而这些校订和修改体现了作者本人对原著的理解。

在青年黑格尔派与马克思的思想关系中以及在马克思早期著作的释读中，涉及一些重要的乃至核心性的概念和语词。"异化""个体""共同体"等就属于此种概念和语词。笔者曾经就此专门作过一些研究和考证。为了便于读者了解相关情况，本书修订版"附录"收录了笔者的拙文《有关"异化"概念的几点辨析》和《马克思的"个体"与"共同体"概念》。此外，笔者在联邦德国访学时还曾用德文写过一篇赫斯传记，回国后译成中文发表在《马列主义研究资料》上，文中概述了赫斯的生平、著作以及与马克思的交往。该文对于了解和研究马克思与赫斯的思想关系有一定的参考作用，故现亦收入本书修订版"附录"中。

在拙作初版出版之际，我的母校老师高清海先生曾悉心为本书写了长篇"序言"。夏甄陶教授也将其论文评阅书修改成序言和书评供笔者使用。但因《文库》的体例和责编的要求，当时这两篇序言均未能列入书中。对此，笔者一直引以为憾。如今，序言文稿已成为历史文献，自己感到有责任将其发表出来，故也将它们收录到本书修订版的"附录"中。

三

拙作出版以来，曾有个别学者就书中的个别处提出过批评性意见。对此一直未有机会予以回应。因这些批评性意见都是公开发表的，并且可能也产生了一定的社会影响，因此，在此在感谢诸位学者对本书关注的同时，愿对其作一简要的回应和说明。大体而言，在我看来，涉及本书的几点批评性意见均属误读所致。

一种批评意见是，张一兵教授在其《回到马克思》和《赫斯精粹》"代译序"中在论及赫斯将"交往"视为人的本质时先后两次指出,"国内学者侯才没有意识到赫斯的更深一层的经济学背景,仍然将赫斯此处的论说仅仅界定在费尔巴哈的哲学语境中,这是显然一种误解"①。这里,涉及两个问题:一是,笔者是否"没有意识到赫斯的更深一层的经济学背景";二是,在拙著第三章第一节的有关部分,笔者是否将赫斯的有关论说"仅仅界定在费尔巴哈的哲学语境中"。事实上,早在笔者1988年发表(德文稿撰写于1985年)的赫斯传记《莫泽斯·赫斯——生平、著作以及和马克思的交往》一文中对这两个问题就已经给予了具体的回答和描述。拙文明确地指出:"《莱茵报》关闭后,赫斯继续致力于共产主义的研究,并且把它从哲学领域扩展到经济学领域。"② 与此同时,笔者在拙文中还将赫斯对现实经济领域的分析从赫斯的《金钱的本质》追溯到他的《行动的哲学》,将《行动的哲学》视为赫斯"把费尔巴哈的宗教异化批判方法运用到现实经济领域分析的起始"③。拙文也就此对赫斯的《金钱的本质》进行了具体的评价和论述:"在该文中,赫斯沿着《行动的哲学》所预示的方向,把费尔巴哈的异化学说彻底运用于资本主义社会经济生活的分析,阐发了许多重要的结论……"④。在笔者的拙著即《青年黑格尔派与马克思早期思想的发展》的初版中,笔者则进一步明确地指出:"赫斯吸取并运用费尔巴哈学说来从经济学方面为社会主义提供论证,大体发生在1844年初前后,集中体现在《金钱的本质》等文中。"⑤ 不仅如此。在肯定赫斯所从事的经济学研究的前提和基础

---

① 参阅《赫斯精粹》,邓习仪编译,方向红校译,南京大学出版社2010年版,"代译序"第13页等。
② 参阅中央编译局《马列主义研究资料》编辑部编《马列主义研究资料》1988年第3期,第143页。
③ 参阅中央编译局《马列主义研究资料》编辑部编《马列主义研究资料》1988年第3期,第144页。
④ 参阅中央编译局《马列主义研究资料》编辑部编《马列主义研究资料》1988年第3期,第144页。
⑤ 参阅拙著《青年黑格尔派与马克思早期思想的发展》,中国社会科学出版社1994年版,第136页。

上，笔者在拙著中还进一步从三个方面梳理和论述了赫斯通过经济学研究所实现的对费尔巴哈学说的推进和超越。① 其中，笔者特别指出："赫斯把费尔巴哈异化理论引入经济分析和现实生活领域的另一重大成果，是发现了物质的交往或协作关系。"② 类似的拙著中的相关段落还可引证一些，篇幅所限笔者就不再赘述了。或许从中不难看出，拙著不仅对于赫斯的"经济学背景"给予了特殊的关注，而且具体地考察和阐述了其在赫斯思想发展过程中的作用，特别是所导致的对费尔巴哈的超越。

另一种意见是，认为拙著中对马克思哲学本质或马克思所实现的哲学变革的理解主要是从认识论层面而非存在论层面作出的，因而将拙著作为"仅仅从传统认识论上'主客统一'的角度来理解马克思的哲学变革"这一倾向的个案和代表。其实，这是一种误解。如前所述，笔者认为（众多专家也都一致认为），拙著的重要理论贡献之一，就是通过将青年黑格尔派与马克思思想的关系置于西方哲学发展的历史中考察，揭示和首次提出哲学史中同唯物主义与唯心主义的对立相交织，存在"主体主义"与"客体主义"两大哲学传统的对立，进而将马克思哲学归结为"主体主义与客体主义两大哲学传统的批判总结、概括和综合"，归结为"以实践为基础和中介的主体与客体、精神与自然、人与社会……等诸关系、因素和原则的有机统一"，归结为"以实践为基础的人的存在的本体论与世界存在的本体论……的有机统一"③。笔者所以在唯物主义与唯心主义的对立之外，首创和提出"主体主义"与"客体主义"的对立的观点，并且严格将"主体主义"与"客体主义"同"主观主义"与"客观主义"相区分，其

---

① 参阅拙著《青年黑格尔派与马克思早期思想的发展》，中国社会科学出版社1994年版，第137—140页。
② 参阅拙著《青年黑格尔派与马克思早期思想的发展》，中国社会科学出版社1994年版，第141页。
③ 参阅拙著《青年黑格尔派与马克思早期思想的发展》，中国社会科学出版社1994年版，第312—313页。

主要意旨也正在于超越认识论层面，而把马克思哲学提升到本体论或存在论的层面来认识。细心的读者可以看出，笔者在拙著中至少有三处，明确地表述马克思哲学是"以实践为基础的人的存在的本体论与世界存在的本体论……的有机统一"①，这一表述很明显是从存在论角度作出的，而绝非"仅仅从传统认识论上'主客统一'的角度来理解马克思的哲学变革"②。

还有一种意见是，认为拙著将"把费尔巴哈的宗教批判方法运用到社会实践领域中"作为赫斯《行动的哲学》一文的思想主题，而该文的思想主题实际上则应如日本学者良知力所言，是"一份把费希特—鲍威尔的路线加以纯粹化后的无政府主义文献"③。其实，笔者说赫斯的《行动的哲学》"把费尔巴哈的宗教批判方法运用到社会实践领域中"，说的是该文所运用的方法论，与该文的思想主题并无关系，笔者并没有把赫斯采用此种方法视为该文的思想主题。此外，在笔者看来，良知力的上述说法实际上与其说是描述《行动的哲学》一文的思想主题，毋宁说是对该文之总体性质的一种判定。至于这种定性是否完全符合《行动的哲学》一文的实际或赫斯本人的思想，恐怕还值得商榷。

四

由于没有电子版底稿可以使用，本书的修订工作只能利用网络上所刊布和流行的本书的电子版。但这一电子版版本错误甚多。为此，

---

① 参阅拙著《青年黑格尔派与马克思早期思想的发展》，中国社会科学出版社1994年版，第13、21、312—313页。
② 鲁克俭：《超越传统主客二分——对马克思实践概念的一种解读》，《中国社会科学》2015年第3期。
③ 李彬彬：《思想的传承与决裂——以"犹太人问题"为中心的考察》，中国人民大学出版社2015年版，第178—179页。

周伟婷、刘艳、李胜唐、刘旸等诸博士花费了不少精力和时间协助作者完成本书的勘误校正工作。

在拙著写作的过程中,特别是赴联邦德国访学期间,自己未能承担起所应承担的家庭责任和义务,给家人带来了较重的家务负担。因此,应该说,拙著也凝结着我的妻子、女儿乃至母亲的辛劳和付出。

本书的再版得益于和应该特别感谢中国社会科学出版社社长赵剑英先生。他数年前就建议和希望作者将本书再版。惜本人忙于教研和行政工作以及诸种杂务,加之作风拖拉,竟一直拖延至今。中国社会科学出版社副总编辑王茵女士全力支持本书的再版,责编孙萍女士为本书付梓付出了辛勤的劳动。正是由于他们的支持和努力,拙著才得以有机会获得稍许完善和再度面世。

侯　才

2020 年 8 月 23 日于北京

目 录

自序（初版） ………………………………………………………（1）

内容提要 ……………………………………………………………（1）

导 论 ………………………………………………………………（1）

第一章 马克思与鲍威尔的"自我意识哲学" ……………………（17）
    一 "自我意识"与马克思的《博士论文》 ………………（17）
    二 马克思对"自我意识哲学"的批判及其意义 …………（29）
    【附录】鲍威尔与马克思生平对照年表 …………………（47）

第二章 马克思与费尔巴哈的"类"学说 …………………………（50）
    一 费尔巴哈学说中的几个核心概念 ………………………（50）
    二 费尔巴哈与马克思的哲学唯物主义的确立 ……………（80）
    三 《1844年经济学哲学手稿》中的费尔巴哈特色 ………（90）
    四 马克思与费尔巴哈的分歧 ………………………………（101）
    【附录】费尔巴哈与马克思生平对照年表 ………………（112）

第三章　马克思与赫斯的社会主义（上）……………………（115）
一　赫斯与费尔巴哈的哲学…………………………………（115）
二　赫斯的异化说与《1844年经济学哲学手稿》…………（140）

第四章　马克思与赫斯的社会主义（下）……………………（170）
一　赫斯的社会主义思想演历………………………………（170）
二　赫斯的社会主义与科学社会主义………………………（204）
三　马克思对"真正的"社会主义的批判…………………（227）
【附录】赫斯与马克思生平对照年表………………………（239）

第五章　马克思与施蒂纳的"唯我论"………………………（243）
一　施蒂纳的历史观及其作为历史主体的"我"…………（244）
二　施蒂纳对"自由主义"的征讨…………………………（252）
三　马克思与施蒂纳的"我"以及"利己主义者的联盟"……………………………………………………（265）
四　马克思反对施蒂纳的双重独断论………………………（278）
【附录】施蒂纳与马克思生平对照年表……………………（293）

结　语……………………………………………………………（296）

附录一

莫泽斯·赫斯
　　——生平、著作以及和马克思的交往……………………（310）
有关"异化"概念的几点辨析 ………………………………（323）
马克思的"个体"和"共同体"概念
　　——兼论马克思1848年前著作中的相关语词及其汉译 …（330）

附录二
　　初版序言一 ·················· 高清海（356）
　　初版序言二 ·················· 夏甄陶（360）

援引文献 ······························ （362）

初版后记 ······························ （369）

Contents

Preface ··· (1)

Synopsis ·· (1)

Introduction ·· (1)

Ⅰ. Marx and Bauer's Philosophy of "Self-Consciousness" ········· (17)

    1. The "Self-Consciousness" and Marx's Dissertation ········· (17)

    2. Marx's Criticism of "the Philosophy of Self-Consciousness" and its Significance ··· (29)

    Appendix. The Chronological Tables of the Biographies both of Bauer and Marx in Comparison ···················· (47)

Ⅱ. Marx and Feuerbach's Doctrine of "Species" ················ (50)

    1. Some Central Conceptions in the Doctrine of Feuerbach ··· (50)

    2. Feuerbach and the Establishment of Marx's Materialistic Philosophy ·· (80)

---

① 初版英文目录系葛力先生所译。

3. The Characteristics of Feuerbach in *Economic and Philosophic Manuscripts* ……………………………………（90）
　　4. The Differentiation between Marx and Feuerbach ………（101）
　Appendix. The Chronological Tables of the Biographies both of Feuerbach and Marx in Comparison …………（112）

Ⅲ. **Marx and Hess's Socialism（1）** ……………………（115）
　　1. Hess and the Philosophy of Feuerbach ………………（115）
　　2. Hess's Doctrine of Alienation and *Economic and Philosophic Manuscripts* ……………………………………（140）

Ⅳ. **Marx and Hess's Socialism（2）** ……………………（170）
　　1. The Evolution of Hess's Socialistic Thought …………（170）
　　2. Hess's Socialism and Scientific Socialism ……………（204）
　　3. Marx's Criticism of "true" Socialism …………………（227）
　Appendix. The Chronological Tables of the Biographies both of Hess and Marx in Comparison ………………（239）

Ⅴ. **Marx and Stirner's "Solipsism"** ……………………（243）
　　1. Stirner's Viewpoint in History and his "Self" as the Subject of History ……………………………………（244）
　　2. An Attack on "Liberalism" by Stirner ………………（252）
　　3. Marx and the "Self" and the "Coalition of Egoists" in Stirner ……………………………………………（265）
　　4. Marx Opposed the Double Dogmatism of Stirner ……（278）
　Appendix. The Chronological Tables of the Biographies both of Stirner and Marx in Comparison ……………（293）

Conclusion ·· (296)

Appendix Ⅰ

　Moses Hess—His Life, Works, and Communication with
　　Karl Marx ·· (310)
　Some Discriminations on the Concept of "Alienation" ············ (323)
　The Concepts of "Individual" and "Community" Used by
　　Karl Marx ·· (330)

Appendix Ⅱ

　"Preface" Ⅰ of First Edition ····················· Gao Qinghai (356)
　"Preface" Ⅱ of First Edition ······················· Xia Zhentao (360)

Citation ··· (362)

Afterword of First Edition ··· (369)

自序(初版)

本书的直接目的和任务在于阐明青年黑格尔派与马克思哲学思想的关系。

青年黑格尔派哲学是马克思哲学思想的直接诞生地和理论土壤，后者就是在扬弃前者的过程中形成和发展起来的。因此，它们之间的关系本身就构成了马克思哲学思想形成的内涵。所以，在一定意义上，对青年黑格尔派与马克思思想关系的描述，同时也就是对马克思哲学思想形成本身的一种描述。这种描述的旨趣并不在于再现外在的历史过程，而是要揭示其内在的逻辑或内在的本质要素。就其实际情形而论，马克思哲学思想的形成不仅有赖于他对作为黑格尔哲学解体表现的青年黑格尔派哲学的扬弃，而且也赖于他对政治经济学和社会主义理论的研究。但显然，后者的底蕴隐含在前者之中。

诚然，面前的考察对象距今已年湮代远了，以至这方面的研究工作初看上去其理论色彩似乎纯之又纯，无涉今日现实生活的实践。其实，在社会生活发生急剧变动，以至社会实践从未如此强烈呼唤过哲学意识的今天，这种回溯从未显得如此重要和富有意义。

当今的世界正处在令人炫目的变化中。这种变化到来得如此迅疾和连绵，仿佛不容人们有机会对其去冷静地慢慢思考和品味，以便把握其内在的深邃逻辑和蕴含。事变向人们宣昭了这一事实：社会主义无论在思想理论方面，还是在实践操作方面，都面临着迄今最为重大的历史抉择和考验。在思想理论方面，事情首先关联和牵涉的，自然就是作为社会主义理论前提的马克思主义哲学。这在西方社会政治家们那里已经得到明确的反映和表达，正如他们把20世纪社会主义的发展宣布为"大失败"一样，他们也把这一"失败"的根源归结到社会主义的"哲学思想方面"，即归结到马克思主义哲学对历史的"错判"和对人性的"误解"①。

在这样的情势之下，历史地展现青年黑格尔派与马克思的思想关系，以便结合新的实践经验从今日的历史视域重新认识马克思哲学的本质和历史地位，对于现实的社会实践的发展，无疑是十分重要和迫切的。

显然，可以从不同的方面去揭示和界定马克思哲学理论的本质。但是，总的说来，理论的着重点归根到底是由社会历史条件、由社会实践发展的需要决定的。社会历史条件的变迁和社会实践的发展把马克思哲学理论的本质特征的不同方面凸显出来。

鉴于现代西方哲学发展中呈现的唯心主义的科学主义与非理性的人本主义两大对峙的潮流和派别，特别是鉴于在理解、接收和发挥马克思哲学方面所产生的类似主体主义与客体主义或科学主义与人本主义的两种截然不同的立场和倾向，以及鉴于这种理论上的对立在社会实践中的表现，最后，鉴于上述诸种对立与矛盾在当今的发展及其趋势，本书强调对马克思哲学理论的这样一种理解：由于马克思哲学把哲学认识的两个基本对象——客观世界与人、历史过程中的客体与主体理解为一种建立在社会物质实践基础上的有机联系和相互作用的整体，所以，它体现了传统哲学中主体与"实体"（Substanz）、精神与自然、人与社会、存在与本质、一般与个别、必然与自由、科学与伦

---

① 参阅［美］兹比格涅夫·布热津斯基《大失败》（zbigniew Brzezinski, *The Grand Failure*, New York, 1989），军事科学院外国军事研究部译，军事科学出版社1989年版，第285页。

理等诸对立范畴、因素和原则的统一①。或许也可以说,当这一哲学把社会发展的客观规律与人的主体存在、主体活动相统一并进而与自然史进程相统一从而将"经济社会形态"(oekonomische Gesellschaftsformation)的发展宣布为"一种自然历史过程"时,实际上它无异于以逻辑的科学形式在更高级的程度上再现和重述了中国古代这一素朴而伟大的哲学命题:天人合一②。在这里,客观世界与人的精神、主体与客体、客体的发展规律、客观逻辑与主体的活动、主体存在的意义等,都构成了广义自然界之内的要素,而它们之间的关系,则构成

---

① 马克思哲学理论的这一重要特征曾在经典作家和研究者的文献中从不同的方面和通过不同的方式获得一定的揭示和反映。例如,普列汉诺夫将其总结为科学性与实践性([俄]格奥尔基·普列汉诺夫:《论一元论历史观之发展》,博古译,生活·读书·新知三联书店1961年版,第176页)。列宁将其概括为"革命性"与"科学性"(《什么是"人民之友"》,《列宁选集》第1卷,人民出版社1995年版,第82—83页)。古尔德纳在其论著《两种马克思主义》中将其表述为"科学的马克思主义"与"批判的马克思主义"。南斯拉夫"实践派"代表米·马尔科维奇将其描绘成"既是客观的又是批判的",并明确指出了在接受、解释马克思哲学理论方面存在着以社会批判为特征和以实证科学知识为特征的两种派别和倾向(《马克思的社会批判理论》,载中国社会科学院哲学研究所所编《南斯拉夫哲学论文集》,生活·读书·新知三联书店1979年版,第253页)。佩里·安德森也认为马克思哲学理论中含有"结构的实体"和"主体力量"两个方面,只不过据他的看法,马克思对这两者的统一未能提供首尾一致的答案([英]佩里·安德森:《当代西方马克思主义》,余文烈译,东方出版社1989年版,第39—40页)。在民主社会主义理论家那里,情况亦颇类似。例如,托马斯·迈尔(Thomas Meyer)就将马克思哲学区分为"决定论的历史科学"与"批判的社会科学"两个方面(Thomas Meyer, Grundwerte und Wissenschaft im demokratischen Sozialismus, Berlin, Bonn, 1978, S. 38以下)。在国内,马克思哲学理论的这一特征也开始日渐为人们所注意。在现有的文献中,特别值得提及的是卢卡奇(Georg Lukacs)的阐述。卢卡奇致力于揭示马克思哲学中经济学(应视为"科学分析"的基础)与辩证法(应视为"革命批判"的基础)的统一,并且在《青年黑格尔》一书中将其提升为方法论。在《社会本体论》一书中,他又从因果性与目的性统一的角度对他所称的马克思"理论创作活动中心点"的这一"双重趋向"进行了揭示和发挥。然而,总的来说,尽管马克思哲学这一重要特征已经得到一定的揭示或承认,可是它还没有被明确地提升和确认为马克思哲学的本质。同时,它对于当代哲学发展的意义,以及对于当代社会实践发展的意义,特别是对于当代社会主义发展的意义也没有得到充分的揭示和阐明。

② 对于"天人合一"命题存有不同的理解。作者以为,这一命题的本意是主张"天道"与"人道"(人性)的统一,而这种统一又是一种有差别的统一,而非抽象的同一(见"以类相合"说、"异形离质"说等)。所以,应该说,这个命题主张和体现一种合理与和谐的天人关系。在这里,自然既不必是人顶礼膜拜的上帝,但也不会是任人蔑视和随意宰割、处置乃至摧残的对象;人既不必是自然的绝对律令和主宰,但也不会是消极、被动地遵奉和屈从对象的卑贱奴隶。此外,顺便提及,笔者以为,对于马克思哲学与中国传统文化的融合,也应从马克思的"广义自然本体论"构思与"天人合一"命题的契合这一深层蕴意去理解和揭示。

了广义自然界之内诸要素之间的一种辩证关系。这是一种玄览万象、尽收寰宇的宏观视域。在此意义上，马克思主义哲学是一种广义自然本体论哲学，或者说，它包含了一种广义自然本体论的哲学构思。①

对于马克思哲学思想的上述理解构成了本书的出发点。因此，本书在某种程度上也内含了基于这种理解所作出的一种尝试，即从马克思哲学是传统哲学中的客体主义与主体主义，科学的逻辑分析与伦理的价值判断，唯物主义与人道主义两大因素、原则的有机统一出发，或者说，把这种有机统一明确地提升为方法论，来揭示和澄清青年黑格尔派与马克思的思想关系，阐述和体现马克思哲学思想的产生和发展过程，并对苏联、东欧以及西方社会中在此研究方面的一些重要观点和倾向作出评判。

不难看出，对于马克思哲学的这种理解是与当代哲学精神倾向相契合的。从作为观念形态的文化的意义上来说，当代最普遍、最深刻的矛盾是科学与人文两大精神的对立，这在哲学上又表现为主体与客体、理性与价值的分裂。可以说，当代一切真正意义上的哲学、有价值的哲学，都是从不同角度对这一矛盾的反映和揭示，都是有关这一矛盾的不同的分析和解答。在这一矛盾中，愈渐成为研究的中心和重点的是主体、主体性和价值这一矛盾的方面。而青年黑格尔派哲学恰恰是一种颇富探索性且又达到较高成就的抽象主体性哲学。因此，研究和探讨马克思对这一哲学的扬弃，不仅触及了马克思哲学思想的本质，而且恰好接触到了当代哲学问题的核心。

最后要说明的是，由于书中各章是在不同的时间完成的，所以，不仅在各章的结构和体例方面存有差异，而且，在内容论述方面亦有

---

① 毋庸置疑，马克思主义哲学结束了传统的本体论哲学。这里使用本体论（Ontologie）一词是在如下意义上，即指关于存在的学说。在此意义上，有如卢卡奇所言，所谓本体论地位问题实际上是事物存在的存在特性本身的一种规定性，而并非是一种单纯的理论抽象，因而，不能从任何思想体系中将它排除，首先不能从哲学中将它排除。参阅［匈］卢卡奇《社会存在本体论导论》，沈耕等译，华夏出版社1989年版，第3页。

重复和衔接不当之处。但是，考虑到各章的相对独立性和为了不损害叙述的连贯性与完整性，暂时也就让其保持原貌了。此外，本书对莫泽斯·赫斯（Moses Hess）给予了特殊的注意，这是鉴于赫斯在青年黑格尔派与马克思之间所处的独特的中介地位以及现有研究文献的欠缺。还有，书中的引文一律删略了原有的着重号，这一方面是由于原著者在当时所强调的重点与我们今天所要理解和领悟的蕴含未必完全契合，另一方面则是为了印刷方便的缘故。

1990 年 10 月于北京

内容提要

序

1. 本书的直接目的和任务在于阐明青年黑格尔派与马克思哲学思想的关系。尽管马克思哲学思想主要不仅是在扬弃包括青年黑格尔派哲学在内的德国古典哲学的基础上形成起来的，而且也是在扬弃法国社会主义学说以及英国古典政治经济学基础上形成起来的，但是它的底蕴和内在逻辑潜含在它与德国古典哲学，特别是与青年黑格尔派哲学的关系中。

2. 研究青年黑格尔派与马克思哲学思想的关系的旨趣在于它为完成这一任务提供了契机：结合新的实践经验从今日的历史视域重新认识马克思哲学的本质和历史地位，揭示其所内含的对新的历史条件具决定性意义的方面和因素。

3. 鉴于现代西方哲学发展中呈现的唯心主义的科学主义与非理性的人本主义两大对峙的潮流和派别，特别是鉴于在理解、接收和发挥马克思哲学方面所产生的类似主体主义与客体主义或科学主义与人本主义的两种截然不同的立场和倾向，以及鉴于这种理论上的对立在社会实践中的表现，最后，鉴于上述诸种对立与矛盾在当今的发展及其历史趋势，本书从马克思哲学是以实践为基础和中介的传统哲学中的主体与客体、精神与自然、存在与本质、个体与类、必然与自由、真理与价值等诸对立范畴、因素和原则的有机统一这一理解出发，并把这种有机统一明确地提升为方法论，来揭示和澄清青年黑格尔派与马克思思想的关系，并对苏联、东欧以及西方社会中在此方面的一些研究成果和倾向作出评判。

导 论

1. 对青年黑格尔派哲学的评判必须从当时德国历史的"时序错误"即德国社会落后的鄙陋状态与历史发展所具有的时代高度之间存在的巨大时差出发，它规定了青年黑格尔派哲学的主题和本质特征。

2. 青年黑格尔派哲学对于德国资产阶级革命的作用类似法国唯物主义对于法国资产阶级革命的作用。它是德国当时资产阶级社会问题赖以解决的理论形式，是德国资产阶级革命的哲学先导的最后完成。

3. 作为青年黑格尔派主要历史功绩的宗教批判具有德国启蒙运动的双重特性。这一批判与对现实社会问题中人的问题的研究不过是同一件事情的两个方面。

4. 就青年黑格尔派哲学的思想理论内容而言，它是一种主体性哲学，并且代表了马克思哲学形成以前有关主体性研究的最高成就。

5. 青年黑格尔派哲学对主体性研究的理论贡献集中体现在对主体蕴意的探讨。

6. 围绕对主体蕴意的探讨，青年黑格尔派哲学经历了两个认识上的"圆圈"："实体"—"自我意识"—"类"；"自我意识"—"类"—"自我"。

7. 青年黑格尔派哲学从不同方面把"神"归结为人，把主体的地位、性质还给人本身。但是，这个"人"仍滞留在抽象的主体性中。

8. 超出青年黑格尔派的工作，即把抽象的人归结为真正的现实的个体的工作是由马克思完成的。以对主体蕴意的揭示为契机，马克思扬弃了青年黑格尔派哲学的两个认识"圆圈"，或者说，完成了这两个认识圈的综合。

第一章

1. 鲍威尔在反对施特劳斯的"实体"过程中，把黑格尔哲学主体化，诉诸批判的个人的自我意识，以此作为其"批判哲学"的核心。

2. "自我意识"原则的意旨在于强调主体的地位和性质。在实践上，它是法国"平等"概念的思辨表达。

3. 鲍威尔用"自我意识"原则一方面扼杀了黑格尔的"绝对精神"，另一方面又使它再度复活。

4. 马克思开始是站在鲍威尔的"自我意识哲学"旗帜之下的。他通过其《博士论文》、部分地通过《末日的宣言》一书的合作参与了"自我意识哲学"的制定。

5. 在马克思那里，"自我意识"原则作为激进的民主主义利器被用来指向现实社会中的"罗马帝国"。

6. 在马克思对伊壁鸠鲁哲学的消极面的评论中已内含了他同鲍威尔的根本性的分歧。马克思没有采纳鲍威尔使主体与客体、思想与现实极端对立的绝对主义思维模式。这种隐蔽的分歧，构成了马克思对自我意识哲学进行批判的本质要素。

7. 鲍威尔的"自我意识哲学"是黑格尔哲学的"神学漫画"。因此，马克思通过批判"自我意识哲学"，最终清算了黑格尔哲学。

8. 马克思对"自我意识哲学"的批判，依据了费尔巴哈对黑格尔哲学的批判，特别依据了费尔巴哈"人是自我意识"这一命题。

第二章

1. 费尔巴哈以施特劳斯的宗教批判的结论作为其"类"学说的前提和出发点。在此意义上，费尔巴哈的"类"学说是施氏实体学说的必然发展。

2. "类"概念具有双重功能：废除上帝的手段与人本学唯物主义的基石。

3. 费尔巴哈对"类"的界说不甚明晰，它通过"类生活""类本能""类关系""类存在"等范畴从精神、自然、社会诸方面得到阐发。

4. 费尔巴哈对"类本质"的规定是其"类"学说的核心。它以斯宾诺莎对"实体"的特性的规定为原则，具有本体论倾向。

5. 费尔巴哈把"类本质"概念作为解决和消除思维与存在、精神与自然、主体与实体、存在与本质以及一般与个别等诸范畴对立的法宝。但是，当他用"类本质"这一"框架"将这些对立的范畴包括其中时，不过是把主、客体之间的对立变成了主体自身之内的对立。

6. 费尔巴哈把"类本质"的其中一个方面的规定——"爱"或"心"独立化和本体化为"感性存在"范畴，但由此导致"类"与"感性存在"（其基本形式是"个体性"）的"二律背反"。

7. "对象化"作为"类本质"的实现形式，在费尔巴哈那里具有三层内涵：本体论（存在论）规定、认识模式以及批判方法。它实际上就是费尔巴哈的"异化说"。

8. 费尔巴哈对马克思产生实质性影响发生在费氏的《论对〈基督教的本质〉一文的评判》问世之后。

9. 马克思在《黑格尔法哲学批判》一文中，尔后在《德法年鉴》上的文章中，采纳了费尔巴哈的《基督教的本质》等文中的若干基本论点。《基督教的本质》（第 2 版）在马克思确立哲学唯物主义的过程中具有重要作用。

10. 《1844 年经济学哲学手稿》中的费尔巴哈特色体现在下述方面：人是类存在物的观点，感性原则，对象化概念，人与自然相统一的思想，以及对黑格尔哲学唯心主义的批判。

11. 尽管马克思在其思想形成过程中深受费尔巴哈的启迪，但马克思从未成为真正意义上的费尔巴哈派。1843 年 3 月 13 日致卢格的信已预示了他与费尔巴哈的根本分歧。

12. 马克思对黑格尔法哲学的批判已突破费尔巴哈对黑格尔哲学批判的狭隘视界。在《黑格尔法哲学批判》中，费尔巴哈哲学唯物主义的一般原则已被转换成对国家与"市民社会"关系的历史的唯物主义的分析，费尔巴哈的宗教异化观念已被引申、扩展到政治和社会领域。

13. 《德法年鉴》时期马克思对费尔巴哈的明显超越：将费尔巴哈宗教批判的最后结论和哲学的最高命题翻转为政治要求，将宗教与"政治解放"的关系提升为"政治解放"与"普遍的人的解放"的关系，并且拟定了经济异化分析的要点。

14. 在《1844 年经济学哲学手稿》中，马克思与费尔巴哈的分歧通过他对"类本质""感性""实践"等诸重要概念的阐发以及通过他对黑格尔辩证法合理内容的揭示得到显明的昭示。

15. 马克思对黑格尔辩证法合理性的肯定不仅意味着马克思真正扬弃和克服了黑格尔，同时也意味着扬弃和克服了费尔巴哈。

16. 施蒂纳对费尔巴哈的尖刻批判促进了马克思同费尔巴哈的彻底决裂。

17. 《关于费尔巴哈的提纲》（以下简称《提纲》）和《德意志意识形态》是马克思对他与费尔巴哈之间由来已久的分歧所作的最后总结。《提纲》的独特意义从反面看在于它内含了对费尔巴哈批判的一切要点，从正面看则在于它是马克思"新唯物主义"理论的论纲。

第三章

1. 在某种意义上，赫斯的"真正的"社会主义是费尔巴哈"类"学说的历史哲学或社会哲学的翻版。

2. 赫斯与费尔巴哈的思想关系经历了"三部曲"：转向（1841年下半年）、接纳（1842年上半年始）与批判（1844年中）。

3. 赫斯对费尔巴哈哲学的接纳，围绕和凸显了这一核心：把费尔巴哈的类概念同对社会主义的理解相融合。其主要成果：揭示了人的类本质的双重内涵，即理论的类本质与实践的类本质，把人的本质规定引向了人的社会物质交往关系；将其对社会主义的本质规定——"自由"与"平等"同"类"联系起来，视为"类"生存过程的两大要素和"类"的本质规定；通过对金钱的本质的揭示研究了经济异化现象，确立了"理论的外化"与"实践的外化"双重异化形式。

4. 赫斯对费尔巴哈哲学的批判的要点：其一，只从思想理论方面去理解与规定人的本质，仅完成了理论批判；其二，把类本质归属单一个体。而其共同实质则在于，未能逾越原则与存在、观念与行动或理论与实践的对立。

5. 赫斯对费尔巴哈的批判未能触及"爱的宗教"。相反，他进一步将"爱"提升为社会主义的利他主义。

6. 赫斯的异化观在马克思与费尔巴哈之间具有中介作用。它起初在《行动的哲学》中显露端倪，尔后在《金钱的本质》中得到集中和系统的表述。

7. 马克思的《1844年经济学哲学手稿》与赫斯《金钱的本质》两者在主题、基本线索以及若干主要论点上的惊人相似表明了赫斯异化观对马克思的影响。

8. 《1844年经济学哲学手稿》与赫斯观点的某种一致性主要表

现在对下述问题的理解上：人的本质及其社会性；人的本质在资本主义社会中的异化；货币的本质、作用及其意义；异化的普遍性；异化的根源、合理性及其扬弃；等等。

第四章

1. 赫斯的社会主义思想演历：宗教社会主义（1837 年前后始）；哲学社会主义（1842—1844 年）；伦理社会主义（即"真正的"社会主义，1844 上半年始）。

2. 《人类的圣史》一书表明，赫斯是德国空想社会主义的早期代表之一。

3. 赫斯的"行动的哲学"的概念在政治上是社会主义要求的表征。它实际上是一种诉诸社会主义实践的哲学，超出了包括青年黑格尔派哲学在内的资产阶级意识形态。

4. 赫斯发表在《来自瑞士的二十一印张》中的文章的核心，是对于社会主义本质的理解。他把社会主义的本质归结为自由与平等的统一，归结为"自由共同体"，把社会主义的目标归结为不断"行动"。

5. 赫斯伦理社会主义（"真正的"社会主义）学说的三特征：泛爱论、宗教说与改良主义。

6. 赫斯的泛爱论是弗洛姆"人道主义伦理学"的直接思想来源。弗氏赋予"爱"以一种更加鲜明和突出的本体论色彩，但其学说中具有实质性的东西，赫斯已经表述过了。

7. 赫斯的伦理社会主义与伯恩斯坦主义、与民主社会主义具有亲缘关系。古典形态的伦理社会主义与现代形态的伦理社会主义。

8. 赫斯 19 世纪 40 年代前期的社会主义思想，不仅在许多重要观点上，而且也在发展轨迹和趋向上预示了马克思和恩格斯"科学社会主义"的必然诞生。

9. 赫斯对法国社会主义学说的输入是马克思关注、研究，从而转向社会主义和共产主义的直接起因。

10. 在构建社会主义理论方面赫斯对马克思有七大启示：对"社会主义""共产主义"概念的理解；"科学共产主义"用语；对哲学与社会主义的关系的理解；对费尔巴哈"类"学说与社会主义的关系的理解；"自主活动"范畴；"共同体"思想；有关"精神自然史"（"必然王国"）与"精神的真正历史"（"自由王国"）的划分。

11. 马克思同"真正的"社会主义的分歧源于对法国社会主义学说赖以存在的社会历史条件的不同认知。

12. 可以把马克思对"真正的"社会主义的批判与他对康德伦理学唯心主义的批判相比拟。

13. 有关马克思曾是"真正的"社会主义者的说法，其理论前提是割裂马克思哲学思想中的"经济学—科学解释原则"与"哲学—伦理学解释原则"的有机统一，实质上是把马克思哲学思想"科学主义"化的一种表现。

14. 必须揭示和强调的一个事实：马克思在《1844年经济学哲学手稿》中通过阐发劳动（"异化劳动"）概念，已确立了一种既体现社会存在的"本体论"，又体现人的存在的"本体论"；既体现科学的逻辑分析，又体现伦理的价值判断；既体现辩证的、历史的唯物主义，又体现真正的、现实的人道主义的科学的方法论原则。

15. 事实上，马克思与"真正的"社会主义者的根本分歧，并不在于后者谈论了人、人道主义或人的本质，而在于他们始终把具体的、现实中的个人变为抽象的"人"；并不在于后者运用了"哲学—伦理的阐释方法"或人道主义的尺度，而在于他们始终使这种方法和尺度与"现实运动"、与"受历史条件制约的各生活领域"的经验事实相分离。

第五章

1. 施蒂纳的历史观源自他对个体发展史的了解。其模式为：古代人（现实主义）—近代人（理想主义）—自我（利己主义）。

2. 施蒂纳对历史过程的全部推论，不过是为了导出"自我"及其"利己主义"的必然性，即诉诸其作为"现实的人"的"个人"及其个性。

3. 施蒂纳的"自我"及其"独自性"（或利己主义）不过是其"个人"及其个性的一种思辨表达。因此，他对"自我"及其"独自性"的高扬，就是对"个人"及其个性的高扬。

4. 施蒂纳的"自我"的本体论就其抽象性而论堪与老子的"道"相比拟。

5. 施蒂纳的哲学方法论是诉诸脱离普遍的特殊或脱离一般的个别，并将特殊与普遍、个别与一般相等同。

6. 施蒂纳的利己主义的"自我"实际上是以资产阶级社会的成员——利己主义的孤立的个人为原型，而他对国家、社会和共同体的理解实际上是以资本主义国家、资本主义社会为原型。所不同的是，他对前一原型抱欣赏、肯定态度，对后一原型则持鄙夷、否定态度。可见，他的理论不过是资本主义社会内部"市民社会"与"政治国家"的矛盾与对立的表现。

7. 施蒂纳对费尔巴哈"类"学说的批判具有毁灭性。他的"唯我论"作为"类"学说的反题，与"类"学说一起构成主体性理论的两大极端。这是人类哲学发展史上的一种奇特的景观。然而，由于施蒂纳是以一个极端反对另一极端，也就预示了他自己的理论也将走向其反面。

8. 施蒂纳理论的积极意义或其理论功绩，在于他提出了以"现实的""个人"为中心的思维模式，为对人的理解开辟了新思路，使人们的目光由普遍转向个别，由"类"、共同本质转向个体。这正是施蒂纳的"唯我论"对马克思的基本意义和重要启示所在。在马克思的"现实的个体"是"出发点"的构想中，显然内含了施蒂纳的唯我主义的"个人"本体论的合理因素。

9. 施蒂纳"利己主义者的联盟"不过是他的利己主义的"自我"的放大，是映现为客体或投射到客体之中的"自我"。但其合理性是：首先，它是针对"普遍的爱的联合"的论调（费尔巴哈、赫斯）提出来的；其次，其着眼点是对"个人"地位的确认和提升。因此，它有助于马克思思考和确定个体在共产主义共同体中的地位和意义，或个体与共产主义共同体之间的相互关系。

10. 施蒂纳试图由抽象的人转到现实的"个人"，这种理论的出发点和着重点是具有本然的、内在的唯物主义倾向的。但是，当他把"个人"同人们的现实历史、同人们的实际生活过程相割裂时，他并未能揭示出真实的具体的个人，反而再度陷入抽象的普遍，以至导致独断论。

11. 马克思对施蒂纳的双重批判：对其超历史的唯心主义独断论的批判与对其反社会的形而上学独断论的批判。后一批判围绕个体与社会、个体与阶级、个体利益与普遍利益、个体义务与社会责任诸方面展开。

12. 在如何发展主体自身问题上马克思与施蒂纳的两种全然不同的模式、方案和设计：以改造客体特别是社会为中介来发展主体与让孤独的主体自己单独发展自己。

13. 施蒂纳的形而上学的独断论所采用的一个逻辑公式是：异于我的东西与我的关系就是异化的关系。借此，施蒂纳把任何客体（普遍物）均宣布为主体（"个人"）的异化。因此，马克思对施氏形而上学独断论的批判已超出方法论本身的研究范围，它实际上又是对施氏异化观的批判。

14. 施蒂纳用费尔巴哈批判黑格尔的方法批判费尔巴哈。马克思则用施蒂纳批判费尔巴哈的方法批判施蒂纳。

15. 马克思对施蒂纳唯我主义批判的最终结论是：施蒂纳的历史观实际上仍是宗教观，施蒂纳的作为历史起点的原人实际上仍是宗教人。

结　语

1. 在西方哲学发展的历史中，与唯心主义和唯物主义的矛盾、对立交织在一起的，是以主体为绝对本位的"主体主义"和以客体为绝对本位的"客体主义"的矛盾、对立。这一矛盾、对立通过主体与"实体"、人与社会、精神与自然、自由与必然、本质与存在、一般与个别等诸范畴获得具体展开。在古代，作为客体主义原则表征的"实体"范畴占统治地位。在中世纪，主体主义原则在形式上得到推崇，基督教哲学以抽象的主体性同古代世界相抗衡。18世纪唯物主义在某种程度上表现出向古代哲学的复归，它以具有理性的自然和物质的普遍抽象反对基督教哲学的抽象的主体性和唯灵论。但是，不仅它没有克服那种古已有之并和历史一同发展起来的主体主义与客体主义的巨大对立，包括青年黑格尔派哲学在内的德国古典哲学实际上也未能克服这种对立。

2. 马克思扬弃了青年黑格尔派哲学，解决了哲学史中这一古老的对立问题。因此，马克思哲学是对其形成以前的整个西方哲学历史发展过程中的主体主义与客体主义两大哲学传统的总结、概括和综合。

3. 这种总结、概括和综合决定了马克思哲学这一本质特征：它体现了以实践为基础的主体与客体、精神与自然、个体与类、必然与自由、科学与伦理等诸关系、因素和原则的有机统一，或者说是以实践为基础的主体主义与客体主义、人的存在的本体论与世界存在的本体论的有机统一，是一种广义社会存在本体论或广义自然存在本体论。它标志着近代哲学的最后终结，但也正因为如此，同时也就构成了现代哲学的开端。

4. 一方面，与马克思哲学实现了主体主义与客体主义两大原则的综合相反，在现代资产阶级哲学那里，这种两大原则的对立却更加尖锐化，以至形成了唯心主义的"科学主义"与非理性的"人本主义"两大彼此对峙的思潮。另一方面，在西方资产阶级哲学产生剧烈分化并大体循着科学主义与人本主义两条路线发展的同时，在如何解释、接收和发展马克思哲学问题上也呈现出类似的两种对立的立场与趋向，并且在社会主义实践中得到表现。

5. 与主体主义和客体主义、科学主义和人本主义两大原则分裂倾向同时呈现的这两大原则的融合趋势或许是向作为两大原则统一的马克思哲学的一种回复和在更高层次上的发展的征兆。

导　　论

如果要求客观地、历史地了解马克思主义哲学的形成，要求依据新的历史条件来重新审视马克思主义哲学的本质以及估判它在哲学史乃至人类认识史中的地位和意义，那么，对青年黑格尔派①哲学的成就与局限以及它与马克思哲学思想的关系进行实事求是的认识，无疑是绝对必要的一个前提条件。

无论人们对这个历史上的思想和哲学学派如何品评，它在人类历史上，特别是在哲学思想史上都占有重要的一席之地。

有理由把青年黑格尔派与18世纪法国唯物主义相比拟。

恩格斯曾经指出，"正像在18世纪的法国一样，在19世纪的德国，哲学革命也作了政治崩溃的前导"②。青年黑格尔派哲学作为德

---

①　对于青年黑格尔派，存在许多不同的说法。本书持以下见解：（1）据马克思和恩格斯的《德意志意识形态》一文，对该学派的命名，取"青年黑格尔派"这一称谓，而不取"黑格尔左派"这一称谓；（2）该学派的持存时间以大卫·弗里德里希·施特劳斯（David Friedrich Strauss）的《耶稣传》（1835年）为其形成标志，以马克斯·施蒂纳（Max Stirner）的《唯一者及其所有物》（1844年10月）为其终结标志；（3）将施特劳斯、布鲁诺·鲍威尔（Bruno Bauer）、埃德加·鲍威尔（Edgar Bauer）、路德维希·费尔巴哈（Ludwig Feuerbach）、施蒂纳、阿诺德·卢格（Arnold Ruge）特别是鲍威尔兄弟、费尔巴哈和施蒂纳作为该学派的主要思想代表。由于莫泽斯·赫斯（Moses Hess）一开始就以自己的独特方式与社会主义思潮发生了联系，赫斯是否属青年黑格尔派，仍是一个有待澄清的问题。苏联学者马利宁和申卡鲁克均明确将赫斯列为青年黑格尔派的主要代表（参阅［苏］马利宁等《黑格尔左派批判分析》，曾盛林译，沈真校，社会科学文献出版社1987年版，第32、181页）。鉴于赫斯同青年黑格尔派确有着较为密切的思想联系，故本书仍将他与该学派一起考察。

②　《马克思恩格斯选集》第4卷，人民出版社1995年版，第214页。

国古典哲学的最后发展阶段，而且是最激进的发展阶段，无疑也像为法国资产阶级革命奠定了理论基础的18世纪法国唯物主义一样，为德国资产阶级革命建立了同样辉煌的历史业绩①。

然而，青年黑格尔派哲学似远未获得法国唯物主义那样崇高的礼遇②。

但是，不是别人，正是给予青年黑格尔派哲学以致命批判和辛辣嘲笑的马克思、恩格斯，在《德意志意识形态》中一开始就这样描述这一哲学思潮的历史作用：

> 正如德国的思想家们所宣告的，德国在最近几年里经历了一次空前的变革。从施特劳斯开始的黑格尔体系的解体过程变成了一种席卷一切"过去的力量"的世界性骚动。在普遍的混乱中，一些强辩的思想王国产生了，又匆匆消逝了，瞬息之间出现了许多英雄，但是马上又因为出现了更勇敢更强悍的对手而销声匿迹。这是一次革命，法国革命同它相比只不过是儿戏；这是一次世界斗争，狄亚多希的斗争在它面前简直微不足道。一些原则为另一些原则所代替，一些思想勇士为另一些思想勇士所歼灭，其速度之快是前所未有的。在1842年至1845年这三年中间，在德

---

① 在1838年，莱奥就曾把青年黑格尔派称为"新式的百科全书派和法国革命的英雄"。参阅[英]戴维·麦克莱伦《青年黑格尔派与马克思》，夏威仪等译，陈启伟校，商务印书馆1982年版，第25—26页。

② 甚至在青年黑格尔派运动的专门研究家们那里也是如此，譬如，奥古斯特·科尔纽（Au. Cornu）在其《马克思恩格斯传》中仅把这个运动概括为"试图使黑格尔的学说适合于自由主义"的运动（参阅该书，刘磊等译，生活·读书·新知三联书店1963年版，第144页）。苏联学者马利宁和申卡鲁克则认为这个学派是一个具有"激进主义"和"反抗精神"的学派（参阅其著作《黑格尔左派批判分析》，曾盛林译，沈真校，社会科学文献出版社1987年版，第32页）。麦克莱伦更是对其大加贬抑，强调该学派是一只限于知识分子的狭小圈子的哲学学派，只不过带有启蒙运动的批判倾向和对法国革命原则的崇拜（[英]戴维·麦克莱伦：《青年黑格尔派与马克思》，夏威仪等译，陈启伟校，商务印书馆1982年版，第8、26页）。

国所进行的清洗比过去三个世纪都要彻底得多。①

对哲学思潮的评判不能脱离它所赖以产生的社会土壤,不能脱离它所反映的历史时代。对青年黑格尔派哲学评价的复杂性在于,在它所处的社会条件与历史时代之间存在着巨大的时差。

青年黑格尔派哲学的形成和产生影响的时期是在1835年至1845年之间。这正处在1830年革命(巴黎七月革命)和1848年革命两次革命之间,处在德国历史发展的一个极其重要的转折点上。这是一个新旧矛盾纵横交错的时期。这种复杂性集中体现在德国社会落后的鄙陋状态同时代发展所具有的国际高度之间的鲜明对立上。众所周知,普鲁士的庄园贵族在1848年前还一直完整地保持着在农村中的领主地位以及在国家中的政治地位②。在英国从17世纪,在法国从18世纪起,富有的、强大的资产阶级就在形成,而在落后的德国,则只是在19世纪初才有所谓资产阶级。由于这个阶级生不逢时,它几乎在一开始就被宣布为过时物,所以,就形成了这样的局面,"在法国和英国行将完结的事物,在德国才刚刚开始。这些国家在理论上反对的、而且依旧当作锁链来忍受的陈旧的腐朽的制度,在德国却被当作美好未来的初升朝霞而受到欢迎"③。

然而,尽管德国本身的发展状况、德国本身的历史是落后的,落后于世界史进程,但它在思想理论方面、精神方面却是与世界史同步的,即参与了最新的时代问题,站在了当时时代发展所具有的水平和高度上。它虽然不是19世纪的历史意义上的同时代的民族,但它是

---

① 马克思、恩格斯:《费尔巴哈》,人民出版社1988年版,第5页,"强辩的思想王国"一词原译为"强大的国家",现据德文修改。
② 他们直至1848年才丧失世袭领地裁判权和在农民土地上的狩猎权,1861年和1872年才先后丧失土地税豁免权和警察权。参阅[德]汉斯·豪斯赫尔《近代经济史》,王庆余等译,商务印书馆1987年版,第367页。
③ 《马克思恩格斯全集》第1卷,人民出版社1956年版,第457页。

19世纪观念意义上的同时代的民族。马克思曾针对这点指出:"我们德意志人是在思想中、在哲学中经历自己的未来历史的。我们是本世纪的哲学同时代人,而不是本世纪的历史同时代人。"① 这样,就德国本身来说,"德国的哲学是德国历史在观念上的继续"②,是在精神方面映现出来的德国未来历史;就世界范围来说,德国哲学则不仅是德国的意识形态,而且也堪称是当时西方的具有世界性意义的意识形态,其代表性已超出了德国国界,因为它不仅反映德国状况,也反映英、法等其他国家资产阶级革命的现实和成果。因此,对德国古典哲学包括青年黑格尔派哲学既不能脱离当时德国的落后的卑陋现状,但又不能局限于这一现状去测度、估价和品评。否则我们就不能理解,在这一哲学基地的上面,怎样会产生出至今仍具有现代意义的马克思哲学。

德国现存状况与其思想观念在时间上相悖的这种"时序错误"③,决定了当时德国历史发展的下述一系列特点。

第一,资产阶级社会问题首先作为意识形态问题出现,首先被赋予了意识形态的形式。这与英国、法国的情况形成了对照。在英国,资产阶级社会问题首先表现为经济问题。在法国,资产阶级社会问题则首先是政治问题。卢卡奇正确地指出了这一点。据他看来,"(法国资产阶级1794年7月开始自己统治以后)由于法国革命的发展进入了这一阶段,就使资产阶级社会问题成了讨论的中心课题。而由于德国在经济、社会和政治方面都处于落后状态,对资产阶级社会问题的讨论就差不多是沿着一条纯粹意识形态的路线进行的。在德国,不是像在法国那样把资产阶级社会问题当作一个政治问题来讨论的,也不

---

① 《马克思恩格斯全集》第1卷,人民出版社1956年版,第458页。
② 《马克思恩格斯全集》第1卷,人民出版社1956年版,第458页。
③ 参阅《马克思恩格斯全集》第1卷,人民出版社1956年版,第454页。"时序错误"一词原译为"时代上的错误"。

是像在英国那样把它从它的经济规律性上来进行科学分析的,在德国,乃是根据人道主义的观点,研究了资产阶级社会里的人、人格和人格发展的情况"。①

人、人道主义之所以在德国成为研究的主题,是由于在德国反宗教的历史任务尚未完成,宗教仍是普鲁士专制统治的主要精神支柱,是德国民族"真正的、公认的生活"的主要表现②。

第二,由于资产阶级社会问题在德国变成了意识形态问题,这一问题的解决方式首先也就成为理论问题,从而,理论斗争、理论批判也就被赋予了特殊意义。甚至可以说,它具有直接的实践意义,或它本身就是实践的一个有机构成部分。

第三,由以上两点所决定,在当时的德国反对宗教的斗争直接具有政治斗争的意义,甚至本身就是政治斗争。恩格斯对此曾作过专门说明:"政治在当时是一个荆棘丛生的领域,所以主要的斗争就转为反宗教的斗争;这一斗争,特别是从 1840 年起,间接地也是政治斗争。"③

第四,由于德国落后于世界史进程这一"时序错误",不仅使德国理论、意识形态因容易产生幻想而具有幻想特色,而且,即便是国际性或世界史意义上的东西,当时先进国家在实际斗争中取得的积极成果,在德国思想中也往往歪曲地被反映。法国的自由主义在康德哲学那里变成了"自由意志",法国的平等原则在鲍威尔手中转变为"自我意识",法国空想社会主义学说被赫斯发展为"真正的"社会主义,等等,都是这方面的实例④。这是哲学在当时的德国必然要以唯心主义为其主要发展形式的根本原因。它决定了在当时的德国反对

---

① [匈]卢卡奇:《青年黑格尔》,王玖兴译,商务印书馆1963年版,第84页。
② 参阅《马克思恩格斯全集》第42卷,人民出版社1979年版,第139页。
③ 《马克思恩格斯选集》第4卷,人民出版社1972年版,第217页。
④ 参阅《马克思恩格斯全集》第3卷,人民出版社1960年版,第213页,第2卷,人民出版社1957年版,第48页;《马克思恩格斯选集》第1卷,人民出版社1972年版,第277—288页。

哲学唯心主义具有特殊的重要意义。

青年黑格尔派为当时的这种社会历史条件所规定，在各个方面都充任了德国状况的这种"时序错误"的扮演者和角色。整个青年黑格尔派的哲学批判运动都是以对宗教观念的批判为其主要对象和形式的。这个派别的成员们以理论形式从事和参与了实践斗争。他们沿着意识形态的思想路线前进，把"人"，把"自我意识""类""自我"作为研究的主题。他们的哲学理论的基本形式除费尔巴哈外均为哲学唯心主义，而且，即使是费尔巴哈，当他是一个唯物主义者的时候，历史也在他的视野之外。

然而，这些并没有妨碍青年黑格尔派哲学成为德国当时资产阶级社会问题赖以解决的理论形式，成为德国资产阶级革命的哲学理论先导的最后完成和代表[1]，因此，青年黑格尔派享有自己的历史殊荣。

青年黑格尔派的历史功绩明显和直接地体现在宗教批判方面。

青年黑格尔派与老年黑格尔派希望保持黑格尔调和哲学和宗教的思想，甚至持有明显的神学世界观倾向不同，他们诉诸并完成了对宗教的批判。这一批判具有间接的政治性质，并最终导致了政治批判。这一批判工作是从不同的方面展开的。费尔巴哈对此曾作过这样的描述："鲍威尔将福音书中的历史，将《圣经》基督教，或者更准确地说，将《圣经》神学作为其批判的对象。施特劳斯将基督教的信仰论和耶稣的生活……将教条基督教，或者更准确地说，将教条神学作为其批判的对象。而我，却将一般的基督教，即将基督教的宗教（Die Christliche Religion）作为批判的对象，而作为必然的结果，仅仅将基督教的哲学或神学作为批判的对象。"[2] 施蒂纳没有参与对基督教的

---

[1] 本书不同意黑格尔是德国资产阶级哲学革命的最后完成者这一观点。普雷德腊格·弗兰尼茨基（Predrag Vranicki）追随海涅在《论德国的宗教和哲学的历史》一书中的说法提出了这一主张（见其《马克思主义史》第1卷，人民出版社1986年版，第37页）。但是，海涅的这一著述是1834年问世的，当时青年黑格尔派运动尚在酝酿，因此，这一说法只具相对的意义。

[2] L. Feuerbach, Gesammelte Werke, Bd. 5, Herg. v. W. Schuffenhauer, Berlin, 1974. S. 23.

系统的批判，但他借助于把鲍威尔和费尔巴哈的宗教批判的最高成果宣布为"圣物"即变相的神学，达到了宗教批判的极端。

　　青年黑格尔派的宗教批判在双重意义上承继了德国启蒙运动的传统。首先，他们通过黑格尔哲学与德国启蒙运动联结起来。其次，他们还直接回溯到启蒙运动，以启蒙运动所达到的最高成果为自己的出发点（比如，施特劳斯、费尔巴哈、赫斯都明显地直接返回到斯宾诺莎主义）。德国的启蒙运动虽然在反宗教斗争中从来未达到像狄德罗、霍尔巴赫和爱尔维修那样坚决的唯物主义无神论，表现出阶级的和社会的局限性，但也有其独特的长处，即在宗教发生史观上，在理解宗教形式变迁和社会根源上，往往比法国思想家具有更深刻的洞见。[①]青年黑格尔派作为启蒙运动路线的直接和间接的继承者，也兼有类似启蒙运动所具有的双重特点：一方面，他们的整个哲学批判都囿于对宗教的批判，用宗教观念来取代一切，并借此将宗教批判普遍化、神圣化。例如，鲍威尔在对犹太人问题的考察中把宗教视为世俗狭隘性的原因与本质，把犹太人的解放变成神学行为，费尔巴哈批判宗教并非为了消除宗教，而是为了重建宗教，即建立"人类学有神论"（Anthropotheismus）的宗教，等等。另一方面，青年黑格尔派无论是在宗教史的研究方面，还是在对宗教的本质及其社会作用的理解方面，都大大推进了德国启蒙运动的宗教批判的成果。在理论上，他们把宗教问题还原为尘世问题，把上帝还原为人，从而开辟了对现实中的人及其本质与历史发展的研究的道路。这既是对黑格尔的"绝对理念"、对黑格尔调和哲学与宗教的矛盾的反叛，又是对古希腊以及文艺复兴以来的西方人文主义传统的复归和高扬。在实践上，青年黑格尔派的宗教批判以及由此导致的直接的政治批判，在德国和世界面前

[①] 参阅［匈］卢卡奇《青年黑格尔》，王玖兴译，商务印书馆1963年版，第38—39页。

昭示了普鲁士专制制度的可憎本质①。

尽管宗教批判体现了青年黑格尔派的直接功绩，但构成这一批判深层蕴含的，却是它的哲学的基础、内核和前提。究其实质，宗教批判和对现存社会中人的哲学研究在青年黑格尔派那里不过是一件事情的两个方面，前者不外是后者的表现形式和实现手段。

如同德国的特殊历史条件、德国的"时序错误"通过把德国资产阶级社会问题转换为意识形态问题、转换为对现实社会中人的问题的探讨而规定了青年黑格尔运动的主题和一般路线一样，它也塑造了青年黑格尔派哲学的基本特征和面貌：它是一种主体性的哲学；而且，为这种特殊条件所促成，它达到了马克思哲学形成以前有关主体性研究的最高成就。如果说，古希腊的伊壁鸠鲁派、斯多葛派和怀疑派的哲学有资格被誉为主体性哲学，青年黑格尔派则堪称近代意义上的伊壁鸠鲁派、斯多葛派和怀疑论派。

青年黑格尔派哲学对主体性问题研究的理论贡献体现在下述三个相互关联的方面：（1）通过把上帝还原为人或属人的东西，恢复了人的主体地位；（2）对主体的蕴意进行了探讨；（3）研究了主体自身的内在矛盾及其发展。其中，对主体的蕴意的规定构成了问题的核心，它是青年黑格尔派哲学发展的内在逻辑。可以说，整个青年黑格尔派哲学的演变都是围绕这一线索展开的。与此相联系，牵涉到主体与"实体"、精神与自然、人与社会、个体与类、存在与本质、自由与必然、个别与一般、感性与理性等诸种关系的解决。

青年黑格尔派哲学是从黑格尔哲学出发的。尽管黑格尔哲学具有明显的调和宗教与哲学对立的倾向，然而，它却以其特有的恢宏和博大为青年黑格尔派中的各种学说提供了理论基地。

---

① 参阅《马克思恩格斯全集》第1卷，人民出版社1956年版，第407页。

在黑格尔的体系中有三个因素：斯宾诺莎的实体，费希特的自我意识以及前两个因素在黑格尔那里的必然的矛盾的统一，即绝对精神。第一个因素是形而上学地改了装的、脱离人的自然。第二个因素是形而上学地改了装的、脱离自然的精神。第三个因素是形而上学地改了装的以上两个因素的统一，即现实的人和现实的人类。

施特劳斯和鲍威尔两人十分彻底地把黑格尔的体系应用于神学。前者以斯宾诺莎主义为出发点，后者则以费希特主义为出发点……费尔巴哈把形而上学的绝对精神归结为"以自然为基础的现实的人"，从而完成了对宗教的批判。同时也巧妙地拟定了对黑格尔的思辨以及一切形而上学的批判的基本要点。①

在此之后，作为费尔巴哈"类"学说及其实践化的产物——赫斯的"真正的"社会主义的对立物，又出现了施蒂纳的绝对唯我主义的哲学，它在某种意义上是向费希特主义和鲍威尔哲学的复归。

这样，围绕着对主体问题的描述，青年黑格尔派运动在哲学理论上就经历了两个螺旋形的思想"圆圈"：

斯宾诺莎：实体
费希特：自我
黑格尔：绝对精神

施特劳斯：实体
鲍威尔：自我意识
费尔巴哈：类
赫斯："真正的"社会主义

---

① 《马克思恩格斯全集》第2卷，人民出版社1957年版，第177页。金·泽勒尼倾向于把马克思关于黑格尔哲学是斯宾诺莎和费希特的统一的观点说成是马克思的不成熟的提法，见 Jindrich Zeleny, Die Wissenschaftslogik bei Marx und "Das Kapital", Berlin, 1962, S. 242。但是，这是从形式上看问题。实际上，尽管马克思沿袭了传统的哲学术语，可这并不否定这种概括的合理内容和意义。

$$\left\{\begin{array}{l}\text{鲍威尔：自我意识}\\ \left\{\begin{array}{l}\text{费尔巴哈：类}\\ \text{赫斯："真正的"社会主义}\end{array}\right.\\ \text{施蒂纳："我"}\end{array}\right.$$

施特劳斯的宗教批判的功绩固然体现在他以"实体"为根据，把福音书的起源归于原始宗教团体无意识的创作，从而把作为神学教条的基督传说变成了可以深入自由批判和讨论的对象，把原始基督教的神话由超自然的产物变成了人（团体）的思维的自然产物，但施特劳斯宗教批判的最高成就体现在他对上帝"人化说"（Menschenwerdung）的批判。在这里，施特劳斯的哲学方法和结论是基于对一般与个别、有限与无限的这一合理理解：单个实例不能表现理念的整体内容，理念必须在实例的多样性中来展示其丰富性。鉴于此，施特劳斯得出如下结论：基督的品质、作用也不能归属单个个体，即一个神人，而必须归属于人的"类"。只有人类才是两种性质的统一，即有限中寓有无限性①。这表明，在青年黑格尔派运动的始初，上帝就被还原和归结为人，施特劳斯率先开辟了这一方向②。

与施特劳斯不同，鲍威尔沿另一途径去寻求对历史主体的解释。

---

① D. F. Strauss, Das Leben Jesu, Bd. 2, Tuebingen, 1836, S. 734："用某个实例来表现理念的整个内容，这不是理念实现其自身的方式……相反，理念是要通过使它们自己共同达到完美的实例的多样性来展示其丰富性。""当教会的教义所归诸的基督的本质和作用被看作是属于一个个人即一个神人时，它们是矛盾的，但是它们在'类'中却是统一的。人类是两种性质的统一，即有限精神中寓有其无限性。"

② 恩格斯在《谢林和启示》一文中肯定，施特劳斯与费尔巴哈"两个人都得出同一结论：神学秘密是人类学"。参阅《马克思恩格斯全集》第41卷，人民出版社1982年版，第266页。译文有修订。

黑格尔已被宗教神圣化为精神实体的上帝——理性重新归结、还原为理性自身，把上帝的本质还原为理性的本质。这显然是黑格尔的一个重大历史功绩。但是，在黑格尔那里，这一理性却又是与作为主体的人分离的，它并非是作为主体的人的理性。鲍威尔看到了黑格尔哲学的这一不彻底性，认为把理性当作某种抽象的、绝对的力量是一种错误①。他试图把黑格尔哲学主体化，以便为黑格尔运动提供有力武器。在对宗教和神学批判的过程中，他以"无限的自我意识"取代黑格尔的"绝对"，用"自我意识是自因"（Selbstbewusstseins Causa sui）的原则取代斯宾诺莎的"实体是自因"（Substantia est Causa sui）的原则，把"批判"的个人的自我意识作为其哲学根据并视为历史发展的主要动力。

从形式上看，鲍威尔的自我意识原则不仅与施特劳斯的"实体"说相对立，而且是对18世纪法国唯物主义原则的一种反动。然而，事实上，它却与法国唯物主义有着同样的进步实质。这表现在：在理论上，它充分肯定和强调了人是能意识的存在物，其他是被意识的存在物，人是赋有创造能力的存在物，其他是被创造的存在物，从而表达和强调了人的主体地位和性质；在实践上，它本身既是德国资产阶级自我觉醒的表现，又是这个阶级破坏现存的思想工具。正如马克思在《神圣家族》中肯定的："德国的破坏性原则，在以费尔巴哈为代表对现实的人进行考察以前，力图用自我意识的原则来铲除一切确定的和现存的东西……"②

可是，鲍威尔的自我意识也仍还是一种理性，即便它是人的理

---

① 布·鲍威尔对于黑格尔哲学的这种看法，埃·鲍威尔在其《批判同教会和国家的论争》中进行了较为明确的说明："思辨哲学在谈及理性时把它当作某种抽象的、绝对的力量，这是十分错误的……理性不是一种客体的、抽象的力量，对于它，人好像只是一种主体的、偶然的、暂时的东西。不，统治的力量正是人自己，是他的自我意识，而理性只是这个自我意识的力量。参阅 Edgar Bauer, Der Streit der Kritik mit Kirche und Staat, Bern, 1844, S. 184。

② 《马克思恩格斯全集》第2卷，人民出版社1957年版，第48页。

性、主体的理性。特别是当他让自我意识在世界历史中担任主体角色，主张自我意识的发展决定包罗万象的物质世界的发展时，他又再现了黑格尔关于自然界是精神的自我异化的说法。可见，鲍威尔的自我意识原则一方面扼杀了黑格尔的"绝对精神"，另一方面却又使它再度复活。

费尔巴哈像鲍威尔一样，深刻地洞察到黑格尔把上帝归结为理性（"绝对精神"）的意义和缺欠。但他也同样深刻地洞察到鲍威尔"自我意识"的局限性。因而，如同他把黑格尔的抽象精神归结为人[①]，他也把鲍威尔的"自我意识"归结为人，提出"人才是自我意识"[②]。

但是，正如黑格尔在逻辑学"概念论"中早已指明的，"生命"的内在矛盾是"个体性"与"类"的统一，在人这一生命概念中含有个体与类的两个极项[③]。这样，无可回避的一个问题就是，如何处置这一矛盾从而对人作出合理的解释和说明？费尔巴哈针对基督教将特殊的个体（耶稣基督）神圣化这一隐秘，从人的生命的内在矛盾中挑选了"类"，以此作为人的本质（从而也是宗教的本质）的规定，作为对主体性进行探讨的基本形式，作为自己的全部哲学的理论基础。这同时意味着，他以施特劳斯的宗教批判的结论作为自己的理论的出发点和前提。因为，如前所述，施特劳斯通过对福音书形成史的考证，特别是通过对上帝"人化"说的批判，不仅进一步开辟了从神通向人的道路，而且也预示了从"理念"向"类"的过渡。

费尔巴哈对施特劳斯的成果的推进体现在，他在一开始（《黑格尔哲学批判》，1839年）就从"类的完善性不能在单一个体中获得绝对实现"这一原理出发，不仅通过对上帝"人化"说的批判进一步

[①] 《费尔巴哈哲学著作选集》上卷，荣震华、李金山译，商务印书馆1984年版，第118页："只有人才是费希特的'自我'的根据和基础，才是莱布尼兹的'单子'的根据和基础，才是'绝对的根据和基础'。"

[②] 《费尔巴哈哲学著作选集》上卷，荣震华、李金山译，商务印书馆1984年版，第117页。

[③] 参阅［德］黑格尔《小逻辑》，贺麟译，商务印书馆1980年，第404—409页。

戳穿了"绝对的宗教"的神话，证明上帝的显现不过是"一种传说，一个故事，因而只是一个表象和回忆的对象"①，而且，把这一原理运用到黑格尔"绝对的哲学"本身上来，借助说明人类的认识、哲学的认识不可能通过某一特定的哲学体系——例如黑格尔体系得到实现，戳穿了"绝对的哲学"的神话，证明黑格尔哲学也只不过是"另一个时代的哲学"，"过去的哲学"，是"理性的绘画陈列室、展览馆"中的展品②。与此同时，他全面展示了"类"概念的内涵，不仅充分揭示了主体的自然性，也在一定程度上揭示了主体的社会性。

然而费尔巴哈自己也未有真正解决个别与一般、存在与本质、感性与理性乃至主体与"实体"等关系问题。在他试图以"类"概念为手段来消除这些矛盾的同时，他也像黑格尔对待"绝对"、鲍威尔对待"自我意识"一样，把"类"以唯心主义的方式独立化了。

费尔巴哈的"类"在赫斯那里获得了社会实践的形式。赫斯敏锐地看到了费尔巴哈的"类"学说对于社会主义的意义，企图将前者引向后者，使其实践化。他把"类本质"归结为人的社会物质性活动，甚至归结为"生产"与"交换"，把"类本质"的实现归结为社会主义的要求，从而把"人类学"归结为"社会主义"③。但赫斯未能批判地克服费尔巴哈的"爱"的伦理主义的本体论倾向及其宗教观，而且，甚至无批判地接受了费尔巴哈对"中介"概念的否定。这使他强化了他的社会主义学说中的原来就已具有的宗教和伦理色彩，并最终形成了"真正的"社会主义。就此而论，赫斯的"真正的"社会主义是"再版"和实践化的费尔巴哈的"类"学说。

施蒂纳的哲学是作为费尔巴哈"类"学说的直接反题出现的。他

---

① 《费尔巴哈哲学著作选集》上卷，荣震华、李金山译，商务印书馆1984年版，第49页。
② 《费尔巴哈哲学著作选集》上卷，荣震华、李金山译，商务印书馆1984年版，第50、59页。
③ Moses Hess, Philosophische und Sozialistische Schriften, 1837 – 1850, herg. v. Wolfgang Moenke, Berlin, 1980, S. 293.

把费尔巴哈的"类"、社会主义者所憧憬的"社会"（实际上主要是赫斯心目中的理想社会），甚至鲍威尔的"自由国家"统统宣判为"圣物"即神的别名，而诉诸绝对的个体性——把人归结为"我"，把主体归结为个人①。这样，施蒂纳就承继费希特，部分地也承继鲍威尔的工作完善和创立了一种从个人出发的思维模式，在青年黑格尔派哲学中实现了一种思维方式的转换与变革，通过这一思维模式，主体的个体性获得了淋漓尽致的揭示。

可是，虽然施蒂纳企望从抽象回到具体、从一般回到个别，但当他把现实的历史、把作为普遍物的社会同个人分割开来时，他又脱离了具体和个别，堕入了空洞的普遍和抽象性，以至费尔巴哈不无理由地把"敬神的无神论者"桂冠转奉给这位"唯一者"②。施蒂纳想要从不同于抽象普遍的现实的个人出发，但他始终没有真正找到这一现实的个人，找到这一现实的个人的真实规定性。

这样，青年黑格尔派运动，从而整个"德国古典哲学"终结于施蒂纳③。至此，青年黑格尔派通过理论的意识形态形式，通过对现实社会中人的研究，为解决德国资产阶级社会问题奠定了思想条件。他们通过以不同的方式对主体、对人的蕴意提供不同的答案，为对宗教和现存社会的批判提供了愈益激进的哲学基础。他们从精神（鲍威尔）、社会（施特劳斯、费尔巴哈）、自然（费尔巴哈）、个体性（施蒂纳）等不同方面对主体性进行了探讨和揭示，完成了把神归结为人（自我意识的人、类人或社会的人以及个体的人）的工作，把主体的

---

① M. Stirner, Der Einzige und sein Eigentum, Stuttgart, 1981, S. 152："从神已变成人"这一命题得出另一命题："人变成我"。

② 参阅《费尔巴哈哲学著作选集》，下卷，荣震华、李金山译，商务印书馆1984年版，第421页。

③ 马克思、恩格斯：《费尔巴哈》，人民出版社1988年版，第8页："从施特劳斯到施蒂纳的整个德国哲学批判都限于对宗教观念的批判。……世界在越来越大的规模上被圣化了，直到最后可尊敬的圣麦克斯 en bloc（完全地、彻头彻尾地）把它宣布为圣物，从而一劳永逸地把它葬送为止。"

地位、性质还给了人本身。

然而，这个"人"仍是抽象的人，滞留在主体的抽象性中。这种抽象性是德国社会发展的落后状况的反映，是德国资产阶级软弱性的抽象表达。这表明，对主体蕴意的认知、主体理论的发展在德国资产阶级的意识形态的框架中已达到极限。超出这一步即把抽象的人归结为真正的现实的个人的工作是马克思完成的。

为德国状况的"时序错误"所规定，也为时代的既有的思想成果和理论前提所规定，马克思的哲学思想是以对主体蕴意的回答为契机形成和发展起来的。正如青年黑格尔派大肆谈论"人"、谈论人的自我意识、人的本质、人的个体主要并不是由于他们主观上对人持有特殊的嗜好，而是当时德国的意识形态的思想路线使然一样，对人的问题的研究在马克思的早期著作中之所以具有显赫的地位，其原因也毫无二致。

马克思开始是站在激进的民主主义立场去参与德国资产阶级社会问题的解决的。这使他在当时采取了德国资产阶级意识形态的思想路线：始初（大学时期）是站在鲍威尔的"自我意识"的旗帜之下，尔后（《莱茵报》时期）则开始受到费尔巴哈人类学唯物主义，特别是"类"学说的影响。但是，通过参加实际斗争，马克思很快就发现了德国历史的"时序错误"，觉察到德国资产阶级社会问题的解决不可能在资产阶级民主主义的框架中完成，于是，他转向了社会主义，同时也在思想理论方面逐渐摆脱了德国资产阶级和意识形态的思想路线，并转而对这一意识形态进行批判。

正像马克思自己所言，"一个人的发展取决于和他直接或间接进行交往的其他一切人的发展"[①]，马克思在自己的思想形成的过程中，也从青年黑格尔派哲学那里接受了既得的思想成果和理论遗产，以此

[①] 《马克思恩格斯全集》第3卷，人民出版社1960年版，第515页。

作为自己赖以出发的前提条件。但是，他与青年黑格尔派对待思想遗产的方式不同，不是单纯囿于思想范围本身的批判，而是从现实经验出发，根据现实本身来检验所承继的哲学理论的内容和形式，并通过检验而予以批判的克服和发展。在对待主体性，特别是主体蕴意的回答上，马克思并没有像青年黑格尔派那样，停留在抽象的主体性领域之内，对人、人的本质及其历史发展作抽象的、思辨的考察，而是到主体性范围之外，从其所处的现实的社会关系中、从其实际的物质生活过程中去揭示主体的规定，揭示人的本质及其特性。他始终坚持把客体的规定同主体的蕴意、把对客体的考察和对主体的说明联结起来，也就是说，始终坚持客体与主体、自然与精神、社会与人、必然与自由、存在与本质、个别与一般、科学与伦理、逻辑与价值等诸范畴的有机统一，坚持人的存在的本体论与世界存在的本体论，特别是与社会存在的本体论的有机统一。这使他一方面扬弃了鲍威尔的"个人的自我意识"和施蒂纳的"唯一者"——"我"，另一方面扬弃了费尔巴哈的"类"以及赫斯的"真正的"社会主义；一方面扬弃了费尔巴哈和赫斯的"爱的原则"和"普遍的爱的联合"，另一方面扬弃了施蒂纳的"利己主义者的联盟"，从而把"个人"规定为处在一定社会关系中的、从事社会实践的"现实的个体"，把理想的人的社会即共产主义规定为自由个体的联合体，把该社会中通行的原则规定为"爱的原则"（自我牺牲）和"利己主义"的统一①。这是马克思对青年黑格尔派哲学的超出，也是他对主体性问题的基本解答。

---

① 《马克思恩格斯全集》第 3 卷，人民出版社 1960 年版，第 275、516 页；马克思、恩格斯：《费尔巴哈》，人民出版社 1988 年版，第 15、65 页。

第一章

马克思与鲍威尔的"自我意识哲学"

> 德国的破坏性批判,在以费尔巴哈为代表对现实的人进行考察以前,力图用自我意识的原则来铲除一切确定的和现存的东西……
>
> ——马克思、恩格斯:《神圣家族》

> 自我意识是人在纯思维中和自身的平等。平等是人在实践领域中对自身的意识……
>
> ——马克思、恩格斯:《神圣家族》

"自我意识"是鲍威尔宗教批判的哲学基础,也是他的批判哲学的核心概念。马克思对"自我意识"学说的接纳与批判,体现了马克思和鲍威尔思想关系发展的一个根本方面,也体现了马克思从处在黑格尔哲学影响下到从中解脱出来直至最后对其进行彻底清算的思想上升过程。

一 "自我意识"与马克思的《博士论文》

马克思对"自我意识"哲学的批判是在《神圣家族》中完成的。

然而，要更好地了解这一事情的结局，则必须追溯到事情的始初。

早在大学期间，在参与柏林的博士俱乐部活动时，"自我意识"概念已为马克思所瞩目。马克思的《博士论文》鲜明地体现了这一概念的印记。在《博士论文》中，我们看到马克思通过自己的楷模普罗米修斯宣布："哲学并不隐瞒这一点。普罗米修斯承认道：老实说，我痛恨所有的神。这是哲学的自白，它反对天上和地下的神的自己的格言，人的自我意识不把这些神认作最高的神性。不应该有神同人的自我意识并列。"① 当时，马克思基本上还是一个黑格尔主义者。这种对自我意识的推崇，无疑首先带有黑格尔思辨哲学的烙印。

自我意识是黑格尔体系的一个重要因素。作为黑格尔哲学起源和秘密的《精神现象学》，就是对自我意识异化现象的研究。马克思曾指出："全部'现象学'的目的就是要证明自我意识是唯一的、无所不包的实在。"② 按照黑格尔的看法，亚里士多德以后的哲学，即斯多葛派、伊壁鸠鲁派和怀疑主义，是自我意识的哲学，是体现自我意识概念的哲学史阶段③。他在《哲学史讲演录》中，曾概述了这些哲学流派的一般特征，指出"自我意识对于自身的纯粹关系，就是所有这几派哲学的原则"④。

马克思《博士论文》的对象，恰恰是这些以自我意识为原则的诸学派。对于这些学派的哲学性质马克思表达了同黑格尔一致的看法："在伊壁鸠鲁派、斯多葛派和怀疑派那里自我意识的一切环节都得到充分表述，不过每个环节都被表述为一个特殊的存在……这些体系合

---

① 参阅《马克思恩格斯全集》第40卷，人民出版社1982年版，第189—190页。译文有改动。
② 《马克思恩格斯全集》第2卷，人民出版社1957年版，第245页。
③ ［德］黑格尔：《精神现象学》上卷，贺麟译，商务印书馆1979年版，第133页以下。
④ ［德］黑格尔：《哲学史讲演录》第3卷，贺麟、王太庆译，商务印书馆1981年版，第4页。

在一起形成自我意识的完备的结构。"①

但是，马克思为什么选择了这三派哲学作为自己论文的研究对象呢？在这三派哲学后面、在这三派哲学的共同原则——自我意识后面隐藏着什么东西呢？

马克思在《博士论文》中曾谈道："在我看来，如果那些较早的体系在希腊哲学的内容方面是较有意义、较有兴趣的话，那么亚里士多德以后的体系，主要是伊壁鸠鲁派、斯多葛派和怀疑派这一系列学派则在其主观形式，在其性质方面较有意义、较有兴趣。"② 马克思在这里没有直接指出这些学派主观形式的内容。然而，这或许由于黑格尔对此早已论述过了。黑格尔在《哲学史讲演录》中说："它的原则，由于是形式的，所以是主体的，因此它具有自我意识的主体性这一重要意义。"③ "这种哲学的原则不是客观的，而是独断的，是建立在自我意识自我满足的要求上的。这样，主体就成为应该被关心的东西，主体为自己寻求一条自由的原则，不动心的原则……它应该把自己提高到这种抽象的自由和独立性。"④ 可见，这些学派的原则和主体形式的积极意义就在于，它具有主体性的特点，即强调和突出了主体，使主体特别是主体的自由和独立性成为认识和关心的对象，换句话说，它提出了主体即现实的人的自由和独立的历史课题。

如果我们考察一下伊壁鸠鲁派、斯多葛派和怀疑派赖以产生作用的广阔的历史背景，问题就更清楚了。

这些学派是作为希腊哲学产生的，但是，以后却转移到罗马的世界中，这一情况之所以发生，要从罗马帝国创立带来的消极方面来加

---

① 《马克思恩格斯全集》第 40 卷，人民出版社 1982 年版，第 195 页。
② 《马克思恩格斯全集》第 40 卷，人民出版社 1982 年版，第 195 页。
③ ［德］黑格尔:《哲学史讲演录》第 3 卷，贺麟、王太庆译，商务印书馆 1981 年版，第 4 页。译文有修订。
④ ［德］黑格尔:《哲学史讲演录》第 3 卷，贺麟、王太庆译，商务印书馆 1981 年版，第 5 页。译文有修订。

以说明。罗马人公元前1世纪建立起统一的世界帝国，沟通了各个民族和国家之间的交往。但是，同时也毁灭了这些民族过去各自独立时依据自己的法律和传统在生活中享有的幸福和愉快，使它们受到外来枷锁的重压和种种非人的虐待。正如恩格斯在谈到这段历史时指出的，罗马的占领，在所有被征服的国家，不仅破坏了过去的政治秩序，也破坏了旧有的社会生活条件。其结果是，同普遍的无权地位和对改善现状的可能表示绝望的情况相适应，人们普遍意志消沉和精神颓废[1]。因此，斯多葛派、伊壁鸠鲁派和怀疑派的哲学与罗马世界的精神显然是相合的："在罗马世界的悲苦中，精神个性的一切美好、高尚的品质都被冷酷、粗暴的手扫荡尽净了。在这种抽象的世界里，个人不得不用抽象的方式在他的内心中寻求现实世界中找不到的满足；他不得不逃避到思想的抽象中去，并把这些抽象当作实存的主体，——这就是说，逃避到主体本身的内心自由中去。"[2] 无疑，这些学派的哲学具有遁世色彩。然而他们却是作为现实专制的对立面存在的，是对精神的，从而也是对主体的自由和独立的呼唤。

不难看出，马克思正是在罗马世界中看到了他所处的社会和现实环境的影像，在这些学派中发现了自己从事哲学活动的原型，在这些学派的哲学中找到了自我意识原则这一武器[3]——它是激进的民主主义者所能运用的最锐利的武器[4]。正因为如此，马克思对这些学派给予高度赞扬，说它们是那样充满了特殊性格的、强有力的、永恒的本

---

[1] 参阅恩格斯《布鲁诺·鲍威尔和早期基督教》，载《马克思恩格斯全集》第19卷，人民出版社1963年版，第327—336页。

[2] [德]黑格尔：《哲学史讲演录》第3卷，贺麟、王太庆译，商务印书馆1981年版，第8页。

[3] 兹维·罗森（Zvi Rosen）："马克思明确地把亚里士多德同黑格尔同等看待，把青年黑格尔派同希腊哲学、自我意识诸学派同等看待……近代……被认为是重复了罗马的历史。"参阅[波]兹维·罗森《布鲁诺·鲍威尔和卡尔·马克思》，王瑾等译，中国人民大学出版社1984年版，第187页。

[4] 在《神圣家族》中，马克思在批判埃德加尔时，揭示了"自我意识"的政治面目——它不过是按德国的方式即用抽象思维方式表达的"平等"概念。参阅《马克思恩格斯全集》第2卷，人民出版社1957年版，第48页。

质，以致现代世界也应该承认它们的充分的精神上的公民权①。

但是，我们想说的是，不仅是马克思自己获得了这样的认识和发现，而且，马克思的这一见解也不完全是马克思自己独立达到的。

在此方面首先值得一提的是 K. F. 科本。他在 1837 年发表的《北欧神话文学导论》中，已把反对僵化的天主教和基督教现实的自由的自我意识和启蒙者的自由引进了战场②。马克思在《博士论文》"序"中，还明确地肯定了科本著作《弗里德里希大帝和他的反对者》的功绩，认为该书对古希腊自我意识哲学诸学派同古希腊生活的联系进行了较深的论述③。该书是 1840 年出版的。此外，在施特劳斯那里，我们也看到了他在对基督教起源的考察中所表现出的对晚期希腊哲学思想的独特兴趣。他肯定了希腊人对基督教形成的贡献，盛赞只有斯多葛派才从一切人的理性素质的共同性中得出一切人在本质上是平等的和同属一个整体的结论，完全摆脱了民族偏见④。

然而，在揭示古希腊自我意识哲学的现实意义方面起了举足轻重的作用的无疑是鲍威尔，他是自我意识哲学（近代意义上的）的主要制定者和完成者。如果我们考察一下施特劳斯提出的古希腊哲学对基督教形成影响的观点的来源，就会发现它是出自鲍威尔的研究成果。在马克思写作《博士论文》前，鲍威尔已经研究了斯多葛派、伊壁鸠鲁派和怀疑论诸派同基督教的关系。《复类福音作者批判》（Ⅰ、Ⅱ，1841 年）和《对黑格尔、无神论者和反基督教者末日的宣告》（以下简称《末日的宣告》）（1841 年 10 月）两书是他的自我意识哲学最初形成和在宗教、哲学传统方面彻底运用的标志。我们看到，在《复类

---

① 《马克思恩格斯全集》第 40 卷，人民出版社 1982 年版，第 194 页。
② Hans Martin Sass, Der Einfluss von B. Bauer auf K. Marx, Manuskript, 1974, S. 6 – 8, 12.
③ 《马克思恩格斯全集》第 40 卷，人民出版社 1982 年版，第 189 页。
④ David Friedrich Strauss, Das Leben Jesu. Bd. 1, Bonn, 1864, Abschn. 29.

福音作者批判》一书中，鲍威尔明确宣布："批判的宗旨从一开始就是在福音书范围内揭示自我意识的遗迹"①。在该书"前言"中，他对此也直言不讳："我不应掩盖这一事实，福音史的正确理解具有哲学基础，或者说包含自我意识哲学。"②

而且，事实上，这一思想的萌芽在鲍威尔1838年出版的《启示史批判》中已经出现了。该书对宗教概念的分析是建立在主体性这一原则基础之上的（其中有一章标题就是"以其主体形式出现的宗教概念"），体现出摆脱黑格尔的主体和客体统一的立场的强烈倾向。而按照鲍威尔后来在反对亨格施坦堡小册子中的说法，这种主体性原则的纯表现形式，就是以其绝对内在性形式出现的宗教自我意识③。《启示史批判》无疑是鲍威尔思想发展的一个转折点。它应该被视为鲍威尔"从宗教的外壳下剥出了构成这种神性的内核的极端自命不凡或自我意识"④ 的始端。

马克思的《博士论文》写于1839年初至1841年3月。这正是鲍威尔自我意识哲学的形成时期。因此，有理由认为，鲍威尔对马克思《博士论文》的选题和写作产生了某种影响。

更重要的显然还是在《博士论文》的内容方面。马克思在论文中把自我意识宣布为"最高的神性"⑤，把上帝存在的证明解释为"对人的本质的自我意识存在的证明，对自我意识存在的逻辑说明"⑥，这和鲍威尔把自我意识作为自己一切论断的基础的根本立场是完全一致的。遗憾的是《博士论文》中最重要的两章"德谟克利特的自然

---

① B. Bauer, Kritik der evangelischen Geschicute der Synoptiker, Leipzig, 1841, Bd. 1, S. 183.
② B. Bauer, Kritik der evangelischen Geschicute der Synoptiker, Leipzig, 1841, Bd. 1, S. 15.
③ 参阅［波］兹维·罗森《布鲁诺·鲍威尔和卡尔·马克思》，王瑾等译，中国人民大学出版社1984年版，第49页。
④ 《马克思恩格斯全集》第2卷，人民出版社1957年版，第181页。
⑤ 《马克思恩格斯全集》第40卷，人民出版社1982年版，第190页。
⑥ 《马克思恩格斯全集》第40卷，人民出版社1982年版，第285页。

哲学与伊壁鸠鲁的自然哲学之间的一般主要差别"和"结论"遗失了。但尽管如此,这两章中前一章的"注释"部分仍然向我们清楚地展示了马克思当时的哲学立场和态度,展示了他同鲍威尔的思想关系。

在这一部分内容中,有两点是值得人们特别注意的。

一是,马克思关于哲学同实践和周围世界关系的阐述。马克思指出:"一个本身自由的理论精神变成实践的力量,并且作为一种意志走出阿门塞斯的阴影王国。转而面向那存在于理论精神之外的世俗的现实,——这是一条心理学的规律。……不过哲学的实践本身是理论的。正是批判从本质上衡量个别存在,而从观念上衡量特殊的现实。……当哲学作为意志反对现象世界的时候,体系便被降低为一个抽象的整体,这就是说,它成为世界的一个方面,于是世界的另一个方面就与它相对立。哲学体系同世界的关系就是一种反映的关系。哲学体系为实现自己的愿望所鼓舞,同其余方面就进入了紧张的关系。它的内在的自我满足及关门主义被打破了。那本来是内在之光的东西,就变成为转向外部的吞噬性的火焰。于是就得出这样的结果:世界的哲学化同时也就是哲学的世界化……"①

马克思在这里表述的思想是以黑格尔主体(思想)→实体(现实)→主体(思想)的辩证运动为基础的。哲学的实现和世界化过程,体现了主体实体化即主体→实体的阶段。黑格尔对此曾这样表述:"主体性、观念性是消除各种形式存在物的绝对的火焰,是思辨的环节……"② 马克思的论述,显然是对黑格尔思想的发挥。但值得注意的是,鲍威尔在《末日的宣告》中,也对此作了相同的论述。在该书中,鲍在反驳有关黑格尔仅埋头理论沉思而并没有要把理论付诸

---

① 《马克思恩格斯全集》第 40 卷,人民出版社 1982 年版,第 258 页。
② F. Hegel, Begriff der Religion, in: Vorlesungen ueber die Philosophie der Religion, Leipzig 1925, S. 139.

实践的看法时认为，黑格尔理论本身就是最危险的、包罗万象的和最富于破坏性的实践，这个理论就是革命本身。而且，鲍威尔也提及了火焰："实体只不过是瞬息即逝的火焰。而自我则在这火焰中焚除自己的有限性和局限性。"①

这里，黑格尔把主体性、观念性称为"火焰"，鲍威尔则把实体称为"火焰"，两者的着重点显然是不同的。但是，实际上，这也可以说是同一事情的不同说法。我们不要忘记，在黑格尔那里，实体是由主体或主体性转化而来的。或用马克思的话说，这一"火焰"不过是"内在的光""转向外面"。可见，马克思的论述同鲍威尔的论述不仅在内容上，而且在形式上也几乎是同一的。

二是，马克思谈到哲学的自我意识的双重性表现为两个对立方向时，将其概括为两个学派，即自由派（Liberals Partei）和实证哲学（Positive Philosophie），并对前者予以了肯定。马克思指出，自由派以哲学的概念和原理为其主要的规定，其活动为批判，它使自身向外转向，针对世界的缺陷，致力于世界哲学化；而实证哲学是以实在性环节作为主要规定，转向自身，以为缺陷在哲学本身。同时，马克思又指出，"只有自由派，因为它是概念的一派，才能带来真实的进步"，而实证哲学只能带来些形式同其意义相矛盾的要求和倾向②。这里，自由派被用来标志青年黑格尔派，实证哲学被用来指小费希特、费舍和魏塞等人③。因此，这段论述体现了马克思对鲍威尔哲学的推崇和充分肯定。

然而，如果从以上对比和论述中得出结论，说马克思在《博士论文》中表达的这些观点都源于鲍威尔，没有马克思自己的独立贡献，

---

① B. Bauer, Die Posaune des juengsten Gerichts ueber Hegel, in: Die Hegelsche Linke, Herg. v. Heinz und I. Pepperle, Leipzig 1985, S. 287.
② 《马克思恩格斯全集》第40卷，人民出版社1982年版，第260页。
③ [波] 兹维·罗森：《布鲁诺·鲍威尔和卡尔·马克思》，王瑾等译，中国人民大学出版社1984年版，第192页。

似乎也难以成立①。鲍威尔的《复类福音作者批判》（Ⅰ、Ⅱ）和《末日的宣告》与马克思的《博士论文》大致是同一时期写作的。《末日的宣告》的出版甚至比《博士论文》还晚。因此，如果认为《末日的宣告》"完全无中断地衔接了《博士论文》"②也是有道理的。况且，我们还必须注意到这样一个是事实，即马克思至少在某种范围内以一个默默无闻者参与了《末日的宣告》的工作③。《末日的宣告》不能不在某种程度上体现马克思自己的理论贡献和影响。

但无论如何，我们可以确定的是，在鲍威尔（还有科本）的影响下，马克思通过自己的《博士论文》参与了对黑格尔哲学的改造工作，即自我意识哲学的制定工作。《博士论文》中体现的哲学的基本立场和倾向同鲍威尔是吻合的。

---

① 麦克莱伦断言，在《博士论文》中"并没有任何马克思特有的思想"。参阅［英］戴维·麦克莱伦《青年黑格尔派与马克思》，夏威仪等译，陈启伟校，商务印书馆1982年版，第74页。

② Hans-Martin Sass, Der Einfluss von B. Bauer auf K. Marx, Manuskript, 1974, S. 12.

③ 对此，在东欧以及西方学者中间尚存在争议。马克思为《末日的宣告》写了第二部分《论基督教的艺术》（后并没有作为该书组成部分发表）是无疑的，问题是马克思是否参与了《宣告》本身的写作。麦克莱伦否定了马克思直接参与该书写作的可能性（《青年黑格尔派与马克思》，夏威仪等译，陈启伟校，商务印书馆1982年版，第73页）。罗森也认为鲍威尔是该书的"唯一作者"（《布鲁诺·鲍威尔与卡尔·马克思》，王瑾等译，中国人民大学出版社1984年版，第154页）。科尔纽也认为《末日的宣告》一书是鲍威尔一个人的著作，但他含蓄地承认，马克思对该书起了某种作用（［法］奥古斯特·科尔纽：《马克思恩格斯传》，刘磊等译，生活·读书·新知三联书店1963年版，第293—299页）。马利宁等人则倾向于修正这种认为马克思没有参与该书写作的见解（《黑格尔左派批判分析》，曾盛林译，沈真校，社会科学文献出版社1987年版，第171—172页）。汉斯-马丁·萨斯（Hans-Martin Sass）不同意《末日的宣告》是鲍威尔与马克思共同撰写的，但他确信，马克思参与了《末日的宣告》中"反题辩证法"的制定，甚至在主要思想上起了决定作用，并且，也参与了各章节的具体讨论（《费尔巴哈和马克思》，载《德国哲学》第2辑，第158页）。作者认为，虽然不能确认马克思直接撰写了《末日的宣告》中的某些章节，但至少可以确认，马克思在很大程度上参与过该书的思想制定。在此需要指出和强调的事实是：其一，在1842年3月20日致卢格的信中，马克思像谈论自己著作那样和以自我批评的口吻谈论《末日的宣告》的写作笔调和叙述方式（参阅《马克思恩格斯全集》第27卷，人民出版社1972年版，第423—424页）。其二，马克思在批判鲍威尔的过程中，提及了鲍威尔当时的所有重要著作，一一加以援引和抨击，而唯独绕过了《末日的宣告》，这显然绝非偶然。其三，就主题而论，《末日的宣告》中有一段话云："哲学需要的不是上帝，不是异教徒的诸神；它需要的只是人，只是自我意识，并且，对它来说，一切都全然是自我意识。" Die Hegelsche Linke, Herg. v. Heinz u. Pepperle, Leipzig, 1985, S. 274. 这不过是马克思在《博士论文》中借普罗米修斯之口所说的那段"哲学的自白"的不同表述和说法。

《博士论文》中表达的自我意识观点同鲍威尔思想的明显一致，在一定意义上可以视为鲍威尔对马克思思想影响的证明。但是，我们还需要指出事情的另一方面，即《博士论文》中隐藏的同鲍威尔思想的差异和分歧。否则，我们就不能对事情有一个完整的把握。

首先，在《博士论文》中，马克思在对伊壁鸠鲁自然哲学进行肯定的同时，也批判了他对人和世界、周围环境关系的不正确理解。伊壁鸠鲁把原子理解为具有自由和独立精神本质——其表现是脱离直线的倾斜运动——的元素，把它变成单个自我意识的象征。但与此同时，也导致了对自由的错误理解，即认为个人自我意识只有摆脱世界才能获得自由。马克思把伊壁鸠鲁哲学这一消极方面作为一个极其重要的环节提出来。他指出："整个伊壁鸠鲁哲学到处都脱离了具有局限性的此在。"① 因此，它的自由具有抽象、虚幻的性质："抽象的个别性是脱离此在的自由，而不是在此在中的自由。它不能在此在之光中发亮。"②

马克思对伊壁鸠鲁的这种批评，内含了同鲍威尔的分歧，正如科尔纽已指出的，鲍威尔是依据费希特的理解方式，把自我意识的发展看成是实体精神同周围环境的不断对立进行的，而马克思则遵循黑格尔意识与存在具有不可分离的内在联系的原则，主张精神的发展是通过与世界的相互作用③。显然，马克思虽然肯定、推崇伊壁鸠鲁哲学，肯定、推崇古希腊自我意识哲学，但受黑格尔影响（黑格尔曾指出这些哲学的消极性质。他把伊壁鸠鲁哲学作为独断主义的典型，并认定它具有反思辨的色彩），他采取了较为客观、冷静的立场，并没有像鲍威尔那样，把主体、自我意识绝对化，以及赋予主体和客体、思想

---

① 《马克思恩格斯全集》第40卷，人民出版社1982年版，第214页。译文有改动。
② 《马克思恩格斯全集》第40卷，人民出版社1982年版，第228页。译文有改动。
③ [法] 奥古斯特·科尔纽：《马克思恩格斯传》第1卷，刘磊等译，生活·读书·新知三联书店1963年版，第183页。

和现实以一种极端对立的形式。换言之，尽管马克思站在唯心主义的哲学立场上，但他持有一种主体与客体、精神与外部世界、自由与必然等相统一的理解①。

其次，马克思在论述了哲学的现实化的客观方面之后，论述了哲学现实化的主观方面，即哲学体系同个别自我意识的关系。马克思认为，个别自我意识有两个要求，转向世界和转向哲学自身。而这两者是统一的，即个别自我意识从非哲学中解放世界，同时也就是从束缚他们的哲学体系中解放自己。个别自我意识同哲学体系的真实关系或个别自我意识的理论地位就表现为："因为自我意识本身仅仅处在发展的过程中，并为发展过程的直接力量所掌握，因而在理论方面还未超出这个体系的范围，它们只感觉到同体系的有伸缩性的自我等同的矛盾，而不知道当它们转而反对这个体系时，它们只是实现了这个体系的个别环节。"②

在这段论述中，含有两个意义重大的内容：一是，马克思在这里把改造现实（从非哲学中解放世界）和扬弃黑格尔哲学（从哲学体系中解放自己）看作一个过程、一件事情的两个方面，把扬弃黑格尔哲学看作实现对现实改造的必要前提。这实际上已预示了对黑格尔哲学的批判。我们看到，在《博士论文》中马克思已把黑格尔哲学的调和倾向归于黑格尔哲学自身的固有缺陷和必然结果③。二是，马克思已清醒、明确地认识到，个别自我意识（它分裂和外化为"自由派"即青年黑格尔派和"实证哲学"派）没有超出黑格尔哲学的基地，而且它们对自身和黑格尔哲学的关系缺乏认识。这说明，马克思已清

---

① 萨斯形象地把鲍威尔在《末日的宣告》中采用的策略称为"反题辩证法"，并指出在这一策略的背后，存在着对历史机械论的信仰（见其《费尔巴哈和青年马克思》，载《德国哲学》第2辑，第159页）。马克思的这种主、客体统一的理解，显然与鲍威尔的独断论的"反题辩证法"有明显不同。

② 《马克思恩格斯全集》第40卷，人民出版社1982年版，第259页。

③ 《马克思恩格斯全集》第40卷，人民出版社1982年版，第257页。

楚地意识到了包括鲍威尔哲学在内的青年黑格尔派哲学的理论地位和根本缺陷。

马克思在哲学和世界关系上的上述看法对于马克思以后思想的发展，特别是对自我意识哲学的批判有多么重大的意义，我们还要在以后的叙述中进一步加以体现。这里，我们只想指出马克思在《德意志意识形态》中对包括鲍威尔自我意识哲学在内的整个德国哲学、德国一般意识形态进行批判所提出的两个最重要的论点。

其一是，马克思在该书中指出："德国的批判，直到它的最后挣扎，都没有离开过哲学的基地，这个批判虽然没有研究过它的一般哲学前提，但是它谈到的全部问题终究是在一定的哲学体系，即黑格尔体系的基地上产生的。……对黑格尔的这种依赖关系正好说明了为什么在这些新出现的批判家中甚至没有一个人想对黑格尔体系进行全面的批判……"①

其二，也是在该书同一节，马克思指出："尽管青年黑格尔派思想家们满口讲都是'震撼世界'的词句，而实际上他们是最大的保守分子。……这些哲学家没有一个想到要提出关于德国哲学和德国现实之间的联系问题，关于他们所做的批判和他们自身的物质环境之间的联系问题。"②

只要我们将马克思这两部著作的表述稍加对照就可以看出这些论点的完全一致，可见，在《博士论文》中所表现出的马克思同鲍威尔在对待现实世界和对待黑格尔哲学问题上隐蔽的分歧，是马克思同包括鲍威尔在内的青年黑格尔派的斗争始终贯穿的东西，它内含了马克思对自我意识哲学批判的最本质的要素，同时，也是马克思超越黑格尔、超越鲍威尔以及超越自我意识哲学影响之下的自我的起始和杠杆。

---

① 《马克思恩格斯全集》第3卷，人民出版社1960年版，第21页。
② 《马克思恩格斯全集》第3卷，人民出版社1960年版，第22—23页。

二 马克思对"自我意识哲学"的批判及其意义

马克思对鲍威尔的首次批判,并不是采取哲学的形式,而是采取宗教的政治的形式出现的,这就是马克思《论犹太人问题》的发表,它是马克思同鲍威尔论战序幕的开启。这场论战的爆发,首先应归于马克思思想在此期间的发展和飞跃。这在实践方面,是得力于编辑《莱茵报》期间获得的政治实践经验;在理论方面,则是费尔巴哈宗教和哲学批判影响的结果,特别是对黑格尔哲学批判影响的结果。正是这两个因素,促使马克思完成了从唯心主义和民主主义向唯物主义和共产主义的转变。

马克思对鲍威尔的首次批判之所以采取了宗教的、政治的形式,原因在于,首先,从主观方面来说,马克思当时刚刚在政治立场和哲学思想上完成根本转变,他的目光还集中在社会历史领域,还来不及转向哲学层面,来从哲学理论上对自己的思想转变加以总结和对自己以前的信仰进行清理。其次,从客观方面来说,当时社会现实提到首位的是宗教、政治问题。对此,马克思在1843年9月致卢格的信中作了清楚的说明:"请问,这该怎么着手呢?有两种情况是无庸怀疑的。首先是宗教,其次是政治;这两者目前在德国正引起极大的兴趣。不管这两个对象怎样,我们应当把它们作为出发点……"[①] 马克思还认为:"正如宗教是人类理论斗争的目录一样,政治国家是人类实际斗争的目录。可见政治国家在自己的形式范围内(从政治角度)反映了一切社会斗争,社会需求和社会真理。所以把最特殊的政治问

[①] 《马克思恩格斯全集》第1卷,人民出版社1956年版,第417页。

题……作为批判的对象。毫不意味着降低（原则高度）……"①

在《论犹太人问题》中，马克思对鲍威尔在《犹太人问题》一文中对犹太人特性、犹太教和基督教的对立，以及基督教国家本质的分析和说明给予了肯定，然后集中批判了鲍威尔对犹太人的解放这一问题的回答和结论，即把犹太人解放问题归结为宗教和神学问题，以及毫无批判地混淆政治解放和人的解放的基本错误。

初看起来，《论犹太人问题》似乎完全是谈宗教、政治及其社会相互关系问题，同鲍威尔的宗教和政治观点的哲学基础——自我意识哲学无关，因为马克思并没有将鲍氏在犹太人问题上的错误同他的自我意识哲学直接联系起来，去深究和专门分析他的哲学理论根源（这或许可以在某种意义上视为该文的缺陷）。但是，实际上，马克思在这方面也并非一点也没有涉及。

在《犹太人问题》中，鲍威尔认为，无论基督教还是犹太人，都必须彻底抛弃自己的本质。只有当犹太人和基督徒放弃那种使他们分离并陷于永久孤立的特殊本质，承认人的普遍本质并把它看成真正的本质的时候，他们才能被看成是人。马克思对此在《论犹太人问题》中进行了这样的揭露："犹太人和基督徒之间最顽强的对立形式是宗教的对立。怎样才能消除这种对立呢？……那就必须消灭宗教。只要犹太人和基督徒把他们互相对立的宗教看成人类精神发展的不同阶段，看成历史蜕掉的不同蛇皮，把人本身只看成蜕皮的蛇……他们的相互关系就不再是宗教的关系，而是批判的、科学的、人的关系了。"② 显然，鲍威尔把犹太人问题归结为神学问题，把犹太人的解放描绘成哲学兼神学的行为，这是完全符合和体现他的自我意识哲学特色的，是改变观念也就改变了现实的标本。

---

① 《马克思恩格斯全集》第1卷，人民出版社1956年版，第417页。
② 《马克思恩格斯全集》第2卷，人民出版社1957年版，第421页。

但《论犹太人问题》毕竟不是对鲍威尔的哲学的批判。它的意义在于，公开地昭示了马克思自己与鲍威尔的分歧，从而成为马克思同自我意识哲学彻底决裂的一个先兆和标志。

如果说，在《论犹太人问题》中马克思基本上还没有涉猎鲍威尔的自我意识哲学，那么，马克思的《1844年经济学哲学手稿》（以下简称《手稿》）则宣告了对这一自我意识哲学的批判。

在《手稿》中，马克思专门写了《对黑格尔辩证法和整个哲学的批判》一章，对黑格尔思辨哲学进行了批判分析。这种批判从直接意义上来说，固然是针对黑格尔哲学本身的，但是，如果我们注意到，《手稿》的"序言"和《对黑格尔辩证法和整个哲学的批判》一章开头批判的锋芒所指是鲍威尔，那么，我们就必须承认，在间接意义上，它也是针对鲍威尔自我意识哲学的。

在"序言"中，马克思集中揭露了鲍威尔对黑格尔哲学以及费尔巴哈发现的双重态度。

鲍威尔对黑格尔哲学的态度是双重的。这表现在，他一方面基于黑格尔哲学的权威性而利用黑格尔哲学，从黑格尔哲学的前提出发，一方面又基于在批判过程中和由于别人的发现而产生的对这些前提的怀疑而抛弃这些前提。他对费尔巴哈对黑格尔思辨哲学本质的揭示的态度也是双重的。这表现在，他一方面利用费尔巴哈的成果去反对那些尚受黑格尔哲学束缚的人——这意味着肯定费尔巴哈的发现，另一方面又以原有的形式搬弄黑格尔辩证法的要素去反对费尔巴哈对黑格尔的批判。而且，当他一旦感到黑格尔的某一环节为费尔巴哈所缺少时，就以哲学的真正克服者自诩①。总之，鲍威尔为了他的批判的"纯粹性"，对黑格尔和费尔巴哈哲学完全随心所欲，采取了一种实用主义的态度。

---

① 《马克思恩格斯全集》第42卷，人民出版社1979年版，第46—48页。

在马克思看来，究其实质，在激进运动之初起过积极作用的鲍威尔神学批判，"归根到底不外是旧哲学，特别是黑格尔的超验性被歪曲为神学漫画的顶点和结果"①，可是在费尔巴哈揭露了黑格尔哲学的本质以后，它却仍然醉心于旧世界的内容，对自己和黑格尔哲学的本质关系完全缺乏认识，对自身完全采取无批判的态度②。这未免是难以令人容忍的。

因此，马克思看来，对黑格尔辩证法和一般哲学进行批判、分析所以必要，显然不仅由于因费尔巴哈的发现，黑格尔哲学的本质已成为公开的秘密，对黑格尔哲学的全面批判已作为历史任务提到日程上来，已具备了完成这一任务的条件，不仅由于对黑格尔哲学的清算也是对马克思自己以前信仰的清算，而且，也由于黑格尔哲学是鲍威尔批判的"诞生地"③和"母亲"④。所以，马克思对黑格尔辩证法和一般哲学的批判，是对鲍威尔的抽象的自我意识哲学前提的批判，因而，也是对这种自我意识哲学本身的根本批判。

在《手稿》"序言"结尾，马克思宣告，他将在另一处对自我意识哲学本身进行批判，即详述这个黑格尔哲学的溃烂区所显示的它的消解和腐化过程⑤。对鲍威尔哲学这种"历史的判决"的描述，正是马克思在《神圣家族》（以下简称《家族》）中完成的。

马克思在《家族》"序言"中宣布，思辨唯心主义是"真正人道主义"（唯物主义代用语）最危险的敌人，它用"自我意识"即"精神"代替现实的个人，抬高精神，贬低物质。而鲍威尔批判中含有的东西，正是这种以漫画的形式再现的思辨。因此，该书的目的，就是

---

① 《马克思恩格斯全集》第42卷，人民出版社1979年版，第48页。
② 《马克思恩格斯全集》第42卷，人民出版社1979年版，第156—157页。
③ 《马克思恩格斯全集》第42卷，人民出版社1979年版，第47页。
④ 《马克思恩格斯全集》第42卷，人民出版社1979年版，第157页。
⑤ 《马克思恩格斯全集》第42卷，人民出版社1979年版，第48页。

揭露这种"思辨哲学的幻想"①。

在《家族》中，值得注意的是马克思集中对鲍威尔成绩斐然的领域——他的宗教、神学批判过程的考察。马克思通过这一考察，揭示了鲍威尔和斯宾诺莎主义断绝关系后转向黑格尔的自我意识，从而最终导致思辨的创世说的思想发展轨迹，即自我意识哲学的形成和演变过程，揭示了他的自我意识哲学的本质。

鲍威尔看到，在施特劳斯那里的具有普遍形式的宗教传说，就是采取宗教团体力量形式的、非逻辑的实体。这表明施特劳斯忠实于斯宾诺莎的实体，将其视为绝对物。但鲍威尔认为，这种观点是神秘莫测的，只能提供福音史起源过程的假象和同义反复式的说明。因此，必须去研究实体的内部过程，寻求实体的秘密。这一想法促使鲍威尔实现了黑格尔现象学中关于抛弃实体的闭塞性、将其提升为自我意识的构想，在反对实体中导向理念的普遍性和规定性，导向"无限的自我意识"。这意味着把人的自我意识从人的属性变成独立的主体，马克思讥之为"讽刺人脱离自然的形而上学的神学漫画"②。这体现在《复类福音作者批判》一书中。

但是，在鲍威尔看来，这个自我意识，这个精神不是别的，它就是上帝，是创造世界历史的唯一力量，是"一切"③。它建造了世界，建造了差别，并且在自己的创造物中建造自己。因而，世界和自我意识的差别，只是现象上的差别，是自我意识自身的差别，所以，自我意识必须重新扬弃在它之外存在某种事物的假象，否定他自己的创造物。于是鲍威尔通过批判这一武器，把在无限的自我意识之外的一切有限物质，都变成单纯的假象和纯粹的思想，在任何领域内都不假定

---

① 《马克思恩格斯全集》第2卷，人民出版社1957年版，第7页。
② 《马克思恩格斯全集》第2卷，人民出版社1957年版，第176页。
③ 参阅 B. Bauer, Die Posaune des juengsten Gerichts ueber Hegel, S. 297："对于哲学来说，上帝是僵死的，只有作为自我意识的我……才活着，在创造，在行动，它就是一切。"

有实体。但这样一来,世界上就只存在自我意识这一神圣实体及其创造者——鲍威尔自己了。因而,鲍威尔也就自然地把自己同自我意识等同起来。而把整个其余世界当作固执的"物质"和"群众"摈弃掉。这是鲍威尔在《基督教的真相》中达到的结局①。

马克思认为,鲍威尔的这种"批判的最后结果就是以思辨的黑格尔的形式恢复基督教的创世说"②或在黑格尔著作中几乎可以一字不差地找到的"思辨的创世说"③。或许还可以说,在这里,我们也看到了彻底的主观唯心主义是如何接近客观唯心主义的范例。

在鲍威尔使自己的自我意识消除了它的创造物返回到自身后,鲍威尔也就完成了自己的"思辨的循环",神学发展的三部曲。马克思对此作了这样的描述:"鲍威尔先生最先是一个……批判的神学家或神学的批判家。当他还是一个……老黑格尔正统派的最极端的代表时……就已经……十分明确地维护神的批判权利。后来,他从宗教的外壳下剥出了构成这种神性的内核的极端自命不凡或自我意识,把它看作独立存在,把它变成独立的存在物,并在'无限的自我意识'的幌子下把它提升为批判的原则。接着,他又在他本身的运动中完成了被'自我意识的哲学'描述为绝对的生命行为的那种运动。他重新消除了作为'被创造出来的东西'的无限的自我意识与创造东西的主体即他本身之间的'差别',并认识到:无限的自我意识在自己运动中'只是'鲍威尔'他自己'……最后,宗教的救世主终于显化为批判的救世主鲍威尔先生了。"④

---

① 在此方面,法兰克福学派在某种程度上承继了鲍威尔哲学。"在二十世纪,代表布鲁诺·鲍威尔立场的是法兰克福学派,该派权威性人物也认为,思想解放的批判本身即使没有群众基础也能导致社会政治的改革和革命的爆发。"参阅汉斯-马丁·萨斯《费尔巴哈与青年马克思》,《德国哲学》第2辑。
② 《马克思恩格斯全集》第2卷,人民出版社1957年版,第174页。
③ 《马克思恩格斯全集》第2卷,人民出版社1957年版,第179页。
④ 《马克思恩格斯全集》第2卷,人民出版社1957年版,第181页。

无疑，这种神学的思辨循环，是鲍威尔思想演变的逻辑史，是鲍威尔自我意识哲学起源和发展的秘密。

在对鲍威尔思辨循环的描述中，马克思深刻地揭示了鲍威尔哲学同黑格尔哲学的关系，即它的理论实质和理论地位。

马克思认为施特劳斯和鲍威尔关于实体和自我意识的争论，是在黑格尔思辨范围之内的争论。黑格尔体系中有三个因素：斯宾诺莎的实体，即脱离人的自然；费希特的自我意识，即脱离自然的精神；以及黑格尔自己的绝对精神，即现实的人或人类。施特劳斯从黑格尔那里采用了实体，作为福音书的创作本原，鲍威尔则出于同一目的从黑格尔那里挑选了自我意识。他们每一个人都对黑格尔哲学的一个方面作了彻底的发挥，因此，他们都在自己的批判中超出了黑格尔哲学的范围，但同时又都继续停留在黑格尔思辨的范围内。只有费尔巴哈才完全相反，他对整个黑格尔哲学进行了批判，把绝对精神归结为以"自然为基础的现实的人"，从而铺平了从唯心主义过渡到唯物主义的道路。①

马克思这些论述内含是丰富的。它实际上也说出了黑格尔体系解体的实质和趋向，这也是青年黑格尔派运动前期的基本和主要的哲学内容。

马克思不仅考察了鲍威自我意识哲学的形成、演变及其与黑格尔哲学体系的关系，而且还分析了它的政治内容。

马克思在驳斥埃德加尔·鲍威尔对蒲鲁东的指摘时表达了这样一个观点："自我意识"范畴无非就是"平等"概念，区别只不过在于：前者是德国式的表达方式（这表明了德国资产阶级的软弱性），后者是法国式的表达方式；前者是哲学语言的表达方式，后者是政治语言的表达方式；前者是纯理论范围内的表达方式，后者是实践领域

---

① 《马克思恩格斯全集》第 2 卷，人民出版社 1957 年版，第 176—177 页。

中的表达方式。他说："如果埃德加尔先生把法国的平等和德国的'自我意识'稍稍比较一下，他就会发现，后一个原则按德国的方式即用抽象思维的形式所表达的东西，就是前一个原则按法国的方式即用政治和思维直观的语言所表达的东西。自我意识是人在纯思维中和自身的平等。平等是人的实践领域中对自身的意识，也就是人意识到别人是和自己平等的人，人把别人当作和自己平等的人来对待……因此，德国的破坏性批判，在以费尔巴哈为代表对现实的人进行考察以前，力图用自我意识的原则来铲除一切确定的和现存的东西，而法国的破坏性批判则力图用平等的原则来达到同样的目的。"①

马克思在这里也暗示了这一思想：自我意识哲学如同法国的平等观念一样，在现实中是曾起到了它的历史作用的；但随着费尔巴哈哲学的出现，随着德国理论转入对现实的人的考察（这为社会主义提供了理论基础），自我意识哲学的作用也就寿终正寝了。

对自我意识哲学的批判不能不牵涉它的理论来源。我们看到马克思在《家族》中处处把鲍威尔的唯心主义思辨同黑格尔的唯心主义思辨加以对照，以体现他们的母子关系，甚至把对鲍威尔的批判直接变成对黑格尔的批判。

针对施里加有关《巴黎的秘密》的评论，马克思专门揭示了黑格尔思辨结构的秘密。按照马克思的看法，这一秘密就在于：首先，从个别（"苹果、梨、草莓、扁桃"等）中得出一般（"水果"概念），并把这个一般宣布为"实体"，而把个别变成虚幻物；然后用思辨、神秘的方法——把一般说成是"活生生的、自相区别的、能动的本质"②——抛弃一般和抽象，返回到现实的个体，即把个体变成一般"总体"、一般"系列"的"各个环节"（但这种个体仍然是虚幻的，

---

① 《马克思恩格斯全集》第 2 卷，人民出版社 1957 年版，第 48 页。
② 《马克思恩格斯全集》第 2 卷，人民出版社 1957 年版，第 73 页。

"因为它们是'一般果实'的生命的各个环节",是"理智所创造的抽象本质的生命的各个环节,因而本身就是理智的抽象物"①);最后,把这种一般到个别的观念推移活动说成是一般这个绝对主体的"自我活动"②。

可见,简言之,这种思维的结构和秘密在马克思看来就在于:一般→实体→主体。即把一般先变成实体,然后再把它变成和了解为主体。马克思认为,这就是"黑格尔方法的基本特征"③。这自然也是鲍威尔方法的基本特征④。在鲍威尔那里,自我意识就是万能的主体,它不受任何实体因素的制约,它创造了尘世的一切。而当人把自己的意识内容移植到自身之外时,实体就被看作自我意识的具体化,或被理解为自我意识的环节。⑤

马克思在《家族》中还把对自我意识哲学的批判同自我意识哲学对社会和政治问题的解决联系起来,特别是和对群众以及对犹太人问题的态度联系起来。

鲍威尔把自我意识及其代表"批判"视为最高的存在和创造主,必然排斥任何实体,物质因素及其代表——群众。他把批判、精神作为历史活动的主体,而把其余世界归入"群众"范畴与之相对立,把整个历史活动归结为批判与世界、批判的"基督"与愚钝的群众或"群氓"的关系,从而,"绝对批判的英明和绝对群众的愚蠢的关系"

---

① 《马克思恩格斯全集》第2卷,人民出版社1957年版,第74页。
② 《马克思恩格斯全集》第2卷,人民出版社1957年版,第74页。
③ 《马克思恩格斯全集》第2卷,人民出版社1957年版,第75页。
④ 兹维·罗森认为,在对实体和主体的关系理解上,鲍威尔同黑格尔之间也还有某种区别:黑格尔强调两者的有机联系,鲍威尔却从非辩证的角度把两者对立起来——开始是把实体变成唯一绝对,但后来又强调主体取消了实体。参阅[波]兹维·罗森《布鲁诺·鲍威尔和卡尔·马克思》,王瑾等译,中国人民大学出版社1984年版,第86页。
⑤ B. Bauer, Die Posaune des juengsten Gerichts ueber Hegel, S. 291:"自我意识是世界历史的唯一权力,历史除了自我意识的生成和发展以外别无其他意义。"S. 287:"运动的完结不是实体而是自我意识,自我意识在现实中被设定为无限物并且将实体的普遍性作为其本质吸收到自身之中。"

就构成了"过去的批判的行动和战斗的意图、趋向和解答"①，成为自我意识哲学的历史观中的基本的关系。从这一立场出发，鲍威尔在解释历史上伟大活动的失败和没有实践成效时，把原因归于其基础思想是屈从与迎合群众。

马克思则从彻底的唯物主义历史观的立场，反驳了这种论调，对历史活动和群众、思想和物质利益的关系进行了不同的阐述。

马克思认为，鲍威尔的观点完全颠倒和否定了过去的全部历史。因为在鲍威尔看来，在历史活动中重要的不是行动着的群众，不是经验的活动，也不是这一活动的经验和利益，而仅仅是"寓于'这些东西里面'"的观念②，但是，事实恰恰相反，"历史上的活动和思想都是'群众'的思想和活动"③。马克思认为，在对历史活动的成败进行考察时，应该把对目的的关心和唤起的热情、把思想和利益严格区分开来。思想不能离开利益，"思想一旦离开'利益'，就一定会使自己出丑"。同时，思想和利益又不同一，思想不能完全确切反映利益，思想往往把利益夸大、扩大化："任何得到历史承认的群众的'利益'，当它最初出现于世界舞台时，总是在'思想'或'观念'中远远地超出自己的实际界限，很容易使自己和全人类的利益混淆起来。"④ 这也就是后来马克思在《德意志意识形态》中表达的，特殊利益开始时往往以虚幻的共同利益的形式出现。因此，马克思认为，如果说历史活动、革命没有获得成功，原因只在于，群众的政治观念和自己的实际利益观念、他们真正的主导原则和革命的主导原则以及他们解放的现实条件和资产阶级借以解放自身和社会的条件之间是不一致或根本不同的；只在于，革命在本质上不超出其生活条件范围的

---

① 《马克思恩格斯全集》第 2 卷，人民出版社 1957 年版，第 100 页。
② 《马克思恩格斯全集》第 2 卷，人民出版社 1957 年版，第 104 页。
③ 《马克思恩格斯全集》第 2 卷，人民出版社 1957 年版，第 103 页。
④ 《马克思恩格斯全集》第 2 卷，人民出版社 1957 年版，第 103 页。

那部分群众，是并不包括全体居民在内的特殊的、有限的群众；一句话，只在于，"对不同于资产阶级的绝大多数群众来说，革命的原则并不代表他们的实际利益"①。

马克思这一论断，揭示了资产阶级革命的本质和局限性，无疑是对"激进运动"所作出的深刻总结。这一总结正是马克思得以提出"历史活动是群众的事业，随着历史活动的深入，必将是群众队伍的扩大"②这一著名论断的基础。

自我意识哲学把"自我意识""批判"宣告为创造历史的唯一因素，摒弃物质、群众，也就必然否定无产阶级的历史任务和"群众的社会主义"。它在无产阶级和资产阶级对立的整体之外寻求存在的前提③，并且认为，一切祸害都只存在于工人们的"思维"中，而"只要他们在思想中清除了雇佣劳动的想法……只要他们在思想上铲除了资本这个范畴……只要他们在自己的意识中改变自己这个'抽象的自我'……他们就会真正发生变化"④。

马克思指出，鲍威尔的自我意识哲学历史观的根本错误就在于，把一切历史活动的产生都归于批判、精神，而把改造社会的事业归于批判的批判的大脑活动⑤。它不过是黑格尔历史观，从而是关于精神和物质、上帝和世界相对立的基督教德意志教条的思辨表现和极端发展⑥。

在犹太人问题上，马克思推进了《论犹太人问题》一书中对鲍威尔的批判。这主要体现在，马克思在《家族》中把鲍威尔对政治问题的观点即对犹太人问题的解决同他的哲学世界观——自我意识哲学直

---

① 《马克思恩格斯全集》第2卷，人民出版社1957年版，第103—104页。
② 《马克思恩格斯全集》第2卷，人民出版社1957年版，第104页。
③ 《马克思恩格斯全集》第2卷，人民出版社1957年版，第43—45页。
④ 《马克思恩格斯全集》第2卷，人民出版社1957年版，第67—68页。
⑤ 《马克思恩格斯全集》第2卷，人民出版社1957年版，第109页。
⑥ 《马克思恩格斯全集》第2卷，人民出版社1957年版，第108—109页。

接联系起来批判考察，把犹太人问题的解决进一步提升到哲学的理论的高度。

在《论犹太人问题》一文中，马克思借助自己对法国革命研究的成果和对资产阶级革命局限性的认识，集中批判了鲍威尔把政治解放和人的解放混淆起来的基本错误。

在《家族》中马克思进一步批评了鲍威尔把犹太人问题归结为宗教、神学问题的思想。他针对鲍威尔的"犹太人问题既是宗教、神学的问题，也是政治的问题"的辩解，提出，问题在于，"鲍威尔把'犹太人问题'解释成是真神学和假政治的"①。他"甚至在政治上所研究的也不是政治，而是神学"。② 当他陷入政治时，"他总是把政治当作自己信仰即批判信仰的俘虏"。③ 他并没有超乎宗教的对立，把犹太人对基督教世界的关系仅仅看作犹太教对基督教的关系，把现代犹太人和基督徒即现代世界"获得自由"的能力，仅仅局限于他们理解神学的"批判"和在这种"批判"的圈子之内进行活动的能力④。他所唯一知道的斗争就是反对自我意识的宗教局限性的斗争，然而，他却没有注意到，"自我意识的批判的'纯洁性'和'无限性'也同样是神学的局限性"⑤。

马克思认为，鲍威尔俨然要给当代一切问题提供正确的提法，但实际上，它不过是袭用黑格尔的思辨戏法：把问题"从正常的人类理智的形式变为思辨理性的形式，并把现实的问题变为思辨的问题"⑥。

可以说，马克思在《家族》中对自我意识哲学的批判是全面的、彻底的。该书出版后，恩格斯曾评论说："……这本书的确写得非常

---

① 《马克思恩格斯全集》第 2 卷，人民出版社 1957 年版，第 138 页。
② 《马克思恩格斯全集》第 2 卷，人民出版社 1957 年版，第 139 页。
③ 《马克思恩格斯全集》第 2 卷，人民出版社 1957 年版，第 143 页。
④ 《马克思恩格斯全集》第 2 卷，人民出版社 1957 年版，第 141 页。
⑤ 《马克思恩格斯全集》第 2 卷，人民出版社 1957 年版，第 141—145 页。
⑥ 《马克思恩格斯全集》第 2 卷，人民出版社 1957 年版，第 115 页。

精彩……鲍威尔弟兄将无词以对。"① 但是，恩格斯似没有能够足够估价马克思对鲍威尔的自我意识抽象思辨所作批判的意义②。

《家族》一书出版后，鲍威尔在1845年第3卷《维干德季刊》（1845年10月16—18日出版）上刊发《评路德维希·费尔巴哈》一文进行了反驳。鲍威尔在文中指责马克思、恩格斯断章取义，把"批判"在《文学总汇报》期间的活动，当作"批判"的全部活动："恩格斯、马克思把《文学总汇报》标为全部的、唯一的和仅有的批判，借此剔除了批判的任何进步，解脱和断绝了批判的发展联系，并且把《文学总汇报》变成了具有围绕自身神圣光环的、同'神圣家族'相匹配的和起源于这一神圣家族的讽刺画。"③ 针对鲍威尔的反驳，马克思在1846年1月《社会明镜》第2卷第7期上发表了《答布鲁诺·鲍威尔》一文给予了回答和驳斥④。但是，马克思发表该文的目的主要是澄清《威斯特伐里亚汽船》杂志上一篇匿名文章对《家族》的歪曲报道，因为鲍威尔以此作为反批判的主要根据，至于批判鲍威尔本身的具有决定意义的观点马克思已在《家族》中详尽表述过了。

值得提及的是，马克思对自我意识哲学的批判，就其理论渊源来说，主要是依据费尔巴哈对黑格尔哲学的批判完成的。所以，在此意义上，可以说它是费尔巴哈哲学影响的结果。

费尔巴哈的《基督教的本质》形成于1839年3月至1841年1月间，发表于1841年6月。有资料表明，至迟于1842年初，马克思已开始受到费尔巴哈的影响。马克思1842年初撰写的《评普鲁士最近

---

① 《马克思恩格斯全集》第27卷，人民出版社1972年版，第30页。
② 《马克思恩格斯全集》第27卷，人民出版社1972年版，第30页："对思辨的空论和抽象的普遍本质所作的批判，其中大部分将仍然为大多数读者所不能理解，不会使所有的人都感兴趣。"
③ W. Moenke, Die heilige Familie zur ersten Gemeinschaftsarbeit von K. Marx und F. Engels, Berlin, 1972, S. 260.
④ 该文的基本内容后被吸收到《德意志意识形态》中的"圣布鲁诺"一章中，参阅《马克思恩格斯全集》第3卷，人民出版社1960年版，第103—112页。

的书报检查令》一文说明，马克思当时已把"类"概念纳入自己设置的政治目标的哲学基础。1842年2月，费尔巴哈发表了《论对〈基督教的本质〉一文的评判》，其中强调了他的宗教哲学同黑格尔宗教哲学的对立，纠正了鲍威尔对其的误解①，这似乎可以看作马克思最终中断与鲍威尔的合作即放弃《末日的宣告》第二部分的写作的直接原因。尔后对马克思思想发展产生较大影响的，无疑是费尔巴哈的《关于哲学改造的临时纲要》（1843年2月，以下简称《纲要》）、《基督教的本质》第2版（1843年上半年），以及《未来哲学原理》（1843年7月）。马克思在此期间正着手《黑格尔法哲学批判》的写作。该书写作的时间持续较长，有过两稿，体现了马克思思想发展的转变过程。事情好像是这样：在费尔巴哈发表《纲要》后，马克思对该书初稿重新进行了加工；而在此之前，马克思则还在某种程度上受到鲍威尔哲学思想的束缚。因为正是在《黑格尔法哲学批判》草稿中，马克思删除了"自我意识"一词②。在《论犹太人问题》一文中，马克思已首次把费尔巴哈的宗教批判方法——异化学说运用到政治经济学批判上来，这在《1844年经济学哲学手稿》中获得了详尽、彻底的发挥。

马克思在《家族》中对鲍威尔"自我意识"哲学的批判在一定程度上是以费尔巴哈《纲要》和《未来哲学原理》（以下简称《原理》）为基础的，是从它们出发的。费尔巴哈在这两本书中，已制定了对思辨哲学批判的基本要点，并首先批评了鲍威尔的自我意识哲学。

费尔巴哈的《纲要》写于1842年4月。但由于书报检查的关系，

---

① W. Schuffenhauer herg., L. Feuerbach, Gesammelte Werke, Bd. 9, Berlin, 1982, S. 229 – 230："我的宗教哲学不是黑格尔宗教哲学的解释，像顺便提及的极其富有思想和才能的《宣告》作者所认为做的那样，相反，它仅仅是从反对黑格尔宗教哲学中形成的，也只有从这种对立中才能被理解和判断。"

② 参阅 Karl Marx/Friedrich Engels, Historisch-kritische Gesamtausgabe, erste Abteilung, Band I, herg. v. D. Rjazanov, Frankfurt a. M. 1927, S. 418。

它没有适时获得出版，直至1843年2月才在卢格编辑的《最新德国哲学和政论轶文集》第二卷中问世。

在《纲要》中，费尔巴哈提出了和《家族》中马克思的批判相关联的以下一些论点。

首先，费尔巴哈阐述了自己对思辨哲学本质的看法，揭示了它的秘密："神学的秘密是人类学（Anthropologie），思辨哲学的秘密则是神学——思辨神学。思辨神学与普通神学的区别就在于，它将普通神学由于畏惧和缺乏理智移到彼岸世界的神圣实体放置到此岸中来，就是说，将它回想起来，确定下来以及现实化了。"①

其次，费尔巴哈还对黑格尔"自我意识"学说的实质进行了揭露。他指出："黑格尔所提出的那个矛盾的命题：'关于上帝的意识就是上帝的自我意识'……仅仅是说：自我意识是实体或上帝的一种属性，上帝就是自我。……无非是说：意识是上帝的本质。"② 费尔巴哈认为，黑格尔把哲学建立在自我意识之上，用思维着的本质、用自我、用自觉的精神代替经院哲学的最高本质——上帝，这固然是一种进步，可是，这个自我意识本身却仍是"一个被思想的、以抽象为媒介的本质"，而非"感性的、直观的、感觉的客体"③。

再次，费尔巴哈说明了思辨哲学宗教批判方法的本质。他认为"一般思辨哲学改革宗教的批判方法，与已在宗教哲学中被运用过的方法并没有什么不同，我们需要的只是始终将宾词变成主词，将主体变成客体和原则。就是说，只要将思辨哲学颠倒过来，那么，我们就能得到毫无掩饰的、纯粹的、显明的真理"。④

最后，费尔巴哈甚至间接地、含蓄地批评了鲍威尔对黑格尔"自

---

① W. Schuffenhauer herg., L. Feuerbach, Gesammelte Werke, Bd. 9, 1982, Berlin, S. 243.
② W. Schuffenhauer herg., L. Feuerbach, Gesammelte Werke, Bd. 9, 1982, Berlin, S. 243.
③ W. Schuffenhauer herg., L. Feuerbach, Gesammelte Werke, Bd. 9, 1982, Berlin, S. 320.
④ W. Schuffenhauer herg., L. Feuerbach, Gesammelte Werke, Bd. 9, 1982, Berlin, S. 244.

我意识"概念的沿用以及他的自我意识哲学。在他看来，"一种新的原则，总是借助一个新的名称出现。就是说，它将一个名称从低级的、从属地位提升到主宰的地位，将它变成最高的标志，如果将新哲学的名称、'人'这个名称翻译成'自我意识'，那就是以旧哲学的含义解释新哲学，将它又推回到旧的观点上去。因为与人分离的旧哲学的自我意识，是一种无实在性的抽象。人才是这种自我意识"①。"人才是这种自我意识"，这一命题最鲜明不过地体现了费尔巴哈对思辨哲学的超越和推进，足以令人惊醒、品味和深思。

此外，费尔巴哈在《未来哲学原理》中还对黑格尔的思辨循环辩证法的秘密进行过揭露，他指出："在黑格尔哲学的最高原理中，已经有了他的宗教哲学的原理和结论，就是说：哲学并未扬弃神学教条，而只是从对唯理论的否定中重新生产出神学教条，它仅仅起了中介作用。黑格尔辩证法的秘密，最后只归结到一点，就是：他用哲学否定了神学，然后又用神学否定了哲学。开始与终结都是神学；哲学位于中间，是作为第一个肯定的否定，而否定的否定则是神学。"②他还指出："圆形乃是思辨哲学和仅仅建立在自身上面的思维的象征和标志。"③ 鲍威尔同黑格尔走的是同一条道路。因而，费尔巴哈对黑格尔思辨哲学和辩证法的这一批判对于马克思批判地描述和体现鲍威尔的思辨循环应该是有启发的。

可以说，《家族》对鲍威尔的批判汲取了费尔巴哈在《纲要》和《原理》中对黑格尔批判的成果，在一定程度上以后者为蓝本。费尔巴哈揭露了黑格尔思辨哲学的秘密，马克思则揭露了黑格尔哲学的极端表现形式——鲍威尔自我意识思辨哲学的秘密。马克思直接继承了费尔巴哈的工作。

---

① W. Schuffenhauer herg., L. Feuerbach, Gesammelte Werke, Bd. 9, 1982, Berlin, S. 261.
② W. Schuffenhauer herg., L. Feuerbach, Gesammelte Werke, Bd. 9, 1982, Berlin, S. 297.
③ W. Schuffenhauer herg., L. Feuerbach, Gesammelte Werke, Bd. 9, 1982, Berlin, S. 332.

以上，我们粗略地描述了马克思和鲍威尔思想关系的转变，特别是马克思对鲍威尔自我意识哲学的批判过程，从中可以看出这一过程的基本线索和主要关节点。

在《博士论文》中马克思还处在黑格尔思辨哲学，特别是鲍威尔自我意识哲学的影响之下。通过该书的写作，他参与了黑格尔哲学的革命化，因而，在某种程度上，他也可以被视为自我意识哲学的制定者和代表。但即使在那时，马克思和鲍威尔在黑格尔哲学的接收上已经以萌芽形式呈现出根本性的差异，只不过那时这种差异还不是主要的，还被决定性的、共同的目标所掩盖。由于《莱茵报》期间的社会政治实践和费尔巴哈哲学的影响，通过对黑格尔法哲学的批判，马克思完成了由唯心主义向唯物主义的转变，最终摆脱了黑格尔思辨唯心主义哲学的基地，并转而对这一哲学思辨及其副本——鲍威尔的自我意识哲学进行批判。

马克思对鲍威尔的批判始于《论犹太人问题》，讫于《德意志意识形态》。由政治批判开始，而以全面批判特别是哲学基础的批判而告终。《论犹太人问题》中所进行的批判还不是哲学上的批判，而是政治上的批判。哲学的批判始于《1844年经济学哲学手稿》，《手稿》批判了黑格尔的辩证法和一般哲学，特别是批判了黑格尔的《现象学》（"自我意识"），这为对鲍威尔展开哲学理论上的批判奠定了基础。对这一批判的一般哲学性质在《手稿》"序言"中已经论定了。"序言"与其说是论证批判黑格尔哲学的必要性，不如说是批判鲍威尔的。批判黑格尔哲学之所以必要，就体现在黑格尔哲学是鲍威尔所代表的"批判"的诞生地和哲学前提，就体现在鲍威尔的"批判"对如何对待黑格尔哲学这一本质问题、对它同黑格尔哲学的关系完全缺乏认识，就体现在鲍威尔的"批判"对黑格尔哲学、对费尔巴哈关于黑格尔哲学本质的揭示不能采取严肃的态度，从而不能对自己持批判立场。因此，在这个意义上，《神圣家族》是《1844年经济学哲学手稿》中对鲍威尔哲学批判的继续和完成；从而，也是对黑格尔哲学批判的最终完成（因为鲍威尔的"批判"无非是黑格尔哲学的"神学漫画"）。据此，有理由断言，马克思对黑格尔哲学的最终和彻底的清算，是通过对鲍威尔自我意识哲学的批判完成的。

【附录】

鲍威尔与马克思生平对照年表

鲍威尔	年份	马克思
9月6日生于爱森贝格	1809	
迁居柏林，入小学	1815	
	1818	5月5日出生于特里尔
入人文中学	1821	
至1832年4月在柏林大学学习神学	1828	
论文《据〈判断力批评〉论康德美学说》获奖	1829	
	1830	10月入中学
在柏林取得神学授课资格	1834	
	1835	10月入波恩大学法律系
至1839年任柏林大学副教授	1836	10月转入柏林大学法律系
	1837	4—8月钻研黑格尔哲学；结识鲍威尔、科本等人；11月10日：致父亲的信
《启示史批判》	1838	
移居波恩，年底始与马克思通信，持续至1842年末	1839	年初始撰博士论文《德谟克利特的自然哲学和伊壁鸠鲁的自然哲学的差别》；曾听鲍威尔讲座
《普鲁士的福音教会和科学》；《约翰福音史批判》	1840	
《基督教的国家和我们的时代》；《复类福音作者批判》（Ⅰ、Ⅱ卷）；《对黑格尔、无神论者和反基督教者末日的宣告》（10月撰，次年1月发表）；《神学的无耻》；10月被暂停波恩大学授课工作	1841	3月大学毕业，4月获博士证书；约7月研读费尔巴哈的《基督教的本质》；8月底或9月初结识赫斯；下半年与鲍威尔合作，撰《论基督教的艺术》（后更名为《论宗教的艺术》和对黑格尔自然法的批判文章；与鲍威尔一起酝酿筹办《无神论文库》）

续表

鲍威尔	年份	马克思
《今日法兰西的党派》；《黑格尔神话》；《微弱灵魂的自白》；《自由的善事和我自己的事》；《复类福音作者批判》（Ⅲ）；3月被解除大学授课职务；12月同马克思中断通信联系（现存1839年12月—1842年12月间致马克思函计12封）	1842	1—2月撰《评普鲁士最近的书报检查令》（次年2月发表）；3月放弃《论基督教的艺术》和批判黑格尔法哲学文章的原稿；5月《第六届莱茵省会议的辩论》（一）；8月《法的历史学派的哲学宣言》；10月中旬任《莱茵报》主编；10—11月《第六届莱茵省会议的辩论》（三）；因鲍威尔解职撰《再谈谈奥·弗·格鲁佩的小册子》（11月发表）；10月始研究法国空想社会主义著作
《从信仰观点批判黑格尔的宗教和艺术学说》；《犹太人问题》；《神学意识的悲欢》；《现代犹太人和基督教徒获得自由的能力》；《被揭穿的基督教》；《18世纪的政治、文化和启蒙史》（4卷，1843—1945年）；《文学总汇报》（12月）	1843	3月退出《莱茵报》编辑部；夏撰《黑格尔法哲学的批判》；10月3日致函费尔巴哈，为《德法年鉴》约稿；秋撰《论犹太人问题》；年末至次年1月撰《〈黑格尔法哲学批判〉导言》，并着手系统研究政治经济学
其弟埃德加·鲍威尔发表《批判同教会和国家的论争》	1844	2月《德法年鉴》问世；4—8月撰《1844年经济学哲学手稿》；8月《评"普鲁士人"的〈普鲁士国王和社会改革〉一文》；8月11日致信费尔巴哈，征询对批判鲍威尔的意见；9—11月与恩格斯合撰《神圣家族》；11月下旬或12月初读施蒂纳《唯一者及其所有物》，尔后约定为《前进》杂志撰写批判施蒂纳的文章；年底或翌年初撰写《关于费尔巴哈的提纲》

续表

鲍威尔	年份	马克思
10月在《维干德季刊》第3卷发表《评路德维希·费尔巴哈》，其中几处对《神圣家族》进行了反驳	1845	2月《神圣家族》出版；夏与恩格斯开始合撰《德意志意识形态》；11月20日撰《答布鲁诺·鲍威尔》一文，回应布鲁诺·鲍威尔的《评路德维希·费尔巴哈》
	1846	1月在《社会明镜》第2卷第7期发表《答布鲁诺·鲍威尔》一文；夏完成《德意志意识形态》主要章节
《1842—1846年德国党派斗争全史》	1847	1月与恩格斯加入"正义者同盟"；1—6月撰《哲学的贫困》（7月出版）；10—11月发表《道德化的批判和批判化的道德》；12月与恩格斯始撰《共产党宣言》
	1848	2月《共产党宣言》问世

第二章

马克思与费尔巴哈的"类"学说

> 在这些著作中,您……给社会主义提供了哲学基础,而共产主义者也就立刻这样理解了您的著作。建立在人们现实差别基础上的人与人的统一,从抽象的天上降到现实的地上的人的类概念,——如果不是社会的概念,那是什么呢?
> ——马克思致费尔巴哈的信

> 费尔巴哈把形而上学的绝对精神归结为"以自然为基础的现实的人",从而完成了对宗教的批判。同时也巧妙地拟定了对黑格尔的思辨以及一切形而上学的批判的基本要点。
> ——马克思、恩格斯:《神圣家族》

一 费尔巴哈学说中的几个核心概念

在说明费尔巴哈与马克思的思想关系之前,有必要揭示、澄清和阐明费尔巴哈学说中的某些主要之点。这里指的主要是费尔巴哈的"类""感性存在"以及"对象化"等概念。

(一)类概念

"类"(Gattung)概念是费尔巴哈在其宗教批判过程中提出并系

统发挥的。它是费尔巴哈《基督教的本质》一书的中心范畴。按照费尔巴哈的观点，宗教无非就是人的本质的启示和表达，而上帝则无非就是人格化的"类"概念。因此，宗教批判的根本目的归结为将神还原为"类"，或者说，用"类"来废除、替代神和宗教。

费尔巴哈所实行的这一还原过程，固然是宗教批判过程，但同时也是他所自誉的他的"新哲学"的创立过程，因为这种"新哲学"是以人的本质为"最高"对象的①。这样，"类"概念不仅是费尔巴哈宗教批判的手段、起始和归宿，也是他的人类学唯物主义②的核心。而且，就黑格尔把人理解和表述为作为主体的"绝对精神"，而费尔巴哈对黑格尔哲学批判的任务就在于把这个"绝对精神"还原和归结为"人"而言，"类"还是费尔巴哈哲学与黑格尔哲学对立的一个根本之点。

何谓"类"？费尔巴哈对其曾有专门界定。然而这些界定并非是那样明晰和前后一致的。在反驳施蒂纳批判的过程中，费尔巴哈明确申明，类作为一种理论抽象，在他那里被赋予两种含义：其一，是指与"我"相对立的"你"，即与特定的个体（主体）相对立的其他一切个体；其二，是指人的自然（本性）③。但是，在《基督教的本质》的"导论"手稿中，费尔巴哈恰恰写下了与上述第一种含义相反的意见。在那里，费尔巴哈明确强调了"类"不能被理解为若干单个个体的集合，因为这种理解只是从量上而不是从质上考察问题。事实上，复数的个体仍是个体，"作为主体性的整体并不是与个体相区别的存

---

① 参阅《费尔巴哈哲学著作选集》上卷，荣震华、李金山译，商务印书馆1984年版，第83、184页。

② 费尔巴哈用来称谓自己哲学的概念为 Anthropologie 以及 Anthropotheismus，前者应译为"人类学"，后者应译为"人类学有神论"。而在以往的汉译本中，这两个概念则分别被译成了"人本学"和"人本学有神论"，据此，费尔巴哈哲学也被进一步冠以"人本学唯物主义"。但是，这完全是一种误译，是对费尔巴哈哲学的歪曲和强加，故应予纠正。

③ 《费尔巴哈哲学著作选集》下卷，荣震华、李金山译，商务印书馆1984年，第428页。

在，而仅是多样性。"① 费尔巴哈对"类"的比较明确的定义恰好也是在该手稿中提出的："类是人的自然（die Natur des Menschen）、本质。"② 这与上述提及的第二种含义相一致。可以作为其补充的，是费尔巴哈在《未来哲学原理》中的论述。在该文中，在费尔巴哈对有关上帝的观念的分析中，蕴含了这样的见解：其一，"类"是为有限的个体的方便而进行的一种理论抽象和概括；其二，它为人们（个体）所分有；其三，它是在世界历史过程中实现的。③

但是，为了确切了解费尔巴哈对"类"的规定，显然必须结合费尔巴哈有关"类"的一系列具体论述。这些论述是从精神的、自然的和社会的几个不同方面展开的。通过这些论述，"类"在两种关系中被体现出来：就人与自身的关系而言，它是作为同个体相对立的普遍性而出现的；就人与动物的关系而言，它则作为与动物本质相对立的特殊本质、特殊性而出现。

1. 对"类"的精神属性的说明

在精神方面，费尔巴哈把"类"理解和规定为人的"内在生活"或"类生活"。体现人的"内在生活"这一规定的，是人对自身本质的意识，或"类意识"（das Bewußtsein der Gattung）。

费尔巴哈认为，人与动物的重要区别之一，是人不像动物那样只具有单一的生活，而是具有双重生活，即"内在生活"和"外在生活"。外在生活是人们与个体交往的生活，内在生活则是人们与类交往，即与自己的本质发生关系、将自己的本质性当作对象的生活。外在生活以个体为对象，其形式是生活本身；内在生活则以类为对象，其形式是科学。因而，外在生活又可称为"个体生活"，内在生活又

---

① L. Feuerbach, Entwurf zur Einleitung zum Wesen des Christentums（"Gattungsschrift"，未公开发表），Uebersetzung von Carlo Ascheri, S. 7.
② L. Feuerbach, Entwurf zur Einleitung zum Wesen des Christentums（"Gattungsschrift"，未公开发表），Uebersetzung von Carlo Ascheri, S. 15.
③ 《费尔巴哈哲学著作选集》上卷，荣震华、李金山译，商务印书馆1984年版，第133页。

可称为"类生活"①。正由于人拥有内在生活，能够将自己的本质作为对象，所以人才有严格意义上的意识，即对自身的"类"的意识，或类意识，从而超过动物之上。②

从费尔巴哈对人的双重生活的区分中可以看出，他的外在生活或个体生活概念所标志的，不过是人的物质生活，而他的内在生活或类生活概念所标志的，则不过是人的精神生活。费尔巴哈通过"双重生活说"把人的物质生活与精神生活的关系同个体与类的关系联结在一起。

费尔巴哈的"双重生活说"的逻辑结论应该是：人有双重本质，即不仅拥有精神性的本质，而且拥有其物质性的本质。或者说，人的本质不仅应该在精神方面得到反映，而且也应该在物质方面获得体现。可是费尔巴哈却驻足不前，把个体的物质生活的意义、把人的物质性的本质抹除掉了。

2. 对"类"的自然属性的说明

费尔巴哈在自然方面对"类"的说明，主要体现在他的"类本能"的概念中。

在"导论"手稿中，费尔巴哈对类的自然性质即"类本能"（Gattungstrieb）进行了阐述。费尔巴哈所理解的"类"在多大程度上是自然的"类"，可以从他对这种"类本能"的阐述中得到验证。

费尔巴哈所提出的"类本能"是同"个体的自我保存本能"（Selbsterhaltungstrieb）相对立的一个概念。他认为，个体的自我保存

---

① 参阅《费尔巴哈哲学著作选集》下卷，荣震华、李金山译，商务印书馆 1984 年版，第 26—27 页；也参阅 L. Feuerbach, Entwurf zur Einleitung zum Wesen des Christentums, S. 1 – 2, 边注："类生活是一种隐蔽的、秘密的生活，个体生活则是一种可以公开的或公开的生活……个体生活视力可见，类生活则只能被认识……类是一种科学的对象——发现类是自然科学的最高目标，个体则是生活的对象。在科学中我们同类交往，在生活中我们同个体交往，以致生活补充科学，反过来科学又补充生活。"

② 参阅《费尔巴哈哲学著作选集》下卷，荣震华、李金山译，商务印书馆 1984 年版，第 26 页。

本能与"我"即个体是同一的，它"并非是特殊的同我相区别的本能，因而，它本不是本能……它是我的自我本身"①。相反，"类本能"则是"真正的"、与个体不同的本能。这种本能是在个体已经存在很久以后才"苏醒"的，并且像一种陌生的本质一样进入个体之内。但是，一旦这种本能"潜入"个体，则成为主宰个体的力量②。

费尔巴哈所云的"类本能"集中体现为"性本能"（Geschlechtstrieb）。费尔巴哈又称它为"类的自我保存本能"（Selbsterhaltungstrieb der Gattung）。"性本能""是借助于个体而又与个体相区别的、类的有生命力的行动力量"③，作为"类"对个体享有的统治权的表现，它是对"个体独立性的扬弃"④。费尔巴哈甚至这样形象地描述作为"手段"的个体对于"类"的自我保存本能所具有的作用："男的性器官是类的神经系统，女的性器官是类的造型系统或血液系统"⑤。

此外，费尔巴哈还认为，"性本能"具有利他性的特点，是一种利他的本能："性本能不是利己主义的本能。相反，它同利己主义、同主体的自我保存的本能是相矛盾的。性本能是耗尽精力之火。"⑥

基于"性本能"的这种利他性，费尔巴哈不仅把"类"提升为个体的绝对尺度，而且特别把它作为划分善恶的道德标准。他指出：

---

① L. Feuerbach, Entwurf zur Einleitung zum Wesen des Christentums（"Gattungsschrift"，未公开发表），Uebersetzung von Carlo Ascheri, S. 3.

② L. Feuerbach, Entwurf zur Einleitung zum Wesen des Christentums（"Gattungsschrift"，未公开发表），Uebersetzung von Carlo Ascheri, S. 3："它现在是一种破坏迄今和谐、破坏我的安宁的本质。我再不能像以前一样是我的主人。""这种本能本身是我的另一种本质，它攫夺了我的本质。"

③ L. Feuerbach, Entwurf zur Einleitung zum Wesen des Christentums（"Gattungsschrift"，未公开发表），Uebersetzung von Carlo Ascheri, S. 3.

④ L. Feuerbach, Entwurf zur Einleitung zum Wesen des Christentums（"Gattungsschrift"，未公开发表），Uebersetzung von Carlo Ascheri, S. 5：在类的性本能面前，"个体只是手段，而类则是目的，类之目的通过个体之手段实现自己"。

⑤ L. Feuerbach, Entwurf zur Einleitung zum Wesen des Christentums（"Gattungsschrift"，未公开发表），Uebersetzung von Carlo Ascheri, S. 5.

⑥ L. Feuerbach, Entwurf zur Einleitung zum Wesen des Christentums（"Gattungsschrift"，未公开发表），Uebersetzung von Carlo Ascheri, S. 4.

"人的立法权是类，人仅是实现类的意志。合乎道义的行为就是人把类的意志变成他自己的意志。"而"罪恶之所以产生，只是由于个体同类相对立"，只是由于"人误解了类的声音"。①

与"性恶论"者不同，费尔巴哈主张人的"类本能"与生俱来就是善的，只是后来它才变坏了。因此，在他看来，恶行的产生与"性本能"是无关的。如果说，"性本能"的满足导致了恶行，那么，其原因在于"个人或特殊的境况的过失"，而并不在于"性本能"本身②。

与"性本能"这一"类"的自然规定相联系，费尔巴哈还论及了爱情、家庭、交媾和生殖诸概念。他把爱情、家庭、交媾、生殖视为"类"的存在和自我实现的形式。作为这样的形式，它们又是"类"与个体相联系的中介。③

3. 对"类"的社会属性的说明

对"类"的社会性费尔巴哈是通过"类存在"（Existenz der Gattung）、"类关系"（Gattungsverhaeltnis）概念阐明的。

在"导论"手稿中，费尔巴哈提出了与"个体存在"（Existenz der Individuen）相区别的"类存在"概念。从字面上看，它可以理解为一种广义的"存在"，即包摄"类"的自然性存在在内，但费尔巴哈却更倾向于在社会的意义上来运用它。

费尔巴哈认为，"类存在"是一种在质上与个体存在不同的存在，它只有通过人与他人以任何一种形式相联系的关系才能获得现实性。

---

① L. Feuerbach, Entwurf zur Einleitung zum Wesen des Christentums（"Gattungsschrift"，未公开发表），Uebersetzung von Carlo Ascheri, S. 6.
② L. Feuerbach, Entwurf zur Einleitung zum Wesen des Christentums（"Gattungsschrift"，未公开发表），Uebersetzung von Carlo Ascheri, S. 6.："罪孽的形成从根本上说只是由于将个体与类相对立，人只是误解了类的声音——人的一切本能，而后转换为坏的本能——就起源来说是善的本能，尽管它在最早的青年时代就经常被破坏了。"
③ L. Feuerbach, Entwurf zur Einleitung zum Wesen des Christentums（"Gattungsschrift"，未公开发表），Uebersetzung von Carlo Ascheri, S. 6.："爱情与家庭是类的最密切的此在形式。……人在这里使自己成为整体的成员。""如果不把属人的现实存在和现实性归属于类，生殖是绝对不可理解的。""交媾行为是类的自我实现。""类只是通过性本能以及与此相关的形式，如爱情、家庭才存在。"

对于这种人同他人的关系，费尔巴哈力图从一种比较宽泛的意义上去理解。他指出，这种关系并不仅限于男人同女人这种异性之间的关系，它也包括"我与你"的关系，即特定个体同其他任何个体的超出性别这一狭隘意义的关系。① 这样，在理论上，费尔巴哈就把"类存在"理解为一种关系性的存在，理解为"类关系"。② 费尔巴哈还谈到，一切个体的本来意义上的人的关系都是对类的关系，而个体对其他本质拥有的关系越多，它也就越完善。③

然而，尽管如此，在实际分析中，费尔巴哈所论及的"类关系"却仍然是很狭隘的。他用"我与你的统一"这样的术语来表达特定个体与其他同类个体间的关系，未免令人感到神秘，以致恩格斯说："如果费尔巴哈指的主要不是性行为、种的延续的行为、自我和你的共同性，这句话是根本不能成立的。"④ 实际上，费尔巴哈所谈到"类关系"主要是人们在爱情、友谊、法律、道德和科学中所表现出来的关系，或者说只具有爱情、友谊、法律、道德和科学等形式的"类关系"⑤。简言之，是精神性的关系，而非物质性的关系。所以，他所提出的"类不仅只以性本能及其有关形式（爱情、家庭）存在，

---

① L. Feuerbach, Entwurf zur Einleitung zum Wesen des Christentums（"Gattungsschrift"，未公开发表），Uebersetzung von Carlo Ascheri, S. 7："类不仅是男人与女人的统一，它也是我与你的统一。他人，即便他同我的区别不是性的差别，也同样属人的整体的成员。"

② L. Feuerbach, Entwurf zur Einleitung zum Wesen des Christentums（"Gattungsschrift"，未公开发表），Uebersetzung von Carlo Ascheri, S. 8："因而这种关系是一种与我的个体性不同的关系，即类关系，我通过它来实现类。"

③ L. Feuerbach, Entwurf zur Einleitung zum Wesen des Christentums（"Gattungsschrift"，未公开发表），Uebersetzung von Carlo Ascheri, S. 15："一切关系，无论是个体的内在的还是外在的关系，都仅仅是对于类的关系；区别仅在于，类如何和作为什么是对象。但类是人的自然、本质。因而，所有个体之本来意义上的人的关系都是对于其本质的关系；区别仅在于这一本质是如何被规定的。"S. 27. 边注："一本质对其他本质拥有的关系越多，它也就越完善。"

④ 马克思、恩格斯：《费尔巴哈》，人民出版社1988年版，第92页。

⑤ L. Feuerbach, Entwurf zur Einleitung zum Wesen des Christentums（"Gattungsschrift"，未公开发表），Uebersetzung von Carlo Ascheri, S. 15。

而且也以较普遍的、客观的形式存在"① 的断言，也就大半成了空话。他的类似"人的本质只是包含在团体之中，包含在人与人的统一之中"② 这样的天才思想，也始终滞留在待发的萌芽状态中。

在阐明了"类"的不同方面的特性的基础上，费尔巴哈对"类本质"（Gattungswesen）的内容、"类本质"的构成要素进行了规定。由于他未能看到个体物质生活的意义，未能看到人们之间的真实的社会关系，所以，他从人的精神生活、从人的精神行为中来引申人的"类本质"，把人的本质界定为"理性、爱和意志"或"理性、意志、心"③。

费尔巴哈对"类本质"的规定在其宗教批判中、在其对上帝的诠释中表现为：上帝就是类概念④；上帝作为"三位一体"的类概念，可具体化为作为理智（费尔巴哈的"理性"一词的通用语）本质的上帝，作为道德本质的上帝，以及作为爱或作为心之本质的上帝⑤。

费尔巴哈把理智（理性）视为类原有的能力，普遍事物的代表，

---

① L. Feuerbach, Entwurf zur Einleitung zum Wesen des Christentums （"Gattungsschrift"，未公开发表），Uebersetzung von Carlo Ascheri, S. 6.
② 《费尔巴哈哲学著作选集》上卷，荣震华、李金山译，商务印书馆1984年版，第185页。
③ 《费尔巴哈哲学著作选集》下卷，荣震华、李金山译，商务印书馆1984年版，第27—28页；L. Feuerbach, Entwurf zur Einleitung zum Wesen des Christentums （"Gattungsschrift"，未公开发表），Uebersetzung von Carlo Ascheri, S. 7 边注："但是究竟什么是人的本质，是他思考的、在宗教方面所意识到的本质吗？或者，究竟是什么构成了人的类、人之中的本来的人类性的东西呢？是理性、意志、心。""理性、爱和意志力是完善性，人的本质的完善性，绝对的人的完善性。愿望、感觉和思维是最高的力量，它们构成了人的本质——它们是他的此在的基础。因而，人是理性、爱、意志。顺便指出的是，在费尔巴哈那里，相当于"理性"范畴的，还有想象力（Einbildung）、幻想（Phantasie）、想象（Vorstellung）、精神（mens）、理智（Intellectus）、记忆（memoria）等概念（参阅《费尔巴哈哲学著作选集》下卷，荣震华、李金山译，商务印书馆1984年版，第28、94页），他的用语并非是十分严格的。
④ 《费尔巴哈哲学著作选集》下卷，荣震华、李金山译，商务印书馆1984年版，第330页："上帝一般地就是类概念。"第331页："上帝是一切类或类概念之总和。"第290页："上帝不外就是人类之神秘的类概念。"
⑤ 《费尔巴哈哲学著作选集》下卷，荣震华、李金山译，商务印书馆1984年版，第60—86页。第五章德文本标题为"化身之秘密或作为爱、作为心之本质的上帝"，中译本缺"作为爱"三字，参阅 L. Feuerbach, Gesammelte Werke, Bd. 5, Herg. v. W. Schuffenhauer, Berlin, 1974, S. 101。

寓于人之中的超人格和非人格的本质性，以及人赖以摆脱自我的主体的、个体的本质的力量。① 他认为，理智具有"本原的"、独立的、统一的、无限的和必然的等特点。②

费尔巴哈在这里所云的"本原"，并没有本体论的含义，而是强调理智的重要地位和意义。用他的说法，如果将自然同理智相比较，说自然在时间上是"第一位"的，那么，"理智"（理性）在地位上则是"第一位"的。因为没有理智（理性），世界之存在就不会获得明白、清晰的解释和阐明。③

但是，在费尔巴哈看来，尽管理智（理性）如此重要，它毕竟只是那种"人之为了对象的缘故而跟对象发生关系的那种客观的本质"④。而"主观的属人的本质"则是道德的本质，道德的完善性。费尔巴哈认为："道德完善性，至少对于道德意识来说，并不依赖于自然（本性），而是仅仅依赖于意志；它是意志之完善性，是完善的意志。"⑤ 这样，他就从"理性"引出"意志"。在他看来，意志决定道德的完善性，道德的完善性归根到底是意志的客体。⑥

然而，道德戒律是冷酷无情的。它使人意识到自身的不完善、局限甚至罪恶、从而使人感到痛苦、烦恼和恐怖，感到自身的虚无性。相反，心或爱则具有迁就、体谅和宽容的性格。它是道德戒律所带来

---

① 《费尔巴哈哲学著作选集》下卷，荣震华、李金山译，商务印书馆1984年版，第62页。
② 《费尔巴哈哲学著作选集》下卷，荣震华、李金山译，商务印书馆1984年版，第64、67、68、69、70页。在《未来哲学原理》一书中，费尔巴哈又通过他对上帝本质的揭示将理性（理智）的特性概为无限的、必然的、绝对的和普遍的以及独立自存的等方面。参阅《费尔巴哈哲学著作选集》上卷，荣震华、李金山译，商务印书馆1984年版，第123—125页。
③ 参阅《费尔巴哈哲学著作选集》下卷，荣震华、李金山译，商务印书馆1984年版，第64—65页。
④ 参阅《费尔巴哈哲学著作选集》下卷，荣震华、李金山译，商务印书馆1984年版，第74页。
⑤ 参阅《费尔巴哈哲学著作选集》下卷，荣震华、李金山译，商务印书馆1984年版，第75页。
⑥ 参阅《费尔巴哈哲学著作选集》下卷，荣震华、李金山译，商务印书馆1984年版，第75页。

的痛苦,烦恼和罪恶意识的缓解剂。① 于是,费尔巴哈又转而诉诸"心"或"爱"。②

费尔巴哈认为,爱(或心)代表特殊的事物,代表个体③,它是"至高的、绝对的威力和真理"。④ 他甚至把爱提升到本体论的地位,认为对爱本体论地位的否定,就是对超人的宗教本体的肯定。⑤ 他对爱进行了这样的界定:

> 爱,是完善的东西跟非完善的东西、无罪者跟有罪者、一般的东西跟个体的东西、法律跟心、属神的东西跟属人的东西之间的纽带、媒介原则。爱就是上帝本身,除了爱以外,就没有上帝。爱使人成为上帝,使上帝成为人。爱增强弱者和削弱强者,降低高者和提高低者,将物质理念化和将精神物质化。爱,是上帝与人、精神与自然之真正的统一。……爱是唯物主义,非物质的爱是无聊的。……但是,与此同时,爱又是自然之唯心主义,爱是精神。……并且,即使在我们日常的民间生活中,爱同样也

---

① 参阅《费尔巴哈哲学著作选集》下卷,荣震华、李金山译,商务印书馆1984年版,第76页。

② 在费尔巴哈那里,爱与心是同位语:"如果我不爱,那我还有心吗?不!只有爱,才是人的心。但是,如果没有我所爱的东西,那又何谓爱呢?因而,凡是我所爱的,则就是我的心,就是我的内容,就是我的本质。"(参阅《费尔巴哈哲学著作选集》下卷,荣震华、李金山译,商务印书馆1984年版,第86页)在《基督教的本质》"导言"的草稿中,费尔巴哈对心如此定义:"什么是心?无非是个体与类的和谐。""在心中,人与他人合一,因而,它是结合点。"同时,他也径直把心称为类:"它是类,主体性和个体性的中心。"参阅 L. Feuerbach, Entwurf zur Einleitung zum Wesen des Christentums("Gattungsschrift",未公开发表), Uebersetzung von Carlo Ascheri, S. 8。

③ 《费尔巴哈哲学著作选集》下卷,荣震华、李金山译,商务印书馆1984年版,第86页。

④ 《费尔巴哈哲学著作选集》下卷,荣震华、李金山译,商务印书馆1984年版,第75页。

⑤ 《费尔巴哈哲学著作选集》下卷,荣震华、李金山译,商务印书馆1984年版,第80—81页:"只要爱还没有提升为本体、本质,那么,在爱之背景上,就潜存着一个即使没有爱也仍旧是某种自为的东西的主体,他是一个无爱的怪物,是一个妖魔式的存在者……总之,潜存着宗教狂热之幻影!"还可参阅《费尔巴哈哲学著作选集》上卷第168页:"爱就是有一个对象在我们头脑之外存在的、真正的本体论证明——除了爱,除了一般感觉之外,再没有别的对存在的证明了。"

是什么奇迹也干得出来的！① 爱是比神性更高的威力和真理。②

费尔巴哈把爱作为自己的"人类学"的至高原则。③ 爱不仅具有实践的性格，而且更重要的还具有利他的品性，是利己主义的基督教的否定物。④ 因此，费尔巴哈以爱这一"实践的无神论"来同基督教相对立，希冀以此为桥梁，实现从属神的领域到属人的领域、从天国到尘世的过渡。⑤

费尔巴哈所云的爱，其内容当然并不仅限于两性之爱，但总的说，是以性爱为基础的。他明确申明："事实上，对女人的爱是一般的爱之基础。"⑥ 并且，正是这种性爱对批判、摧毁基督教具有特殊意义，因为性爱尤为基督教所排斥，"乃是一种非神圣的、为天国所不容的原则"⑦。

从费尔巴哈对人的本质的三种规定的论述中可以看出，费尔巴哈最为推崇的还是爱。⑧ 费尔巴哈认为爱与理智（理性）本质上是同一

---

① 《费尔巴哈哲学著作选集》下卷，荣震华、李金山译，商务印书馆1984年版，第76页。
② 《费尔巴哈哲学著作选集》下卷，荣震华、李金山译，商务印书馆1984年版，第81页。
③ 《费尔巴哈哲学著作选集》下卷，荣震华、李金山译，商务印书馆1984年版，第315页："如果人的本质就是人所认为的至高本质，那么，在实践上，最高的和最首要的基则，也必须是人对人的爱。"
④ 《费尔巴哈哲学著作选集》下卷，荣震华、李金山译，商务印书馆1984年版，第82页："真正的属人的爱……却是那损己利人的爱。"第433页："爱乃是实践的无神论，爱乃意味着在内心中、在意念中、在行为中否定上帝。基督教称自己为爱之宗教，可是，事实上，它并不是爱之宗教，而是超自然主义的、属灵的利己主义之宗教。"
⑤ 《费尔巴哈哲学著作选集》下卷，荣震华、李金山译，商务印书馆1984年版，第432—433页："为什么费尔巴哈要如此地看重爱呢？乃是因为，要从属神的领域过渡到属人的领域，除了爱以外，再也没有别的实践的和有机的、受对象本身指使的桥梁了。"
⑥ 《费尔巴哈哲学著作选集》下卷，荣震华、李金山译，商务印书馆1984年版，第102页注。在《未来哲学原理》中费尔巴哈又指出："爱就是情欲（Leidenschaft）。"参阅《费尔巴哈哲学著作选集》上卷，荣震华、李金山译，商务印书馆1984年版，第167页。
⑦ 《费尔巴哈哲学著作选集》下卷，荣震华、李金山译，商务印书馆1984年版，第204页。
⑧ 费尔巴哈认为，"上帝就是爱"这一命题是基督教的最高命题。他把这一命题倒转过来，变成"爱就是上帝，爱就是绝对本质"。参阅《费尔巴哈哲学著作选集》下卷，荣震华、李金山译，商务印书馆1984年版，第308页。

的，它们同为"类存在"的两个方面①。因而，真理就是它们两者的"联姻"："只有爱跟理智合在一起，只有理智跟爱合在一起，才是精神，才是完整的人。"② 这样，费尔巴哈以另种形式表达了斯宾诺莎提出的"理智（亦译知性）之爱"③。可见，费尔巴哈对人的本质的规定直接受到斯宾诺莎的影响。斯氏把实体归结为思维与广袤两种属性，费尔巴哈则把人的本质归结为头与心④。虽然他也提及了"意志"，认为人的本质是理智（理性）、意志和爱的"三位一体"，但实际上，他却把意志或与爱并列在一起，或与理智（理性、思维等）并列在一起，而并没有对其详加论述。这样，"三位一体"的规定实际上仍是两位一体，即理智与爱、理性与感性、头与心的统一。正如他自己尔后明确在《未来哲学原理》中申明的："人不是一重或单面性的，而是本质上是双重性的，即主动的和受动的，自主的和依附的，单独的和社会的（或同情的［sympatisierend］），理论的和实践的。用旧哲学的话说，是唯心主义和唯物主义的本质。简言之，他本质上是头与心。"⑤

费尔巴哈对类本质在从自然性界定的同时又转而从精神、意识方面去加以界定，其唯心主义性质是明显的。费尔巴哈认识到作为一种

---

① 费尔巴哈认为，"上帝就是爱"这一命题是基督教的最高命题。他把这一命题倒转过来，变成"爱就是上帝，爱就是绝对本质"。参阅《费尔巴哈哲学著作选集》下卷，荣震华、李金山译，商务印书馆1984年版，第301页："爱只跟理性同一……因为，爱和理性，其本质都是自由的、普遍的。"第313页："爱是类之主观的存在，就像理性是类之客观存在一样。"

② 费尔巴哈认为，"上帝就是爱"这一命题是基督教的最高命题。他把这一命题倒转过来，变成"爱就是上帝，爱就是绝对本质"。参阅《费尔巴哈哲学著作选集》下卷，荣震华、李金山译，商务印书馆1984年版，第96页。

③ 参阅《费尔巴哈哲学著作选集》上卷，荣震华、李金山译，商务印书馆1984年版，第168页："新哲学是理智化之心"（译文有改动）。

④ 参阅《费尔巴哈哲学著作选集》上卷，荣震华、李金山译，商务印书馆1984年版，第111页："思维是头脑所需要的，直观、感觉是心情所需要的。"第112页："心情，是女性的原则……头脑，是男性的原则。"

⑤ W. Schuffenhauer herg., L. Feuerbach, Gesammelte Werke, Bd. 9, Berlin, 1982, S. 337 – 338. 此段落为中译本所缺。

理论抽象、理论概括，人的本质只能是普遍性，并且是植根于个体的普遍性。于是他寻找与个体不同的东西。但他找到的是精神因素和心灵力量。他看到这些精神规定是"文化之产物"，"人类社会之产物"，但却未能去进一步揭示这些精神规定的现实的物质内容，现实的物质基础和物质根据。他所发现和阐明的人们之间的现实的物质关系，主要是两性之间的交往关系，是人的自然关系、自然规定。

但事情似还不止于此。具体考察起来，费尔巴哈对人的本质的规定还潜含着重大的矛盾与悖论。

根据费尔巴哈的界定，"头"的概念，不仅被用来标志理性，而且也被用来代表普遍性，主体（"我"），社会性，理论，以及本质。而他的"心"的概念，则不仅被用来标志感性，而且也被用来代表个别性，客体（"非我"），个体性，实践，以及存在。① 这样，头与心的统一，就成为普遍与个别、主体与客体、理论与实践、本质与存在的统一的象征或浓缩形式。

然而，即使撇开这种"本体化"不论，依据逻辑推论，作为理论抽象和概括，纳入本质性中的东西只能是源于个别的普遍，或以普遍形式表现出来的个别。所以，当费尔巴哈倾向于把感性所代表、所象征的东西也纳入"类本质"范畴，特别是当他把"爱"提升到本体论地位时，他无疑陷入了二元论，重复了斯宾诺莎和康德哲学的错误。费尔巴哈曾清楚地看到斯宾诺莎与康德哲学中的内在矛盾。斯宾诺莎将上帝归结为两种实体——思维与广袤（物质），其实质不过是把思维

---

① 有关费尔巴哈此方面的观点，除文中已援引过的论述以外，参阅 W. Schuffenhauer herg., L. Feuerbach, Gesammelte Werke, Bd. 9, Berlin, 1982, S. 254—255："……思维是头脑的需要，直观、感觉则是心的需要。思维是学派和体系的原则，直观则是生活的原则。在直观中我为对象所规定，在思维中则我规定对象。在思维中我是我，在直观中则我是非我。……直观提供的仅是与存在直接同一的实体，思维提供的则是同存在相区别、相分离的间接的本质。"另参阅《费尔巴哈哲学著作选集》上卷，荣震华、李金山译，商务印书馆1984年版，第159页："感性的基本形式是个别性，理性的基本形式是普遍性。"第167页："存在……就是感性的存在，直观的存在，爱的存在。""存在是……爱的秘密。""存在的秘密只在爱中显露。"

与存在这一外在于上帝的对立变成了上帝自身之内的对立。康德哲学也未能扬弃主体与客体、本质与现象、思维与存在的矛盾。费尔巴哈试图解决斯宾诺莎和康德哲学的这一内在矛盾。可是由于他片面反对宗教以及黑格尔哲学的"绝对同一性",实际上他仍未能摆脱这一矛盾。

或者——如果转换一下问题的角度,事情也可以反过来说。费尔巴哈拒绝了基督教和黑格尔哲学的"绝对同一性"。他清楚地看到,所谓"上帝"或"绝对精神"均不过是思维与存在、普遍与个别的直接同一的不同说法和表述。于是他试图克服这种"绝对同一性",用"类"、用"人的本质"去代替上帝和绝对精神。但当他用"头"指谓普遍、本质,用"心"指谓个体、存在时,实际上表达的也不过是:类或人的本质是思维与存在、普遍与个别的直接同一。可见,尽管费尔巴哈改变了主词,实际上却并未能克服"绝对同一性",反而步了宗教和黑格尔哲学的后尘。

总之,费尔巴哈试图一方面扬弃斯宾诺莎和康德哲学的二元论,一方面扬弃宗教和"思辨哲学"的"绝对同一"。但实际上他既没有扬弃前者,也没有扬弃后者。从他对类本质的规定中可以看出,他也未能真正解决思维与存在、精神与自然、主体与客体、一般与个别等关系问题。他有意无意地把这些相互对立的范畴纳入他的"类本质"中,这表明,他的"类本质"概念实际上不过是他赖以解决思维与存在、精神与自然、主体与实体、存在与本质以及一般与个别的统一的手段。可是,当他用"头"与"心"来标志和代表这些矛盾,或者说,把这些矛盾归结为头与心的关系时,他只是把体现这些范畴的主、客体之间的矛盾变成了主体自身之内的矛盾,而并未能真正解决和消除这一矛盾。①

---

① 在《基督教的本质》流行后,费尔巴哈对此有所察觉,并试图通过《宗教的本质》一文来加以弥补和纠正。

(二) 感性存在

"感性存在"（das sinnliche Sein）是费尔巴哈针对被黑格尔作为逻辑学开端的抽象存在（绝对理念）提出的一个重要概念。马克思在《1844年哲学经济学手稿》中曾认为，费尔巴哈的重大功绩之一，就是把以自身为基础的肯定的东西同黑格尔的否定对置起来。① 这里所言的，就是指费尔巴哈以现实的、实在的、有限的、特殊的感性确定物同黑格尔的无限的、抽象的、普遍的东西相对立，或者说，以现实的、感性的存在同黑格尔的抽象的精神性存在相对立。费尔巴哈用感性存在这一范畴来标志现实界的总体和广义的自然②。因而，在费尔巴哈那里，感性存在是包括自然界与人在内的。

但是，在费尔巴哈看来，人最切近的认识对象是人自身。即使从认识发生学的角度来讲，人也是人认识的"第一对象"，至于对自然的理解，对世界的意识，那乃是尔后才发生的事③。况且，以往的经验论的不足之处并不在于冷淡了自然，而在于疏远了人。以致它虽然主张人的观念起源于感觉，但却恰恰忘了人的最主要、最基本的感觉对象正是人本身，忘了意识和理智只有在人观注自身时才显露出其价值和意义④。因此，费尔巴哈所说的感性存在固然包括自然的存在，但首先和主要指的是人的存在（die Menschen sein）。在他那里，自然

---

① 《马克思恩格斯全集》第42卷，人民出版社1979年版，第158页。同时参阅费尔巴哈对黑格尔辩证法的阐释，见《费尔巴哈哲学著作选集》上卷，荣震华、李金山译，商务印书馆1984年版，第149页。

② 费尔巴哈所用的词汇是"最广义的自然"（Natur im universellsten Sinne des Worts），参阅 W. Schuffenhauer herg., L. Feuerbach, Gesammelte Werke, Bd. 9, Berlin, 1982, S. 61。

③ 《费尔巴哈哲学著作选集》下卷，荣震华、李金山译，商务印书馆1984年版，第113页："人之第一对象，就是人。至于对大自然的理解——这使我们意识到作为世界的世界——，那乃是以后的产物；因为，这种理解乃是通过把人从自己分离的行动才产生的。"

④ 《费尔巴哈哲学著作选集》上卷，荣震华、李金山译，商务印书馆1984年版，第173页："经验论认为我们的观念起源于感觉是完全正确的，只是经验论忘了人的最主要的，最基本的感觉对象乃是人本身，忘了意识和理智的光辉只有在人注视人的视线中才呈现出来。"

是作为"人的基础"出现的。① 只是到了后来,在《宗教的本质》一文中,它的地位才有所提高。

费尔巴哈明确地把人列为首要的感性对象,把感性存在理解为人的存在,是独有意义的。这使他从一个根本的方面大大超出了他以前的唯物主义。而且,就此而论,费尔巴哈已预先表达出海德格尔在《存在与时间》一书中所追寻的"人的此在"的主题。这是费尔巴哈继承启蒙运动以至古希腊以来的历史上的人道主义传统的一个集中体现。

同时,费尔巴哈清楚地看到,把感性存在归结为人的存在还不足以同思辨哲学的唯心主义相抗衡。因为同经验论相对立的思辨哲学恰好也是到人自身之内去寻找观念的起源的,是以人为对象的。可是,思辨哲学的一个致命缺点是,它不是同时从感性而仅仅是从理性理解人,用费尔巴哈的话说,它把人理解为孤立的、固定化的自为存在的本质,即固定化的精神,从这样的人中去推导观念的起源。因此,要同唯心主义抗衡,唯一的武器依然是感性。所以,费尔巴哈诉诸人的感性特征。

人的感性存在首先无疑就表现在人的肉体性(Leiblichkeit)。

费尔巴哈认为,人之所以存在,是依靠其肉体。正因为靠了肉体,人才成为与主体的我不同的客体。因此,肉体本身就是客观世界。在肉体中存在,也就意味着在世界中存在。②

从肉体是主体的客观世界出发,费尔巴哈把肉体与精神或灵与肉的矛盾不仅说成个体的人的本质的、根本的矛盾,而且把它投射到人与自然的关系中,描绘成"万有的秘密,世界的基础"。③

---

① 参阅《费尔巴哈哲学著作选集》上卷,荣震华、李金山译,商务印书馆1984年版,第184页。
② W. Schuffenhauer herg., L. Feuerbach, *Gesammelte Werke*, Bd. 9, Berlin, 1982, S. 151:"与绝对的我相反,肉体就是客观世界。由于肉体,我不再是我,而是客体。在肉体中存在就意味着在世界中存在。"
③ 《费尔巴哈哲学著作选集》上卷,荣震华、李金山译,商务印书馆1984年版,第93页:"其实,身体、肉体是必然与自我相联系的最本质、最根本的对立物。主要的形而上学原则是植根于精神和肉体的冲突中,而且仅仅植根于这一冲突中。先生们!只有这个冲突才是万有的秘密、世界的基础。"

这样，费尔巴哈就把肉体性提升为一种本体论原则，表明其"不仅具有自然史的或实验心理学的意义，而且在本质上也具有思辨的、形而上学的意义"①。费尔巴哈还把这种肉体本体论的观点概括成命题，以此表明他自己的新哲学同思辨哲学的对立："如果说，旧哲学的出发点是这样一个命题：'我是一个抽象的本质，一个仅仅思维的本质，肉体不属我的本质'，那末，新哲学则以这样的命题开始：'我是一个现实的感性的本质，肉体属我的本质，肉体总体就是我的自我，我的本质本身'。"②费尔巴哈的这种肉体本体观被法兰克福学派成员之一阿·施密特（A. Schmidt）描述成"肉体存在主义"（Existentialismus）③。

费尔巴哈认为，人的感性存在不仅表现在肉体方面，还表现在人的精神方面，如感情、感觉、同情心和爱情，等等。所以，他又把感性存在称为"直观的存在"，"感觉的存在"，特别是"爱的存在"，认为存在"是一个直观的秘密，感觉的秘密，爱的秘密"④，而爱、激情（Leidenschaft，亦有情欲含义）就是存在的标记和标准。⑤费尔巴哈也论及了人的感性存在的这些精神方面的表现与人的肉体的关系。他强调人的肉体的作用，指出人的感觉、激情、同情心、爱情等

---

① 《费尔巴哈哲学著作选集》上卷，荣震华、李金山译，商务印书馆1984年版，第93页。
② W. Schuffenhauer herg., L. Feuerbach, Gesammelte Werke, Bd. 9, Berlin, 1982,, S. 319 – 320.
③ 阿·施密特（A. Schmidt）这一称谓表明了在某种程度上将费尔巴哈哲学存在主义化的倾向。这一倾向始于卡·勒维特，参阅 K. Loewith, Das Individumm in der Rolle des Mitmenschen, 1928, Cf. I. c, S. 7 –15. 后继者则有朗格和勒曼，参阅 M. G. Lange und G. Lehmann, Vorbemerkung zu den "Grundsaetzen" in der Langeschen Ausgabe der kleiner philosophischer Schriften, I. c. S. 82 – 85., 以及阿冯，参阅 Henri Arvon, Aux Sources de L'existentialisme: Max Stirner, Paris, 1954。值得注意的是，施密特也将青年马克思与费尔巴哈一起并列为"实证的存在哲学家"，参阅 A. Schmidt, Einleitung zum Anthropologischen Materialismus von L. Feuerbach, Frankfurt/M., 1985, S. 33. u, a. 。
④ 《费尔巴哈哲学著作选集》上卷，荣震华、李金山译，商务印书馆1984年版，第167页。
⑤ 《费尔巴哈哲学著作选集》上卷，荣震华、李金山译，商务印书馆1984年版，第167页："存在的秘密只在爱中显露，而不在思维中爱就是情欲，只有情欲才是存在的标记。"第169页："爱是存在的标准——真理和现实的标准，客观上是如此，主观上也是如此……一个人爱得愈多，则愈是存在；愈是存在，则爱得愈多。"

是依附于人的肉体和感官存在的。没有肉体，没有感官，就没有感性，没有人的存在的内涵。这从他的以下一段话中可以清楚看出：

> 善的存在就意味着人的存在。我是善的，只是因为我同情和分担他人的痛苦。但是，与他人一起感受，以及为了他人感受，这恰好就是人的存在。而没有感性，就没有感情，至少没有同情，共苦，分担和怜悯。无耳之处，也无抱怨，无眼之处，也无泪水，无舌之处，也无叹息，无血之处，也无心脏。我怎能在缺少感官的实体那里寻到门径呢？如果无眼、无耳的话，谁能成为我的代表与代言人呢？……不是我的本质的东西，也就不是我的感觉。因而，不拥有肉体的本质，也就不拥有关于肉体的感觉、感情。①

因此，感觉、爱情等也是人的感性存在的真正的本体论的证明：

> ……爱就是有一个对象在我们头脑之外存在的真正的本体论的证明——除了爱，除了感觉之外，再没有别的对存在的证明了。②

由此来看，可以认为，费尔巴哈的"感性存在"概念是对他的有关"类本质"规定的一个方面即"爱"（或"心"）的推衍和放大。

通过对人的感性存在的肉体和精神性内涵的揭示，费尔巴哈不仅往他的感性本体论原则中注入了人类学的蕴意，而且，也把这一原则

---

① "Das Wesen des Glaubens im Sinne Luthers", in W. Schuffenhauer herg., L. Feuerbach, Gesammelte Werke, Bd. 9, Berlin, 1982, S. 376. 也参阅《费尔巴哈哲学著作选集》上卷，荣震华、李金山译，商务印书馆1984年版，第213页："人的存在只归功于感性。"第24页："……一如现在你们的存在要归功于人的感性，你们最初的起源也归功于自然的感性。"

② 《费尔巴哈哲学著作选集》上卷，荣震华、李金山译，商务印书馆1984年版，第168页。

具体化、彻底化了。在此方面，费尔巴哈的缺陷是，他没有看到，人的感性存在不仅体现在于人的肉体性，而且更重要的体现在于人的社会性。对人的感性存在的本体论证明不仅应该在人的肉体中、在人的自然中寻找，更为重要的是还必须到社会中、到人的物质生活中、到实践中去寻找。

按照费尔巴哈的理解，"属于存在的是个体性和个别性"，个体性是"感性的基本形式"①。所以，作为感性存在的人应是个体的人。费尔巴哈明确肯定，"类"托根于个体，并且是"在无限多的和无限多样的个体中实现自己"②。

然而，既然感性存在只能是单个的个人或个体，费尔巴哈为什么谈论"人"、谈论"类本质"而不径直谈论特殊的个体呢？而不直接把个体作为自己的哲学基础和中心呢？对此，费尔巴哈在反驳施蒂纳的有关指责时曾作过专门说明。费尔巴哈解释说，在宗教中，上帝本身就是作为从类中特选出的一个个体而出现的，所以要同宗教划清界限，要废除宗教，就不应再强调特殊的个体或个体的特殊性，否则就又重陷宗教泥潭了。正确的做法应是通过感性经验证明这一个体与同类的其他的个体的同一，即强调把个体联结起来的类。而把上帝还原为类概念，也就是肯定个体。③

施密特在其选编的费尔巴哈文集的"导论"中默认了费尔巴哈的

---

① 《费尔巴哈哲学著作选集》上卷，荣震华、李金山译，商务印书馆1984年版，第159页。参考 F. 约德尔（F. Jodl）的评论："'实在界并非全部地而只部分地反映在思维里。这是基于思维和实在界相差异之点的；思维底本质是一般性，实在界底本质则是个体性。'这话也许就是费尔巴哈所说过的最深刻的话，他就拿这话作为解雇书，永远辞退了泛逻辑论。"参阅［德］F. 约德尔《费尔巴赫底哲学》，林伊文译，商务印书馆1937年版，第35页。

② 《费尔巴哈哲学著作选集》上卷，荣震华、李金山译，商务印书馆1984年版，第133页，下卷，第193页。

③ 参阅《费尔巴哈哲学著作选集》下卷，荣震华、李金山译，商务印书馆1984年版，第425页。

这种反驳和申辩。① 可是，费尔巴哈的这种辩解实际上是牵强的，是不能完全成立的。原因在于，尽管在基督教中上帝以个体的形式即基督的形象呈现，但其本质却并不是个体，而是个体化或人格化的"类"。个体化或人格化在这里仅是上帝的表现形式和外衣。这是费尔巴哈自己也承认的。既然如此，那么，费尔巴哈以"类"（而非现实的个人）同上帝的个体化形式（而非上帝所含的"类"这一实质内容）相对立，就只是就形式方面而采取的一种对立，而非就内容、实质方面，换言之，就是仅针对宗教的形式，而非针对宗教的内容、实质。这种同宗教的对立，固然也是一种对立，但毕竟是一种不彻底的对立。实际情形也是，费尔巴哈虽然把上帝还原为类本质、类人，虽然把神学还原为人类学，但他的类本质、类人仍是一种抽象，以致给后来的施蒂纳的极端个体主义的产生留下了余地。事实上，与宗教的彻底对立，以至与黑格尔"思辨哲学"的彻底对立，不仅需要把"绝对"或"上帝"归结为"人"，还需要把"人"归结为现实的个体。费尔巴哈既诉诸其基本形式是个体性的"感性存在"，又偏执抽象的"类"，就使自己陷入了"二律背反"的两难境地，这显然妨碍了他把感性原则贯彻到底。

费尔巴哈对感性存在的一般性还多有论述。在费尔巴哈对感性存在进行说明时，他曾论及感性存在的众多特征，如感性存在的确定性、多样性、现实性、受动性、本源性等等。② 值得注意的是费尔巴哈关于感性存在的直接性的思想。

针对黑格尔哲学的唯心主义形式的"中介"概念，费尔巴哈特别强调感性存在的直接性。他认为，黑格尔哲学缺少的正是这种直接性，

---

① A. Schmidt, Einleitung zum Anthropologischen Materialismus von L. Feuerbach, Frankfurt/M., 1985, S. 35-36.
② 参阅《费尔巴哈哲学著作选集》上卷，荣震华、李金山译，商务印书馆1984年版，第62、63、68、91、106、165等页。

"直接的统一性，直接的确定性，直接的真理"①。费尔巴哈反对黑格尔哲学的没有客观性、现实性、没有独立性的存在（他认为这种存在就是"纯粹的幽灵"，是"无"），反对将存在与存在的事物相分离。② 这无疑捕捉到了同黑格尔哲学对立的根本点。但是，他却因此走上另一极端，即摒弃间接性与中介作用，从而竟把对立面变成了一种无中介的同一、绝对的同一。这特别体现在他对存在与本质关系的阐述中：

> 存在并不是一种普遍的、可以同事物相分离的概念。它与存在的事物是一回事。它只能间接地被思想，即只能通过说明事物本质的谓语而被思想。存在是本质的肯定。我的本质是怎样的，我的存在也就是怎样的。鱼存在水中，但是你不能把它的本质与它的这种存在分离开来。语言已经把存在和本质等同起来。只有在人的生活中，而且只有在反常的不幸的情况下，存在才会与本质分离——才会出现这种情形，即并非一个人有了他的存在的时候也就有了他的本质。但正因为这种分离，所以当人们实际存在，即具有肉体时，并不就真正存在，即具有灵魂。只有你的心存在时，你才存在。但是，一切事物——违反自然的情况除外——都乐意在它们所存在的地方和按它们所存在的样子存在。③

费尔巴哈的这种对于存在与本质的直接同一的理解，是由于他把中介问题局限在纯认识论范围内造成的。它导致了对现存的有意无意

---

① 参阅《费尔巴哈哲学著作选集》上卷，荣震华、李金山译，商务印书馆1984年版，第105页。
② 参阅《费尔巴哈哲学著作选集》上卷，荣震华、李金山译，商务印书馆1984年版，第156—157页。
③ W. Schuffenhauer herg., L. Feuerbach, Gesammelte Werke, Bd. 9, Berlin, 1982, S. 306–307. 参阅《费尔巴哈哲学著作选集》上卷，荣震华、李金山译，商务印书馆1984年版，第157—158页。引文据德文译出。关于费尔巴哈对中介概念的否定，可参阅《费尔巴哈哲学著作选集》上卷，第179页："黑格尔哲学说：一切都是凭借中介的。但是一个东西只有当它不再是凭借中介的东西，而是直接的东西时，才是真实的。"

的辩护。正因为如此，费尔巴哈上述一段话被马克思和恩格斯视为费尔巴哈"既承认现存的东西同时又不了解现存的东西"的例子，恩格斯甚至称其为"对现存事物的绝妙的赞扬"①。

卢卡奇把费尔巴哈摒弃中介概念视为费尔巴哈未能克服或扬弃黑格尔辩证法的一个集中表现，这显然是正确的。② 按照卢卡奇的观点，问题的实质在于，费尔巴哈不是把中介概念理解为"存在本身的辩证结构的思想表达"，而是把它当成了一种"转达直接、明显的思维内容的一种形式上的手段"③。

与从感性存在、感性对象出发相适应，费尔巴哈把感性直观（das sinnliche Anschauung）作为认识的基本原则和方法。在他看来，只有感性直观才是主体和客体的统一得以实现的手段，是主体和客体统一的现实性和证明。④

费尔巴哈认为，感性直观和思维作为两种认识功能分别源自"头"与"心"，它们是人的本质的结果和特性，因而，又是反映人的本质的哲学科学的基本工具和手段。感性直观与思维两者是互为补充的。前者是生活的原则，后者是科学的原则。前者是受动的原则，后者是主动的原则。在前者中人作为客体（"非我"）出现，在后者中人作为主体（"我"）出现。前者提供存在，后者提供本质。所以，必须将两者结合起来。⑤ 可是，黑格尔哲学却恰恰将它们分离开来，只要后者，不要前者，把思维作为中心点，让现实的客观世界围绕其

---

① 马克思、恩格斯：《费尔巴哈》，人民出版社1988年版，第42—43、93页。
② 参阅［匈］卢卡奇《青年黑格尔》，王玖兴译，商务印书馆1963年版，第132—133页："……直接性、对一切中介的有意识的排除，就不仅否定了黑格尔的唯心主义，而且连辩证法也一起取消了。"
③ Georg Lukács, Moses Hess und die Probleme der idealistischen Dialektik, Leipzig, 1926. S. 29.
④ 《费尔巴哈哲学著作选集》上卷，荣震华、李金山译，商务印书馆1984年版，第172页："主体和对象的同一性，在自我意识之中只是抽象的思想，只有在人对人的感性直观之中，才是真理和实在。"
⑤ 《费尔巴哈哲学著作选集》上卷，荣震华、李金山译，商务印书馆1984年版，第111页。

打转。所以，费尔巴哈着力强调思维对感性直观的依赖性。在他看来，感性直观对于思维的重要意义和作用就在于，它能够扩大和启发思维，校正思维自身的片面性，使思维切近存在，从而可以把黑格尔式的那种围绕思维、理性旋转的"圆形"轨道转变为"椭圆形"①。这样，费尔巴哈就表达出：感性直观是认识过程中能够将思维与存在在唯物主义基础上统一起来的一个极为重要的构成环节。

费尔巴哈感性直观的致命缺陷是，它被解释为一种在本质上是完全受动的行为。也就是说，在感性直观中，客体、直观的对象是能动的，而"我"、行为的主体则反而是被动的。费尔巴哈对此论证说："感性的本质不是源自我的头脑，它是由外部来到我面前的，它是被交付于我的，感官将它呈现于我。它不是人的理性的产物，像上帝不是哲学家的产物一样。但它也不是人的双手的产物。像邱必特不是菲狄亚斯的产物一样。它是一种独立的本质，因而不是通过我而是通过它自身交付于我的。我看到的只是它让我看的东西。感性的本质是一种自我交付的本质，我在它面前仅是受动的。它不是生产活动的对象，而仅是直观的对象。"②

这样，费尔巴哈完全排除了主体的能动作用，排除了实践。费尔巴哈对于感性直观的这种消极理解是与他把人的真正活动仅仅理解为理论的活动相关的。③

费尔巴哈将感性直观置于非常重要的地位。在《未来哲学原理》中，他声称：感性直观高于想象（Vorstellung）和幻想（Phantasie），它比想象和幻想晚出。④ 在《基督教的本质》中，他则倾向把它与

---

① 《费尔巴哈哲学著作选集》上卷，荣震华、李金山译，商务印书馆1984年版，第179页。
② Das Wesen des Glaubens im Sinne Luther, W. Schuffenhauer herg., L. Feuerbach, Gesammelte Werke, Bd. 9, Berlin, 1982, S. 378.
③ 参阅《费尔巴哈哲学著作选集》下卷，荣震华、李金山译，商务印书馆1984年版，第144—146、235页。也参阅马克思、恩格斯《费尔巴哈》，人民出版社1988年版，第83、87页。
④ 《费尔巴哈哲学著作选集》上卷，荣震华、李金山译，商务印书馆1984年版，第174页。

"理论直观"等同、并列。① 鉴于费尔巴哈这种具有某种神秘性的理解，马克思和恩格斯将费尔巴哈的感性直观称为"二重性的直观"，即介于世俗的、一目了然的直观与高级的哲学直观之间。②

费尔巴哈关于感性直观的这种神秘性理解与他对感性事物所下的定义不无关系，他说："感性事物并不是……世俗的、一目了然的、无思想的、自明的东西。"③ 这种界定，确如后来施蒂纳所指摘的，是赋予感性事物一词以不同于普通用法的异乎寻常的意义④。显然，这也是费尔巴哈学说中内在矛盾的一个表现。

（三）对象化、外化和异化

在费尔巴哈那里，对象化（Vergegenstaendlichung）是与主体性（Subjektivitaet）相对立的一个概念，而它与外化（Entaußerung）却是同义、通用的⑤。

费尔巴哈对对象化一词没有进行过专门界说。但据他的论述，这个概念的一般含义应是，人把自己的本质移到自身之外，并把它作为另外的本质对待。或者说，人"自己的本质……作为另外的本质而成为他的对象"⑥。

费尔巴哈首先把对象化作为一个本体论概念对待。

费尔巴哈认为，感性事物或感性实体的存在，是一种对象性的存在。一种实体，它本身不能独立自存，必须牵涉到在它以外的另一个实体，必须有其主要的对象。而"一个实体必须牵涉到的对象，不是

---

① 《费尔巴哈哲学著作选集》下卷，荣震华、李金山译，商务印书馆1984年版，第144页。
② 马克思、恩格斯：《费尔巴哈》，人民出版社1988年版，第20页。
③ 《费尔巴哈哲学著作选集》上卷，荣震华、李金山译，商务印书馆1984年版，第174页。
④ Max Stirner, Einzige und sein Eigentum, Stuttgart, 1981, S. 328.
⑤ 参阅《费尔巴哈哲学著作选集》下卷，荣震华、李金山译，商务印书馆1984年版，第144页注，第257页。
⑥ 参阅《费尔巴哈哲学著作选集》下卷，荣震华、李金山译，商务印书馆1984年版，第38页。

别的东西，只是他自己的明显的本质"。① 举例而言，食草动物的对象是植物，故它具有与肉食动物不同的本质。眼的对象是光不是声音，故它具有与耳不同的本质。如此类推，农夫的本质，表现于土地；猎人的本质，表现于打猎；渔夫的本质，表现于捕鱼，等等。总之，"主体必然与其发生本质关系的那个对象，不外是这个主体固有而又客观的本质"②。

这样，实体的本质规定同其发生关系的对象是同一的，对象本身不过是成为对象的主体自己，因为任何外部的规定归根到底都同时是主体的自我规定。进而，作为实体的主体与其发生关系的对象也就互为对方现实性的本体论的证明。③

可见，费尔巴哈把对象化视为感性事物存在的客观规定性与必然表现，首先赋予它一种本体论的内蕴和意义；它是与存在同一层次的范畴，是一种本体论的规定。

费尔巴哈的感性实体首先意指的是感性存在的人。所以，费尔巴哈认为，人是对象性的存在物。作为活动的主体，他必然与一定的对象发生关系。人这一主体必然与其发生关系的对象，就是人固有的客观的本质，或者说，是他的公开的本质，他的真正的、客体的"我"。这样，人的本质在对象中显现出来。任何人的对象，都是人的本质的证明，都是人的本质的昭示。④

对象化在费尔巴哈那里不仅具有本体论蕴意，而且，同时又表现

---

① 参阅《费尔巴哈哲学著作选集》上卷，荣震华、李金山译，商务印书馆1984年版，第126页。

② 《费尔巴哈哲学著作选集》下卷，荣震华、李金山译，商务印书馆1984年版，第29页。参阅《费尔巴哈哲学著作选集》上卷，荣震华、李金山译，商务印书馆1984年版，第126页。

③ 《费尔巴哈哲学著作选集》上卷，荣震华、李金山译，商务印书馆1984年版，第89页："……正如自我在对象中得到证实完全一样，对象也在自我中假定并表明自己。自我在对象中的实在性，同时也是对象在自我中的实在性。"

④ 参阅《费尔巴哈哲学著作选集》下卷，荣震华、李金山译，商务印书馆1984年版，第29—30页。

为一种思维方式或认识模式。依理而论,既然实体的对象就是实体本质的显示,那么,"一个实体是什么,只能从它的对象中去认识"①。对于人来说,也必须从他的活动对象中寻求他的本质的表现和说明:"人没有对象就是无。……但是对象不外是真正的我,外在的灵魂,人的对象性的本质。通过这一对象人意识到他自己。对于对象的意识就是人的自我意识。"②

由此出发来看作为人的信仰对象的上帝,它所表示的不是别的,也只是人自己的本质。③ 而宗教也不外是人对自己本质、人对自身的一种意识形式。因此,人自身本质的对象化就是宗教的秘密。宗教是人自身的双重对象化:首先,他把自己的本质对象化,即转化成一个独立的和人格化的本质;然后,他再把自己即已丧失了自身本质的自我对象化,转化成那已经对象化的自己本质的对象。④

费尔巴哈认为,宗教作为人本质的对象化形式,其形成与黑格尔思辨哲学的那种自我对象化不同,即它不是人为的、任意的,而是有其历史必然性的,如同艺术、语言一样。⑤

基于对象化是人的存在方式和思维方式的理解,费尔巴哈又把对象化提升为一种方法,即批判方法。向批判方法的升华,集中体现了费尔巴哈对象化范畴的作用和意义。

按照费尔巴哈的观点,对象化是实体间的相互行为,"同类的实

---

① 《费尔巴哈哲学著作选集》上卷,荣震华、李金山译,商务印书馆1984年版,第126页。
② L. Feuerbach, Entwurf zur Einleitung zum Wesen des Christentums("Gattungsschrift",未公开发表), Uebersetzung von Carlo Ascheri, S. 11,边注。
③ 参阅《费尔巴哈哲学著作选集》下卷,荣震华、李金山译,商务印书馆1984年版,第30页;《费尔巴哈哲学著作选集》上卷,第126、127页。
④ 参阅《费尔巴哈哲学著作选集》下卷,荣震华、李金山译,商务印书馆1984年版,第56页。
⑤ "人之宗教上的、原始的自我对象化,正像本书清楚地加以说明的那样,并不同于反思与思辨之自我对象化;后者是任意的,而前者却是不由自主的、必然的,就像艺术、语言一样地必然。"参阅《费尔巴哈哲学著作选集》下卷,荣震华、李金山译,商务印书馆1984年版,第56页。

体可互为对象"①。就是说，由于实体与其对象、主体与客体之间存在的同类、同构的关系，彼此互为存在前提，互为表现形式，互为证明的根据。

这种实体的同类性和同类中各实体对象化的相互性，在逻辑原则上就表现为主词和宾词两个词项的同一性以及由此而来的相互转换性。于是，费尔巴哈的对象化的本体论和认识论的原则在批判方法方面就具体化和演绎为一种还原法和倒转法（Umkehrmethode）②。费尔巴哈将其表述为："……无论在哪里，只要有宾词……表明主词之本质，那末宾词跟主词就毫无区别，宾词就可以用来代替主词。"③ 这一方法运用到宗教批判中就是："凡在宗教中作为宾词的，我们都可以把它当作主词，而凡在宗教中作为主词的，我们也都可以把它当作宾词。这也就是说，我们可以将宗教之神谕颠倒过来，把它理解为反面真理（Contre-Ve'rite），而这样一来，我们就洞察了真相。"④ 同时，这一方法无疑也是批判思辨哲学的方法，因为"思辨哲学的本质不是别的，只是理性化了的、实在化了的、现实化了的上帝的本质。思辨哲学是真实的、彻底的、理性的神学"。⑤

总之，同类实体互为对象，在逻辑原则上就表现为主、宾词的互为转换，所谓颠倒法不过是"对象化"范畴在方法论上的具体表现。

到此为止，我们还没有直接论及费尔巴哈的"异化"（Entfrem-

---

① 《费尔巴哈哲学著作选集》上卷，荣震华、李金山译，商务印书馆1984年版，第127页。

② 民主德国学者维·舒芬豪威尔率先提出了这一概括。见 Werner Schuffenhauer, L. Feuerbach und der junge Marx, Berlin, 1964. S. 50："马克思的《黑格尔法哲学批判》是以费尔巴哈的'宗教改革批判方法'即'倒转法'为指导的。"但他未指出费尔巴哈这一倒转法的来源。实际上，费尔巴哈的倒转法来源于亚里士多德，是受亚氏《分析篇》中的思想的启示。对此，费尔巴哈本人在1843年的《基督教的本质》第二版序言中有明确的提示："为此我介绍参考亚里士多德的《分析篇》或只是参看坡菲立的《导论》。"见《费尔巴哈哲学著作选集》下卷，荣震华、李金山译，商务印书馆1984年版，第15页。

③ 《费尔巴哈哲学著作选集》下卷，荣震华、李金山译，商务印书馆1984年版，第15页。

④ 《费尔巴哈哲学著作选集》下卷，荣震华、李金山译，商务印书馆1984年版，第89页。

⑤ 《费尔巴哈哲学著作选集》上卷，荣震华、李金山译，商务印书馆1984年版，第123页。

dung, entfremden）概念。事实上，"异化"一词在费尔巴哈那里与"对象化""外化"概念是通用的。费尔巴哈在其著作中只偶尔使用过"异化"这一术语，他更愿意使用的则是"对象化"和"外化"。在他的《基督教的本质》中，甚至未有出现"异化"一词，频频出现的只是"对象化"和"外化"[①]。只是在《关于哲学改造的临时纲要》和《未来哲学原理》中，才各有一处出现"异化"一词，而且，它主要被用来指谓黑格尔哲学[②]。这样，凡是被费尔巴哈用来指谓对象化和外化的，对他的异化概念也是适用的。上述所分析的对象化概念在费尔巴哈那里的三种意义（也可称三种内涵）也适用于他的异化概念。而我们对费尔巴哈对象化概念的分析，也就是对费尔巴哈的异化概念的分析。

费尔巴哈之所以把异化作为对象化、外化的通用语，是有其一定的客观根据的。这就是，费尔巴哈所研究、所批判的主要对象是宗教这种特定的对象化形式，而这种对象化形式本身同时确实又是一种异化形式。

然而，正如我们所了解的，异化与对象化概念两者虽然有其同一性，可这种同一却是建立在差别基础之上的。异化是对象化的一种特殊形式：首先，它是在一定的历史发展阶段基础上才产生的；其次，它还具有否定主体的性质。因此，不能像黑格尔那样，把人的本质的现实的对象化无条件地"当作异化的被设定的和应该扬弃的本质"，

[①] 中文本中的几处"异化"或"自我异化"用语均为德文本中"外化"（Entaußerung）或"自我外化"（Seibstentaußerung）的转译。参阅 W. Schuffenhauer herg., L. Feuerbach, Gesammelte Werke, Bd. 5, Berlin, 1974, S. 221, 236, 397；《费尔巴哈哲学著作选集》下卷，荣震华、李金山译，商务印书馆1984年版，第155、166、281页。

[②] 参阅《费尔巴哈哲学著作选集》上卷，荣震华、李金山译，商务印书馆1984年版，第105、152—153页。中文本还有几处出现"异化"，如同书第111、170页，但分别是德文"besondern"（特殊化）和"Absonderung"（分离）的转译。参阅 W. Schuffenhauer herg., L. Feuerbach, Gesammelte Werke, Bd. 9, Berlin, 1982, S. 254. 321。

从而在实际上把对象化与异化等同起来。①

费尔巴哈在对宗教这种特殊形式的对象化的分析过程中，论及了它的历史性以及对人所具有的否定的、消极的性质②，这表明费尔巴哈在实际处理中还是把特殊形式的对象化与一般意义上的对象化在某种程度上区分开来的。可是，尽管如此，费尔巴哈本人并未能对这种区分、对异化与对象化的关系作出明确的界说和说明。所以，如果人们因此而指摘费尔巴哈混淆了两者，重复了黑格尔的错误，也是不乏其理由的。这是费尔巴哈对象化学说的模糊之处。

费尔巴哈的对象化学说也还存在着其他缺陷。

费尔巴哈把对象化这一主体存在形式提升为方法，即主、宾词倒置法。但由于宗教这种特殊的对象化形式即异化，所以，主、宾词倒转法也就是扬弃异化的方法。由于费尔巴哈仅仅停留和满足于这种主、宾词的倒转或颠倒，这种扬弃的局限性就明显暴露出来。

首先，无条件地肯定了基督教对主词的规定，即无条件地肯定了宾词的内容。基督教把上帝规定为理性的本质。黑格尔的对象化或外化的主体——绝对精神同样是精神性的规定。费尔巴哈也未能越此藩篱，他不过把这种精神性本质在形式上转换为"头"与"心"。

其次，把异化的扬弃变成了完全是认识论领域的事情，甚至是简

---

① 《马克思恩格斯全集》第42卷，人民出版社1979年版，第161页。还可参阅同书第164、170页。G. 卢卡奇对此作了阐释和发挥，参阅他的《青年黑格尔》，王玖兴译，商务印书馆1963年版，第120页。

② 有关费尔巴哈对宗教历史性的论述，参阅《费尔巴哈哲学著作选集》下卷，荣震华、李金山译，商务印书馆1984年版，第113页："只有到了文化有了更高的发展时，人才将自己双重化。"第56页："人之宗教上的、原始的自我对象化……是不由自主的、必然的。"有关他对宗教的否定的、消极的性质的论述，参阅《费尔巴哈哲学著作选集》下卷，荣震华、李金山译，商务印书馆1984年版，第57页："上帝愈是主观、愈是属人，人就愈是放弃他自己的主观性、自己的人性。"第52页："就本质而言上帝越是属人，则他跟人的区别就显得越是大。"对黑格尔哲学的对象化的否定性质的论述，参阅《费尔巴哈哲学著作选集》上卷，荣震华、李金山译，商务印书馆1984年版，第152—153页："绝对哲学就是这样将人固有的本质和固有的活动外化了和异化了，这就产生出这个哲学加给我们精神的压迫和束缚。"

单的逻辑词项的颠倒。用费尔巴哈的说法，既然凡在宗教中作为宾词的，我们都可以把它作为主词，而凡在宗教中作为主词的，我们也都可以把它当作宾词；那么，人们只要把宗教神谕颠倒过来，问题就解决了，异化就扬弃了。费尔巴哈对异化扬弃的这种理解是与他单纯从精神形式去确定和理解异化直接相关的。

再次，撇弃和否定了中介概念。既然费尔巴哈的宗教扬弃纯粹是认识论领域、逻辑学领域的事，那么，这种扬弃自然是无须现实中介的。费尔巴哈摒弃中介概念的结果，只能导致有意或无意地主张一种绝对的直接同一性，这点我们在前面已经指出过了。这里想着重指出的是，费尔巴哈诉诸感性直接性，力求从具有感性直接性的事物出发，但他恰恰未能看到实践也具感性直接性，是一种具有感性直接性、确定性和现实性的名副其实的中介，因而是异化扬弃的必要和唯一的手段。

费尔巴哈为什么只停留于把主、宾词颠倒过来而未能对宾词进行进一步的科学规定呢？他为什么只否定基督教而不否认"爱"的宗教，或者说在否定旧宗教的同时又企图建立新的宗教呢？从根本上说，这固然与他不了解实践、不了解人的社会性有关，但是，另一方面，这也是与他对哲学的理解相联系的。

费尔巴哈倾向建立一种能够包容和代替宗教的哲学。用这样的哲学替代以前的"旧哲学"，可谓费尔巴哈在1842年宣称的"哲学改革"的主旨之一。这是因为，在他看来，哲学的对象和功用与宗教是同一的：两者俱为人的本质的认识和表达。因此，哲学应该包含和取代宗教，"它应当以相似的形式包括构成宗教本质的东西，应当包括宗教的长处"[①]。而以往哲学的不足之处之一，就是与宗教始终是分离的，未能将其包容在自身之中，以致给宗教留下了

---

① 《费尔巴哈哲学著作选集》上卷，荣震华、李金山译，商务印书馆1984年版，第96页。

地盘。

按照费尔巴哈的观点，宗教的"本质"和"长处"就是体现和表达了人的本质。所以，他所谓的哲学应包括宗教的本质和长处，也就是说哲学应体现和表达人的本质。① 这样，在他那里，哲学和宗教作为人的本质的反映和表达，均为人的本质的科学，均为人的科学，即哲学人类学。哲学与宗教在人的本质这一内涵的基础上统一起来，并得到融汇与和解。从而，"哲学应当成为宗教"与"哲学应当成为人类学"，不过是同一问题的不同说法。由此，所谓废除、扬弃宗教，也就无非是把宗教的内容直接纳入哲学的体系之中，把宗教的主词换上哲学的宾词。这样的哲学，固然可以称谓哲学，但又为何不可称谓宗教?! 无怪乎，费尔巴哈明确申明，他的哲学是"人类学有神论"（Anthropotheismus），是"自觉的宗教"②。

费尔巴哈试图通过哲学扬弃宗教的内容，这是有一定合理之处的。但他把两者直接等同起来，显然走得过远了。

二 费尔巴哈与马克思的哲学唯物主义的确立

尽管马克思在撰写《博士论文》期间对作为哲学史家的费尔巴哈

---

① "哲学不是绝对的行为，不是没有主体的纯活动——它是人的主体的行为。因此，它也必然毫无肢解地包含和表达这一主体的本质。"参阅 W. Schuffenhauer herg., L. Feuerbach, Gesammelte Werke, Bd. 9, Berlin, 1982, S. 377 – 378。

② "哲学不是绝对的行为，不是没有主体的纯活动——它是人的主体的行为。因此，它也必然毫无肢解地包含和表达这一主体的本质。"参阅 W. Schuffenhauer herg., L. Feuerbach, Gesammelte Werke, Bd. 9, Berlin, 1982, S. 256；《费尔巴哈哲学著作选集》上卷，荣震华、李金山译，商务印书馆1984年版，第113页。据此，有理由认为费尔巴哈只反神学不反宗教。但严格说来，费尔巴哈尽管承认神学所否认的宗教感情的合理性，却毕竟扬弃了宗教的外在形式。因而，确切的说法似乎是：费尔巴哈相对地反宗教，绝对地反神学。

已有所了解①，而且在《评普鲁士最近的书报检查令》（1842年1—2月撰）一文中吸取了"类"概念，把类与个体的关系作为批驳书报检查令的基本哲学依据②，但是，正如我们在上一章中已论及的，费尔巴哈对马克思产生实质性影响则显然是发生在《论对〈基督教的本质〉的评判》发表以后。该文事实上使马克思放弃了为《对黑格尔、无神论者和反基督教者末日的宣告》一书所写的《论基督教的艺术》（后改名为《论宗教的艺术》）和对黑格尔法哲学批判文章的初稿，放弃了与鲍威尔的合作。这应该视为马克思由黑格尔的唯心主义的思辨哲学基地转向费尔巴哈所开创的哲学唯物主义方向的起始和标志。

马克思1843年夏撰写的《黑格尔法哲学批判》已显露出费尔巴哈的强烈影响。它表明了马克思通过依据费尔巴哈学说来批判黑格尔法哲学所初步实现的向新唯物主义的过渡。

该文在若干基础性的论点上同费尔巴哈的《基督教的本质》（第2版，1843年上半年出版）等一致③，或者说采纳了后者。

在该文中，马克思同意费尔巴哈对基督教本质的看法。费尔巴哈认为，上帝是人之本质，而上帝之本质，只有在基督里面才显明，故

---

① 在《博士论文》中的一处，马克思直接从费尔巴哈的《近代哲学史》中援引了伽桑狄对伊壁鸠鲁的评述。参阅《马克思恩格斯全集》第40卷，人民出版社1982年版，第223、271页。此外，维·舒芬豪威尔还指出了《博士论文》中对包括黑格尔（作为哲学史家）在内的某些哲学史人物所持的见解与费尔巴哈观点的一致性（W. Schuffenhauer, Der Bild der Menschen bei Feuerbach und Marx, 学术报告，北京，1988年4月）。

② 参阅《马克思恩格斯全集》第1卷，人民出版社1956年版，第19页："你们一方面要我们尊重不谦逊，但另一方面又禁止我们不谦逊。把人类的完美硬加在个人身上，这才是真正的不谦逊。新闻检查官是特殊的个体，而新闻出版物则是类的体现。"译文有修订。

③ 英国学者麦克莱伦（D. Mclellan）根据费尔巴哈的《基督教的本质》第1版受到普遍的误解这一情况，断言费尔巴哈主要是通过该书以后的著作才成为青年黑格尔派中极有影响的人物，认为费尔巴哈对马克思产生影响主要是通过其《关于哲学改造的临时纲要》和《未来哲学原理》，参阅［英］戴维·麦克莱伦《青年黑格尔派与马克思》，夏威仪等译，陈启伟校，商务印书馆1982年版，第98、105页。这种说法虽然得到许多研究者的支持，但并不完全符合客观事实。因为尽管《基督教的本质》第1版确实没有对马克思产生什么重大影响，但该书第2版对马克思的影响却是不容抹杀的。这从本书以下的分析中可以看出。

基督教有权被称为"绝对宗教"或"完善的宗教"①。马克思对此以另种形式作了转述:"基督教是 κατ' ἐξοχήν (道地的) 宗教,是宗教的实质,是作为特殊宗教的神化了的人"②。

对黑格尔思辨唯心主义进行批判是该文的主旨。在此方面,马克思广泛运用和采纳了费尔巴哈的见解。

费尔巴哈对黑格尔哲学批判的出发点是,这一哲学的批判方法与宗教哲学所曾应用过的方法没有什么不同,仍不过是颠倒了思维与存在、主体与客体或主词与宾词的关系。因此,它本质上仍是神学学说,只不过是用理性的说法所表达的神学学说,是"理性的神学"③。马克思批判的着眼点也同样是集中在黑格尔对思维与存在、主体与客体、经验与思辨、个体与普遍的颠倒。他指摘黑格尔关于"现实的理念、即精神,把自己分为自己概念的两个理想性的领域,分为家庭和市民社会……目的是要超出这两个领域的理想性而成为自为的无限的现实精神"④ 的观点,认为这是"把理念变成了独立的主体",而把家庭和市民社会对国家的现实关系变成了"理念所具有的想象的内部活动",因而是"头足倒置"⑤。与此同时,他特别强调指出,这一思想是黑格尔思辨唯心主义的隐秘核心,它"集法哲学和黑格尔全部哲学的神秘主义之大成"⑥。

在批判黑格尔颠倒主体与主体的规定性的关系时,马克思更加直接地采用了费尔巴哈关于主词和宾词相互颠倒的说法:"……黑格尔不把主体性和人格看作主体的谓语,反而把这些谓语弄成某种独立的

---

① 参阅《费尔巴哈哲学著作选集》下卷,荣震华、李金山译,商务印书馆1984年版,第179—180页。
② 《马克思恩格斯全集》第1卷,人民出版社1956年版,第281页。
③ 《费尔巴哈哲学著作选集》上卷,荣震华、李金山译,商务印书馆1984年版,第102、114、123页。
④ 《马克思恩格斯全集》第1卷,人民出版社1956年版,第249页。
⑤ 《马克思恩格斯全集》第1卷,人民出版社1956年版,第250、251页。
⑥ 《马克思恩格斯全集》第1卷,人民出版社1956年版,第253页。

永西，然后神秘地把这些谓语变成这些谓语的主体。"① 与此相类似，在另一处，马克思还指出："黑格尔把谓语、客体变成某种独立的东西，但是这样一来，他就把它们同它们的真正的独立性、同它们的主体割裂开来。随后真正的主体即作为结果而出现……因此，神秘的实体成了现实的主体，而实在的主体则成了某种其他的东西，成了神秘的实体的一个环节……黑格尔不是把普遍物看作一种现实的有限物（即现存固定物）的现实本质，换句话说，他没有把现实的存在物看作无限物的真正主体，这正是二元论。"②

和费尔巴哈唯物主义地解决思维与存在的关系，主张存在是"主体"、是"意识的现实"，而思维只是"宾词"一样③，马克思也坚定地强调"精神只是脱离物质的抽象"，强调任何概念"并不是作为一种独立的东西而具有意义，而是作为脱离某物的抽象并且仅仅是作为这样一种抽象而具有意义"④。

马克思还特别承继和发挥了费尔巴哈人是类存在物的思想。费尔巴哈虽然主要把人理解为自然的人，但也在某种程度上顾及人的本质的社会性，指出人的本质不仅是"自然本质"，而且也"是历史的本质，是国家的本质，是宗教的本质"⑤，指出孤独的个体不具有人的本质，只有"共同体""人与人的统一"才内含人的本质⑥。马克思在批判黑格尔倒置主体与主体性关系的过程中，也谈及了个体与类的

---

① 《马克思恩格斯全集》第1卷，人民出版社1956年版，第272页。译文有改动。
② 《马克思恩格斯全集》第1卷，人民出版社1956年版，第273页。此外，在《克罗茨纳赫笔记》（第四册）中，我们也可以找到与此相关的段落。例如，马克思在一段评论中说，黑格尔把国家观念的要素变为主词，而把国家存在的旧形式变为宾词，他这样做只不过说出了时代的一般精神，他的政治神学。参阅中央编译局编译《马列著作编译资料》第12辑，人民出版社1980年版，第36页。
③ 参阅《费尔巴哈哲学著作选集》上卷，荣震华、李金山译，商务印书馆1984年版，第109、115页。
④ 《马克思恩格斯全集》第1卷，人民出版社1956年版，第355—356页。
⑤ 《费尔巴哈哲学著作选集》上卷，荣震华、李金山译，商务印书馆1984年版，第116页。
⑥ 《费尔巴哈哲学著作选集》上卷，荣震华、李金山译，商务印书馆1984年版，第185页。

关系，谈及了人的"类存在"或"社会特质"："单一的东西唯有作为许多单一体才能成为真理。"① "人格脱离了人，自然就是一个抽象，但是人也只有在自己的类存在中，只有作为人们，才能是人格的现实观念。"② "'特殊的人格'的本质不是……肉体的本性，而是人的社会特质。"③

该文表露出，甚至费尔巴哈学说中的个别消极因素也使马克思在某种程度上受到了浸染。例如，在文中，马克思对黑格尔的中介作用进行了评论。他正确指出，在黑格尔关于推论的解释中，"表现了他的体系的全部超验性"④。可与此同时，马克思却认为，当黑格尔把推论的两个抽象环节即普遍性与单一性当作真正的对立面时，陷入了其逻辑中的"二元论"。原因在于，真正的极项是"不能被中介所调和"的，而且事实上"它们也不需要任何中介，因为它们在本质上是互相对立的。它们彼此之间没有任何共同之点，它们既不相互吸引，也不相互补充。一个极端并不怀有对另一极端的渴望、需要或预期"⑤。

这听起来颇似费尔巴哈对中介作用的绝对否定⑥。此外，马克思还认为极项或彼此对立的环节不能既是对立面同时又是中介，不能"职务对调"⑦，从而否认了对立面或矛盾的对立双方可以互为中介。

---

① 《马克思恩格斯全集》第 1 卷，人民出版社 1956 年版，第 277 页。
② 《马克思恩格斯全集》第 1 卷，人民出版社 1956 年版，第 277 页。译文有改动。
③ 《马克思恩格斯全集》第 1 卷，人民出版社 1956 年版，第 270 页。
④ 《马克思恩格斯全集》第 1 卷，人民出版社 1956 年版，第 350 页。
⑤ 《马克思恩格斯全集》第 1 卷，人民出版社 1956 年版，第 355 页。
⑥ 当然，马克思把对中介的排除限定在真正的极项范围之内，即不同类的两种事物之间。可是，这种限定是牵强的。因为从逻辑上说，不同类的或两种本质不同的事物并不构成对立的两极，所以也就不能称其为真正的极项；反之，如果两极互为对立，能够称得上真正的极项，那么，它们必然是同类的事物，有其共同的本质或基础。马克思把"极和非极""人类和非人类"作为真正的极项的例证。但是事实上，极和非极之间、人类和非人类之间在一定条件下，也可以构成现实的矛盾，即也可以找到能够把对立双方彼此统一起来的"类"。因此，它们也是需要"中介"和能够被"中介"的。
⑦ 《马克思恩格斯全集》第 1 卷，人民出版社 1956 年版，第 354 页。

《黑格尔法哲学批判》一文对费尔巴哈学说的较为重要的接纳还表现在"异化"（Entfremdung）概念。在该文中，马克思几次运用了这一术语。① 马克思特别用它来指谓政治国家、政治制度，认为政治制度是"人民生活的宗教"，是"类"的异化物。② 当然，在这里，异化的意蕴被引申到政治和现实生活领域，这已超出费尔巴哈的"异化"范围。尽管费尔巴哈曾说出"国家是无限的、没有止境的、真实的、完全的、神化的人"③这样的断语，但这在他那里不过停留在一种形象的比喻。

马克思发表在《德法年鉴》上的两篇文章是其《黑格尔法哲学批判》的直接继续和升华。所以，在对待费尔巴哈学说的态度上也表现了其一贯性。

在《论犹太人问题》一文中，马克思采纳了费尔巴哈对犹太人及其宗教的说法。费尔巴哈认为，犹太人的原则、上帝，"乃是最实践的处世原则，是利己主义，并且，是以宗教为形式的利己主义，利己主义就是那不允许自己的仆人吃亏的上帝"④。"功用主义、效用，乃是犹太教之至高原则。"⑤ 马克思也持有同样的看法："犹太的世俗基础是什么呢？实际需要，自私自利。犹太人的世俗偶像是什么呢？做生意。他们的世俗上帝是什么呢？金钱。"⑥ 费尔巴哈将热爱人文科学、自由艺术和哲学的希腊人同从事并不超过旨在糊口的神学研究的以色列人加以对比，嘲讽犹太教的利己主义使人偏狭，只注重切身利益，丧失自由的理论爱好和理论兴趣。⑦ 马克思则指出，"抽象地存在

---

① 《马克思恩格斯全集》第 1 卷，人民出版社 1956 年版，第 248、283、284、343 页。
② 《马克思恩格斯全集》第 1 卷，人民出版社 1956 年版，第 283 页。
③ 《费尔巴哈哲学著作选集》上卷，荣震华、李金山译，商务印书馆 1984 年版，第 98 页。
④ 《费尔巴哈哲学著作选集》下卷，荣震华、李金山译，商务印书馆 1984 年版，第 146 页。
⑤ 《费尔巴哈哲学著作选集》下卷，荣震华、李金山译，商务印书馆 1984 年版，第 145 页。
⑥ 《马克思恩格斯全集》第 1 卷，人民出版社 1956 年版，第 446 页，也参阅第 448 页。
⑦ 《费尔巴哈哲学著作选集》下卷，荣震华、李金山译，商务印书馆 1984 年版，第 146—147 页。

于犹太教中的那种对理论、艺术、历史的蔑视和对于作为自我目的的人的蔑视,是财迷的真正的自觉的看法和品行"①。费尔巴哈还指责犹太人"轻视"自然,把自然仅仅看成是"为利己主义之目标服务的手段",看成是"纯粹意志的客体"②。马克思也指控犹太人的自然观"是对自然界的真正蔑视和实际的贬低",认为"在犹太人的宗教中,自然虽然存在,但只是存在于想象中"③。

费尔巴哈有关犹太教本质的论述的意义在于,它已经以某种方式将对宗教的批判与对尘世的批判、对上帝的批判与对利己主义的批判联系起来。虽然费尔巴哈对犹太人的利己主义生活实践形式作了不正确的理解,即把它普遍化,等同于社会实践的一般形式,但他通过对犹太教本质的揭示触及了这一公式,即理论中的上帝等于实践中的利己主义,反之亦然。这里已暗暗潜含了有关人的物质生活异化的思想的生长点。所以,马克思和赫斯几乎同时对此进行了发挥,指出作为犹太人"上帝"的金钱不过是人的异化的本质,就不是偶然的了。④

在《论犹太人问题》中,马克思对费尔巴哈思想另一明显和重要的接纳是有关人的"个体感性存在"和"类存在"的关系的说法。黑格尔在其《逻辑学》中曾把"生命"的矛盾确定为"类"(普遍性)与"个体性"的统一,认为"生命"的进展过程就是主体经过"克服那还在束缚其自身的直接性"而从"个体存在"最终提升为"自为存在"即"类"的过程。⑤ 费尔巴哈发挥了黑格尔这一思想,认为"类"是个体的绝对尺度和目标,个体必须在"类"中并通过

---

① 《马克思恩格斯全集》第1卷,人民出版社1956年版,第449页。
② 《费尔巴哈哲学著作选集》下卷,荣震华、李金山译,商务印书馆1984年版,第147页。
③ 《马克思恩格斯全集》第1卷,人民出版社1956年版,第448—449页。
④ 关于赫斯对金钱的本质的阐述,请参阅本书第三章第二节。关于马克思的论述,参阅《马克思恩格斯全集》第1卷,人民出版社1956年版,第448页:"钱是从人异化出来的人的劳动和存在的本质"。
⑤ 参阅[德]黑格尔《小逻辑》,贺麟译,商务印书馆1980年版,第404—409页。

类而实现自己的本质,必须依靠"类"来摆脱或扬弃自己的局限性。马克思在文中据此表达了这样的思想:现实的人,即所谓基督教国家中的人,由于他们为整个社会组织所败坏,被非人的关系和势力所控制,他们还不具"类本质",还不是"真正的类存在物"①;因此,人类解放的实质就在于,把这种现实中的非类存在物提升为"真正的类存在物","非人"提升为"真正的人"。"只有当现实的个人同时也是抽象的公民,并且作为个人,在自己的经验生活、自己的个人劳动、自己的个人关系中间,成为类存在物的时候,只有当人认识到自己的'原有力量'并把这种力量组织成为社会力量因而不再把社会力量当作政治力量跟自己分开的时候,只有到了那个时候,人类解放才能完成。"②

马克思追随费尔巴哈所提出的这一要求后来遭到施蒂纳的指摘。施氏认为,要求人们成为"类存在物"是可笑的,因为"类存在物"作为一种抽象或普遍的本质,对个体来说是一个无法企及的目标。此外,"非人"的说法也是一种自相矛盾的判断。③ 但是,施蒂纳显然未能看到在马克思的抽象的、费尔巴哈式的哲学术语中所表达出的现实的、合理的内容。正如马克思在后来的《德意志意识形态》中所辩白的,哲学家们所谓的关于现实的人不是人的判断,实际上不过是人们的现实关系和要求之间的普遍矛盾的一种抽象表达,而所谓"非人的东西"(非人性)和"人的东西"(人性)则不过是现代社会关系的产物,是现代社会关系中阶级对立的理论表现。同时,对"类"的

---

① 《马克思恩格斯全集》第1卷,人民出版社1956年版,第434页:"政治民主国家之所以是基督教的,是因为在这样的国家,人——不是某一个人,而是一切人——是有主权的人,是有最高权力的人,但这是无教化、非社会的人,偶然存在的人,本来面目的人,被我们整个社会组织败坏了的人,失掉自身的人,自我排斥的人,被非人的关系和势力控制了的人,一句话,还不是真正的类存在物"。

② 《马克思恩格斯全集》第1卷,人民出版社1956年版,第443页。

③ Max Stirner, Der Einzige und sein Eigentum, Philipp Reclam jun. Stuttgart, 1981, S. 192、156—159、199。

研究、对"本质"的研究是由德国这一国度所具有的特殊状况决定的。由于施蒂纳撇弃了理论赖以产生的"现实的物质前提",为哲学词句、为一些传统的哲学术语所迷惑,就歪曲了真实的思想过程,以为新世界观不过是穿旧了的理论外衣的翻新。①

与《论犹太人的问题》同时问世的《〈黑格尔法哲学批判〉导言》也明显昭示了费尔巴哈的影响。

该文一开始就肯定了费尔巴哈的宗教批判的基本前提,即是人创造了宗教,而非宗教创造了人,换言之,宗教是再度丧失了自我的人的自我意识或自我感觉。② 这一思想,正是费尔巴哈在《基督教的本质》"导论"中所着重强调的。

马克思的关于"宗教是被压迫生灵的叹息"这一命题也直接导源于费尔巴哈的《基督教的本质》。该书第十三章,在分析祈祷时,费尔巴哈指出:"上帝……乃是感情之不顾一切的全能,乃是自言自语的祈祷,乃是自己了解自己的心情,乃是我们的哀叹声之回声。"③"'上帝是灵魂深处无法描述的叹息'——这句格言是基督教神秘学之最值得注意的、最深刻的、最真实的表述。"④ 在第十六章,费尔巴哈又谈及,基督"是世界之主,对世界任意支配;但是,这个无限制地命令自然的威力,却又服从于心之威力:基督命令发狂的自然平息下来,却只是为了要倾听苦难者的叹息"⑤。

马克思在文章中还肯定了费尔巴哈宗教批判所得出的最终结论——"人是人的最高本质",认为它是德国唯一实际可能的解放的

---

① 参阅《马克思恩格斯全集》第3卷,人民出版社1960年版,第505、507—508、236、261页。长期以来,在苏联和我国哲学界广为流行"马克思在其早期著作中假定了一种抽象的人的本质"的说法(特别是在牵涉到马克思《1844年经济学哲学手稿》时)。对此种论调,可以把马克思对施蒂纳的反驳作为回答。
② 参阅《马克思恩格斯全集》第1卷,人民出版社1956年版,第452页。
③ 《费尔巴哈哲学著作选集》下卷,荣震华、李金山译,商务印书馆1984年版,第154页。
④ 《费尔巴哈哲学著作选集》下卷,荣震华、李金山译,商务印书馆1984年版,第155页。
⑤ 《费尔巴哈哲学著作选集》下卷,荣震华、李金山译,商务印书馆1984年版,第184页。

理论前提和出发点。①

马克思还把费尔巴哈关于人的本质是"头"（或"理性"）与"心"的说法应用到德国的解放乃至人类的解放上来。他把能够担负起解放整个社会任务的阶级（即无产阶级）称为"社会理性与社会之心"②，同时，又把这个阶级看作人类解放之"心"，而把哲学看作人类解放之"头"："德国人的解放就是人的解放。这个解放的头是哲学，它的心是无产阶级。"③

马克思关于"哲学不消灭无产阶级，就不能成为现实；无产阶级不把哲学变成现实，就不可能消灭自己"④一句话与费尔巴哈否弃哲学的一段话也很类似。费尔巴哈这段话是："哲学应该把人看成自己的事情，而哲学本身，却应该被否弃。因为只有当它不再是哲学时，它才成为全人类的事。"⑤麦克莱伦据此论断马克思消灭哲学的论点是受费尔巴哈的影响⑥。但实际上这种观点的相似性却完全是一种巧合，因为费尔巴哈的这段论述是在1846年才写下并发表。麦克莱伦匆匆忙忙去作结论，竟忘记了考证时间的先后顺序。

其实，两人观点类似但实际上并无承继关系的情形并不止这一处。例如，费尔巴哈的《改革哲学的必要性》（1842年）一文有着与《〈黑格尔法哲学批判〉导言》相同的主题，即提出政治批判的任务，要求由宗教转向政治。费尔巴哈在该文中宣称："信仰的位置现在已为无信仰所占据，圣经的位置为理性所占据，宗教和教会的位置为政治所占据，天的位置为地所占据。祈祷的位置为工作所占据，地狱的

---

① 《马克思恩格斯全集》第1卷，人民出版社1956年版，第460—461、467页。
② 《马克思恩格斯全集》第1卷，人民出版社1956年版，第464页。译文有改动。
③ 《马克思恩格斯全集》第1卷，人民出版社1956年版，第467页。译文有改动。
④ 《马克思恩格斯全集》第1卷，人民出版社1956年版，第467页。译文有改动。
⑤ 《费尔巴哈哲学著作选集》上卷，荣震华、李金山译，商务印书馆1984年版，第250页。
⑥ ［英］戴维·麦克莱伦：《青年黑格尔派与马克思》，夏威仪等译，陈启伟校，商务印书馆1982年版，第109页。

位置为物质需要所占据,基督的位置为人所占据",因此,"政治就应当成为我们的宗教"①。这段话很容易使人联想到马克思在《〈黑格尔法哲学批判〉导言》中所提出的在"彼岸世界的真理消逝以后……对神学的批判就变成对政治的批判"②的提法。但是,费尔巴哈的这篇文章于本人在世时并未发表,因此不能作为他对马克思产生影响的佐证。然而,尽管如此,这种思想上的类似性却是令人玩味的。

三 《1844年经济学哲学手稿》中的费尔巴哈特色

《1844年经济学哲学手稿》的"序言"已经表明了该文同费尔巴哈哲学的关系。在"序言"中,马克思高度评价了费尔巴哈哲学,并宣称,"整个实证的批判,从而德国人对国民经济学的批判,全靠费尔巴哈的发现给它打下真正的基础"③。这意味着,马克思间接承认,他自己的这篇重要的经济学研究文献,在某种程度上也是以费尔巴哈哲学为其方法论前提的。

对马克思文稿具有重要意义的,首先是费尔巴哈的人是类存在物(或人是类本质)的观点。费尔巴哈在论人与动物的区别时着重强调人是"将自己的类、自己的本质性当作对象的那种生物"④,并认为人类本质是普遍的、无限的、自由的⑤。马克思在确定劳动异化的规定性时,也从"人是类存在物"这一前提出发。马克思论证说,人之

---

① 《费尔巴哈哲学著作选集》上卷,荣震华、李金山译,商务印书馆1984年版,第97页。
② 《马克思恩格斯全集》第1卷,人民出版社1956年版,第453页。
③ 《马克思恩格斯全集》第42卷,人民出版社1979年版,第46页。
④ 《费尔巴哈哲学著作选集》下卷,荣震华、李金山译,商务印书馆1984年版,第26页。
⑤ W. Schuffenhauer herg., L. Feuerbach, Gesammelte Werke, Bd. 9, Berlin, 1982, S. 335 – 336:"人并不是一种特殊的本质,像动物那样,而是一种普遍的本质,因而并不是一种有限的、不自由的本质,而是一种不受限制的、自由的本质。"

所以是类存在物，是因为他在理论和实践上都把类作为自己的对象，换言之，把自己当作类、当作普遍的因而也是自由的本质对待①。在费尔巴哈看来，人的本质的无限性表现在它并不囿于某一种属，正因为如此，人的意识才并不囿于某一有限的区域。马克思则通过把类本质、类生活归结为劳动这种"生命活动"或"生产生活"，揭示出人的本质的普遍性在生产中的表现：动物只是按照它所属的那个种的尺度和需要来建造，而人却既懂得怎样处处把自身内在的尺度运用到对象上去，也懂得按照任何一个种的尺度来进行生产。②马克思甚至还进一步揭示出，人不仅能运用不同的类尺度，把不同种类具有的长处汇集起来，而且，人还能把同类中不同品种或不同个体所具有的不同特性汇集起来，使它们为同类的共同利益作出贡献。③

  费尔巴哈试图通过类的概念不仅揭示出人的自然的规定，而且同时也标示出人的社会规定。马克思由此出发，径直把类存在物（类本质）解释为"社会存在物"（社会本质）。他指出，人的活动和享受，"无论就其内容或就其存在方式来说，都是社会的"④，"社会是人同自然界的完成了的本质的统一"⑤。同费尔巴哈一样，马克思也把科学这类活动作为人的类存在的证明，并说明，正是在这类活动中，人意识到自己是"社会存在物"⑥。人的生命的矛盾是类与个体的对立统一。对此，马克思强调两者的一致性，强调"个人是社会存在物"，个人的生命表现是"社会生活的表现和确证"⑦。

  从马克思对人的本质的社会性的发挥中可以看出，它们俱是以马

---

① 《马克思恩格斯全集》第42卷，人民出版社1979年版，第95页，参考第96页。
② 《马克思恩格斯全集》第42卷，人民出版社1979年版，第97页。
③ 《马克思恩格斯全集》第42卷，人民出版社1979年版，第147页。
④ 《马克思恩格斯全集》第42卷，人民出版社1979年版，第121页。
⑤ 《马克思恩格斯全集》第42卷，人民出版社1979年版，第122页。
⑥ 《马克思恩格斯全集》第42卷，人民出版社1979年版，第122页。
⑦ 《马克思恩格斯全集》第42卷，人民出版社1979年版，第122—123页。

克思在致费尔巴哈的信（1844年8月11日）中所表达的这一理解为基础的：费尔巴哈所提出的建立在人们的现实差别基础上的人与人的统一，或从抽象的天上下降到现实的地上的人的"类"概念，就是"社会"这一概念。① 这样，凡是费尔巴哈所称为"类"的，都可以用"社会"来指谓。于是，马克思就把类本质归结为人的"社会本质""社会联系"②，把实现类本质归结为社会主义的要求③。有趣味的是，费尔巴哈本人默认了这种理解和发挥。他在反驳施蒂纳时竟然声称，由于他"把人的本质仅仅置放在社会性之中"，所以他是"社会的人，是共产主义者"④。

马克思也吸取了费尔巴哈的感觉主义，把感性作为"一切科学的基础"⑤。费尔巴哈在反对黑格尔哲学唯心主义过程中曾强调，"一切科学必须以自然为基础。一种学说在没有找到它的自然基础之前，只能是一种假设"⑥。在马克思看来，科学态度与感性原则也是一致的，科学必须遵循感性原则："科学只有从感性认识和感性需要这两种形式的感性出发，因而，只有从自然界出发，才是现实的科学。"⑦

马克思像费尔巴哈一样，在诉诸感性存在时，首先把它理解为人的感性存在，认为感性地存在着的人就是直接的感性自然界："直接的感性自然界，对人说来直接地就是人的感性（这是同一个说法），

---

① 参阅《马克思恩格斯全集》第27卷，人民出版社1972年版，第450页。马克思的这种对类的理解是与赫斯一致的，参阅本书第三章第一节。

② 《马克思恩格斯全集》第42卷，人民出版社1972年版，第24页。"社会联系"原文为"Gemeinwesen"，应译为"共同体"。

③ 《马克思恩格斯全集》第27卷，人民出版社1972年版，第450页。也请参阅《马克思恩格斯全集》第42卷，人民出版社1979年版，第122页："社会……是人的实现了的自然主义和自然界的实现了的人道主义。"第120页："共产主义，作为完成了的自然主义，等于人道主义，而作为完成了的人道主义，等于自然主义。"

④ 《费尔巴哈哲学著作选集》下卷，荣震华、李金山译，商务印书馆1984年版，第435页。译文有修订。"人的本质"原译"人的实体"。

⑤ 《马克思恩格斯全集》第42卷，人民出版社1972年版，第128页。

⑥ 《费尔巴哈哲学著作选集》上卷，荣震华、李金山译，商务印书馆1984年版，第118页。

⑦ 《马克思恩格斯全集》第42卷，人民出版社1979年版，第128页。

直接地就是另一个对他说来感性地存在着的人;因为他自己的感性,只有通过另一个人,才对他本身说来是人的感性。"① 在这里,马克思采纳了费尔巴哈关于人是人自己的第一对象的说法:"人的第一个对象——人——就是自然界、感性。"②

费尔巴哈对人的感性存在主要是从自然存在方面去理解的。所以,他所云的人是类存在物,首先意味着人是自然的类存在物。马克思把强调的着重点颠倒过来,阐发了人的社会性的方面,但同时也并不排斥"人是自然存在物"。相反,马克思申明,人"直接地"就是"自然存在物",而且是"有生命的自然存在物"。作为有生命的自然存在物,一方面,他具有能动性,即具有表现为天赋、才能和欲望的自然力、生命力;另一方面,他又具有受动性,即受他的欲望或需要的对象的制约。③

马克思在研究货币的本质时,还肯定了费尔巴哈关于感性不仅是一种人类学规定,而且也是一种本体论的规定的观点。他从这一观点出发,论证工业对于人的本质的发展的重要性和必要性:"如果人的感觉、激情等等不仅仅是在(狭隘)意义上的人类学的规定,而且是真正本体论的本质(自然)肯定;如果感觉、激情等等仅仅通过它们的对象对它们感性地存在这一事实而真正肯定自己,那么,不言而喻的是……只有通过发达的工业,也就是以私有财产为中介,人的激情的本体论本质才能在总体上、合乎人性地实现。"④ 当然,马克思在这里所作出的逻辑结论,已明显超出费尔巴哈的视界了。

在《1844年经济学哲学手稿》中,马克思对费尔巴哈的对象化思想也多有吸收。

---

① 《马克思恩格斯全集》第42卷,人民出版社1979年版,第128—129页。
② 《马克思恩格斯全集》第42卷,人民出版社1979年版,第129页。
③ 《马克思恩格斯全集》第42卷,人民出版社1979年版,第167页。
④ 《马克思恩格斯全集》第42卷,人民出版社1979年版,第150页。"人的激情的本体论本质"原文为"das ontologische Wesen der menschlichen Leidenschaft"。

马克思采纳了费尔巴哈关于对象化是感性实体从而也是感性的人的存在方式这一基本见解,把人明确确定为"对象性的存在物"(gegenstaendliches Wesen)。马克思对此解释说,说人是对象性的存在物,"这就等于说,人有现实的、感性的对象作为自己的本质即自己的生命表现的对象;或者说,人只有凭借现实的、感性的对象才能表现自己的生命"①。反之,本身既不是对象又没有对象的存在物则是不存在的。费尔巴哈说:"没有了对象,人就成了无。"② 马克思则追循费尔巴哈重申:"非对象性的存在物是非存在物(Unwesen)。"③

既然对象化是人的存在形式,它也就是人的本质的实现和确证形式。马克思和费尔巴哈一样相信对象化的必要性,认为它不仅是人的本质、人的感性的现实表现,而且也是人的本质、人的感性赖以解放和发展的手段。就人的感觉来说,"一方面为了使人的感觉成为人的,另一方面为了创造同人的本质和自然界的本质的全部丰富性相适应的人的感觉,无论从理论方面还是从实践方面来说,人的本质的对象化都是必要的"④。

费尔巴哈认为,人的理智、感情的界限取决于人的本质的扩展程度,人的理智、感情的对象不过是作为对象的人的理智、感情本身。因此,对象对于人的意义与人的本质的发展是相适应的。"如果你毫无音乐欣赏能力,那末,即使是最优美的音乐,你也只把它当作耳边呼呼的风声,只当作足下潺潺的溪声。"⑤ 马克思为了论证人的本质的对象化的意义,也间接地援引了费尔巴哈这一思想。从主体方面来看:"只有音乐才能激起人的音乐感;对于没有音乐感的耳朵说来,最美的音乐也毫无意义,也不是对象,因为我的对象只能是我的一种

---

① 《马克思恩格斯全集》第42卷,人民出版社1979年版,第167—168页。
② 《费尔巴哈哲学著作选集》下卷,荣震华、李金山译,商务印书馆1984年版,第29页。
③ 《马克思恩格斯全集》第42卷,人民出版社1979年版,第168页。
④ 《马克思恩格斯全集》第42卷,人民出版社1979年版,第126页。
⑤ 《费尔巴哈哲学著作选集》下卷,荣震华、李金山译,商务印书馆1984年版,第34页。

本质力量的证明……因为对象对我的意义（意义只为与它相适应的感觉所具有）都以我的感觉所及的程度为限。"①

马克思还发挥了费尔巴哈关于对象化过程中主体和对象之间所呈现的一种异己的、反比的关系的论述。费尔巴哈认为："上帝的完善性同人的各种贫乏相对立：上帝所是和所拥有的，恰好是人所不是和所未有的……上帝拥有的越少，人拥有的就越多；人拥有的越少，上帝拥有的就越多。"②"人的虚无性是上帝实存性的前提。对上帝的肯定意味着对人的否定，对上帝的尊敬意味着对人的贬低，对上帝的礼赞意味着对人的诋毁。上帝的崇高仅以人的卑下为基础，上帝的幸福仅以人的贫困为基础，上帝的聪慧仅以人的愚笨为基础，上帝的强权仅以人的软弱为基础。"③ 这两段引文源自《路德意义下的信仰的本质》一文。马克思在致费尔巴哈的信中曾赞扬过这篇文献，认为它与费尔巴哈的《未来哲学原理》一样，尽管篇幅不大，可意义"却无论如何要超过目前德国的全部著作"④。在《1844年经济学哲学手稿》中，他把费尔巴哈这一原理应用到对劳动异化的分析中："我们从当前的经济事实出发吧：工人生产的财富越多，他的产品的力量和数量越大，他就越贫穷。工人创造的商品越多，他就越变成廉价的商品。物的世界的增值同人的世界的贬值成正比。"⑤ 马克思把工人同劳动产品的关系与人同上帝的关系相提并论："很明显，工人在劳动中耗费的力量越多，他亲手创造出来反对自身的、异己的对象世界的力量就越强大，他本身、他的内部世界就越贫乏，归他所有的东西就越

---

① Karl Marx, Oekonomisch-philosophische Manuskripte, Verlag Philipp Reclam Jun. Leipzig, 1970, Einleitung und Anmerkung von J. Hoeppner, S. 191. 参阅《马克思恩格斯全集》第42卷，人民出版社1979年版，第125—126页。译文有修订。
② W. Schuffenhauer herg., L. Feuerbach, Gesammelte Werke, Bd. 9, Berlin, 1982, S. 354.
③ W. Schuffenhauer herg., L. Feuerbach, Gesammelte Werke, Bd. 9, Berlin, 1982, S. 354.
④ 《马克思恩格斯全集》第27卷，人民出版社1972年版，第450页。
⑤ 《马克思恩格斯全集》第42卷，人民出版社1979年版，第90页。

少。宗教方面的情形也是如此。人奉献给上帝的越多，他留给自身的就越少。"① 马克思还据此描述工人在其劳动对象中的异化："按照国民经济学的规律，工人在他的对象中的异化表现在：工人生产得越多，他能够消费得越少；他创造价值越多，他自己越没有价值、越低贱；工人的产品越完美，工人自己越畸形；工人创造的对象越文明，工人自己越野蛮；劳动越有力量，工人越无力；劳动越机巧，工人越愚钝，越成为自然界的奴隶。"②

对象化在马克思那里也像在费尔巴哈那里一样，具有认识论的含义。马克思在谈到劳动的对象对于劳动主体所具的意义时指出，由于劳动的对象是人的类生活的对象化，所以，人能够在意识中能动地、现实地再现自己，从而能够在他所创造的对象中、"在他所创造的世界中直观自身"③。

在《1844 年经济学哲学手稿》中，马克思还明显地继承了费尔巴哈关于人与自然统一的思想。费尔巴哈在批判黑格尔哲学过程中提出了"广义的自然"概念，把自然理解为"现实的总和"（der Inbegriff der Wirklichkeit）④，把人与自然视为一体⑤。他既反对泛神论把人与自然相等同，也反对人格主义把人与自然相割裂、相对立⑥；既反对庸俗唯物主义把人完全归属自然，也反对主观唯心主

---

① 《马克思恩格斯全集》第 42 卷，人民出版社 1979 年版，第 91 页。
② 《马克思恩格斯全集》第 42 卷，人民出版社 1979 年版，第 92—93 页。
③ 《马克思恩格斯全集》第 42 卷，人民出版社 1979 年版，第 97 页。
④ 《费尔巴哈哲学著作选集》上卷，荣震华、李金山译，商务印书馆 1984 年版，第 84 页。
⑤ 《费尔巴哈哲学著作选集》下卷，荣震华、李金山译，商务印书馆 1984 年版，第 115 页："……自然和人……这两种东西是属于一体的。"
⑥ 《费尔巴哈哲学著作选集》下卷，荣震华、李金山译，商务印书馆 1984 年版，第 139 页："泛神论使人跟自然同一化……人格主义却使人孤立于自然，使人跟自然分离开来，使人由部分变为整体，变为自为的绝对本质。"

义把自然消解在人中。① 按照马克思的观点,"人是自然界的一部分","所谓人的肉体生活和精神生活同自然界相联系,也就等于说自然界同自身相联系"②。显然,这里所言的自然概念同费尔巴哈的"广义的自然""现实的总和"是同一的。人是自然的一部分,就其过程来说,则意味着"历史本身是自然史……这一过程的一个现实部分"③。同时,人与自然的这种现实关系不能不在科学中得到反映。这样,在人与自然的密切的、有机的统一基础上,人的科学和自然科学的界限也就消融了,它们将在历史过程中相互包容,并成为一门科学。④ 这里,马克思再现了费尔巴哈的如下命题和要求:"一切科学必须以自然为基础",以及"哲学必须重新与自然科学结合"⑤。

与此联系,马克思也承继了费尔巴哈真正的人类学是"庸俗唯物主义"(人属于自然之本质)和"主观唯心主义"(自然属于人之本质)两者的真理的观点,认为"彻底的自然主义或人道主义,既不同于唯心主义,也不同于唯物主义,同时又是把这二者结合的真理"⑥。而这种彻底的自然主义或人道主义,在马克思看来就是共产主义:"……共产主义,作为完成了的自然主义,等于人道主义,而作

---

① 《费尔巴哈哲学著作选集》下卷,荣震华、李金山译,商务印书馆1984年版,第315页注释:"正像人属于自然之本质——庸俗唯物主义就是这样认为——一样,自然也属于人之本质——主观唯心主义就是这样认为。"
② 《马克思恩格斯全集》第42卷,人民出版社1979年版,第95页。阿·施密特(A. Schmidt)把费尔巴哈自然概念对马克思的影响追溯到马克思的《政治经济学批判》"导言"。在"导言"中,马克思把"自然"界定为包括社会在内的"一切对象"(参阅《马克思恩格斯选集》第2卷,人民出版社1972年版,第113页)。但是,施密特未能注意到费尔巴哈已提出了"最广义的自然"这一概念并且将其定义为"现实的总和"。参阅[德]阿尔弗雷德·施密特《马克思的自然概念》,欧力同、吴仲昉译,赵鑫珊校,商务印书馆1988年版,第18页。
③ 《马克思恩格斯全集》第42卷,人民出版社1979年版,第128页。
④ 《马克思恩格斯全集》第42卷,人民出版社1979年版,第128页。
⑤ 《费尔巴哈哲学著作选集》上卷,荣震华、李金山译,商务印书馆1984年版,第118页。
⑥ 《马克思恩格斯全集》第42卷,人民出版社1979年版,第167页。由此也可理解,马克思在《1844年经济学哲学手稿》中是在何种意义上拒绝使用"唯物主义"这一概念。

为完成了的人道主义,等于自然主义,它是人和自然之间、人和人之间的矛盾的真正解决……"① 费尔巴哈后来在反驳施蒂纳的论文中,表达了与马克思同样的见解,认为他"既不是唯心主义者,也不是唯物主义者",而是"共产主义者"②。这里的"共产主义"无疑也是被他作为"人道主义"的别名使用的。

在所谓"创造说"即自然界和人的"创造"问题上,马克思也采取了与费尔巴哈一致的立场。费尔巴哈认为,创造意味着在我之外设定某物,使某物成为某种跟我区别开来的东西。它表明人意识到世界是非独立的、无实力的、虚无的实存。③ 马克思则这样来阐述同一见解:当人还没有获得自身独立性的时候,例如还在靠别人恩典为生时,创造观念是难以从其意识中排除掉的。④ 费尔巴哈在分析创世说起源时从根本上否认了"自然或世界从何而来"这一问题。在费尔巴哈看来,问题的这种提法,"只有当人已经把自己从自然里面抽出来,把自然当作是单单的意志客体时,才会发生"⑤。马克思也坚持认为,"谁产生了第一个人和整个自然界"这一提问本身就是一种"抽象的产物",因为"既然你提出自然界和人的创造问题,那么你也就把人和自然界抽象掉了。"⑥ 费尔巴哈倾向于把自然表述成"形成的存在",而非"创造"的存在,而且,"形成的存在"并非是在贬义上而言的。⑦ 马克思在拒绝了自然界的"创

---

① 《马克思恩格斯全集》第 42 卷,人民出版社 1979 年版,第 120 页。
② 《费尔巴哈哲学著作选集》下卷,荣震华、李金山译,商务印书馆 1984 年版,第 434—435 页。
③ 《费尔巴哈哲学著作选集》下卷,荣震华、李金山译,商务印书馆 1984 年版,第 141 页。
④ 《马克思恩格斯全集》第 42 卷,人民出版社 1979 年版,第 129 页。
⑤ 《费尔巴哈哲学著作选集》下卷,荣震华、李金山译,商务印书馆 1984 年版,第 144 页。
⑥ 《马克思恩格斯全集》第 42 卷,人民出版社 1979 年版,第 130 页。
⑦ 《费尔巴哈哲学著作选集》下卷,荣震华、李金山译,商务印书馆 1984 年版,第 144 页。

造"问题的提问的同时,也肯定了"自然界是如何产生"这种提法①。

马克思对黑格尔的辩证法和整个哲学的批判,也是以费尔巴哈在此方面取得的既得成果为基础并由此出发的。

马克思充分肯定了费尔巴哈在批判黑格尔哲学方面所取得的业绩。他把费尔巴哈的业绩概括为三个方面:对黑格尔哲学的本质的揭示;有关"人与人之间"的社会关系的理论原则的确立;以及对哲学开端问题的唯物主义的解决。关于最后一点,马克思将其表述为"把基于自身并且积极地以自身为基础的肯定同被称为绝对的肯定的那个否定之否定对立起来"②,似颇费解。其实,马克思在这里所指的是在哲学出发点问题上费尔巴哈与黑格尔的对立。基于自身并以自身为基础的肯定(马克思又称它为"感觉确定的、以自身为基础的肯定")是指费尔巴哈所诉诸的感性存在,"绝对的肯定"(马克思又称它为"否定之否定所包含的肯定")则是指构成黑格尔的逻辑出发点和归宿的那个无限的、抽象的普遍即"精神"。

像费尔巴哈一样,马克思对黑格尔把人等同于自我意识的做法进行了指摘。他同样认为,黑格尔对自我意识运动过程(对象化及其扬弃)的描述,"绝对地"颠倒了主词与宾词的关系,即把现实的人和现实的自然界变成了绝对精神这个隐秘的、非现实的人和这个非现实

---

① 《马克思恩格斯全集》第42卷,人民出版社1979年版,第131页。A. 施密特把马克思拒绝关于最初的人和自然的创造问题当作马克思无条件地摒弃本体论的一个证明。但是,本体论的含义并不限于"第一哲学"或"绝对第一的基质"问题。更确切说,"本体论"一词本不具有这一含义。正如我们所知,"本体论"一词的初始含义不过是指有关存在的一般意义和规定的学说。从施密特的论述中可以看出他是从下述意义去理解"本体论"一词的,即承认有一种不为社会和人所中介的"绝对的第一基质"(参阅他的《马克思的自然概念》,欧力同、吴仲昉译,赵鑫珊校,商务印书馆1988年版,第28—29页)。然而,马克思本人对"本体论"一词的理解明显没有这样狭隘,因为正是在《1844年经济学哲学手稿》中,马克思运用了类似费尔巴哈的"真正的本体论"与"人的激情的本体论"这样的术语(参阅《马克思恩格斯全集》第42卷,人民出版社1979年版,第150页)。

② 《马克思恩格斯全集》第42卷,人民出版社1979年版,第158页。译文有修订。

的自然界的宾词、象征，不过是精神"在自身内部的纯粹的、不停息的旋转"①。

费尔巴哈特别强调的是，黑格尔哲学是人的本质的异化形式。在《关于哲学改造的临时纲要》和《未来哲学原理》中他有两处使用"异化"（entfremden）一词，俱是针对黑格尔哲学而言的②。马克思在剖析黑格尔的《哲学全书》时也指出，黑格尔的哲学精神"不过是在它的自我异化内部通过思考理解即抽象地理解自身的、异化的世界精神"③。

马克思谴责黑格尔的抽象的自然界是"无"，认为他的全部逻辑学都是抽象思维本身或绝对观念本身是"无"的证明④。这一批评也源于费尔巴哈这样的理解：黑格尔的"存在"只是思想，只是抽象的思想的实体，因而，它是"非存在"，是"绝对的虚无"，"一个纯粹的幽灵"⑤。

在《1844年经济学哲学手稿》中，我们还可以觅出其他一些费尔巴哈影响的痕迹，限于篇幅的关系，这里就不再赘述了。

直到《神圣家族》马克思仍然保持着对费尔巴哈的高度敬意。在那里，人们可以找到对费尔巴哈的过誉的评价。但是明显过誉的段落例如有关费尔巴哈"摧毁了概念的辩证法"的段落⑥，却不是马克思

---

① 《马克思恩格斯全集》第42卷，人民出版社1979年版，第176页，也参阅第165页。关于"旋转"的说法，请参阅《费尔巴哈哲学著作选集》上卷，荣震华、李金山译，商务印书馆1984年版，第179页："那自身同一的、连续的思维违背事实地认为世界围绕着自己的中心点，成为圆形而旋转。"

② 《费尔巴哈哲学著作选集》上卷，荣震华、李金山译，商务印书馆1984年版，第105页："黑格尔哲学使人与自己异化，从而在这种抽象活动的基础上建立起它的整个体系。"第152页："绝对哲学就是这样将人固有的本质和固有的活动外化了和异化了，这就产生了哲学加给我们精神的压迫和束缚。"

③ 《马克思恩格斯全集》第42卷，人民出版社1979年版，第160页。

④ 《马克思恩格斯全集》第42卷，人民出版社1979年版，第178、177页。

⑤ 《费尔巴哈哲学著作选集》上卷，荣震华、李金山译，商务印书馆1984年版，156、157页。

⑥ 参阅《马克思恩格斯全集》第2卷，人民出版社1957年版，第118页。

而是恩格斯写下的。

四 马克思与费尔巴哈的分歧

尽管费尔巴哈在马克思转向和确立哲学唯物主义的过程中起了至关重要的重要，尽管从 1842—1844 年两年多的时间里马克思受到了费尔巴哈哲学的深刻影响，但是，马克思从未成为真正意义上的费尔巴哈派。早在 1841 年 3 月（或 4 月初）致鲍威尔的信中，马克思就表示要斥责费尔巴哈，后被鲍威尔劝阻了。[①] 在 1842 年 3 月 20 日致卢格的信中，马克思又谈到他的黑格尔法哲学批判论文在宗教的一般本质的理解方面与费尔巴哈"有些争论"[②]。特别是在 1843 年 3 月 13 日致卢格的信中，马克思又再次谈及对费尔巴哈的"不满"，认为费尔巴哈"过多地强调自然而过少地强调政治。然而这一联盟是现代哲学能够借以成为真理的唯一联盟"[③]。这已经昭示了他与费尔巴哈的根本分歧。麦克莱伦对此轻描淡写，认为马克思虽然进行了这样的指责，但并不以为这是费尔巴哈的严重缺点。[④] 可事实上，马克思同费尔巴哈的分歧正是循此发展的。因此，它是极具象征意味的。

1843 年 9 月致卢格的信中，马克思就把对费尔巴哈的批评变成了正面的要求：在该信中，马克思呼吁批评家接触政治问题，把理论批

---

① 参阅鲍威尔 1841 年 4 月 12 日致马克思的信，中译文载中央编译局编译《马列著作编译资料》第 12 期，人民出版社 1980 年版，第 116—119 页。当然，如果此时马克思对费尔巴哈进行斥责，那么，极有可能是基于自我意识哲学的观点。

② 《马克思恩格斯全集》第 27 卷，人民出版社 1972 年版，第 424 页。在对宗教本质的理解上，马克思这时已达到这样的看法：宗教是被歪曲的现实的理论；因此，要消灭宗教，必须消灭被歪曲的现实。

③ 《马克思恩格斯全集》第 27 卷，人民出版社 1972 年版，第 442—443 页。

④ 参阅 [英] 戴维·麦克莱伦《青年黑格尔派与马克思》，夏威仪等译，陈启伟校，商务印书馆 1982 年版，第 118 页。

判和政治批判、和实际斗争相结合，以便阐明当代斗争，为当代斗争提供行动口号和理论根据。①

可以说，马克思对费尔巴哈哲学的吸收，一开始就体现了思维与存在、主体与"实体"、理论与实践相结合的倾向。因而，这种吸收本身同时就已表现为对费尔巴哈哲学的超出。

在《第六届莱茵省议会的辩论》（第一篇论文）中，我们就已看到马克思对"类"概念的接纳，是服务于现实政治问题的研究的。在那里，"类"高于"个体"的原则被作为批判现存新闻检查制度的哲学依据。

在充分体现马克思通过费尔巴哈的影响而向新唯物主义过渡的《黑格尔法哲学批判》中，马克思与费尔巴哈的分歧也是明显的。在该文中，马克思虽然接过了"异化"这一术语，但对它的理解并没有像费尔巴哈那样囿于宗教或精神范围，而是一开始就把它引申到政治领域。这突出表现在，他把政治国家、政治制度视为宗教，视为"类"的异化物。② 人们在该文中甚至可以找到有关经济异化现象的说法，例如，有一处，马克思提及了"私有财产的宗教"③。

诚然，马克思在文中接受了费尔巴哈关于宗教和黑格尔哲学的基本看法，接受了费尔巴哈的哲学唯物主义的一般原则，可是，即便如此，马克思也并没有停留于费尔巴哈的哲学唯物主义，而是运用这些原则去研究社会现实，研究现实社会中的国家制度和法律制度。而这，最终使他获得了有关"市民社会"与政治生活之间关系的唯物主义理解，使他能够把"市民社会"视为国家制度的基础，视为"真正的活动者"和"原动力"④。正因为如此，费尔巴哈的一些抽象的人类学术语在马克思那里同时也被赋予了某种新的含义。例如"类存

---

① 《马克思恩格斯全集》第 1 卷，人民出版社 1956 年版，第 417—418 页。
② 《马克思恩格斯全集》第 1 卷，人民出版社 1956 年版，第 283 页。
③ 《马克思恩格斯全集》第 1 卷，人民出版社 1956 年版，第 373 页。
④ 《马克思恩格斯全集》第 1 卷，人民出版社 1956 年版，第 251、343—344、380—381 页。

在"被用来指谓私有财产①,"类本质"被用来说明国家的各个环节②,等等。

继《黑格尔法哲学批判》后的《德法年鉴》中的论文,已经明显表露出马克思对费尔巴哈的根本性超越。

在宗教的理解方面,马克思把宗教归结为世俗狭隘性的表现,而非世俗狭隘性的原因。他用世俗桎梏去说明宗教桎梏,强调只有消灭世俗桎梏,才能克服宗教的狭隘性。③这样,马克思就把宗教的"扬弃"归结为实践而非单纯的理论问题。这与费尔巴哈用哲学去消融宗教的做法是大相径庭的。鉴于颠倒的世界观源于颠倒的世界④,马克思诉诸政治批判,把哲学的任务规定为"揭露非神圣形象中的自我异化"⑤,呼吁把锋芒指向德国制度,指向现代的社会现实。于是,费尔巴哈宗教批判的最后结论、费尔巴哈哲学的最高命题——人是人的最高本质,在马克思那里立刻被翻转为这样一条绝对命令:推翻现存的一切有悖人的本质发展的社会关系⑥。马克思对宗教问题理解的水准特别集中体现在这一事实,他把宗教和"政治解放"的关系提升为政治解放与"人类解放"的关系。

与此相联系,马克思也从根本上推进了费尔巴哈关于异化的学说。马克思更加鲜明地提出了对政治异化的批判。他认为:"在所谓基督教国家,实际上发生作用的不是人,而是异化(Entfremdung)。"⑦ 如同马克思把国家与基督相比较,从而把国家视为人的本质的异化物一样⑧,

---

① 《马克思恩格斯全集》第1卷,人民出版社1956年版,第381页。
② 《马克思恩格斯全集》第1卷,人民出版社1956年版,第379页。
③ 《马克思恩格斯全集》第1卷,人民出版社1956年版,第425页。
④ 《马克思恩格斯全集》第1卷,人民出版社1956年版,第452页。
⑤ 《马克思恩格斯全集》第1卷,人民出版社1956年版,第453页。
⑥ 《马克思恩格斯全集》第1卷,人民出版社1956年版,第460—461页。
⑦ 《马克思恩格斯全集》第1卷,人民出版社1956年版,第433页。译文有改动。
⑧ 《马克思恩格斯全集》第1卷,人民出版社1956年版,第427页。

他把国王也称为"宗教的"存在物①。同时，在《论犹太人问题》一文中，马克思已经拟定了经济异化分析的要点。他把金钱归结为"人的劳动和存在的本质"的"异化"②，并肯定了异化的合理性及其"扬弃"的必然性③。而且，他甚至对转让（Veraeuβerung）、外化（Entaeuβerung）、对象化（Vergegenstaendlich）和异化这些概念在使用上初步作了区分：

> 基督教是高尚的犹太教思想，犹太教是基督教的普遍的功利利用，但这种运用只有当基督教作为完善的宗教从理论上完成了人从自身和自然界的自我异化（Selbstentfremdung）以后，才能成为普遍的。
>
> 只有这样，犹太教才能实现普遍的统治，才能把外化（entaeuβert）的人、外化（entaeuβert）的自然，变成可以转让（veraeuβerlich）和出售的、屈从于利己主义需要的奴役、屈从于肮脏交易的对象。
>
> 转让（Veraeuβerung）就是外化（Entaeuβerung）的实践。一个受着宗教束缚的人，只有把他的本质变成一种陌生的幻想的本质，才能把这一本质对象化（Vergegenstaendlich）。④

在黑格尔法哲学批判方面，马克思的批判是基于这样的认识高度：黑格尔法哲学是当代现实水平上的德国历史，因而，对它的批判

---

① Karl Marx, Der historische Materialismus, Die Frühschriften, herg. v. S. Landshut und J. P. Mayer, Leipzig, 1932, S. 187. 参阅《马克思恩格斯全集》第1卷，人民出版社1956年版，第433页："发生作用的单个人，即国王，是与众不同的存在物，而且甚至还是宗教的，与天国和上帝直接相连的存在物。"译文有修订。

② 《马克思恩格斯全集》第1卷，人民出版社1956年版，第448页。

③ 《马克思恩格斯全集》第1卷，人民出版社1956年版，第451页。

④ Karl Marx, Die Fruehschriften, S. 206. 参阅、比较《马克思恩格斯全集》第1卷，人民出版社1956年版，第450—451页。译文有重要订正。

就是对当代国家及其有关现实的批判①。可见，在马克思眼里这种批判是具有世界史意义的。这种理解堪与费尔巴哈的态度相对照：费尔巴哈对黑格尔哲学的批判，在很大程度上是为了最终彻底"扬弃"神学，因为他把黑格尔哲学视为神学的避难所②。

马克思在《德法年鉴》中对费尔巴哈的超越显然是与他由民主主义转变到无产阶级立场上来密切相关的。这时，他已把无产阶级视为德国解放乃至全人类解放的"实际可能性"和物质条件。

在明显表明马克思广博地吸取费尔巴哈思想的《1844年经济学哲学手稿》（以下简称《手稿》）以及与此相关联的《詹姆斯·穆勒〈政治经济学原理〉一书摘要》（以下简称《摘要》）中，马克思与费尔巴哈的分歧也同样显著。这特别表现在对类本质、异化、感性、实践诸概念的理解以及对黑格尔哲学的态度方面。

虽然马克思在《手稿》《摘要》中接过了费尔巴哈人是类存在物的思想，并且对其多有发挥，但是，也正是在这两篇文章中，马克思拒绝了费尔巴哈将人的本质自然化和精神化的倾向。一方面，马克思排除了将自然的"类"概念同社会的"类"概念混同起来的做法，强调"人的本质是人的真正的共同体（das Gemeinwesen）"和"社会本质"，并指出它不是单个个体的对立物，而是每一个体的本质，源于个体的"积极实现其存在"的活动③；另一方面，马克思也断然否定了把思维或精神规定为人的本质④，而把人的本质的社会规定具体

---

① 《马克思恩格斯全集》第1卷，人民出版社1956年版，参阅第458、459页。
② 对此，费尔巴哈典型的说法是："谁不扬弃黑格尔哲学，谁就不扬弃神学。"参阅《费尔巴哈哲学著作选集》上卷，荣震华、李金山译，商务印书馆1984年版，第114页。
③ 《马克思恩格斯全集》第42卷，人民出版社1979年版，第24页。"das Gemeinwesen"一词中译本译为"社会联系"，但该词字面含义应为"共同体"或"共同本质"。
④ 《马克思恩格斯全集》第42卷，人民出版社1979年版，参阅第178页注释："如果没有人，那么人的本质表现也不可能是人的，因此思维也不能被看作是人的本质表现，即在社会、世界和自然界生活的有眼睛、耳朵等等的人的和自然的主体的本质表现。"这段话固然是针对黑格尔的，但也应视为对费尔巴哈的间接批评。

化为"劳动"或"生产生活"①。

在异化问题上,马克思同费尔巴哈的根本分歧有二:其一,马克思揭示了费尔巴哈异化批判的对象的狭隘性,认为"宗教的异化本身只是发生在人内心深处的意识领域中,而经济的异化则是现实生活的异化"②。这已触及费尔巴哈学说的根本缺陷。相反,在马克思那里,对异化的分析已由精神生活领域转入物质生活领域,它是以"异化劳动"为对象的。其二,在《手稿》中,马克思已将对象化与异化作了进一步的严格区分。他指出,只是"在被国民经济学作为前提的那神状态下",即私有制特别是资本主义社会状态下,对象化才表现为"对象的丧失和被对象奴役","表现为异化"③。马克思批评了黑格尔将两者相混淆的错误。而事实上,这两个概念的关系在费尔巴哈那里也是含混不清的。同时,在马克思那里,对象化与物化是同义的,而外化则被与异化并列使用,它不仅被赋予物化意义,同时也被赋予外在的,因而是异己的含义④。

对于感性,费尔巴哈虽然把它作为自己哲学的出发点,甚至提升为一种本体论原则,可是,他并没有把它看作实践的人的感性活动。而马克思在《手稿》中则明确指出,"正像人的对象不是直接呈现出来的自然对象一样,直接地客观地存在着的人的感觉,也不是人的感性"⑤,人的感觉的形成"是以往全部世界历史的产物",它只是由于

---

① 《马克思恩格斯全集》第42卷,人民出版社1979年版,第96页。
② 《马克思恩格斯全集》第42卷,人民出版社1979年版,第121页。
③ 《马克思恩格斯全集》第42卷,人民出版社1979年版,第91页。
④ 《马克思恩格斯全集》第42卷,人民出版社1979年版,参阅第91、93、100等页。H. 马尔库塞认为,在马克思那里,"物化"和对象化之间是有很大区别的,而它和异化则是等同的。参阅[德]H. 马尔库塞《历史唯物主义的基础》,载《西方学者论〈1844年经济学—哲学手稿〉》,复旦大学出版社1983年版,第102、109页。但从马克思的著作中难以作出此种理解。即使马尔库塞本人所援引的"劳动产品是固定在对象中的、物化为对象的劳动,是劳动的对象化"的这段话,也只能作为反证,即作为马克思把"物化"视为对象化而非异化的证明。
⑤ 《马克思恩格斯全集》第42卷,人民出版社1979年版,第169页。

它的对象的存在，由于"人化的自然界"，才逐步产生和发展起来。①这样，在马克思眼里，为了使人的感觉完善化，创造出同人以及自然的本质的全部丰富性相适应的那种人的感觉，"人的本质的对象化"就是必要的②，而扬弃私有财产，则是"人的一切感觉和特性的彻底解放"的先决条件③。

费尔巴哈哲学的一切不彻底性、缺欠，在一定意义上都可以归结为他对人类实践活动的不正确的理解：由于他从犹太人的狭隘的社会生活形式去看待、界定物质生活实践，他用自己的"感性的直观"取代了实践概念。这样一来，在费尔巴哈那里，人与自然两者都是纯粹的：人不是作为独立的生产力而出现，因而，他的感性、特性、本质也不是为他的对象、为"人化的自然界"所中介和渗透的；另一方面，自然也不是作为人的劳动对象、社会生产的要素出现，因而，它的存在也不为人的本质、人的实践能力所中介和渗透，而是永恒的过去的既定物。可见，在费尔巴哈那里，人与自然事实上都被表述成史前状态，即史前的人与自然，而人与自然的关系，则被事实上表述成"具有纯粹自然性质的类本质的人，它作为空洞的原始主体性（原译主观性——引者），不是能动地、实践地而是被动地、直观地同自然的死一般的客体性相对立"④。而他所强调的人与自然的统一，只剩下如下这一单纯的意义：人来源于自然，他是自然所孕育的。

与此相类似，费尔巴哈也未能把思维与存在真正统一起来。他深刻地洞察到思维与存在的差异，认识到存在并不能全部而只能片断地反映到思维中，而只有不断打破思维的直线运行轨迹，从而使它切近存在，才能使这一矛盾得到解决。但是，为此，他求助的不是实践，

---

① 《马克思恩格斯全集》第 42 卷，人民出版社 1979 年版，第 126 页。
② 《马克思恩格斯全集》第 42 卷，人民出版社 1979 年版，第 126 页。
③ 《马克思恩格斯全集》第 42 卷，人民出版社 1979 年版，第 124 页。
④ ［德］阿尔弗雷德·施密特：《马克思的自然概念》，欧力同、吴仲昉译，赵鑫珊校，商务印书馆 1988 年版，第 14—15 页。

而是感性直观①。也就是说，他把感性直观作为认识过程的基础和构成环节。显然，这不能从根本上满足他自己提出的同"旧哲学"区别开来的要求。

与费尔巴哈不同，在《手稿》中，马克思已把实践、把劳动、生产活动或工业作为人的感性活动、作为人的本质力量的现实性纳入人与自然的关系中，并将其确立为人与自然的统一的真正的现实基础。在马克思看来，作为人的对象的自然不是直接呈现出来的自然，作为人的本质力量确证的人的感觉、感性也不是直接地客观地存在着的人的感觉和感性，两者都已通过实践为对方所中介。作为近代实践基本形式的工业才是人与自然的"现实的历史关系"，因此，人与自然的统一，"自然界的人的本质，或者人的自然的本质"，只有在工业实践这本"对象性的存在"之书中才能得到合理的理解②。

对于思维与存在的矛盾，马克思则认为，这是一个只有通过实践才能解决的问题："理论难题的解决……是实践的任务并以实践为中介，真正的实践……是现实的和实证的理论的条件。拜物教徒的感性意识不同于希腊人的感性意识，因为他的感性存在还是不同于希腊人的感性存在。只要人对自然界的感觉，自然界的人的感觉，因而也是人的自然感觉还没有被人本身的劳动创造出来，那么，感觉和精神之间的抽象的敌对就是必然的。"③

马克思同费尔巴哈的根本分歧，除了表现在对实践概念的认识，还特别表现在对黑格尔哲学的批判方面。

---

① 参阅《费尔巴哈哲学著作选集》上卷，荣震华、李金山译，商务印书馆1984年版，第178页："实际事物并不能全部反映在思维中，而只能片断地部分地反映在思维中。这种差别是一种正常的差别——是以思维的本性为根据的，思维的本质是普遍性，而现实的本质是个别性，它们的不同点就在这里。但是这个差别并不会形成思想中的东西与客观事物之间的真正矛盾，这只是因为思维并不是直线地，与自身同一地向前进行，而是被感性直观所能打断的。"

② 参阅《马克思恩格斯全集》第42卷，人民出版社1979年版，第169、127—128页。

③ 参阅《马克思恩格斯全集》第42卷，人民出版社1979年版，第139页。

马克思在《手稿》"序言"中指出,尽管费尔巴哈发现了黑格尔哲学的本质,但对于黑格尔哲学辩证法的分析却仍是必要的。必要性何在?马克思没有言明,而是要读者自己去品味。

事实上,正是在对待黑格尔辩证法问题上,马克思持有根本性的歧见。

首先,马克思不同意费尔巴哈对黑格尔辩证法的片面解释。费尔巴哈把黑格尔的否定之否定辩证法解释成神学—哲学—神学的过程,从而把它单纯归结为哲学同自身的矛盾了事。而马克思则认为,黑格尔否定之否定的辩证运动尽管采取了抽象的形式,却具有现实的合理的内容,即它为人的发生史找到了抽象的、逻辑的和思辨的表达。①

其次,马克思认为,在黑格尔那里,尽管人只是以精神形式出现的,但其中已隐藏了对现存进行批判的一切要素,即包括对宗教、国家、市民生活各个领域批判的要素。黑格尔哲学以唯心主义方式表达了把对象世界归还给人或人重新占有自己本质力量的要求。②

再次,马克思肯定,黑格尔的否定性辩证法把人的自我产生看作一个过程,把对象化看作失去对象、外化以及这种外化的扬弃,抓住了人的本质,即把现实的人理解为他自己劳动的产物,虽然他把劳动仅理解为抽象的精神劳动。③

复次,马克思确认了"中介"概念的合理性和必要性。费尔巴哈把黑格尔的中介概念归结为宗教或神学的设定、否定和恢复,简单代以感性直接性。马克思则发现,问题并不仅仅在于用感性的直接性代

---

① 《马克思恩格斯全集》第42卷,人民出版社1979年版,第158—159页。
② 《马克思恩格斯全集》第42卷,人民出版社1979年版,第162页。
③ 《马克思恩格斯全集》第42卷,人民出版社1979年版,第163、175页。H.马尔库塞指出,正是通过劳动这一概念,"马克思超出了费尔巴哈而回到了黑格尔那里"。参阅[德]H.马尔库塞《历史唯物主义的基础》,载《西方学者论〈1844年经济学—哲学手稿〉》,复旦大学出版社1983年版,第113—114页。这是对的,但必须补充一句:这种向黑格尔的回复,并非是一种简单的回复,而是在更高级基础上的回复。

替黑格尔的中介理论，或仅仅停留于把黑格尔的中介说成是唯心主义的表现，因为黑格尔正确地看到，主体的运动是有中介的，具有自我意识的人的发展是一个自我中介过程，只不过黑格尔将它表述成了自我意识的自我异化及其扬弃过程。马克思还特别考察了"扬弃"这种特殊的中介作用，认为它是实现人的本质的"必要的前提"①。

最后，马克思还认为，黑格尔逻辑学中的抽象概念，实际上表达了"人的思维的必然结果"。而当黑格尔让"绝对观念"扬弃自身、外化为自然界时，表明"抽象思维"意识到自己本身只不过是"无"②。

马克思所肯定的黑格尔哲学的上述合理思想，费尔巴哈不是未见到，就是给予了否定。相反，马克思批判、指摘黑格尔之处，费尔巴哈却未能批判、指摘，甚至有意无意采纳了黑格尔的观点（例如，黑格尔把对象化等同于异化问题）。

以上事实表明，马克思对黑格尔哲学的批判是一种积极的批判。通过这种积极的批判，马克思真正扬弃和克服了黑格尔哲学，将哲学唯物主义与哲学辩证法有机统一起来，集"经验"与"思辨"于一身。而费尔巴哈实际上并未能完全战胜黑格尔哲学。

在1844年11月底或12月初，马克思研读了施蒂纳的著作《唯一者及其所有物》。施蒂纳对费尔巴哈的尖刻的批判显然促进了马克思同费尔巴哈的彻底决裂。正如我们看到的，在同年年底或翌年初马克思拟订的《关于费尔巴哈的提纲》中，已经内含了对费尔巴哈批判的一切要点。其中包括：

1. 费尔巴哈对于对象、现实、感性，仅从客体的或直观的形式去理解，完全撇弃了主体及其实践。

---

① 《马克思恩格斯全集》第42卷，人民出版社1979年版，参阅第174—175页。
② 《马克思恩格斯全集》第42卷，人民出版社1979年版，第177页。

2. 费尔巴哈仅把理论活动看作真正的人的活动，他不理解现实的、感性的实践活动及其意义。当然，也不能把实践作为思维真理性的标准。

3. 费尔巴哈致力于把宗教归结于它的世俗基础，但他并没有用世俗的矛盾来说明这一精神异化的事实，更没有诉诸实践变革。

4. 费尔巴哈把宗教的本质归结为人的本质，但并没有对规定这种本质的现实的社会关系作出批判，相反，却对"个体"与"类"均作了自然主义的理解。

5. 费尔巴哈哲学并未能超出"市民"社会的狭隘眼界，它仅希冀确立对现存事物的正确理解，而非推翻现存事物。

然而，总的说，这些要点在《德法年鉴》上的文章中以及在《1844年经济学哲学手稿》中都已程度不同地、直接或间接地涉及了。在此意义上，《关于费尔巴哈的提纲》及其某种意义上的完成作《德意志意识形态》是马克思对他与费尔巴哈之间由来已久的分歧所作的一个最后总结。《关于费尔巴哈的提纲》的独特意义在于，从负面看，它内含了对费尔巴哈批判的一切要点，从正面看，它则是马克思"新唯物主义"的主体性理论的论纲。

马克思对费尔巴哈的根本超越，用马克思的术语来说，可以概括为：把费尔巴哈的"直观唯物主义"（der anschauende Materialismus）转变为"实践的唯物主义"（der praktische Materialismus），即"共产主义"。这一方向是赫斯（Moses Hess）率先开辟的，但马克思是它的真正的完成者。

【附录】

费尔巴哈与马克思生平对照年表

费尔巴哈	年份	马克思
7月28日生于巴伐利亚	1804	
入中学	1814	
	1818	5月5日出生于特里尔
中学毕业	1822	
入海德堡大学神学系，后转入柏林大学神学系（1824年7月）、哲学系（1825年4月）	1823	
毕业于爱尔兰根大学，获博士学位	1828	
于爱尔兰根任教	1829	
《关于死与不死的思想》	1830	10月入中学
《近代哲学史——从培根到斯宾诺莎》	1833	
	1835	9月中学毕业。10月入波恩大学法律系
	1836	10月22日转入柏林大学法律系
《对莱布尼茨哲学的叙述、分析和批判》；始撰《基督教的本质》	1837	4—8月钻研并转向黑格尔哲学，结识鲍威尔、科本；11月10日给其父写信，叙述其生活、学习情况
《实证哲学批判：评森格勒尔》	1838	
8—9月《黑格尔哲学批判》	1839	年初始撰《博士论文》
6月《基督教的本质》；12月《论哲学的开端》	1841	3月毕业于柏林大学，4月获博士证书；约7月研究费尔巴哈《基督教的本质》；8月或9月结识莫泽斯·赫斯；下半年与鲍威尔进行合作，撰《论基督教的艺术》（后更名为《论宗教的艺术》）和对黑格尔自然法的批判文章

续表

费尔巴哈	年份	马克思
2月《论对〈基督教的本质〉一文的评判》；4月撰《关于哲学改造的临时纲要》；撰《改革哲学的必要性》（在世时未发表）	1842	1—2月撰《评普鲁士最近的书报检查令》（次年2月发表）；3月放弃《论基督教的艺术》和批判黑格尔法哲学文章的原稿；5月《第六届莱茵省议会的辩论》（一）；8月《法的历史学派的哲学宣言》；10月中旬任《莱茵报》主编；10—11月《第六届莱茵省议会的辩论》（三）；11月同恩格斯初识，月底与柏林小组（"自由人"）决裂；10月至次年初研究傅立叶等法国空想社会主义者著作
2月《关于哲学改造的临时纲要》；上半年《基督教的本质》再版；7月《未来哲学原理》；10月25日复马克思函	1843	2月或3月读费尔巴哈《关于哲学改造的临时纲要》；3月退出《莱茵报》编辑部并开始与卢格筹办《德法年鉴》；夏撰《黑格尔法哲学批判》；10月3日致函费尔巴哈，为《德法年鉴》约批谢林专稿；10月底迁居巴黎；秋至次年1月撰《论犹太人问题》《〈黑格尔法哲学批判〉导言》；年底着手系统研究政治经济学，读斯密、萨伊、斯卡尔贝克等人经济学著作
与鲍威尔、施蒂纳编辑《维干德季刊》（1844—1845年）；《路德意义下的信仰的本质》	1844	2月底《德法年鉴》问世；4—8月撰《1844年经济学哲学手稿》；8月《评"普鲁士人"的〈普鲁士国王和社会改革〉一文》；8月11日致信费尔巴哈，征询对批判鲍威尔的意见；9—11月与恩格斯合撰《神圣家族》；11月下旬或12月初读施蒂纳《唯一者及其所有物》，尔后约定为《前进》杂志撰写批判施蒂纳的文章；年底或翌年初撰写《关于费尔巴哈的提纲》；年底至次年1月继续研究英、法经济学家著作

续表

费尔巴哈	年份	马克思
完成《宗教的本质》；发表《因〈唯一者及其所有物〉而论〈基督教的本质〉》	1845	2月《神圣家族》出版；夏与恩格斯开始合撰《德意志意识形态》
《宗教的本质》发表；《费尔巴哈全集》（十卷本）第一、二卷问世；《反对身体和灵魂、肉体和精神的二无论》发表	1846	年初与恩格斯创立共产主义通讯委员会；夏完成《德意志意识形态》主要章节
《费尔巴哈全集》第三、四卷出版	1847	1月与恩格斯加入"正义者同盟"；1—6月撰《哲学的贫困》，7月该书出版；8—9月《德意志意识形态》第二卷第四章单篇发表；10—11月发表《道德化的批判和批判化的道德》；12月与恩格斯开始合撰《共产党宣言》
12月在海德堡讲演"宗教的本质"，至次年3月；《费尔巴哈全集》第五、六卷问世	1848	2月《共产党宣言》出版

第三章

马克思与赫斯的社会主义(上)

> 赫斯的东西虽然已经带有非常模糊的和神秘主义的性质,但是最初——在"二十一印张"上——得到了一定程度的承认……
>
> 赫斯把法国社会主义的发展和德国哲学的发展综合在一起……
>
> ——马克思、恩格斯:《德意志意识形态》

一 赫斯与费尔巴哈的哲学

在某种意义上,赫斯的"真正的"社会主义是费尔巴哈"类"学说的历史哲学或社会学的翻版。

赫斯与费尔巴哈的思想关系经历了三部曲:转向、接纳与批判。

(一)向费尔巴哈哲学的转向

赫斯向费尔巴哈哲学的转向始于1841年下半年。他瞩目于费尔巴哈,显然也源系于费尔巴哈刚发表的《基督教的本质》(1841年6月)。在赫斯于同年10月发表在《雅典娜之殿》上的《德国哲学的现代危机》（以下简称《危机》）一文中，首次表露了费尔巴哈影响的痕迹。

这是有关德国哲学处境的专论。在赫斯看来，所谓德国哲学在当时所出现的"危机"，其实质无非是这一哲学处在由理论向实践的过渡中，而这一过渡具体体现为黑格尔哲学与青年黑格尔派的关系。因此，对这一关系的阐述就成了该文的主旨与核心。对此，赫斯表述了如下见解：如果说，在想根据哲学上已经获得的东西即自我意识来塑造生活的意义上，包括卢格、费尔巴哈和鲍威尔在内的青年黑格尔派已超越了黑格尔哲学，那么，就必须同时肯定，这一派别并没有摆脱和背离黑格尔哲学基地，毋宁说，它是这一哲学原则上的彻底贯彻和发展①。这里，已经表达出对费尔巴哈哲学的一种实质性理解与评价：赫斯显然同鲍威尔、卢格、恩格斯甚至马克思开始时一样，误解了费尔巴哈哲学，他没有看到费尔巴哈哲学同黑格尔哲学的对立，未能了解这一哲学的唯物主义性质，而只是把它视为黑格尔哲学原则的彻底发挥和更加严格的逻辑结论。正因为如此，他并没有把费尔巴哈同卢格、鲍威尔加以区分，而是把他们相提并论。

值得注意的是，赫斯在强调费尔巴哈同卢格、鲍威尔等人哲学思想一样，未背离和超越黑格尔哲学的同时，对这种非超越性是持肯定而非否定的态度。为此，他为黑格尔及其哲学进行了辩护。同他在《欧洲三同盟》（1840年完稿，1841年1月发表，以下简称《三同盟》）中所持的黑格尔哲学已是"过去的哲学"这一批判态度不同，赫斯现在站在维护黑格尔及其哲学的立场上，用青年黑格尔派观点来解释黑格尔；认为"自我意识"是黑格尔哲学的核心②；强调黑格尔

---

① Moses Hess, Philiosophische und sozialistische Schriften, 1837-1850, Herg. v. A. Cornu und W. Moenke, Berlin, 2Aufl., 1980, S. 169.
② Moses Hess, Philiosophische und sozialistische Schriften, 1837-1850, Herg. v. A. Cornu und W. Moenke, Berlin, 2Aufl., 1980, S. 169.

哲学同青年黑格尔哲学的区别只不过是理论着重点不同，例如在宗教哲学方面，黑格尔强调阐明的是宗教哲学各种形式产生的必要性，而青年黑格尔派的"实践哲学"则更多的是揭示宗教哲学的衰亡方面①。赫斯还反驳人们对黑格尔哲学保守性的抨击，认为这是对黑格尔哲学的一种误解。他甚至认为，不仅不能假定黑格尔有意地回避哲学理论与现实的冲突，而且，即便黑格尔如此，即意识到他自己所持的态度，人们也绝不能因此而去责备他。因为黑格尔的使命就在于从事哲学，而非使生活适应哲学②。

在为黑格尔哲学辩护的同时，赫斯也称道了青年黑格尔派。他赞誉青年黑格尔派正在"走向理念的实践，专心地积极塑造未来"③，在企图按自我意识来塑造生活这一点上，超过了黑格尔。因而，他将青年黑格尔派哲学称为"今日的实践哲学"④。在《三同盟》中，赫斯曾把自己同青年黑格尔派明确区分开来，即认为青年黑格尔派哲学是由"过去的哲学"向"行动的哲学"的过渡，而自己则是"行动的哲学"的代表⑤。而现在，赫斯则力求把自己的立场同青年黑格尔派的立场协调、统一起来。

同《三同盟》一书比较，赫斯在《危机》一文中对黑格尔哲学以及青年黑格尔派哲学所持的立场无疑体现了某种退步。这种情况表明，赫斯在开始接触费尔巴哈哲学的同时，也受到了"自我意识哲学"的影响。这两者几乎是同时发生的。而后者对赫斯发生的作用，

---

① Moses Hess, Philiosophische und sozialistische Schriften, 1837–1850, Herg. v. A. Cornu und W. Moenke, Berlin, 2Aufl., 1980, S. 170.
② Moses Hess, Philiosophische und sozialistische Schriften, 1837–1850, Herg. v. A. Cornu und W. Moenke, Berlin, 2Aufl., 1980, S. 170.
③ Moses Hess, Philiosophische und sozialistische Schriften, 1837–1850, Herg. v. A. Cornu und W. Moenke, Berlin, 2Aufl., 1980, S. 170.
④ Moses Hess, Philiosophische und sozialistische Schriften, 1837–1850, Herg. v. A. Cornu und W. Moenke, Berlin, 2Aufl., 1980, S. 170.
⑤ Moses Hess, Philiosophische und sozialistische Schriften, 1837–1850, Herg. v. A. Cornu und W. Moenke, Berlin, 2Aufl., 1980, S. 82–83.

远比前者明显、强烈。这集中体现在这一事实，即赫斯不仅在对待黑格尔哲学的问题上部分地采取了以鲍威尔为代表的自我意识哲学的立场，而且在对待费尔巴哈哲学上亦如此。

这种情况之所以发生，似可看作青年马克思对赫斯影响的证明。赫斯在撰写《危机》一文时，刚与马克思结识。他在1841年9月2日致奥尔巴赫的信中，把马克思称为自己的"偶像"①。而马克思这时正处在自我意识哲学影响之下，他通过《博士论文》从哲学史的角度参与了"自我意识哲学"的制定，并同鲍威尔一起，"炮制"了《对黑格尔、无神论者和反基督教者末日的宣告》。也就是说，赫斯是通过马克思才得以深入了解以鲍威尔为代表的"自我意识哲学"并将这一哲学深嵌在自己头脑中的。当然，在对待黑格尔哲学的态度上，马克思同赫斯是有明显差异的。马克思在《博士论文》中，不仅没有为黑格尔哲学的保守性辩护，而且认为体现黑格尔哲学保守性的"适应"或"调和"是黑格尔哲学的固有缺陷和必然结果，并主张应该用意识的内在本质规定来说明外在的形式②。

总之，在1841年下半年，在刚刚开始接触费尔巴哈哲学时，由于与马克思的结识，费尔巴哈哲学并未能对赫斯产生明显影响。当时在赫斯眼里，费尔巴哈不过是与卢格、鲍威尔具有相同思想倾向的一个黑格尔主义分子罢了。但是，这里应该指出，赫斯在《危机》一文中所表达的费尔巴哈哲学没有超越黑格尔哲学观念的基地的观点是有其合理性。当然，这不完全是在赫斯当时所理解的意义上，同时，它也不能被视为费尔巴哈哲学的长处。对此，赫斯是在两年后明确意识到的。两年后，他把这点作为费尔巴哈哲学的局限提了出来，并就此展开了批判。

---

① Moses Hess, Briefwechsel, herg. v. E. Silberner, Monton & co, 1959, S. 80.
② Karl Marx, Die Fruehschriften, herg. v. S. Landshut, 1971, Stuttgart, S. 15. 参阅《马克思恩格斯全集》第40卷，人民出版社1982年版，第257页。

（二）对费尔巴哈哲学的接纳

1842年2月，针对鲍威尔等人对《基督教的本质》一文的误解，费尔巴哈发表了《论对〈基督教的本质〉一文的评判》一文，文中申明了他的哲学同黑格尔哲学的对立。该文显然有助于澄清当时人们对费尔巴哈哲学内蕴的理解。例如，马克思当时拖延并最终终止了他与鲍威尔的合作，即撰写《对黑格尔、无神论者和反基督教者末日的宣告》第二部的计划。在赫斯那里，也发生了与此类似的情况，这可以从赫斯在1842年5月发表在《莱茵报》上的《德国和法国与中央集权问题》一文中对费尔巴哈哲学的接纳看出。以该文为标志，赫斯的思想发展开始了一个新的时期，即接纳和推进费尔巴哈哲学思想的时期。这种接纳和推进在《金钱的本质》（1844年初撰）一文中达到巅峰。在费尔巴哈的影响下，赫斯由在《人类的圣史》（1837年）一文中所表述，且在《欧洲三同盟》中仍留有印痕的"宗教社会主义"，过渡到"哲学社会主义"。这是赫斯思想发展的最重要的时期，也是最富有成果的时期。

赫斯对费尔巴哈哲学思想的接纳，集中表现在他试图把费尔巴哈哲学同社会主义结合起来，用其为社会主义构想提供论证。这种论证开始发生在哲学层面，而后则深入到经济学层面。因而，与此相适应，赫斯对费尔巴哈哲学的吸收与接纳就展现为两个阶段，即从哲学上寻求社会主义论证阶段与从经济学上寻求社会主义论证阶段。

赫斯吸取并运用费尔巴哈哲学来从哲学方面对社会主义进行论证，大体是在1842—1843年，体现在《德国和法国与中央集权问题》《行动的哲学》（始撰于1841年3月，1843年7月发表）等文中。它围绕和凸显了这样一个核心，即把"类"的概念同对社会主义的理解融合起来，把社会主义理解为一种符合人的本质的社会关系，理解为个人与类的和谐、统一。

在《德国和法国与中央集权问题》（以下简称《中央集权问题》）一文中，赫斯已显露了这一思想倾向的萌芽。在该文中，赫斯在解答"应该为普遍的自由即法律而牺牲个体的自由呢？还是应该为个人的自由而牺牲普遍的自由呢？"这一问题时指出，如果从更高的角度来看待这一问题，这一问题并不成其为问题。原因在于："如果个体同他自己的概念相符，换言之，如果人事实上是他按其本质应是的东西，那末，个体的自由同普遍的自由就毫无一致；因为真正的人只过类的生活，不能把他的个体即特殊的存在同普遍的存在分离开；他的自由绝不会和法律发生矛盾，因为法律对他来说完全不是异在物，而是他自己的意志。"① 这里，已表现出赫斯通过对费尔巴哈人类学唯物主义思想的吸收所达到的一种对于未来理想社会即社会主义的新的理解。在其后的思想中，这一倾向获得了多方面的展开。我们仅几个主要的方面。

1. 赫斯通过借鉴费尔巴哈人的本质学说，从根本上推进了自己对于人的本质这一问题的理解

在《人类的圣史》（以下简称《圣史》）中，我们看到，赫斯当时是从精神方面对人的本质进行规定的。他在文中提及，"人的个体，其本质是精神的、有意识的特性"②。"体现人的本质的首要物，它的始基，是生命意识特性。"③ 因此，他用"自由的精神活动"这一概念来标示人类"圣史"的特点，把人类史视为自由的精神活动的历史④。

---

① Moses Hess, Philiosophische und sozialistische Schriften, 1837 – 1850, Herg. v. A. Cornu und W. Moenke, Berlin, 2Aufl., 1980, S. 176.
② Moses Hess, Philiosophische und sozialistische Schriften, 1837 – 1850, Herg. v. A. Cornu und W. Moenke, Berlin, 2Aufl., 1980, S. 15.
③ Moses Hess, Philiosophische und sozialistische Schriften, 1837 – 1850, Herg. v. A. Cornu und W. Moenke, Berlin, 2Aufl., 1980, S. 15.
④ Moses Hess, Philiosophische und sozialistische Schriften, 1837 – 1850, Herg. v. A. Cornu und W. Moenke, Berlin, 2Aufl., 1980, S. 84.

在《中央集权问题》一文中，赫斯把人的本质理解为"类生活"①，沿用了费尔巴哈的概念。这表明，赫斯在开始转向费尔巴哈学说不久后，就接受了费尔巴哈的类概念以及人的本质是"类本质"的思想。

但是，"类本质""类生活"毕竟是一种思辨的表达。在赫斯那里，"生活就是活动"②。所以，在发表在《来自瑞士的二十一印张》（以下简称《二十一印张》）上的文章中，赫斯把"类本质""类生活"理解为人的"自由的、独立于各种外在强制的活动"③，简言之，"自由活动"。可是，需要特别指出的是，赫斯这时对人的本质的理解、对人的活动的强调，已不再停留在《圣史》中的那种单一的规定，即仅仅限于精神或精神活动领域。相反，他把人的自由活动区分为两个方面，即"自由的精神活动"与"自由的社会活动"，并在现实生活中找到了它们的思想理论代表——德国哲学与法国社会主义。他认为德国哲学（包括为"行动的哲学"奠定基础的费希特哲学在内）只停留在自由的精神活动方面，未能超越（主观）唯心主义，而法国共产主义（始于巴贝夫）则停留在自由的社会活动方面，未能超出实践经验④。与此相适应，赫斯又进一步对人的"类本质"作出了双重规定，即"理论的类本质"与"实践的类本质"，前者为"人的意识"，后者则为"人的自我行动"⑤。然而，这又并非意味着二元论。赫斯认为，无论是人的精神生活活动，还是人的物质生活活动，

---

① Moses Hess, Philiosophische und sozialistische Schriften, 1837–1850, Herg. v. A. Cornu und W. Moenke, Berlin, 2Aufl., 1980, S. 176.
② Moses Hess, Philiosophische und sozialistische Schriften, 1837–1850, Herg. v. A. Cornu und W. Moenke, Berlin, 2Aufl., 1980, S. 211.
③ Moses Hess, Philiosophische und sozialistische Schriften, 1837–1850, Herg. v. A. Cornu und W. Moenke, Berlin, 2Aufl., 1980, S. 228.
④ Moses Hess, Philiosophische und sozialistische Schriften, 1837–1850, Herg. v. A. Cornu und W. Moenke, Berlin, 2Aufl., 1980, S. 221–222.
⑤ Moses Hess, Philiosophische und sozialistische Schriften, 1837–1850, Herg. v. A. Cornu und W. Moenke, Berlin, 2Aufl., 1980, S. 284.

都在人们的"交换"（der Austausch）、"交往"（der Verkehr）和"协作"（das Zusammenwirken）中表现出来①。因此，交换、交往、协作作为人的"现实的本质"，"不仅是他们理论的本质，即现实的生活意识，而且，也是他们的实践的本质，即现实的生活活动"②。同时，赫斯对于人的物质生活活动、人的"实践的本质"予以特别重视，甚至把它明确界说为"生产和为继续生产所需求的产品消费的交往"③。

这样，赫斯对人的本质的理解就从"生命意识"进展到"自由活动"，进展到体现理论与实践双重规定且以实践规定为根本的"交往"。

赫斯所取得的这种进步明显显示出受费尔巴哈影响的痕迹。在《基督教的本质》"导言"中，虽然费尔巴哈基本上是从人们的精神交往、精神的共同生活方面去理解人的本质，即强调人的"严格意义上的""意识"④，把人的本质规定为"理性、爱和意志"的统一⑤，但其中已内含了对人的社会生活与实践活动全面理解的萌芽。他在谈到人的生活时指出，人具有双重生活：内在生活与外在生活。内在生活是他与他的类、他的本质发生关系，外在生活则是他与其他个体发生关系。"在生活中我们同个体交往，在科学中我们则与同类交往。"⑥这里，已经暗含和牵涉到人的本质的双重规定性，即精神交

---

① Moses Hess, Philiosophische und sozialistische Schriften, 1837 – 1850, Herg. v. A. Cornu und W. Moenke, Berlin, 2 Aufl., 1980, S. 330.
② Moses Hess, Philiosophische und sozialistische Schriften, 1837 – 1850, Herg. v. A. Cornu und W. Moenke, Berlin, 2 Aufl., 1980, S. 331.
③ Moses Hess, Philiosophische und sozialistische Schriften, 1837 – 1850, Herg. v. A. Cornu und W. Moenke, Berlin, 2 Aufl., 1980, S. 333.
④ Ludwig Feuerbach, Gesammelte Werke, Herg. v. W. Schuffenhauer, Berlin, 1974, Bd. 5, S. 28.
⑤ Ludwig Feuerbach, Gesammelte Werke, Herg. v. W. Schuffenhauer, Berlin, 1974, Bd. 5, S. 30 – 31.
⑥ Ludwig Feuerbach, Gesammelte Werke, Herg. v. W. Schuffenhauer, Berlin, 1974, Bd. 5, S. 28.

往活动与物质交往活动。赫斯对人的类本质的双重内涵的揭示，显然受到了费尔巴哈这一见解的启示。

2. 赫斯对人的本质理解的推进，为他从人这一历史主体角度去理解与描述人类历史奠定了基础

由于他把人的本质的规定引向了人的物质的交往，人的物质交往关系，这样，他就接近了人道主义与唯物主义、伦理主义与历史主义，价值原则与科学原则的统一，从而对人类的历史过程有了新的理解。

在《人类的圣史》中，与把人类的历史理解为自由精神活动的历史，而又把自由理解为"顺从上帝的立法"① 相适应，赫斯把人类历史描述成人与上帝的和谐（无意识的统一）—人与上帝的分裂—人与上帝的重新和谐（有意识的统一）的过程。

而现在，例如在《行动的哲学》中（甚至在《中央集权问题》中就已经有此意向），赫斯则把私有制形成以来的历史描述成个体与普遍矛盾、斗争的历史②，把整个人类历史过程描述成由个体与普遍的统一—个体与普遍的对立—个体与普遍的重新统一的过程。在《人的规定》（1844年6月）、《社会主义运动在德国》（1844年5月撰）等文中，他又把这一图式具体化，提出了类生活的两种"类型"或两种不同的"类存在形式"，即到资本主义社会为止的私有制社会与未来的理想社会，并对这两个历史阶段进行了具体的描绘。赫斯认为，最初的"类存在形式"即类生活的第一阶段是类本质的异化阶段。在这一阶段上，类为了生存而自我个体化③，所以，充满了"斗争、矛

---

① Moses Hess, Philiosophische und sozialistische Schriften, 1837–1850, Herg. v. A. Cornu und W. Moenke, Berlin, 2Aufl., 1980, S. 45.

② Moses Hess, Philiosophische und sozialistische Schriften, 1837–1850, Herg. v. A. Cornu und W. Moenke, Berlin, 2Aufl., 1980, S. 216.

③ Moses Hess, Philiosophische und sozialistische Schriften, 1837–1850, Herg. v. A. Cornu und W. Moenke, Berlin, 2Aufl., 1980, S. 387.

盾、死亡和否定"①。因而，这一阶段本质上是类本质自身之内的矛盾即各种要素之间的斗争，这种斗争是围绕本质自身存在（谋取其存在的手段与条件）的斗争展开的②。它是人类史中的"动物世界"③，是"人的自然史"④。这种动物性与自然性突出表现为个体与类关系的颠倒，即"个体被提升为目的，而类被贬低为手段"⑤。也就是说，类不仅通过孤立的个体而外化，游离于个体之外，而且，完全成为个体存在的工具。这种个体与类的对立在资本主义这一"现代小商贩世界"中达到极致⑥，因此，伴随人的本质与能力的发展，伴随物质生产与交往的发展或未来社会组织的物质内容的赢得，类的异化存在阶段必然过渡到"类生活的全面展开"阶段，即"有组织构成的"社会主义社会⑦。

由上可见，由费尔巴哈的影响所导致的对人的本质理解的深化，赫斯在对人类历史进行描述时，已把《人类的圣史》中的上帝与人的矛盾转换为个体与类的矛盾，消除了宗教的、神学的色彩。同时，已表现出对费尔巴哈的明显超越：这不仅表现在赫斯试图从个体与类的矛盾运动过程中推导出社会主义的必然性，而且表现在，由于赫斯把人的本质理解为人的交往关系特别是物质交往关系，他对人类历史过

---

① Moses Hess, Philiosophische und sozialistische Schriften, 1837 – 1850, Herg. v. A. Cornu und W. Moenke, Berlin, 2Aufl., 1980, S. 276.
② Moses Hess, Philiosophische und sozialistische Schriften, 1837 – 1850, Herg. v. A. Cornu und W. Moenke, Berlin, 2Aufl., 1980, S. 282.
③ Moses Hess, Philiosophische und sozialistische Schriften, 1837 – 1850, Herg. v. A. Cornu und W. Moenke, Berlin, 2Aufl., 1980, S. 287.
④ Moses Hess, Philiosophische und sozialistische Schriften, 1837 – 1850, Herg. v. A. Cornu und W. Moenke, Berlin, 2Aufl., 1980, S. 331.
⑤ Moses Hess, Philiosophische und sozialistische Schriften, 1837 – 1850, Herg. v. A. Cornu und W. Moenke, Berlin, 2Aufl., 1980, S. 333.
⑥ Moses Hess, Philiosophische und sozialistische Schriften, 1837 – 1850, Herg. v. A. Cornu und W. Moenke, Berlin, 2Aufl., 1980, S. 336, 383.
⑦ Moses Hess, Philiosophische und sozialistische Schriften, 1837 – 1850, Herg. v. A. Cornu und W. Moenke, Berlin, 2Aufl., 1980, S. 276 – 277.

程的描述已不同于费尔巴哈的那种"历史只不过是人类人性化的过程"①的纯人类学主义的描述,而具有人的本体论与社会本体论的双重色彩:人的历史既是人的本质发展的历史,也是人的社会交往关系发展的历史。事实上,只有把历史过程了解为人的社会交往关系发展的历史,也才能把这一过程真正了解为人的本质发展的历史。

3. 与此同时,赫斯还把他对社会主义的本质规定——自由与平等同"类"联系起来,视为"类"的本质规定

在《社会主义与共产主义》(1843年7月)一文中,赫斯已把社会主义、共产主义的实质规定为自由与平等的统一。在他看来,自由是对主体(个人)而言,平等是对客体(社会)而言。自由是对精神而言,平等是对政治而言。自由是针对宗教奴役,平等是针对政治奴役。自由体现德国精神倾向,体现德国无神论;平等体现法国精神倾向,体现法国社会主义②。所以,"唯有将它们结合起来,才能体现法国以及德国现代精神趋向的真正原则"③,达到对社会主义、共产主义概念的"极其尖锐与深刻的理解"④。在这里,赫斯明确提出了"社会主义等于自由加平等"这一公式。

然而在赫斯那里,社会主义不过是"真正的类生活"这一哲学术语的历史学或社会学的表述。所以,在《什么是财产》(1843年)一文中,赫斯又提出"类等于自由加平等"的公式:"像单个个体的生存与死亡一样,自由与平等是类的伟大生存过程的要素。……自由与平等、个体生活与公共生活的统一,这一过程,这种个体化的类的真

---

① 《费尔巴哈哲学著作选集》下卷,荣震华、李金山译,商务印书馆1984年版,第596页。
② Moses Hess, Phliosophische und sozialistische Schriften, 1837 – 1850, Herg. v. A. Cornu und W. Moenke, Berlin, 2Aufl., 1980, S. 202 – 204.
③ Moses Hess, Phliosophische und sozialistische Schriften, 1837 – 1850, Herg. v. A. Cornu und W. Moenke, Berlin, 2Aufl., 1980, S. 203 – 204.
④ Moses Hess, Phliosophische und sozialistische Schriften, 1837 – 1850, Herg. v. A. Cornu und W. Moenke, Berlin, 2Aufl., 1980, S. 206.

正生活，是自由共同体"①。

这样，赫斯就把自由与平等的统一同个体与普遍的统一联结起来，不仅有了类的哲学表述，也有了类的社会学表述（社会主义理论）。这种类的具体化，为其论证社会主义的本质提供了一定的根据。

4. 赫斯对个体与类关系的理解显示出明显的唯物主义倾向

在《行动的哲学》中，赫斯认为："个体是观念的唯一现实性"，而"普遍是非现实的，它只是个体的抽象。""普遍经由个体达到自我意识，而人……则是普遍的最高最完善的现实。"② 赫斯还由此出发对黑格尔哲学进行了批判："头脚倒置的反思……把我的变化即自我意识的变化理解为我所想象的他物的变化……它的全部想象对它来说都成为客观的生命"③。

在《欧洲三同盟》中赫斯已流露出某种唯物主义的思想倾向。在那里，他已对黑格尔的唯心主义进行了某种批判："黑格尔称其为'客观精神哲学'的东西，只是被理解过的此在物和曾在物，而不是能够被描述的客体。……黑格尔的客观精神停留在纯观念。"④ 费尔巴哈的哲学唯物主义，无疑为赫斯的这一唯物主义思想倾向的发展提供了推动力。

基于这种唯物主义的哲学基础，赫斯对青年黑格尔派的"自我意识"进行了改造，把它理解为现实的人的精神，而非一种观念上的抽

---

① Moses Hess, Philiosophische und sozialistische Schriften, 1837 – 1850, Herg. v. A. Cornu und W. Moenke, Berlin, 2Aufl., 1980, S. 258 – 259.
② Moses Hess, Philiosophische und sozialistische Schriften, 1837 – 1850, Herg. v. A. Cornu und W. Moenke, Berlin, 2Aufl., 1980, S. 212.
③ Moses Hess, Philiosophische und sozialistische Schriften, 1837 – 1850, Herg. v. A. Cornu und W. Moenke, Berlin, 2Aufl., 1980, S. 211.
④ Moses Hess, Philiosophische und sozialistische Schriften, 1837 – 1850, Herg. v. A. Cornu und W. Moenke, Berlin, 2Aufl., 1980, S. 85.

象物①，并提出了"自我意识的类"（Selbstbewuβte Gattung）概念②。于是，在赫斯那里，自我意识的运动过程（笛卡尔所云的"我思"）也就是作为认识主体的自我与作为认识客体的自我的统一过程，当这种统一未实现、被割裂时，自我意识就以神学意识形式出现③，而这种神学意识归根到底源自现实中"个体间的对立与斗争"④。由此可见，与《德国哲学的现代危机》一文的状况相反，赫斯现在对自我意识的理解已更具费尔巴哈特色而非鲍威尔特色。⑤

赫斯对"自我意识"的这种改造，明显依据了费尔巴哈的《关于哲学改造的临时纲要》。因为正是在后者中，费尔巴哈揭露了黑格尔自我意识哲学的实质，并间接地、含蓄地批评了鲍威尔的"自我意识哲学"⑥。

借助费尔巴哈，赫斯再次把自己与青年黑格尔派区分开来。在《行动的哲学》中，赫斯通过考察青年黑格尔派对待个体与普遍（类）矛盾的态度，认定他们仍囿于神学意识。因为在赫斯看来，尽管他们抛弃了黑格尔的绝对精神以及复辟和中庸的政治，尽管他们否定了宗教的二元论，可是由于他们未能进展到自我规定与自律，滞留在"为我存在"的反思中，他们还是把作为"国家"的普遍同个体

---

① Moses Hess, Philiosophische und sozialistische Schriften, 1837 – 1850, Herg. v. A. Cornu und W. Moenke, Berlin, 2Aufl., 1980, S. 211.
② Moses Hess, Philiosophische und sozialistische Schriften, 1837 – 1850, Herg. v. A. Cornu und W. Moenke, Berlin, 2Aufl., 1980, S. 282.
③ Moses Hess, Philiosophische und sozialistische Schriften, 1837 – 1850, Herg. v. A. Cornu und W. Moenke, Berlin, 2Aufl., 1980, S. 210.
④ Moses Hess, Philiosophische und sozialistische Schriften, 1837 – 1850, Herg. v. A. Cornu und W. Moenke, Berlin, 2Aufl., 1980, S. 387.
⑤ 德国学者 W. Moenke 认为这时赫斯从费尔巴哈哲学后退而诉诸费希特的"自我意识哲学"，是值得商榷的。参阅 Moses Hess, Philiosophische und sozialistische Schriften, 1837 – 1850, Herg. v. A. Cornu und W. Moenke, Berlin, 2Aufl., 1980, "前言", XXXⅢ.
⑥ W. Schuffenhauer herg., L. Feuerbach, Gesammelte Werke, Bd. 9, Berlin, 1982, S. 244, 261.

对立起来，而未能最终摆脱神学国家①。

在《我们想什么》一文中，赫斯还把自我意识分为三种类型或三个阶段，借以把自己同青年黑格尔派划分开来。首先是"不开放的（unaufgeschlossen）自我意识"，以老年黑格尔派为代表。他们囿于满足精神上的自由。青年黑格尔派代表"决裂的（gebrochen）自我意识"，它始于施特劳斯，在鲍威尔那里达到顶点。青年黑格尔派虽然突破了老年黑格尔派的局限，但只达到了有限的自由，因为他们把自我意识的批判家同未达到自我意识的群众分离开来。赫斯自己则代表"行动的自我意识"（taetig）。这种意识是"自我行动的精神"，它不停留在原则，而要求通过否定自由行动的精神的外在限制即"偶然的生活手段"或"偶然的占有"（私有财产）最终能够发挥作用和获得实现②。

在《社会主义运动在德国》一文中，赫斯对青年黑格尔派的历史地位作了更加明确的判定："青年黑格尔主义构成了由德国哲学向社会主义、由思维向行动的过渡"，这一哲学运动派别的衰落也就是哲学向社会主义过渡的完成和实现③。

现在，我们再来研究赫斯通过吸取和运用费尔巴哈学说在经济学方面所取得的成果。

赫斯吸取并运用费尔巴哈学说来从经济学方面为社会主义提供论证，大体发生在1844年初前后，集中体现在《金钱的本质》等文中。事实上，《行动的哲学》一文表明，至迟从那时起，赫斯就已自觉地尝试把费尔巴哈的理论运用于经济学分析。在该文中，赫斯在论及

---

① Moses Hess, Philiosophische und sozialistische Schriften, 1837–1850, Herg. v. A. Cornu und W. Moenke, Berlin, 2 Aufl., 1980, S. 219.

② Moses Hess, Philiosophische und sozialistische Schriften, 1837–1850, Herg. v. A. Cornu und W. Moenke, Berlin, 2 Aufl., 1980, S. 240–242.

③ Moses Hess, Philiosophische und sozialistische Schriften, 1837–1850, Herg. v. A. Cornu und W. Moenke, Berlin, 2 Aufl., 1980, S. 290.

"为我存在"社会阶段以及"物质财产"时,已经论及近代资本主义条件下人的劳动及其劳动产品的异化问题①。

概而言之,赫斯对费尔巴哈学说在经济学方面的吸取与推进还突出体现在如下几个方面。

1. 发现和揭示了人的现实中的异化这种"类存在形式",从而接近了对人的异化存在现实的全面理解

赫斯认为,费尔巴哈的一个突出的功绩是,"费尔巴哈证明,完善的宗教即基督教的客观本质,是人的外化的本质,并通过批判破坏了一切理论的谬误和矛盾的基础"②。而费尔巴哈的这一功绩足可以与蒲鲁东相媲美,因为蒲鲁东通过对私有财产的批判在社会生活的所有实践的矛盾和冲突方面所达到的东西,费尔巴哈在所有理论的矛盾和冲突方面也实现了。因此,"费尔巴哈是德国的蒲鲁东。"但这恰恰意味着,费尔巴哈还未能够实现蒲鲁东在所有实践的矛盾和冲突方面实现的东西,未能够达到蒲鲁东的实践结论。因而,赫斯明确提出这样的要求:"把费尔巴哈的人道主义(Humanismus)运用到社会生活中去。"③

这样,赫斯以费尔巴哈的基督教批判为原型,通过《行动的哲学》《人的规定》《进步与发展》《社会主义运动在德国》,特别是《金钱的本质》等文,对社会现实生活中的异化、人的实践中的异化进行了较为广泛的研究与揭示。在《社会主义运动在德国》一文中,他对这种人的异化的现实表现进行了这样的概述:"……人迄今到处把他的创造物看作他的创造者;把自己沦为他自己的产品的奴才和佣

---

① Moses Hess, Philiosophische und sozialistische Schriften, 1837–1850, Herg. v. A. Cornu und W. Moenke, Berlin, 2Aufl., 1980, S. 219–220, 225.
② Moses Hess, Philiosophische und sozialistische Schriften, 1837–1850, Herg. v. A. Cornu und W. Moenke, Berlin, 2Aufl., 1980, S. 292–293.
③ Moses Hess, Philiosophische und sozialistische Schriften, 1837–1850, Herg. v. A. Cornu und W. Moenke, Berlin, 2Aufl., 1980, S. 293.

人；带着宗教般的畏惧和对上帝式的奴才般的惊恐屈从于自己的双手和大脑的产品，似乎它们是更高的、超人的本质或力量；轮次时而成为国家艺术时而成为上帝知识的牺牲者，最终则成为他的一切智力和物质财富的牺牲者……他的力量的发展使他变得更为无力，最终甚至他的全部能力都献给了全能的和无所不在的上帝即金钱"[1]。

通过对现实生活中异化现象的揭示与反思，赫斯得出了这样的结论："社会的本质，人的类本质，他的创造性的本质，对于人类来说过去以及迄今都是一种神秘的、彼岸的本质。这一本质在政治生活中作为国家力量、在宗教中作为天国力量、在理论上作为上帝，以及在实践上作为金钱力量同他相对立。"[2] 这样，与赫斯把人的本质理解为理论的本质与实践的本质两个方面相对应，赫斯揭示出人的本质的双重"外化"（在这里为"异化"），或"外化"的两种基本形式，即"理论的外化"与"实践的外化"[3]，或异化的"类存在"与"异化的意识"[4]。

2. 当赫斯就近代资本主义社会中人的异化的存在进行深入考察并将其与异化的意识相联系、相对照时，他发现了"天国"和"小商贩世界"、"基督徒"和"现代立法者"以及"上帝"和"金钱"等诸种对应关系、等式和同类项

首先，他揭示出，"小商贩国家，即所谓'自由的'国家，就是预言的天国。而小商贩世界，就是预言的天堂。……恰如反过来

---

[1] Moses Hess, Philiosophische und sozialistische Schriften, 1837 – 1850, Herg. v. A. Cornu und W. Moenke, Berlin, 2Aufl., 1980, S. 285.

[2] Moses Hess, Philiosophische und sozialistische Schriften, 1837 – 1850, Herg. v. A. Cornu und W. Moenke, Berlin, 2Aufl., 1980, S. 285 – 286.

[3] Moses Hess, Philiosophische und sozialistische Schriften, 1837 – 1850, Herg. v. A. Cornu und W. Moenke, Berlin, 2Aufl., 1980, S. 339.

[4] Moses Hess, Philiosophische und sozialistische Schriften, 1837 – 1850, Herg. v. A. Cornu und W. Moenke, Berlin, 2Aufl., 1980, S. 387.

说……天国不过是理论的小商贩世界。"① 在赫斯看来，两者的同一性在于，它们都是利己主义的体现，只不过一个是利己主义的理论体现，一个是利己主义的实践体现："基督教是利己主义的理论与逻辑；而利己主义的实践的典型土壤则是现代的、基督教的小商贩世界。"②

其次，赫斯揭示出，"基督徒是理论上的利己主义者"，而"现代的立法者"，则是"开明和实际的基督徒"③。赫斯认为，从逻辑上说，这些现代的立法者或"实际的基督徒"不可能仅安心于彼岸的立法，而是也想在尘世获得基督教的世界，获得他们的天国，所以，他们必然使天国的极乐圣灵也显现在此岸。为此，他们就像对待生命的理论外化那样，把生命的实践外化提升为原则，即通过把人宣布为单个的个体，把抽象的、赤裸的个人宣布为真正的人，把人权颁布为独立的人的权利，从而，通过把人的彼此的独立性、分离和个体化宣布为生命和自由的实质，把孤立的个人标榜为自由的、真正的和自然的人，确认了实践的利己主义④。

最后，也是最重要的一点，赫斯揭示出，"现代肮脏交易世界的本质，即金钱，是现实化了的基督教的本质"，是上帝，而"上帝则不过是世俗的资本"⑤，是金钱。对于金钱这一实践中的"偶像"、上帝，赫斯阐明了下述一些较为重要的思想：

金钱同上帝一样，是彼此异化或外化的人的产物，是人的本质和

---

① Moses Hess, Philiosophische und sozialistische Schriften, 1837 – 1850, Herg. v. A. Cornu und W. Moenke, Berlin, 2Aufl., 1980, S. 337.
② Moses Hess, Philiosophische und sozialistische Schriften, 1837 – 1850, Herg. v. A. Cornu und W. Moenke, Berlin, 2Aufl., 1980, S. 334.
③ Moses Hess, Philiosophische und sozialistische Schriften, 1837 – 1850, Herg. v. A. Cornu und W. Moenke, Berlin, 2Aufl., 1980, S. 338.
④ Moses Hess, Philiosophische und sozialistische Schriften, 1837 – 1850, Herg. v. A. Cornu und W. Moenke, Berlin, 2Aufl., 1980, S. 339.
⑤ Moses Hess, Philiosophische und sozialistische Schriften, 1837 – 1850, Herg. v. A. Cornu und W. Moenke, Berlin, 2Aufl., 1980, S. 339.

能力。因而,"上帝对于理论生活的意义,也就是金钱对于颠倒的世界的实践生活的意义"。①

金钱是人以动物方式享有自己生命的手段,一切社会追求的内容。赫斯指出:"……我们不得不把这种普遍的废物看作我们首要的生活条件,看作我们必不可少的财产,因为没有它我们就不能保存自己。"② 他认为,在近代资本主义社会的现实生活中,人是通过货币以残忍的、动物式的、食人的方式享有他自己的生命的。货币就是社会之血。而这种状况不过是犹太教和基督教秘密的公开:"基督之血的秘密和古代犹太教血崇拜的秘密在这里毫无掩饰地显现为食肉动物的秘密。"③

金钱是"国家本质","钱袋是立法者"。"正像以前立法者从上帝那里获得其绝对的无限权力一样,现代的立法者从财产,从金钱那里获得同一东西。"④

金钱是人的价值尺度。赫斯指出,在现代小商贩世界的实践中,金钱原则浸染到方方面面。事实上,人也仅仅是按其钱袋被估价的。"正像彻底的神学只按其正统神学观念的尺度来衡量人一样,彻底的经济学也根据其钱袋的重量来估价他。"⑤

金钱是源自人的孤立状态的非人的、外在的、死的交往手段或联合手段。赫斯认为,在资本主义社会中,人是非人,彼此处在孤立状态中,尚未能联合起来。所以,就需要一种外在的联合手段,将人们

---

① Moses Hess, Philiosophische und sozialistische Schriften, 1837 – 1850, Herg. v. A. Cornu und W. Moenke, Berlin, 2Aufl., 1980, S. 334–335.
② Moses Hess, Philiosophische und sozialistische Schriften, 1837 – 1850, Herg. v. A. Cornu und W. Moenke, Berlin, 2Aufl., 1980, S. 334.
③ Moses Hess, Philiosophische und sozialistische Schriften, 1837 – 1850, Herg. v. A. Cornu und W. Moenke, Berlin, 2Aufl., 1980, S. 345.
④ Moses Hess, Philiosophische und sozialistische Schriften, 1837 – 1850, Herg. v. A. Cornu und W. Moenke, Berlin, 2Aufl., 1980, S. 340.
⑤ Moses Hess, Philiosophische und sozialistische Schriften, 1837 – 1850, Herg. v. A. Cornu und W. Moenke, Berlin, 2Aufl., 1980, S. 335.

联结起来，以便人们能够彼此之间交往。可是，一旦人们联合起来，一旦在人们之间能够进行直接的交往，这种非人的、外在的、僵死的交往手段和联合手段就必然被废除、被否定①。

这样，通过对资本主义社会异化存在与异化意识的对比观照，特别是对金钱本质的揭示，赫斯就达到了费尔巴哈未能达到的重要实践结论："……现存的财产即金钱财富，是异化的因而也是可以转让的、出售的社会占有物。就像在完善的宗教中人的本质在理论方面外化一样，在完善的国家中人的本质也在实践上外化。……就像在理论生活中上帝对于外化的人那样，在实践生活中，金钱对于外化的人也是全能和无所不在的，是一切康宁和幸福的源泉。"②赫斯对实践外化种种表现的揭示，特别是对金钱这一实践"偶像"的揭示，以及对金钱的本质、作用和存在的暂时性的分析，加深和强化了他对资本主义社会的批判以及对社会主义必然性的论证。

3. 赫斯将费尔巴哈异化理论引入经济分析和现实生活领域的另一重大成果，是发现了物质的交往或协作关系

如前所述，当赫斯受到费尔巴哈关于人具有双重生活这一思想启示而对人的本质作出双重规定时，并没有将人的本质双重化，即陷入二元论，而是找到了人的理论的本质与实践的本质的统一表现，即交换、交往与协作。同时，他把人的实践生活活动、人的实践生活中的交往与协作放在更为重要的地位。这样，实际上，赫斯就触及了最能体现人的本质社会性的因素，即人们之间最基本的社会关系——物质交往关系。

对此，赫斯表述了如下几个方面的见解。

---

① Moses Hess, Philiosophische und sozialistische Schriften, 1837 – 1850, Herg. v. A. Cornu und W. Moenke, Berlin, 2Aufl., 1980, S. 347.

② Moses Hess, Philiosophische und sozialistische Schriften, 1837 – 1850, Herg. v. A. Cornu und W. Moenke, Berlin, 2Aufl., 1980, S. 293.

交往是人的社会生存要素或生活要素，具有不可让渡的性质。①

交往是个体实现、利用、行使和发挥自己力量或本质的形式，是生产力的实现形式。"像地球上的空气是地球的工场一样，人的交往是人的工场，单个的人在这里实现和利用自己的生命、能力。"② "只有这种协作，才能实现生产力。"③

因此，交往对生产力的发展有制约作用。"他们的交往越发达，他们的生产力也就越强大，而只要交往受到限制，他们的生产力也就受到限制。"④

交往是一个历史过程，有其发展或形成史。开始是"孤立化的交往"⑤，即人只是作为个别的个体自我保存，而不能作为一个和同一机体整体的成员、作为人类的成员和谐地协作。而在将来则应是"所有人的协作"或"多种多样的和谐协作"⑥，即构成一种"有机的人的共同体"⑦。

赫斯在把费尔巴哈异化理论运用于社会实践生活与经济学分析方面所取得的上述这些主要成果，都在不同程度上对青年马克思有所启迪。

---

① Moses Hess, Philiosophische und sozialistische Schriften, 1837–1850, Herg. v. A. Cornu und W. Moenke, Berlin, 2Aufl., 1980, S.330.
② Moses Hess, Philiosophische und sozialistische Schriften, 1837–1850, Herg. v. A. Cornu und W. Moenke, Berlin, 2Aufl., 1980, S.330.
③ Moses Hess, Philiosophische und sozialistische Schriften, 1837–1850, Herg. v. A. Cornu und W. Moenke, Berlin, 2Aufl., 1980, S.331.
④ Moses Hess, Philiosophische und sozialistische Schriften, 1837–1850, Herg. v. A. Cornu und W. Moenke, Berlin, 2Aufl., 1980, S.330–331.
⑤ Moses Hess, Philiosophische und sozialistische Schriften, 1837–1850, Herg. v. A. Cornu und W. Moenke, Berlin, 2Aufl., 1980, S.332.
⑥ Moses Hess, Philiosophische und sozialistische Schriften, 1837–1850, Herg. v. A. Cornu und W. Moenke, Berlin, 2Aufl., 1980, S.332.
⑦ Moses Hess, Philiosophische und sozialistische Schriften, 1837–1850, Herg. v. A. Cornu und W. Moenke, Berlin, 2Aufl., 1980, S.333.

（三）对费尔巴哈哲学的批判

赫斯对费尔巴哈的批判始于《进步与发展》（似撰于1844年上半年）一文，虽然在该文中这一批判还是间接的、隐蔽的。在该文中，赫斯在区分人的"理论的类本质"与人的"实践的类本质"的同时，把费尔巴哈对人的类本质规定即理性、意识和爱确切地解释为人的"理论的或观念的"类本质①。换言之，把费尔巴哈对人的本质的一般规定界说为特殊规定。这应该被视为对费尔巴哈学说的重大纠正。

事实上，在《行动的哲学》中，当赫斯把自由活动具体化为"自由的精神活动"与"自由的社会活动"时，已经开始具备了对费尔巴哈进行批判的理论根据。因为总的说来，费尔巴哈未能把对人的本质理解引向实践生活层面。

在《社会主义运动在德国》（1844年5月撰）与《最后的哲学家》（完成于1845年1月②）两文中，赫斯对费尔巴哈哲学进行了较为系统的批判，有"盖棺定论"之势。因而，它们标志着赫斯对费尔巴哈批判的完成。

赫斯对费尔巴哈哲学所作的批判的要点，内含在这样一段论述中："迄费尔巴哈为止的德国哲学的一般错误在于只在狭义上理解生命行为，即仅把它理解为思想，而不是也把它理解为自身的行动……这种一般的缺陷……也是主观唯心主义的缺陷。而它的特殊缺陷则在于，把只是作为类本质才属人的东西，即自主的或绝对自由的生活活动（这里是指自由的精神活动，自由的思维行为），归于作为单个个体的人。"③

---

① Moses Hess, Phliosophische und sozialistische Schriften, 1837 – 1850, Herg. v. A. Cornu und W. Moenke, Berlin, 2Aufl., 1980, S. 283.
② Moses Hess, Briefwechsel, herg. v. E. Silberner, Mouton & co, 1959, S. 105.
③ Moses Hess, Phliosophische und sozialistische Schriften, 1837 – 1850, Herg. v. A. Cornu und W. Moenke, Berlin, 2Aufl., 1980, S. 287.

这里，牵涉两个方面的问题。

首先，涉及的是费尔巴哈对人的生活活动即人的本质规定的狭隘理解。

赫斯认为，费尔巴哈虽然清楚地看到，对人类来说最高本质不是个体的人，而是个体的协作，但他即使不是仅仅在思想中却也基本上是在思想中寻找人的本质①。他不是把人的本质理解为人的根本性的协作，广义上的生活活动，而仅是理解为思维活动②。而这，正是费尔巴哈未能达到其人本主义的实践结论、未能揭示出人的实践生活的外化或人的实践外化形式的认识论根源③。所以，在赫斯看来，费尔巴哈并没有真正解决人的本质问题。他仅仅把上帝本质归结为人的超验的本质，把上帝的本质的真正学说归结为人的本质的真正学说，即把神学归结为人类学，而未能把人的本质归结为社会本质，归结为个体的根本性协作，把人的真正学说归结为社会学说，把人类学归结为社会主义。因此，赫斯提出了"人类学是社会主义"这一命题，来同费尔巴哈的"神学是人类学"相对立："费尔巴哈说……神学是人类学——这是对的，但不是全部真理。必须补充说……人类学是社会主义。"④

总之，在赫斯看来，究其实质，费尔巴哈的这一一般缺陷同青年黑格尔派是同一的，即他们同社会主义分离的原因或鸿沟，仅仅在于"原则与存在、观念与行动"的"无法解决的矛盾"⑤。因而，如果人们要对费尔巴哈哲学同社会主义的关系进行评判，那么，则应这样判

---

① Moses Hess, Philiosophische und sozialistische Schriften, 1837 – 1850, Herg. v. A. Cornu und W. Moenke, Berlin, 2Aufl., 1980, S. 294.

② Moses Hess, Philiosophische und sozialistische Schriften, 1837 – 1850, Herg. v. A. Cornu und W. Moenke, Berlin, 2Aufl., 1980, S. 295.

③ Moses Hess, Philiosophische und sozialistische Schriften, 1837 – 1850, Herg. v. A. Cornu und W. Moenke, Berlin, 2Aufl., 1980, S. 293 – 294.

④ Moses Hess, Philiosophische und sozialistische Schriften, 1837 – 1850, Herg. v. A. Cornu und W. Moenke, Berlin, 2Aufl., 1980, S. 293.

⑤ Moses Hess, Philiosophische und sozialistische Schriften, 1837 – 1850, Herg. v. A. Cornu und W. Moenke, Berlin, 2Aufl., 1980, S. 291.

定，即这种关系实质是"理论的人道主义对实践的人道主义的关系"①。

其次，赫斯的批判涉及费尔巴哈对类与个体关系的理解，即费尔巴哈把类本质归属于单个个体的错误。

对于费尔巴哈把类本质归属于单个个体、看作单个人所固有的东西，赫斯没有专门详尽展开批判。但是，在《最后的哲学家们》一文中，赫斯较为详尽地批判了施蒂纳把单个人（"唯一者"）直接等同于类的观点。赫斯对施蒂纳的这一批判对费尔巴哈也是适用的。因为无论是把类归属于单独的个体，还是把单独的个体等同于类，都是仅在意识范围内扬弃个体与类对立的尝试，都没有超出思想、观念的领域。而在赫斯看来，在理论上扬弃单个人与类的分裂的一切尝试之所以失败，正是因为，即便单个人了解世界与人类、自然与历史，但只要人的个体化没有在实践上被扬弃，那么，在现实上存在和保存的就只能是个体化的人②。换言之，个体与类对立的扬弃，是实践问题，而非理论问题："在实践上，人的分裂只能通过社会主义才能被扬弃，即通过人联合起来，在共同体中生活与工作，以及废除私有财产。"③

总之，在赫斯看来，费尔巴哈哲学的这一特殊缺陷与其一般缺陷一样，证明费尔巴哈未能摆脱和超越"原则与存在、观念与行动"即理论与实践的矛盾，这种矛盾对费尔巴哈来说是"无法解决的"。

赫斯对费尔巴哈哲学这一"特殊缺陷"的批判，同马克思在《关于费尔巴哈的提纲》以及卢卡奇在《社会存在本体论》"导论"中对费尔巴哈的批判相吻合④。

---

① Moses Hess, Philiosophische und sozialistische Schriften, 1837 – 1850, Herg. v. A. Cornu und W. Moenke, Berlin, 2Aufl., 1980, S. 295.
② Moses Hess, Philiosophische und sozialistische Schriften, 1837 – 1850, Herg. v. A. Cornu und W. Moenke, Berlin, 2Aufl., 1980, S. 381.
③ Moses Hess, Philiosophische und sozialistische Schriften, 1837 – 1850, Herg. v. A. Cornu und W. Moenke, Berlin, 2Aufl., 1980, S. 381, 382.
④ 参阅《马克思恩格斯全集》第3卷，人民出版社1960年版，第5页；[匈]卢卡奇《社会存在本体论导论》，沈耕等译，华夏出版社1989年版，第35、78—79页。

在《最后的哲学家们》一文中，赫斯转换了一下问题的角度，把费尔巴哈视为鲍威尔（代表国家原则）与施蒂纳（代表市民社会原则）的合题，即国家与市民社会矛盾的代表，在揭露其思想的内在矛盾的基础上，对其历史地位进行了评价。他指出，"费尔巴哈的未来哲学无非是今日的哲学"，它只不过对德国现存来说才是未来、才是理想的东西。因为《未来哲学原理》所表述的不过是在英国、法国和北美等国家今天已成为现实的东西，即所谓现代国家及其市民社会①。

在1845年1月17日致马克思的信中，赫斯向马克思介绍了自己的这一见解，说他在《最后的哲学家们》一文中，把费尔巴哈的"未来哲学""视为今天的哲学（但是是一种在德国看起来还是未来的今天的哲学），并借此宣布了宗教和哲学过程的终结"②。这是赫斯对费尔巴哈哲学历史地位的最终评判。四十年后，恩格斯在《费尔巴哈与德国古典哲学的终结》一文中表达了同样见解。

通过《最后的哲学家们》一文，赫斯对费尔巴哈哲学进行了"最后的"清算。这一清算在某种意义上实际上也是赫斯对自己1840年以前信仰的清算，因为那时他对人类"圣史"的理解也是局限在思想、观念领域中的，即理解为自由的精神活动的历史。但这种清算只是一种扬弃，因此也内含批判与非批判的双重性。

这里值得特别提出的是他对费尔巴哈绝对排斥黑格尔中介概念的态度的肯定。卢卡奇在《赫斯与唯心主义辩证法问题》一书中正确地把它视为赫斯思想中的伦理主义倾向或他的"真正的"社会主义学说的思想理论根源，尽管卢卡奇在该书中囿于辩证法这一单一视角，未能充分揭示和客观评价赫斯对马克思的思想影响③。此外，虽然赫斯

---

① Moses Hess, Philiosophische und sozialistische Schriften, 1837 – 1850, Herg. v. A. Cornu und W. Moenke, Berlin, 2Aufl., 1980, S. 384.
② Moses Hess, Briefwechsel, herg. v. E. Silberner, Mouton & co, 1959, S. 105.
③ 对此需作专门论述。请参阅 G. Lukács, Moses Hess und die Probleme in der idealistischen Dialektik, Leipzig, 1926。

对费尔巴哈的"爱的宗教"几乎绝口不提,但在他那里这种"爱的宗教"早已与斯宾诺莎主义融为一体。费尔巴哈针对基督教的利己主义,把爱确定为实践生活中的至高原则①,而赫斯则把爱提升为社会主义的利他原则②,等同于人的类本质,即把分离的个体联结起来并形成有组织活动的力量的协作、交往与交换③,从而,把"爱的宗教"变成"社会主义"的同义语④。他甚至把爱宣布为"能产生全部造物和宇宙的力量",即宇宙的主宰与世俗的上帝,相信它能创造社会主义的奇迹⑤。由此,在由"宗教社会主义"(1837年前后)到达"哲学社会主义"(1842—1843年)之后,赫斯又走向了"真正的"社会主义,经过否定之否定,重新回到了他以前早已提出的"立法者",即"知性之爱"⑥。

可见,赫斯对费尔巴哈的批判过程,同时也就是他的"真正的"社会主义形成的过程。他对费尔巴哈哲学批判的完成,同时也就是他的"真正的"社会主义学说创立的伊始。

如此说来,一方面,赫斯超越了费尔巴哈——他把费尔巴哈的异化学说运用到社会生活中,运用于经济学的分析,把它引向了社会主义,从而成为青年马克思的思想先驱,费尔巴哈与马克思的思想中介;但另一方面,他又未能超越费尔巴哈——他仍站在费尔巴哈的伦理学和爱的宗教观的基地上,没有达到人的存在的本体论与社会存在的本体论的真正融合

---

① 《费尔巴哈哲学著作选集》下卷,荣震华、李金山译,商务印书馆1984年版,第315页。
② Moses Hess, Philiosophische und sozialistische Schriften, 1837–1850, Herg. v. A. Cornu und W. Moenke, Berlin, 2 Aufl., 1980, S. 386.
③ Moses Hess, Philiosophische und sozialistische Schriften, 1837–1850, Herg. v. A. Cornu und W. Moenke, Berlin, 2 Aufl., 1980, S. 314.
④ Moses Hess, Philiosophische und sozialistische Schriften, 1837–1850, Herg. v. A. Cornu und W. Moenke, Berlin, 2 Aufl., 1980, S. 366.
⑤ Moses Hess, Philiosophische und sozialistische Schriften, 1837–1850, Herg. v. A. Cornu und W. Moenke, Berlin, 2 Aufl., 1980, S. 367–368.
⑥ Moses Hess, Philiosophische und sozialistische Schriften, 1837–1850, Herg. v. A. Cornu und W. Moenke, Berlin, 2 Aufl., 1980, S. 154.

与科学统一。这正是费尔巴哈对其双重影响（正面与负面）的体现。

二 赫斯的异化说与《1844年经济学哲学手稿》

赫斯的异化学说集中体现在他的《金钱的本质》一文中，该文是揭示和了解赫斯与马克思的异化理论之间的联系的关键。

（一）对有关研究文献的概观

《金钱的本质》是否曾对马克思思想的发展产生过影响，研究者们持有截然不同的意见。

以色列学者埃·西尔伯纳尔（E. Silberner）对此是肯定的。他在赫斯的长篇传记中指出，由于赫斯把《金钱的本质》一文的手稿送交了《德法年鉴》编辑部，因而它肯定为马克思所熟悉。马克思在《德法年鉴》上发表的论文《论犹太人问题》表明了同《金钱的本质》一文的惊人类似。马克思关于金钱的本质的思想同赫斯的观点相比，只是在表述形式上有所不同。所以，"马克思明显受到了赫斯的启示"[1]。英国学者戴·麦克莱伦比西尔伯纳尔的态度更为肯定。他认为，从赫斯对马克思的影响角度来看，《金钱的本质》是赫斯"最重要的一篇作品"[2]，"马克思在写自己的文章以前谅必读过赫斯的大部分文章"，并"估计赫斯的论文不会发表因而作了大量抄录"[3]。他在人权、金钱和基督教等问题上概述了二者观点的一致性，进行了原文比较。认为，"毫无疑义，马克思在他的思想发展上开始把经济领

---

[1] E. Silberner, Moses Hess: Geschichte seines Lebens, Leiden, 1966, S. 191–192.
[2] ［英］戴维·麦克莱伦:《青年黑格尔派与马克思》，夏威仪等译，陈启伟校，商务印书馆1982年版，第162—163页。
[3] ［英］戴维·麦克莱伦:《青年黑格尔派与马克思》，夏威仪等译，陈启伟校，商务印书馆1982年版，第163—164页。

域作为直接对象的这个转变关头,从赫斯那里吸取了所有重要的论点"。所以,"在 1844 年初,赫斯是开路先锋"[①]。波兰学者兹·罗森对上述两位学者的意见是赞同的。他在有关赫斯和马克思关系的小册子和专著中,对此进行了系统的阐述和发挥,得出了如下结论:"赫斯和马克思文章的比较性分析表明,马克思的观点是以赫斯的完整思想系列为依据的。""赫斯的论文《金钱的本质》对马克思的理论发展有特殊意义。"[②]

除了涉及文章内容方面以外,西尔伯纳尔和麦克莱伦的见解都以此为前提:马克思在发表《论犹太人问题》之前,获得和了解了赫斯《金钱的本质》一文的手稿。此外,麦克莱伦还提及了赫斯在 1846 年撰写的《多托勒·格拉齐安诺或阿诺尔德·卢格博士在巴黎》一文中的一段话,以此作为《金钱的本质》影响和促使马克思转入经济异化研究的证据。在这段话中,赫斯除了提到他在一年半前将《金钱的本质》一文的大部分手稿送交了《德法年鉴》编辑部,还谈道:"顺便提及的是,作家们,例如卡尔·马克思,很早就用完全不同于格拉齐安诺的口径承认了给我们的《金钱的本质》论文奠定了基础的思想,而且,最新发表的关于金钱的本质的最好文章吸收了由我们提出的这一观点,即实践世界中的金钱就是理论世界中的上帝,那个'在天主教中'化身为硬币而'在新教中'又升华为纸币的社会'价值'观念。换句话说,金钱不外是非组织化的、因而脱离我们自己理性的意

---

① [英]戴维·麦克莱伦:《青年黑格尔派与马克思》,夏威仪等译,陈启伟校,商务印书馆 1982 年版,第 167 页。

② Z. Rosen, Der Einfluss von Moses Hess auf die Fruehschnften von Karl Marx, in: Jahrbuch des Institut fuer deutbche Geschichte, Bd. 8, 1979, S. 153, 173; Moses Hess und Karl Marx, Hamburg, 1983, S. 158. 罗森在更为广泛的范围内研究了赫斯的著作,特别是《金钱的本质》一文对马克思的影响,其中不仅涉猎马克思的《论犹太人问题》,还涉猎马克思的《〈黑格尔法哲学批判〉导言》《1844 年经济学哲学手稿》和《神圣家族》等其他著作。但是,他没有对西尔伯纳尔和麦克莱伦的论证提出异议。

志并因此统治我们的人类社会现代生产方式的幻影。"①

同西尔伯纳尔和麦克莱伦的观点相对立，民主德国学者沃·门克（W. Monke）提出了完全相反的意见。门克考证和研究的结果是："反复出现的有代表性的假设，即赫斯激励了马克思的经济学研究并且短时间内也给马克思指明了理论方向（根据应用于金钱的外化思想），明显是错误的。"实际上，"赫斯就金钱的本质写的，在基本框架上是从马克思那里接受过来的，甚至常常是马克思在《论犹太人问题》中的表述的改写。"②赫斯有关"以费尔巴哈人本学哲学为基础的社会主义论证和作为人的本质外化结果的金钱的特征化"的观点，"无疑是以马克思《德法年鉴》的文章为依据的"③。因此，不是赫斯通过《金钱的本质》论文推动马克思用经济学研究为自己的观点奠定基础，更不是马克思在把经济领域作为直接研究对象的转变关头从赫斯那里吸取甚至抄录了某些或大量论点，而是"马克思促进了赫斯的政治经济学研究"④。

---

① 赫斯这篇文章后被 J. P. 迈尔（J. P. Mayer）1831 年发表在《社会》，见 Die Gesellschaft, Internationale Revue fuer Sozialismus und Politik, Bd. 1, S. 174–180。但是，与赫斯手稿比较，在发表的文章中没有出现卡尔·马克思的名字。麦克莱伦大概没有注意到这一差别，他的引文是不完全的，参阅[英]戴维·麦克莱伦《青年黑格尔派与马克思》，夏威仪等译，陈启伟校，商务印书馆 1982 年版，第 163 页。顺便指出的是，在法国学者奥·科尔纽（A. Cornu）的《马克思恩格斯传》中，这段引文也是不完整的，见该书第 1 卷，刘磊等译，生活·读书·新知三联书店 1963 年版，第 624 页。

② Neue Quellen Zur Hess-Forschung, Herg. v. W. Monke, Berlin, 1964, S. 20.

③ Moses Hess, Philiosophische und sozialistische Schriften, 1837–1850, Herg. v. A. Cornu und W. Moenke, Berlin, 2Aufl., 1980, S. 70.

④ Moses Hess, Philiosophische und sozialistische Schriften, 1837–1850, Herg. v. A. Cornu und W. Moenke, Berlin, 2Aufl., 1980, S. 169. 494, Anmerkung114a. 顺便指出，西尔伯纳尔等人指摘门克的观点曾发生过一百八十度大转弯（参阅 Silbener, Moses Hess, Geschichte seines Lebens, Leiden, 1966, S. 192），因为在 1961 年出版的第一版 Moses Hess, philiosophische und sozialistische Schriften 的"导言"中，门克曾和科尔纽一起承认过《金钱的本质》一文对马克思的影响（参阅该书"导言"："在马克思那里，深入到社会秩序的本质是在恩格斯的影响下发生的，短时间也是在赫斯的影响下发生的，赫斯促使马克思把异化理论也运用到资本主义社会政治和经济关系的分析上。"）。然而，如果西尔伯纳尔读到了门克的博士论文，他就会发现，1961 年版该书"导言"代表的观点，毋宁说是门克的老师科尔纽的观点。因为所谓门克后来主张的与此相反的观点，例如新版 M. Hess, philiosophische und sozialistische Schriften 的"导言"所表述的观点，事实上早在他的博士论文中就得到了表达，见 W. Moenke, Der "wahre" Sozialismus, Berlin（打字稿），S. 400, 402。门克的博士论文和他在 1964 年、1980 年文章中的观点是一致的。

门克提出的几个重要论据是：（1）在时间顺序上，马克思的《论犹太人问题》写作在前（1843年秋，最迟1843年9月），赫斯的《金钱的本质》写作在后（1844年初）；（2）卡尔·格律恩在1844年3月的文章中曾把对资本主义社会经济异化现象的揭示和阐明归于马克思："像发明了'行动的哲学'名字的科隆人（赫斯）一样，获得现代精神的最后深化和绝对真理的最后结论为一个'特里尔人'（马克思）保留着……这个特里尔人阐明，在那种意义上，即在自由的、从宗教中获得解放的道义意义上，包括自由的国家在内，并非一切都完成了：还有另一种被称为习俗的宗教，在现实的自由实现方面阻碍人们，这就是自私自利的宗教，对实践的上帝、金钱的金银上帝的崇拜。这种实践的宗教对现实的自由来说，和天国中的彼岸上帝是同一超验的本质；对金钱、占有者的依赖性，非占有者对占有者的关系，是一种新的宗教，这种宗教像人们迄今生产它一样，伴随国家的解放还绝对没有被否定。"① （3）马克思在《德意志意识形态》中肯定了通向唯物主义世界观的道路，即研究现实的物质前提，研究经济关系，是在马克思自己发表在《德法年鉴》上的文章中指出的："人们是怎样把这些幻想'塞进自己头脑'的？这个问题甚至为德国理论家开辟了通向唯物主义世界观的道路。这种世界观没有前提是绝对不行的，它根据经验去研究现实的物质前提，因而最先是真正批判的世界观。这一道路已在《德法年鉴》中，即在《〈黑格尔法哲学批判〉导言》和《论犹太人问题》这两篇文章中指出了。"② （4）赫斯在1844年7月28日致马克思的信中说："我完全同意你最近告知达尼尔斯（Daniels）的对共产主义作家著作的看法，开始共产主义奋斗以德国

---

① K. Gruen, Baustein, Darmstadt, 1844, S. XXⅦ. 顺便指出，G. 韦伯（Georg Weber）在1844年8月28日发表在《前进》（"Vorwarts!"）上的《金钱》一文中，也提出过与此类似的意见，参阅 J. Grandjonc, "Vorwarts!" 1844, Karl Marx und die deutsche Kommunisten in Paris, 1974, S. 193。
② 《马克思恩格斯全集》第3卷，人民出版社1960年版，第261页。

意识形态为出发点是这样必要,以历史和经济学为前提条件的论证是这样必要,以致否则人们既不能对付'社会主义者',也不能对付形形色色的敌手。现在,我也只是投身到经济学读物中,并且兴奋地期待你的著作的出版(《政治经济学批判》)。我将极其勤奋地学习它。"① 门克认为,这封信表明,马克思先于赫斯着手政治经济学的研究并在此方面促进了赫斯。②

现在,我们不妨先就双方的争论及其主要论据作一点考证和分析。首先涉及的一个关键问题,是确定《金钱的本质》和《论犹太人问题》撰写时间的先后顺序。赫斯的《金钱的本质》在《莱茵年鉴》上最终获得发表,是1845年夏末。③ 按照赫斯1846年的回忆,这篇文章由大部分完成到发表,拖延了一年半之久④。这样,我们有理由认定,《金钱的本质》大部分手稿的完成和送交《德法年鉴》编辑部是在1844年初⑤。马克思的《论犹太人问题》撰写于他的《〈黑格尔法哲学批判〉导言》(1843年底—1844年1月)之前,签署日期是1843年秋⑥。因此,从两篇著作的写作时间来看,是马克思的《论犹太人问题》在先,赫斯的《金钱的本质》在后。据此我们能够认为,马克思在写作《论犹太人问题》前不可能看到赫斯《金钱的本质》一文的手稿。

---

① Moses Hess, Briefwechsel, Herg. v. E. Silberner, Mouton & co, 1959, S. 165.

② 门克的系统论述参阅 M. Hess, Schriften, 1980, S. LXIX–LXXI;同时参阅 Neue quellen zur Hess-Forschung, S. 17–20。当然,门克并没有列项论证,为了叙述和分析上的方便,笔者将他的意见条理化了。

③ E. Silberner, Moses Hess, Geschichte seines Lebens, Leiden, 1966, S. 664.

④ Dottore Graziano oder Doktor Alnord Ruge in Paris, Koeln, 1846, 又载 J. P. Mayer, Die Gesellschaft, Band1, S. 174–180。文中说,"《金钱的本质》一文在《德法年鉴》创刊时,大部分提供给了《德法年鉴》编辑部",但"直到一年半以后才在皮特曼的《莱茵年鉴》上发表,因为格拉齐安诺的年鉴在创刊后不久就停刊了"。

⑤ 麦克莱伦推测是在"1843年末或1844年初",见其《青年黑格尔派与马克思》,夏威仪等译,陈启伟校,商务印书馆1982年版,第163页,但假设1843年末似缺乏根据。

⑥ 奥·科尔纽认为,《论犹太人问题》是在马克思刚刚完成《黑格尔法哲学批判》(1843年夏)之后立刻着手写的。参阅[法]奥古斯特·科尔纽《马克思恩格斯传》第1卷,刘磊等译,生活·读书·新知三联书店1963年版,第560页注58。

那么，在《论犹太人问题》付印前马克思能否见到赫斯手稿并借此改进自己的作品呢？答案似乎也是否定的。卢格在当时的信件中曾提到，《德法年鉴》"持续滞印，并且缺乏稿件"①。赫斯 1844 年 1 月写作的《来自巴黎的信》曾被同马克思的文章一起刊载在《德法年鉴》上，如果《金钱的本质》是同《来自巴黎的信》一同交到《德法年鉴》编辑部的，在缺乏稿件的情况下，它应该和《来自巴黎的信》一道被刊载出来。况且，卢格 1844 年 6 月 30 日致弗吕贝尔的信表明，直到 1844 年 6 月，赫斯的《金钱的本质》的手稿才刚刚从卢格手里转出去②。根据上述情况判断，实际情况很可能是这样：赫斯的手稿是在《德法年鉴》付印后至赫斯因经济困难所迫离开巴黎返回科隆（1844 年 5 月初）前这一期间交到《德法年鉴》编辑部的，赫斯期望它能在下一期的《德法年鉴》上被发表；但遗憾的是他离开巴黎后不久《德法年鉴》就被迫停刊了（1844 年 3 月）。

这样说来，门克关于在经济学转向方面不是赫斯影响、启迪了马克思而是相反这一看法似乎是可以成立的。因为既然《金钱的本质》写作于马克思的《论犹太人问题》之后，而且其发表距《德法年鉴》的出版又有一年半之久，我们完全有理由推测，马克思的论文给赫斯以某种启示和影响，从而有助于赫斯深化和最终完善自己的作品。然而，事情好像并非如此简单。因为仅根据《论犹太人问题》撰写于《金钱的本质》之前这一事实，还不足以确认在经济学研究方面赫斯没有对马克思产生影响，以及《金钱的本质》一文没有对马克思此后的思想产生影响。

---

① A. Ruge, Briefwechsel, Bd. 1, S. 341.
② 参阅卢格致弗吕贝尔的信（1844 年 6 月 30 日），E. Silberner, Moses Hess, Geschichte seines Lebens, Leiden, 1966, S. 184。

事实上，尽管赫斯在1844年5月才明确提出把费尔巴哈宗教批判方法运用到资本主义社会经济现象研究上来的要求①，但实际上早在《行动的哲学》（1843年7月发表）中，通过对青年黑格尔派的批判，赫斯就已开始尝试把费尔巴哈的宗教分析方法运用到社会实践领域中来了。在该文中，赫斯在详细地考察和批判了宗教和政治的二重化（Dualismus），即个别和一般在宗教和政治领域中的分离和对立（这实际上是对私有制条件下作为特殊的单个的个体同其普遍本质相异化的考察和批判）之后，对青年黑格尔派进行了批判。他指出，青年黑格尔派仍处在"反思的为我存在"中，即其意识仍没有超出神学这种异化意识的范围，它所反映和体现的不过是现存的异化的经济关系："在他们那里，社会生活还没有超出反思立场和为己存在阶段。在此阶段，活动的对象还表现为现实的它物，而主体为了获得他自身、他的生活以及他的活动的享受，就要抓住作为他的财产和同他分离的客体，因为他面临自我丧失的威胁……他的现实的财产相对他现在的行动来说总是丧失，因为他还没有能力在现实中把握自己；他只抓住表象，他的财产，他的活动和他的生命反映，好像这就是他的真正生命、他的真正财产和他自己的行动！这就是过去整个历史过程中人类遭受的厄运：不是把行动看作自己的目的，而是把享受视为始终同自己相脱离……"② 这里，赫斯实际上已接触和论及了劳动主体同自己的活动及其结果——产品相异化的问题。

---

① 参阅 Moses Hess. Philiosophische und sozialistische Schriften, 1837–1850, Herg. v. A. Cornu und W. Moenke, Berlin, 2Aufl., 1980, S. 293：" 事实上，为了达到蒲鲁东的实践结论，人们只需要把费尔巴哈的人本主义运用到社会生活上面。确切说，人们应该从费尔巴哈的观点出发，像对理论的上帝一样，对实践的上帝即金钱采取同样批判的态度——或者说，正像正确看待最完善的宗教即基督教的本质一样，正确地看待最完善的政治的本质、法国家的本质。"

② Moses Hess, Philiosophische und sozialistische Schriften, 1837–1850, Herg. v. A. Cornu und W. Moenke, Berlin, 2Aufl., 1980, S. 219–220.

在另一处，赫斯还指出，正是人们的劳动及其成果的异化，正是私有财产，导致贪欲和世界的颠倒："因为精神不是把他自身的劳动、制作或创造在思想上理解为他的自由的活动、自己的生命，而是理解为一种物质的它物，为了不在无限中丧失自己，为了实现他的为己存在，他不得不紧紧抓住它。但是，当不是创造中的行动，而是结果和创造物被理解为精神的为己存在——精神的幻影、表象和概念时，简言之，当他的异在被理解为他的为己存在并被双手牢牢抓住时，财产对于精神就不再是它应当成为的东西，即他的为己存在了。正是存在欲，即作为特定的个体性、被限制的自我和有限的本质继续存在的欲望，导致贪欲。它再度是一切规定性的否定，绝对的自我，抽象的共产主义，空洞的'自在之物'，批判主义和革命，以及导致存在和拥有的未获满足的愿望的结果。这样，助动词成了名词，所有的动词成了名词，运动的圆圈部分成了固定的圆心；世界就这样被倒置了！"① 可以认为，马克思转向经济分析和明确论及资本主义社会的经济异化，是始于《论犹太人问题》一文。在该文中，马克思在犹太人问题的解决上和通过对犹太人问题的解决，把宗教问题归结为世俗问题，把宗教异化或精神异化归结为"物的异化"或经济异化，即私有财产和金钱的统治，实现了费尔巴哈宗教批判方法在经济领域中的实际运用②。《行动的哲学》写于《论犹太人问题》之前。于是，我们看到，至少在文字上，赫斯先于马克思表达了对经济异化现象的关注和分析。因此，我们暂时至少能够肯定，即使像门克所确认的——《金钱的本质》写于《论犹太人问题》之后，即使赫斯没有通过《金钱的

---

① Moses Hess, Philiosophische und sozialistische Schriften, 1837 – 1850, Herg. v. A. Cornu und W. Moenke, Berlin, 2Aufl., 1980, S. 224 – 225.

② 参阅《马克思恩格斯全集》第1卷，人民出版社1956年版，第451页："物的异化就是人的自我异化的实践。一个受着宗教束缚的人，只有把他的本质转化为外来的幻想的本质，才能把这种本质客体化，同样，在利己主义的需要的统治下，人只有使自己的产品和活动处于外来本质的支配之下，使其具有外来本质——金钱——的作用，才能实际进行活动，实际创造出物品来。"

本质》对马克思的经济学研究产生影响，那么，我们也不能据此排除和否定赫斯通过《行动的哲学》对马克思的经济学研究产生某种影响。况且，如众所周知，马克思在《1844年经济学哲学手稿》"前言"中，明确对赫斯《行动的哲学》等文章对自己的影响作了肯定，承认赫斯是自己之前批判的研究"国民经济学"的作家①。从门克的论断中可以看出，他显然未能注意到《行动的哲学》所表达的经济异化思想及其意义。

站在和门克相反立场的麦克莱伦在这点上也犯了类似的错误。他假定，《金钱的本质》一文的"重要性在于它是企图把费尔巴哈关于宗教异化的思想应用于经济和社会生活方面的第一次尝试"②。这个论断明显是不符合事实的。他和门克一样，未能顾及《行动的哲学》一文中关于经济异化分析的论述。因而，他的关于在经济学研究方面"赫斯是开路先锋"的断言，就其论据来说也是错误的。因为他是以《金钱的本质》和《论犹太人问题》两文的对比为根据得出这一结论，而不是依据对《行动的哲学》的考察。而且，还需要指出的是，他把赫斯对马克思的影响过分夸大了，没有足够注意和充分肯定这一事实：马克思在撰写《论犹太人问题》以前，通过"政治—历史"问题的研究，通过《黑格尔法哲学批判》的写作，已认识到经济学研究和对资本主义社会进行经济学解剖的绝对必要性。因此，在政治经济学的转向问题上，赫斯对马克思的影响在很大程度上与其说是启迪作用，不如说是推动作用。至于《犹太人问题》和《金钱的本质》两文观点

---

① 参阅《马克思恩格斯全集》第42卷，人民出版社1979年版，第46页。
② [英] 戴维·麦克莱伦：《青年黑格尔派与马克思》，夏威仪等译，陈启伟校，商务印书馆1982年版，第164页。

上的惊人类似①，可以接受的似乎只能是这种假设，即马克思和赫斯在写作他们的文章前，曾广泛地就有关题目进行过讨论和交换过意见②。

前面我们还列举了门克提出的其他的一些论据。但这些论据似都缺乏足够的说服力，不足以确凿证明马克思先于赫斯揭示和阐明了经济异化现象并从而促进和影响了赫斯的政治经济学研究。例如，对他援引的卡尔·格律恩的《筑石》前言中的一段话，我们也有理由这样推测：格律恩是以马克思的《论犹太人问题》一文来进行判断和预言的，他这时可能根本还不知道赫斯《金钱的本质》的手稿，因为该手稿当时尚未发表。还有，尽管马克思曾在《德意志意识形态》中提及，是他自己在《德法年鉴》文章中指出了通向唯物主义世界观的道路。这和我们承认在此之前马克思曾受赫斯《行动的哲学》的某种启示或影响并不相悖。因为尽管我们能够肯定《行动的哲学》有合理思想，却还不能够说它已给人们指出了通向历史唯物主义的道路。最后，赫斯1846年7月28的信确实能够在一定程度上证明马克思在经济学研究上给了赫斯以促进，但它丝毫不能排斥和否定在此之前后者

---

① 《金钱的本质》和《论犹太人问题》两文观点上的一致和类似主要体现在对金钱的本质和异化、人权、犹太教和基督教、犹太民族的历史作用以及中世纪等级和同业公会等问题的看法上。关于金钱的本质的论述，参阅 Moses Hess, Philiosophische und sozialistische Schriften, 1837－1850, Herg. v. A. Cornu und W. Moenke, Berlin, 2 Aufl., 1980, S. 334、335、337、340；《马克思恩格斯全集》第1卷，人民出版社1956年版，第448页。关于人权的论述，参阅 Moses Hess, Schriften, S. 339；《马克思恩格斯全集》第1卷，第437—439页。关于犹太教、基督教和犹太民族历史作用的论述，参阅 Moses Hess, Schriften, S. 334－335；《马克思恩格斯全集》第1卷，第446、450、447—448页。关于中世纪的等级和同业公会，参阅 Moses Hess, Schriften, S. 343；《马克思恩格斯全集》第1卷，第441—442页。对此，西方学者已有过一些程度不同的分析和比较，本书就不赘述了。此外，还有其他观点上的类似和雷同未被指出过，如私有制对自然观的影响，参阅 Moses Hess, Schriften, S. 334；《马克思恩格斯全集》第1卷，第449页。

② 沃·门克曾首先提出类似意见和假设："《金钱的本质》是赫斯1844年在巴黎同马克思合作期间开始写的，可以假设的是，他同马克思谈论了这篇文章"，参阅 Neue Quellen Zur Hess-Forschung, herg. v. W. Monke, Berlin, 1964, S.19。然而，门克认为，在这一讨论中受到对方启迪的是赫斯而非马克思。

也曾给过前者以推动和影响。

相反，值得重视的是麦克莱伦（以及科尔纽）未能完整援引的赫斯1846年在《多托勒·格拉齐安诺或阿诺尔德·卢格博士在巴黎》中写下的关于马克思很早就以完全不同于卢格的口径承认了《金钱的本质》的基本思想的那段话。因为这段话能够表明，《金钱的本质》一文的核心观点和赖以建立的思想基石是赫斯通过自己的研究独立获得的。赫斯晚些时候曾在有关马克思《政治经济学批判》（写于1859年）的手稿中不无讥讽地写道："他（马克思——引者）说的有关劳动的'绝对外化'以及其他问题等等，来自对《金钱的本质》一文的回忆，这篇论文40年代上半年在达姆施塔特雷斯科出版的《德法年鉴》上发表，出自使人们在《莱茵报》上听到法国社会主义和共产主义微弱哲学色彩回声的同一作者。对于他的'拙作'，马克思似乎今天还感到愤怒。"① 根据赫斯的看法和意见，即使《金钱的本质》是在《论犹太人问题》以后撰写的，但它对马克思此后的著作产生了影响，则是无疑的。

在此方面，法国学者奥·科尔纽的观点是值得一提的。他既没有像麦克莱伦和西尔伯纳尔那样断然、近乎绝对地肯定赫斯对马克思的影响，也没有像门克那样断然、近乎绝对地否定赫斯对马克思的影响。他虽然也肯定了《金钱的本质》一文对马克思的影响，却说得较为慎重和留有余地。他在他的处女作的"导言"中确认，赫斯先于马克思提出"费尔巴哈—社会主义"的同义命题，使马克思接近了把费尔巴哈学说进一步发展为共产主义。马克思受《金钱的本质》的激励，"建立了他的历史唯物主义和科学共产主义学说"②。在《马克思恩格斯传》中，科尔纽又指出："赫斯的文章尽管有它的缺点，却对

---

① 《关于马克思〈政治经济学批判〉的手稿》（1859年），参阅 E. Silberner, Moses Hess, Geschichte seines, Leiden, 1966, S. 558。

② 参阅 Cornu, A. Moses Hess et la gauche hégélienne, Paris, 1934。

马克思发生了重大影响。这篇文章以及恩格斯的经济方面的文章促使马克思也从经济方面来论证自己在不久之前所获得的共产主义理论。在这种影响之下,马克思现在不仅是从社会政治的观点,而且也从社会经济的观点来研究异化的问题了。赫斯的论文《论金钱的本质》曾促使马克思阐明金钱的作用,并且更加全面地论证了他对于《论犹太人问题》一文中业已接触到的那些问题的观点。"① 但遗憾的是科尔纽在此方面却没有给我们提供更多的论证,也没有具体进行分析。他只是在阐释马克思的《1844 年经济学哲学手稿》(以下简称《手稿》)时谈到,除了从马克思的《论犹太人问题》中可以看到与《金钱的本质》类似的思想,《金钱的本质》一文"也可能"对马克思的《手稿》"发生了某种影响"②。事实上,《金钱的本质》一文手稿对马克思产生影响是无疑的,这恰恰主要体现在马克思于《论犹太人问题》以后撰写的《詹姆斯·穆勒〈政治经济学原理〉一书摘要》,特别是《1844 年经济学哲学手稿》中。

(二) 对赫斯与马克思异化学说的比较

如果说赫斯的《金钱的本质》是他的《行动的哲学》一文中经济异化思想的继续和完成,那么,在马克思那里,《论犹太人问题》中的关于"物的异化"的实质和必然性的论断则在《手稿》中得到了充分的系统的展开和发挥。

《手稿》是马克思由政治、历史领域转入经济领域后首次系统地进行政治经济学研究所获得的最重要的成果。它是马克思在《德法年鉴》停刊后立即着手撰写的。它的内容无疑远比赫斯《金钱的本质》

---

① [法] 奥古斯特·科尔纽:《马克思恩格斯传》第 1 卷,刘磊等译,生活·读书·新知三联书店 1963 年版,第 629—630 页。
② [法] 奥古斯特·科尔纽:《马克思恩格斯传》第 2 卷,刘磊等译,生活·读书·新知三联书店 1963 年版,第 139 页。

丰富，但其核心部分和思想主题却和《金钱的本质》同一，即以资本主义社会中的经济异化作为分析和考察的对象。因此，有理由认为，赫斯《金钱的本质》手稿对马克思《手稿》的写作首先在主题的确定方面产生了某种影响——它强化了马克思把费尔巴哈的宗教批判方法彻底地运用于资本主义社会经济分析的愿望，促使马克思更为深入地探讨自己在《论犹太人问题》中已经论及，但为赫斯在《金钱的本质》中系统展开的课题。①

将《手稿》和《金钱的本质》这两篇文章加以对照是有趣的。它们都以哲学、政治经济学和共产主义理论彼此交织、融为一体的方式考察和分析了人的本质的异化和资本主义私有制。需要指出的是，在马克思和赫斯那里，人的本质的问题和所有制问题是统一的，它们毋宁被视为同一问题的不同方面：人的本质是就活动的主体而言，它和主体的活动同一，为主体的活动所规定；私有制则是就主体活动的结果而言，它是主体活动的凝结、物化和集中表现。因而，我们看到，无论在赫斯那里还是在马克思那里，对人的本质及其历史发展的描述，对人的物质实践活动的阐释，以及对现实在经济关系及其运动的分析或对资本主义私有制的批判，是紧密联系、合而为一的。

下面，我们分析一下两位作者在一些主要问题理解和论述上的异同。

1. 人的本质、社会性

在《金钱的本质》中，赫斯以人的社会性质的理解为基础来规定人的本质。他从"生命是生产性的生活活动的交换"这一命题出发，指出单个的人同整个社会生活活动领域、同整个社会机体是密不可分的，以致人的活动和社会性这样明显地得到了体现："他们的现实生

---

① 这里不容忽视的是，与赫斯《金钱的本质》一起对马克思的"政治经济学转向"产生重要影响的，还有恩格斯的《国民经济学批判大纲》（1844 年初）以及威·舒尔茨的《生产的运动》（1843 年）等文。对此，需另行专文考察。

命只存在于他们生产性生活活动的交换中，只存在于相互作用中，只与整个社会机体相联系。"① 因而，他把"个体的生活活动的交换、交往力量的相互激发和协作"② 看作人类的活动和现实本质，即"不仅是他们理论的本质，他们现实生活的自我意识，而且是他们实践的本质，他们现实的生活活动"。③

赫斯对人的本质的这种理解，蕴含着对费尔巴哈的某种批判和超越。这在赫斯稍后发表的论文中得到了明显的体现——在《社会主义运动在德国》一文中，他把批判的锋芒直接对准了费尔巴哈，以"人类学是社会主义"这一命题同费尔巴哈的"神学是人类学"相对立："费尔巴哈说上帝的本质是人的超验的本质，上帝的本质的真正学说是人的本质的真正学说：神学是人类学。——这是正确的——但这还不是全部真理。必须补充说，人的本质是社会的本质，是不同的个体为一个和这同一的目标、为完全同一的利益的协作；人的真正学说，真正的人道主义，是人的社会学说，这也就是说人类学是社会主义。"④

赫斯还认为，作为人的本质的个体的生活活动的交换、交往或协作，由于是人的现实的、实践的和理论的社会生活活动，因而具有"自由的"特点。因为"除了自由的活动外不存在其他的活动"，不是出于自身的、因而自由作用的东西，绝不是、至少不是人的行动⑤。

在发表在《二十一印张》上的文章中，赫斯曾把人借以同动物区

---

① Moses Hess, Philiosophische und sozialistische Schriften, 1837 – 1850, Herg. v. A. Cornu und W. Moenke, Berlin, 2Aufl., 1980, S. 330.
② Moses Hess, Philiosophische und sozialistische Schriften, 1837 – 1850, Herg. v. A. Cornu und W. Moenke, Berlin, 2Aufl., 1980, S. 330.
③ Moses Hess, Philiosophische und sozialistische Schriften, 1837 – 1850, Herg. v. A. Cornu und W. Moenke, Berlin, 2Aufl., 1980, S. 331.
④ Moses Hess, Philiosophische und sozialistische Schriften, 1837 – 1850, Herg. v. A. Cornu und W. Moenke, Berlin, 2Aufl., 1980, S. 293.
⑤ Moses Hess, Philiosophische und sozialistische Schriften, 1837 – 1850, Herg. v. A. Cornu und W. Moenke, Berlin, 2Aufl., 1980, S. 331.

别的本质定义为人的"自由的、独立于那种外部强制的活动"①，并把这种自由的活动理解为"劳动"（Arbeit）、"制作"（Ausarbeit）和"创造"（Hinausarbeit）②。与这种理解相比，赫斯在《金钱的本质》中对人的本质的说明，显然更强调劳动的社会性方面。

  马克思对人的社会性和人的本质的理解在基本点上和赫斯是一致的。他在《詹姆斯·穆勒〈政治经济学原理〉一书摘要》（以下简称《摘要》）中已指出，"不论是生产本身中人的活动的交换，还是人的产品的交换，其意义都相当于类活动和类精神——它们的真实的、有意识的、真正的存在是社会的活动和社会的享受"，而"人的本质是人的真正的社会联系"。③ 在《手稿》中，在分析私有财产的运动时，马克思又进一步指出："社会性质是整个运动的一般性质；正像社会本身生产作为人的人一样，人也生产社会。活动和享受，无论就其内容或就其存在方式来说，都是社会的，是社会的活动和社会的享受。"④ 甚至当人从事只是很少同他人直接交往的科学之类的活动时，情况也是如此。因此，"个人是社会存在物"，"他的生命表现，即使不采取共同的、同其他人一起完成的生命表现这种直接形式，也是社会生活的表现和确证。"⑤

  基于对人的社会性的这种深刻理解和阐发，马克思得出了和赫斯"人类学是社会主义"的命题类似的结论：共产主义是"向社会的（即人的）人的复归"，它"作为完成了的自然主义，等于人道主义"，作为私有财产的扬弃，就是"实践的人道主义"或"以扬弃私

---

① Moses Hess, Philiosophische und sozialistische Schriften, 1837–1850, Herg. v. A. Cornu und W. Moenke, Berlin, 2Aufl., 1980, S. 228.
② Moses Hess, Philiosophische und sozialistische Schriften, 1837–1850, Herg. v. A. Cornu und W. Moenke, Berlin, 2Aufl., 1980, S. 225.
③ 《马克思恩格斯全集》第42卷，人民出版社1979年版，第24页。
④ 《马克思恩格斯全集》第42卷，人民出版社1979年版，第121—122页。
⑤ 《马克思恩格斯全集》第42卷，人民出版社1979年版，第122—123页。

有财产作为自己的中介的人道主义"①。

马克思不仅充分论述了人的社会性，肯定交换是社会的、类的行为，是社会的联系，而且，也在人的本质的理解上表达了和赫斯完全一致的意见。他像赫斯一样认为，人同动物的生命活动的本质区别，恰恰在于人的类特性是"自由的自觉的活动"，而这种自由的自觉的活动就是作为人的"生命活动"和"生产生活"的"劳动"②。因而，马克思也把劳动作为人的类本质和类特性的规定。

和赫斯不同的是，马克思并没有仅限于突出和强调作为人的本质规定的劳动的社会性，而是根据资产阶级政治经济学家提供和描述的资本主义社会经济异化的事实，借助于政治经济学的经验分析和考察，抓住异化劳动这一中心范畴，对劳动在人和社会历史发展中的意义进行了全面探讨。这使马克思获得如下一些重要结论：劳动是人和动物相区别的本质属性，和动物相比，这种生产的特点是全面的、不受直接的肉体需要支配的、再生产整个自然界的和按照美的规律塑造的③；劳动是人类自我认识的中介和手段，通过劳动"人不仅像在意识中那样理智地复现自己，而且能动地、现实地复现自己，从而在他所创造的世界中直观自身"④；劳动是人、社会和自然统一的基础：劳动一方面使人成为"类存在物"或"人的自然存在物"，另一方面使自然成为人的"作品"和"现实"，成为"人化"或"人类学的自然界"⑤；劳动是宗教、家庭、国家、法、道德、科学和艺术等社会诸现象的本质，后者都是前者的"一些特殊的方式"，并且受前者普遍规律的支配⑥；人类历史就是劳动史，"整个所谓世界历史不外是

---

① 《马克思恩格斯全集》第 42 卷，人民出版社 1979 年版，第 120、174 页。
② 《马克思恩格斯全集》第 42 卷，人民出版社 1979 年版，第 96 页。
③ 《马克思恩格斯全集》第 42 卷，人民出版社 1979 年版，第 96—97 页。
④ 《马克思恩格斯全集》第 42 卷，人民出版社 1979 年版，第 97 页。
⑤ 《马克思恩格斯全集》第 42 卷，人民出版社 1979 年版，第 96、169、128 页。
⑥ 《马克思恩格斯全集》第 42 卷，人民出版社 1979 年版，第 121 页。

人通过人的劳动而诞生的过程"①；等等。从这些结论中可以看出，马克思通过异化劳动范畴的考察，已全面地揭示了劳动或物质生产在人们社会生活和历史发展中的地位和作用，并借此奠定了自己的唯物主义历史观大厦的基石。这无疑是对赫斯有关人的本质和劳动问题的理解的根本推进。

此外，马克思还通过经济学的考察，在交换问题上，把问题的认识彻底推进了。在《摘要》中，马克思已把交换归结为两个私有者双方"私有财产的相互外化"，并追溯到这种交换关系的前提，即"劳动成为直接谋生的劳动"，从而把交换关系归结为财产关系，把财产关系归结为异化劳动②。在《手稿》中，马克思通过劳动异化和私有制的相互关系的论述，把这一思想彻底化和明确化了③。

似乎正因为上述原因，形成了马克思和赫斯在人的本质规定表述形式上的细微差别：两者虽然都把劳动理解为人的本质，但与赫斯强调作为劳动中人与人之间关系的"交换""协作"和"交往"不同，马克思更强调的是劳动一般。但是，赫斯的规定显然也有其特殊意义。赫斯提出的生活活动的交换、协作和交往概念，在马克思晚些时候与恩格斯一同撰写的《德意志意识形态》中获得了充分的展开。在那里，马克思把"交往""交往关系"作为"生产关系"的同义语，换言之，作为生产关系概念的另一种表述④。《德意志意识形态》中关于交往与生产力关系的论述，不禁令人自然想到赫斯在《金钱的本

---

① 《马克思恩格斯全集》第42卷，人民出版社1979年版，第131页。
② 《马克思恩格斯全集》第42卷，人民出版社1979年版，参阅第25—28页。
③ 《马克思恩格斯全集》第42卷，人民出版社1979年版，第100页。
④ 通常的见解是，"生产关系"概念是马克思在《神圣家族》中第一次提出的。其实"生产关系"一词在《德意志意识形态》中已经出现了，只是马克思并未把它作为主要概念运用。参阅《马克思恩格斯全集》第3卷，人民出版社1960年版，第462页："在货币权力的支配下，在普遍的交换手段独立化并成为一种对社会或个人来说的独立力量的情况下，生产和交往的各种关系的独立现象表现得最明显了。"这里的"生产和交往的各种关系"原文为 Produktions und Verkehrsverhaeltnisse，宜译为"诸生产关系和交往关系"。

质》中表达的这一思想:"人的交往是人道的工场,在这个工场中单个人实现他的生存和能力。他们的交往越强大,他们的生产力也就越强大,而且只要交往受到限制,他们的生产力也就受到限制。"①

2. 人的本质的异化

(1) 异化客体(金钱)

赫斯认为,人的本质有其自身的发展史,它首先是作为人的本质的自我破坏出现的。而在资本主义社会中,人的本质的这种自我破坏达到了顶点②。在赫斯看来,在资本主义社会中,人的本质的异化主要表现在人类生命和自然生命发生了根本的颠倒,"个体被提升为目的,类被贬低为手段"③。人的本质,即人的外化能力、他的被出卖的活动,如同在理论上、在基督教的天国中异化为上帝一样,在实践中异化为金钱:"金钱是彼此异化的人、外化的人的产物。"④也就是说,资本主义社会的人的异化在金钱上达到了最高、最集中的表现。

由于金钱和上帝都是人的本质、能力的异化、外化物,都是同一本质的不同显现,在《金钱的本质》中,赫斯注意揭示和阐述了两者之间的关系和同一性。他指出,"上帝对于理论生活的意义,就是金钱对于颠倒世界的实践生活的意义"⑤。金钱是"现实化的基督教的本质",而"上帝只是理想化的资本"⑥。基于这种理解,他在文章中

---

① Moses Hess, Philiosophische und sozialistische Schriften, 1837–1850, Herg. v. A. Cornu und W. Moenke, Berlin, 2Aufl., 1980, S. 330–331.
② Moses Hess, Philiosophische und sozialistische Schriften, 1837–1850, Herg. v. A. Cornu und W. Moenke, Berlin, 2Aufl., 1980, S. 332–333.
③ Moses Hess, Philiosophische und sozialistische Schriften, 1837–1850, Herg. v. A. Cornu und W. Moenke, Berlin, 2Aufl., 1980, S. 334.
④ Moses Hess, Philiosophische und sozialistische Schriften, 1837–1850, Herg. v. A. Cornu und W. Moenke, Berlin, 2Aufl., 1980, S. 334.
⑤ Moses Hess, Philiosophische und sozialistische Schriften, 1837–1850, Herg. v. A. Cornu und W. Moenke, Berlin, 2Aufl., 1980, S. 334–335.
⑥ Moses Hess, Philiosophische und sozialistische Schriften, 1837–1850, Herg. v. A. Cornu und W. Moenke, Berlin, 2Aufl., 1980, S. 337.

处处把小商贩的金钱和基督教的上帝、把现实的经济的异化和宗教的观念的异化结合起来进行抨击、批判。

按照赫斯的理解，金钱或"金银上帝"的统治在资本主义社会中达到了它的极端。它获得了如此彻底的表现，以致它本身就是"人的价值"及其尺度："如果这种外化的珍宝在现实上与内在相符合，那么每个人的价值恰好就是他所拥有的现金或占有的金钱的价值。""在我们现代小商贩世界的实践中，实际上人只是按照他的钱袋被估价的。"① 此外，金钱也是"一般本质或国家本质"，立法者作为国家的代表，从金钱那里获得无上权力②。金钱还是颠倒一切的力量，在它的统治下，世界一切都发生了根本倒置："欺骗是准则，而诚实是违规；卑劣获得了一切尊贵，而高尚的人却蒙受不幸和耻辱；伪善弹冠相庆，而真理却成为邪恶；优柔寡断被多数人选择，而果断却被少数人确定；最后，最自由的理智是最具破坏性的理智，而狭隘的奴役感则是最稳妥的因素！"③

在人的本质的异化和金钱的问题上，马克思有许多看法和赫斯相吻合。和赫斯一样，马克思显然也认为，异化在资本主义社会中达到它的最极端的表现，以至"每一个领域都是人的一种特定的异化……并且每一个领域都同另一种异化保持着异化的关系"④。在《手稿》中，他把自己分析的私有制、贪欲、劳动、资本、地产、交换、竞争、人的价值、垄断等范畴都视为异化的特定表现⑤，而把异化劳动作为着重考察的中心范畴。在马克思那里，异化劳动（作为劳动活动

---

① Moses Hess, Philiosophische und sozialistische Schriften, 1837–1850, Herg. v. A. Cornu und W. Moenke, Berlin, 2Aufl., 1980, S. 335.
② Moses Hess, Philiosophische und sozialistische Schriften, 1837–1850, Herg. v. A. Cornu und W. Moenke, Berlin, 2Aufl., 1980, S. 340.
③ Moses Hess, Philiosophische und sozialistische Schriften, 1837–1850, Herg. v. A. Cornu und W. Moenke, Berlin, 2Aufl., 1980, S. 334.
④ 《马克思恩格斯全集》第42卷，人民出版社1979年版，第137页。
⑤ 《马克思恩格斯全集》第42卷，人民出版社1979年版，第90页。

本身）导致的最终结果就是人的本质的异化，即"人的本质……变成人的异己的本质"，"变成维持他的个人生存的手段"。① 这同赫斯"个体被提升为目的，类被贬低为手段"的看法是一致的。

类似赫斯指出人本质的异化表现在人类生命和自然生命的根本颠倒，马克思也提及了劳动异化造成的人和动物机能的颠倒："人（工人）只在运用自己的动物机能——吃、喝、性行为，至多还有居住、修饰等等的时候，才觉得自己是自由活动，而在运用人的机能时，却觉得自己不过是动物。动物的东西成为人的东西，而人的东西成为动物的东西。"②

马克思对于货币在资本主义社会经济生活中的地位以及对其进行理论分析的必要性和意义的认识与赫斯也是十分类似的。在《手稿》中，马克思专门撰写了"货币"一节，来探讨货币问题。其中指出："货币，因为具有购买一切东西、占有一切对象的特性，所以是最突出的对象。"③ 马克思自己申明，他为《手稿》规定的任务之一，就是"弄清楚……全部异化和货币制度之间的本质联系"④。

对于货币的本质和作用，马克思也有和赫斯十分相近的论述。早在《论犹太人问题》中，马克思对金钱的本质和作用就作了同赫斯观点十分相像的揭露，指出："钱是从人异化出来的人的劳动和存在的本质"，它把人所崇拜的一切神都变成商品，剥夺了包括人类和自然界在内的整个世界的价值⑤。在《摘要》和《手稿》中，马克思进一步确认，货币的本质在于它是"人的产品赖以互相补充的中介活动或中介运动"，人的、社会的行动的外化、异化⑥，在于它是"人的异

---

① 《马克思恩格斯全集》第42卷，人民出版社1979年版，第97页。
② 《马克思恩格斯全集》第42卷，人民出版社1979年版，第94页。
③ 《马克思恩格斯全集》第42卷，人民出版社1979年版，第150页。
④ 《马克思恩格斯全集》第42卷，人民出版社1979年版，第90页。
⑤ 《马克思恩格斯全集》第1卷，人民出版社1956年版，第448页。
⑥ 《马克思恩格斯全集》第42卷，人民出版社1979年版，第18页。

化的、外化的和外在化的类本质"。因此，它的"神力"也就是人类的"外化的能力"①。

马克思还同赫斯一样明确地提出两种不同的异化或异化的两种主要的不同的领域，并且也把对两者的批判结合在一起："宗教的异化本身只是发生在人内心深处的意识领域中，而经济的异化则是现实生活的异化。"马克思认为，异化的扬弃也必须包括这两个方面。② 在《摘要》中，马克思也将作为交换媒介的金钱同基督教的上帝作了比较：

基督教最初代表：（1）上帝面前的人；（2）人面前的上帝；（3）人面前的人。

同样，货币按照自己的概念最初代表：（1）为了私有财产的私有财产；（2）为了私有财产的社会；（3）为了社会的私有财产。

但是，基督教是外化的上帝和外化的人，上帝只有在它代表基督时才有价值；人也只有在他代表基督时才有价值。货币的情况也是一样。③

对于货币的力量，马克思在《手稿》中作了更为详尽的阐述。马克思集中揭示的两点是：首先，货币和货币持有者是等值、同一的："依靠货币而对我存在的东西，我能付钱的东西，即货币能购买的东西，就是我——货币持有者本身。货币的力量多大，我的力量就多大。货币的特性就是我——货币持有者的特性和本质力量"④，因此，

---

① 《马克思恩格斯全集》第42卷，人民出版社1979年版，第153页。
② 《马克思恩格斯全集》第42卷，人民出版社1979年版，第121页。
③ 《马克思恩格斯全集》第42卷，人民出版社1979年版，第19页。
④ 《马克思恩格斯全集》第42卷，人民出版社1979年版，第152页。

它是"纽带的纽带","普遍的离间"和"结合"手段,以及"社会的化合力"①。其次,货币是一种"颠倒的力量",具有使一切人的和自然的质颠倒和混淆的特性。"它把现实的、人的和自然的本质力量变成纯抽象的观念,并因而变成不完善性和充满痛苦的幻想;另一方面,同样地把现实的不完善性和幻想,个人的实际上无力的、只在个人想象中存在的本质力量,变成现实的本质力量和能力。"② 因此,对于个性来说,它是一种普遍颠倒的力量。对个性如此,对个人以及社会的和其他的联系亦然:"它把坚贞变成背叛,把爱变成恨,把恨变成爱,把德行变成恶行,把恶行变成德行,把奴隶变成主人,把主人变成奴隶,把愚蠢变成明智,把明智变成愚蠢。"③ 马克思的最后结论是,货币"是一切事物的普遍的混淆和替换,从而是颠倒的世界"④。

从以上可以看出,在货币的本质、作用及其和宗教的关系等问题上,马克思和赫斯有着十分一致的看法。饶有兴趣的是,马克思对货币的分析不仅在内容上与赫斯有许多一致之处,而且在形式上也有某种雷同。这甚至表现在文章的体例上。例如,赫斯在《金钱的本质》一文的开首,引了雪莱关于货币的诗歌来表达自己的文章的主题⑤,马克思则从自己喜爱的歌德和莎士比亚的有关诗作来着手对货币进行分析⑥。

但是,二者在金钱的分析上也有重大的不同之处,这主要表现在金钱的起源问题上,赫斯把货币的存在归于人的孤立的、非联合的状

---

① 《马克思恩格斯全集》第42卷,人民出版社1979年版,第153页。
② 《马克思恩格斯全集》第42卷,人民出版社1979年版,第153页。
③ 《马克思恩格斯全集》第42卷,人民出版社1979年版,第155页。
④ 《马克思恩格斯全集》第42卷,人民出版社1979年版,第155页。
⑤ Moses Hess, Philiosophische und sozialistische Schriften, 1837 – 1850, Herg. v. A. Cornu und W. Moenke, Berlin, 2Aufl., 1980, S. 329 – 330.
⑥ 《马克思恩格斯全集》第42卷,人民出版社1979年版,第151—152页。

态，认为"由于他自身是非人，也就是说，他们不是联合的，联合物在其自身之外，他们必须在非人的、超人的本质中寻找。"① 这里，赫斯把单个的、孤立的个人当成了出发点。马克思在《摘要》中，则这样追溯了货币的起源："为什么私有财产必然发展到货币呢？这是因为人作为喜爱交往的存在物必须发展到交换，因为交换——在存在着私有财产的前提下——必然发展到价值。其实，进行交换活动的人的中介运动，不是社会的、人的运动，不是人的关系，它是私有财产对私有财产的抽象的关系，而这种抽象的关系是价值。货币才是作为价值的价值现实存在。因为进行交换活动的人不是作为人来互相对待，所以物本身就失去人的、个人的财产的意义。私有财产对私有财产的社会关系已经是这样一种关系，在这种关系中私有财产是自身异化了的。因此，这种关系的独立存在，即货币，是私有财产的外化，是排除了私有财产的特殊个性的抽象。"② 这样，马克思就把货币归结为抽象的、一般的私有财产。在《手稿》中，马克思又把私有财产的起源、本质归结为异化、外化的劳动。于是，在马克思那里，货币同交换、私有者一样，都是从属和决定于劳动或生产的范畴。因此，和赫斯把货币作为研究、论述的主要对象不同，马克思尽管肯定了异化在货币中达到最高表现，肯定了货币考察的重要性，但更着重分析的却是异化劳动。

（2）异化主体

赫斯认为，在资本主义条件下，人的本质的异化是具有普遍性的，即不仅工人、无产者作为活动的主体发生异化，而且资本家也如此："绝不仅我们无产者，我们资本家也是这种吮自己的血、吃自己

---

① Moses Hess, Phliosophische und sozialistische Schriften, 1837 – 1850, Herg. v. A. Cornu und W. Moenke, Berlin, 2Aufl., 1980, S. 346.
② 《马克思恩格斯全集》第42卷，人民出版社1979年版，第19—20页。

的肉的不幸者。"① "我们大家都是食人者、猛兽和吸血鬼——我们无须隐讳这一点。只要我们不是大家为彼此而活动，而是每个人不得不为自己挣钱，我们就是如此。"②

赫斯甚至认为，在资本家那里，异化感、异化在精神方面所造成的压力比在工人那里还要强烈："如果奴隶制在非占有者那里是明显的，那么它在占有者那里精神状态愈增。"③ 因而，这种现代奴隶制"不再是单方面的，它们是相互的"④。

马克思对赫斯有关工人和资本家双方异化的观点显然是肯定和接受的。在《手稿》中，马克思在分析异化劳动的内容规定性之后强调："首先必须指出，凡是在工人那里表现为外化、异化的活动的，在非工人那里都表现为外化、异化的状态。"⑤ 在马克思看来，异化最后"表现为一种非人的力量统治一切"，这不仅对工人，对资本家无疑也是适用的⑥。

但是，与赫斯不同的是，马克思并没有忽视两者质的对立。他指出："工人在生产中的现实的、实践的态度，以及他对产品的态度（作为一种精神状态），在同他相对立的非工人那里表现为理论的态度。""如果劳动产品不属于工人，并作为一种异己的力量同工人相对立，那么，这只能是由于产品属于工人之外的另一个人。如果工人的活动对他本身来说是一种痛苦，那么，这种活动就必然给另一个人带

---

① Moses Hess, Philiosophische und sozialistische Schriften, 1837 – 1850, Herg. v. A. Cornu und W. Moenke, Berlin, 2Aufl., 1980, S. 335.
② Moses Hess, Philiosophische und sozialistische Schriften, 1837 – 1850, Herg. v. A. Cornu und W. Moenke, Berlin, 2Aufl., 1980, S. 335.
③ Moses Hess, Philiosophische und sozialistische Schriften, 1837 – 1850, Herg. v. A. Cornu und W. Moenke, Berlin, 2Aufl., 1980, S. 341.
④ Moses Hess, Philiosophische und sozialistische Schriften, 1837 – 1850, Herg. v. A. Cornu und W. Moenke, Berlin, 2Aufl., 1980, S. 342.
⑤ 《马克思恩格斯全集》第42卷，人民出版社1979年版，第103页。
⑥ 《马克思恩格斯全集》第42卷，人民出版社1979年版，第141页。

来享受和欢乐。"① 显然，工人和资本家虽然同处异化的状态中，同在异化的统治之下，但工人日益贫困，资本家日益富有；工人是受生存驱使，资本家则是受贪欲推动。二者是不能一概而论的。赫斯对此显然不会视而不见；但他在文章中却没有对二者加以区分和强调，这是颇有意味的。如果我们仔细阅读《金钱的本质》就不难发现，该文批判的矛头主要针对的是资产阶级国家及其立法者，而不是一般意义上的资产阶级，而且，与其说它富有政治性质，毋宁说它更富有伦理、道义的色彩。应该说，这反映了赫斯与马克思在对资本主义社会无产阶级与资产阶级两大阶级对立问题理解上的分歧②。这点在异化扬弃的问题上得到了更加清楚的体现。

3. 异化的根源、合理性及其扬弃

与人的本质和金钱问题相联系，赫斯也把私有制纳入自己的研究领域和作为批判的对象。如前所述，在《行动的哲学》中，赫斯事实上已把资本主义的物质财产或所有制理解为人的自由的活动即劳动的异化："物质财产是成为固定观念的精神的为己存在"，因为精神不是把它自身的劳动、制作或创造在思想上理解为它的自由的行动、自己的生命，而是理解为一种物质的它物，它必然为自己紧紧抓住它……"③在《金钱的本质》中，赫斯又进一步具体分析了金钱这种特殊的劳动异化物，分析了人（工人）同其活动产品的异化，即"私人"或"人格"同物质财产（所有制）的分离。赫斯认为，正是

---

① 《马克思恩格斯全集》第42卷，人民出版社1979年版，第99页。在《神圣家族》中，马克思对此有更清楚的表述。参阅《马克思恩格斯全集》第2卷，人民出版社1957年版，第44页："有产阶级和无产阶级同是人的自我异化。但有产阶级在这种自我异化中感到自己是被满足的和被巩固的，他把这种异化看作自身强大的证明，并在这种异化中获得人的生存的外观。而无产阶级在这种异化中则感到自己是被毁灭的，并在其中看到自己的无力和非人的生存的现实。"

② 兹·罗森指出了马克思和赫斯在工人和资本家双方异化观点上的一致，但他未能注意到二者的这一重要差别。参阅 Zvi Rosen, Der Einfluss von M. Heβ auf die Fruehschriften von K. Karx, in: Jahrbuch des Instituts fuer deutsche Geschichte, Bd. 8, 1979, S. 172–173。

③ Moses Hess, Philiosophische und sozialistische Schriften, 1837–1850, Herg. v. A. Cornu und W. Moenke, Berlin, 2Aufl., 1980, S. 225.

这种分离"破坏了个体现实生活本身",把人变成"摈弃的、贬值的存在物"①,甚至使人在自由的行动和真正的生活方面不再留有"意见和思维的痕迹"②。

在赫斯的论述中,有两处是值得注意的:一是,他在论述所有制的"神性"(Heiligkeit)时,曾涉及外化的所有制和外化的人格的关系。他指出,"脱离个人、脱离人的抽象的'所有制'的神性,恰好以脱离其所有制的抽象的、纯粹的和空洞的'人格'的神性为前提,像反过来说那样。如同人格以圣洁的方式同所有的现实的财产分离,抽象的、外化的、外在的和可转让的财产只能以其圣洁的方式同所有的人的东西分离的出现。"③ 这里,赫斯表述了这一思想:私有制和异化的个体的存在是互为前提的。二是,赫斯在讨论金钱的废除时,肯定了金钱存在的历史必然性和异化的合理性,认为"在迄今为止的孤立的状态中,在迄今为止的人的现代的异化中,必须发明一个体现精神和物质交换的外部象征,这是完全正确的。通过这种现实的、精神的和生命的交往的抽象,人的能力、生产力在它们异化的同时被提高了"④。

基于对金钱起源于人的孤立状态即单独的个人的存在的认识,赫斯把金钱和私有财产的废除,从而把人的异化的扬弃理解为人的"直接和内在的联系"。在赫斯看来,这种联合的实现是在道义驱使下所达到的理性认识的结果,它赖以实现的手段就是"爱",而在爱中彼

---

① Moses Hess, Philiosophische und sozialistische Schriften, 1837–1850, Herg. v. A. Cornu und W. Moenke, Berlin, 2Aufl., 1980, S.341.
② Moses Hess, Philiosophische und sozialistische Schriften, 1837–1850, Herg. v. A. Cornu und W. Moenke, Berlin, 2Aufl., 1980, S.341.
③ Moses Hess, Philiosophische und sozialistische Schriften, 1837–1850, Herg. v. A. Cornu und W. Moenke, Berlin, 2Aufl., 1980, S.340.
④ Moses Hess, Philiosophische und sozialistische Schriften, 1837–1850, Herg. v. A. Cornu und W. Moenke, Berlin, 2Aufl., 1980, S.346.

此团结起来，建立一个和谐的共同体，就意味着"面向共产主义"①。

如同我们已经指出的，马克思在《手稿》中与赫斯相类似，也把私有制的起源和本质归结为人的外化的活动，即异化劳动，认为私有财产是外化、异化劳动的"产物"、后果和必然结果。② 他不止一次地指出：这种物质的、直接感性的私有财产，是异化了的、人的生命的物质的、感性的表现。因而它的运动，就是以往全部生产的运动的感性表现③。应该说，揭示物质私有制的本质，阐述作为私有制本质的异化劳动的种种规定和表现，正是《手稿》的核心议题，也正是《手稿》所获得的最重要的结论所在。

同时，尽管马克思强调外化、异化劳动的决定作用，但他并没有把它片面化，而是把它放在和私有制关系的总体中进行考察，从而指出，它们之间也存在一种相互作用，是互为条件、相互影响的："与其说私有财产表现为外化劳动的根源和原因，还不如说它是外化劳动的结果，正像神原先不是理性迷误的原因，而是人类理性迷误的结果一样。后来，这种关系就变成相互作用的关系。"④ 马克思的这一理解与赫斯关于"人格"和私有制"神性"的相互关系的论述是有一致之处的。

此外，像赫斯肯定了作为人本质异化产物的金钱存在的合理性和进步意义一样，马克思在对私有制进行批判的同时，对作为人的劳动异化产物的私有制的合理性和进步意义也给予了肯定。他认为"非人化"是自然科学通过工业在实践上实现对人的社会生活改造的必经阶段，"只有通过发达的工业，也就是以私有财产为中介，人的激情的

---

① Moses Hess, Philiosophische und sozialistische Schriften, 1837 – 1850, Herg. v. A. Cornu und W. Moenke, Berlin, 2Aufl., 1980, S. 347 – 348.
② 参阅《马克思恩格斯全集》第 42 卷，人民出版社 1979 年版，第 100 页。
③ 参阅《马克思恩格斯全集》第 42 卷，人民出版社 1979 年版，第 121 页。
④ 参阅《马克思恩格斯全集》第 42 卷，人民出版社 1979 年版，第 100 页。

本体论本质才能在总体上、合乎人性地实现"①。

马克思对私有制本质及其同异化劳动关系的阐述和赫斯也有明显甚至重大的不同之处。如果说，赫斯只是一般地提及和涉猎了这一问题，那么，马克思则对这一问题本身进行了详细的解剖和考察。因此，马克思对问题的论述包含了更为丰富和深刻的内容。

在《手稿》中，马克思首先揭示了劳动异化的两项规定，即劳动产品的异化和劳动活动本身的异化，侧重阐释了人同自身以及同自然界的关系。然后，他从这两项规定中，推出人同人的本质的异化以及人同他人的异化的规定性。借此，马克思阐明了劳动异化这几方面内容的相互关系，表达了前两项规定和最后两项规定间的内在机制：一方面，人同自身以及劳动的关系生产出他人同他以及他的劳动的关系，并从而决定他人同他以及他的劳动的关系②；另一方面，"人同自身的任何关系，只有通过人同其他人的关系才能得到实现和表现"③。于是，我们看到，实际上马克思通过异化劳动和私有制关系的阐释，通过劳动异化诸方面相互关系的论述，向我们展示了生产方式的内在矛盾及其相互关系。因此，我们有理由把它看作关于生产力和生产关系原理的最初表述，它以萌芽的形式内含了唯物主义历史观的最重要的原理。

而且，马克思并没有就此停止，马克思在分析了异化劳动的具体规定及其相互关系后还进一步追溯到：异化劳动是如何可能的？诚然，马克思并没有就此展开和直接提供具体答案。但马克思认为，当他把私有财产的起源问题变为异化劳动同人类发展的关系问题时，问题本身已包含了问题的解决④。这实际上意味着，要从人的本质、能

---

① 《马克思恩格斯全集》第 42 卷，人民出版社 1979 年版，第 150 页。
② 《马克思恩格斯全集》第 42 卷，人民出版社 1979 年版，第 99—100 页。
③ 《马克思恩格斯全集》第 42 卷，人民出版社 1979 年版，第 98 页。
④ 《马克思恩格斯全集》第 42 卷，人民出版社 1979 年版，第 102 页。

力的自身发展中寻求劳动异化的答案。这无异于要求从生产力的自身发展中寻求问题的解答。

因此，在马克思看来，像作为劳动异化的产物的私有制的存在有其历史合理性一样，它的扬弃同样也有其历史必然性。但是与赫斯不同，马克思并不是诉诸"爱"的联合，而是把私有制的扬弃看作私有制的内在矛盾——劳动和资本的对立发展的必然结果[①]，并且认为它将通过工人解放这种政治形式得到表现[②]，其结果就是作为"现实的产生活动"的共产主义，就是"通过人并且为了人而对人的本质的真正占有"，或"人向自身、向社会的（即人的）人的复归"[③]。

这样我们看到，在赫斯那里还是抽象的、哲学推论式的和带有浓厚伦理主义色彩的有关异化扬弃的理解，在马克思那里已上升为建立在经济的经验分析基础上的科学的理论，尽管有时还不免披着旧哲学辞藻的外装。马克思和赫斯的分歧在其异化理论的最后结论中，即异化的扬弃的理解中得到了最鲜明、最集中的体现。

以上，我们分析和比较了赫斯与马克思在异化这一主要问题理解上的异同。当然，在《摘要》和《手稿》中，我们还可以举出两者在其他一些问题上观点的一致，比如对资产阶级国民经济学的评价，对贪欲、竞争问题的论述，以及"拥有"（Haben）概念等。这些，无疑也在一定程度上体现了赫斯对马克思的影响。限于篇幅，我们这里就不一一分析了。

赫斯和马克思相关论述的比较表明，两者在论述的主题、基本线索以及在涉及的一些主要观点上都有一致和类似之处。因此，我们能够据此肯定，马克思的《摘要》特别是《手稿》受到了赫斯的《金钱的本质》的某种启示和影响。

---

① 《马克思恩格斯全集》第 42 卷，人民出版社 1979 年版，第 106 页。
② 《马克思恩格斯全集》第 42 卷，人民出版社 1979 年版，第 101 页。
③ 《马克思恩格斯全集》第 42 卷，人民出版社 1979 年版，第 120 页。

当然，这种启示和影响也不能过高地被估价。因为，首先，造成这种类似和雷同的还有其更为根本的社会条件：他们面临的历史课题和任务是同一的，即分析资本主义社会经济关系，从经济学上来论证共产主义；另外，他们赖以出发的思想渊源和材料也是同一的，即都是从费尔巴哈哲学和资产阶级政治经济学的成果出发。因此，马克思和赫斯文章的类似和雷同正反映和体现了社会主义思想史发展的逻辑。正是这点，几乎被西方所有的研究者完全忽略了。其次，这种同只是异中之同：和赫斯比较，马克思或者将有的问题的论述推进了，或者在有的问题上纠正了赫斯的片面性，或者在有的问题上引出了与赫斯完全不同的结论。造成这种重大差别的决定性原因是，马克思这时已较为彻底地完成了由唯心主义和民主主义向唯物主义和共产主义的转变，并明确地认识到了物质生产活动在人类社会和历史发展过程中的地位和作用，也就是说，已找到了理解社会及其发展史的钥匙。这使马克思牢固地确立了社会存在的"本体论"与人的存在的"本体论"、科学的逻辑分析与伦理的价值判断相统一的科学的方法论原则。而赫斯则仍囿于费尔巴哈的抽象的伦理主义。

第四章

马克思与赫斯的社会主义(下)

一 赫斯的社会主义思想演历

赫斯的社会主义思想主要是在1837年至1845年这段时期中形成和发展起来的。相对而言,它大体经历了三个发展阶段,即宗教社会主义(1837年前后始)、哲学社会主义(1842—1844年)和伦理社会主义(即"真正的"社会主义,1844年上半年始)。

(一) 宗教社会主义

赫斯宗教社会主义思想集中体现在他的处女作《人类的圣史》中。该著作属德国早期空想社会主义的重要著作之一,它的问世(1837年10月)比魏特林的《现实的人类和理论的人类》(1838年)还早。至于魏特林的代表作《和谐与自由的保证》的出版(1842年12月)则更晚了。在此意义上,有理由将《圣史》称为德国共产主义的创始作之一。

该书的目的和主旨是揭示世界发展的一般规律性和发展趋势。用赫斯在"代前言"中的说法,是"从整体性和规律性的角度来解释世界历史"①。尽管赫斯自己后来也承认,这一尝试并未获得成功②,但是,它作为赫斯著述的始端,内含了以后思想发展的萌芽,是值得注意的。

如何才能够从整体性和规律性的高度解释和说明世界历史呢?赫斯认为,首先必须把历史理解为"人类的圣史"。"人类的圣史"就是一根"贯穿纷乱无章的传统的一系列环节"中的"轻柔之线",只有仔细、认真地理住它,才能走出迷宫,破解历史之谜。

赫斯所理解的"人类的圣史"即"拯救史"(Heilsgeschichte),或上帝与人的统一过程。这一过程,赫斯将它描述为以下三段式。

第一阶段为纪元前。在此阶段,人类处在童年时期,人与上帝的关系是和谐的,人们之间体现了一种自然的平等。这一阶段,他又称为"圣父启示史"阶段。

第二阶段,为纪元后至资本主义社会。这是人与上帝的分裂阶段。它又可以划分两个时期,即迄中世纪为止时期和资本主义社会时期。在前一时期,和谐衰落,私有财产、继承权产生。社会上出现不平等。社会由此发生畸变,并在中世纪达到顶点。这一时期,赫斯名为"圣子启示史"。接此到来的第二个时期是"圣灵启示史"时期,它是和谐重新确立的准备阶段。斯宾诺莎站在这一历史时期的开端,它的顶峰则是法国革命。

第三阶段是人与上帝的重新和谐与统一时期。与第一阶段人与上帝的统一是无意识发生的不同,第三阶段人与上帝的统一是人们自觉活动实现的。在这一阶段,不平等被扬弃,代之以真正的平等。它是上帝三位一体的圆满体现,作为一种理想社会的境界,被称为"新的

---

① Moses Hess, Philosophische und sozialistische Schriften, 1837–1850, Herg. v. A. Cornu und W. Moenke, Berlin, 2Aufl., 1980, S. 42.

② 1845年赫斯在《论社会主义运动在德国》一文中称他的处女作为早产的畸胎,参阅Ueber die sozialistische Bewegung in Deutschland, Neue Anekdota, Darmstadt, 1845, S. 197。

耶路撒冷"。

赫斯又把第一、第二阶段归入"过去"，它是"将出现的东西的原因"。同时，把第三阶段冠以"未来"，它是"已出现的东西的结果"。

赫斯所勾勒的这种历史图式看上去很像是模仿意大利神学家约阿希姆·冯·弗洛里斯（Joachim von Floris，生活在12世纪前后，一说生卒年为1130—1202年）。约阿希姆·冯·弗洛里斯曾把历史分为圣父、圣子、圣灵三个时期，用来分别指谓"旧约时代""（新约）基督教会时代"以及"僧侣时代"三个时代。当然，赫斯是否熟悉约阿希姆·冯·弗洛里斯的见解，这一点我们还无从确凿判定。尽管如此，赫斯这一历史图式的内核源自斯宾诺莎的"上帝—自然"同一（Identitaet von Gott und Natur）的观念则是无疑的。

在尔后的《欧洲三同盟》中，赫斯曾在很大程度上依据黑格尔思想对"人类的圣史"进行了阐释。他说明，"人类的圣史本质上是自由的、合乎道德的和命定的历史。"[①] 在圣史中呈示和显现的事变，不是偶然的结果，而是预定的结果，神圣精神的产物，自由的精神行动，甚至作为奇迹行为的一种确定的历史周期[②]。从赫斯的论述中可以看出，"人类的圣史"概念是对历史进程必然性的一种表述，是试图推论出社会主义历史合理性的一种尝试。在这方面，他承继了巴贝夫的关于共产主义必然性的思想[③]。

在《人类的圣史》一文中，赫斯对资本主义社会的批判是较为引人注目的。他把资本主义社会理解为一种动物世界，即"有意识

---

① Moses Hess, Philosophische und sozialistische Schriften, 1837 – 1850, Herg. v. A. Cornu und W. Moenke, Berlin, 2Aufl., 1980, S. 84.

② Moses Hess, Philosophische und sozialistische Schriften, 1837 – 1850, Herg. v. A. Cornu und W. Moenke, Berlin, 2Aufl., 1980, S. 84.

③ 参阅［法］奥古斯特·科尔纽《马克思恩格斯传》第1卷，刘磊等译，生活·读书·新知三联书店1963年版，第256页。

的动物"的生存世界。在这个世界中,"不是大家为人人,人人为大家而工作,而是人人为自己,像在动物中生活一样"。"每个人拥有自己的利爪和牙齿,为了自己的获得,撕咬和吞噬他的兄弟。"①他对人们在资本主义社会中所面临的日益加剧的道德和经济困境进行了揭露,指出"不仅道德困境,而且现在开始统治的肉体困境都一方面建立在社会财富的发展、一方面建立在社会贫困的增长之上"。②

赫斯特别注意到了货币、货币经济在资本主义条件下的作用:"从自由贸易和工业占统治地位以来,金钱是这个社会的唯一杠杆。并且贸易和工业越进步,金钱就越强大。"③

与此相联系,赫斯也看到了在资本主义条件下工商业的发展与科学技术的进步所具有的消极的性质。他认为,在资本主义社会中,"机械方面的新发明同日益增长的工业成就和贸易,就像我们目前的法律和制度一样,只有助于扩大不平等以及促进一些人的富有和另一些人的贫困"。④

在赫斯看来,金钱和工商业历史作用的畸变,都源于私有财产的继承性(Erblichkeit)。这样,他就把社会不和谐、不平等、两极分化和面临困境的根源直接明确归结到资本主义的私有财产制度:"神圣王国产生的基本前提条件、不应从统治形式中寻求,社会困境更深刻的根源在于收入的继承性,在于所谓历史的权利(das historische Recht),以及在于贵族制度,但不是衰亡的封建贵族制度,而是壮大的

---

① Moses Hess, Philosophische und sozialistische Schriften, 1837 – 1850, Herg. v. A. Cornu und W. Moenke, Berlin, 2Aufl., 1980, S. 63.
② Moses Hess, Philosophische und sozialistische Schriften, 1837 – 1850, Herg. v. A. Cornu und W. Moenke, Berlin, 2Aufl., 1980, S. 62.
③ Moses Hess, Philosophische und sozialistische Schriften, 1837 – 1850, Herg. v. A. Cornu und W. Moenke, Berlin, 2Aufl., 1980, S. 62.
④ Moses Hess, Philosophische und sozialistische Schriften, 1837 – 1850, Herg. v. A. Cornu und W. Moenke, Berlin, 2Aufl., 1980, S. 63.

金钱贵族制度。"①

因此,赫斯明确提出,要建立理想的社会制度,建立"圣王国",必须"财富公有","扬弃历史权利","扬弃继承性","不断调整""个体与群体的对立",使其"永远协调一致"。而这,就是时代所赋予的历史任务②。

为此,他把斗争锋芒直接指向"金钱贵族",指向资产阶级。他把"金钱贵族"称为"进步的敌人",同时警告人们在同不平等的媒介即"继承性"这一历史权利作斗争的过程中,要有坚韧不拔、持之以恒的思想准备,因为金钱贵族将同封建贵族一样表现出"巨大的韧性"③。

在赫斯看来,"圣王国"取代金钱社会制度的历史必然性具有一定的经济的性质,即归因于工商业的发展和技术的进步。它们既然造成了社会两极的对立和分化,造成了社会的不和谐,那么,它们必然也是"达到和谐和真理王国的手段"④。因此,赫斯已朦胧地预感到这一由经济的发展所促成的革命不仅具有政治性质,而且具有社会性质:

> 这场冲突不能用只牵涉到农业的任何法律来防止。这些在旧时代已经达到自己目标的法律,在不再是农业而是工商业占统治地位的当代,只是我们拥有的众多治标手段之一。⑤

---

① Moses Hess, Philosophische und sozialistische Schriften, 1837 – 1850, Herg. v. A. Cornu und W. Moenke, Berlin, 2Aufl., 1980, S. 53.
② Moses Hess, Philosophische und sozialistische Schriften, 1837 – 1850, Herg. v. A. Cornu und W. Moenke, Berlin, 2Aufl., 1980, S. 51、53、56.
③ Moses Hess, Philosophische und sozialistische Schriften, 1837 – 1850, Herg. v. A. Cornu und W. Moenke, Berlin, 2Aufl., 1980, S. 62.
④ Moses Hess, Philosophische und sozialistische Schriften, 1837 – 1850, Herg. v. A. Cornu und W. Moenke, Berlin, 2Aufl., 1980, S. 63 – 64.
⑤ Moses Hess, Philosophische und sozialistische Schriften, 1837 – 1850, Herg. v. A. Cornu und W. Moenke, Berlin, 2Aufl., 1980, S. 64.

赫斯结合现实对当时欧洲的几个先进国家进行了分析，认为，达到"圣王国"这一理想社会目标的现实出路在于德国的精神（宗教）和法国的实践（政治）相结合：

> 一个新的耶路撒冷将在欧洲的心脏建立，德意志和法兰西是东西方的两个终点。这两极的接触将产生神圣的果实。因为法国人的特点和德国人正相反——一方被看作是政治的，另一方则被视为是宗教的。……德国曾是和仍然是进行伟大精神斗争的国家，而法国则是具有世界历史意义的政治革命的国家。……所以我们说：从法国这个政治斗争的国度将产生真正的政治，从德国将产生真正的宗教，而二者的结合，将形成新的耶路撒冷。①

赫斯就这样提出了理论与实践、思想斗争与政治斗争、德国经验与法国经验的结合，预示了他后来在其成名作《欧洲三同盟》中表述的中心思想。这使他成为理论与实践、思想斗争与政治斗争、德国经验与法国经验相结合的最早倡导者之一。

在《人类的圣史》中，赫斯对社会主义的本质已有了自己的较为明确的和系统的理解。他把社会主义理解为"和谐"（Harmonie）、"统一"（Einheit）和"平等"（Gleichheit），理解为一种"财富共同体"（Guetergemeinschaft）。

赫斯认为，"统一"和"平等"是人类的终极目标，"财富共同体"则是有关"平等"的"最准确、最深刻的概念"，是它的不同表述，而"和谐"作为"人类社会的首要条件"则是"圣王国的基

---

① Moses Hess, Philosophische und sozialistische Schriften, 1837 – 1850, Herg. v. A. Cornu und W. Moenke, Berlin, 2Aufl., 1980, S. 65.

础"，是"时代首先致力的目标"①。赫斯对自由也给予了一定的注意，他对自由的理解是，"人的自由不在于他的随意性，而在于有意识的顺从上帝的立法"②。

赫斯对社会主义本质的这种理解受到了傅立叶和圣西门主义的影响。他从傅立叶那里，汲取了和谐概念，而从圣西门那里，则采纳了平等思想。在文中，他明确赞同圣西门主义者这一观点：最高的平等不能从基督教中、从最高的不平等中直接产生③。

赫斯在《人类的圣史》中所提出的这种社会主义理解所具的宗教特色是鲜明的。赫斯不仅用"圣王国""新耶路撒冷"等概念来标示社会主义、共产主义理想社会，而且在文中还明确宣称："在圣史中显现为对上帝的认识的真正的宗教，是国家的唯一基础和从中产生万物的基本大法。"④他试图论证社会主义、共产主义的必然性，但与此同时，也赋予历史发展以一种宗教的命定论色彩。

（二）哲学社会主义

赫斯的哲学社会主义思想发展阶段可分为两个时期，即《莱茵报》时期（1842年初至1843年初）和《莱茵报》后时期（1843年初至1844年上半年）。前一时期的思想体现在发表在《莱茵报》上的一系列评论中，后一时期的思想则主要体现在发表于《来自瑞士的二十一印张》的几篇论文中。前一时期，是赫斯开始从哲学上论证社会

---

① Moses Hess, Philosophische und sozialistische Schriften, 1837 – 1850, Herg. v. A. Cornu und W. Moenke, Berlin, 2Aufl., 1980, S. 52、51、56.

② Moses Hess, Philosophische und sozialistische Schriften, 1837 – 1850, Herg. v. A. Cornu und W. Moenke, Berlin, 2Aufl., 1980, S. 45.

③ Moses Hess, Philosophische und sozialistische Schriften, 1837 – 1850, Herg. v. A. Cornu und W. Moenke, Berlin, 2Aufl., 1980, S. 65. 关于傅立叶对赫斯的影响，请参阅科尔纽在《马克思恩格斯传》中作的揭示，见该书第1卷，刘磊等译，生活·读书·新知三联书店1963年版，第256页。

④ Moses Hess, Philosophische und sozialistische Schriften, 1837 – 1850, Herg. v. A. Cornu und W. Moenke, Berlin, 2Aufl., 1980, S. 73.

主义和共产主义时期，后一时期，赫斯则已专门从事从哲学上发展共产主义①。

1. 《欧洲三同盟》

在讨论赫斯这一阶段的思想之前，有必要先研究一下赫斯的成名作《欧洲三同盟》（以下简称《三同盟》）。这本书是《人类的圣史》（以下简称《圣史》）一书某些逻辑结论的展开和完成，也是赫斯对社会主义、共产主义进行哲学论证的起始。因而，可以将该书视为赫斯由宗教社会主义向哲学社会主义思想发展的过渡。

该文的宗旨是解决哲学和实际社会生活的关系，要求将哲学精神同社会主义运动的实践相结合。在赫斯看来，德国哲学的原则尽管已在生活中展开，但哲学总的说来还藏匿在实际生活的背后，与实际生活相脱离，犹如空中楼阁。因此，必须建造一座由天上通往地上的桥梁，使哲学返归实践，赢得它对于现实生活的指导地位。为此，赫斯较为系统地提出了自己的"行动的哲学"的构想。

所谓"行动的哲学"是关于论证未来的历史必然性的科学。

赫斯把"行动的哲学"的任务规定为："从过去和现在，从曾在和此在以及从这两者所熟悉的范围内推论出第三者，即未来和将来。"② 因此，行动的哲学同以往的历史哲学的区别就在于，"它不是把纯粹过去和现在，而是通过这两者并由它们出发把未来纳入思辨的王国"③。

由此可见，实际上，赫斯是通过"行动的哲学"的概念提出了从

---

① 赫斯在1843年6月19日致奥尔巴赫的信中提及，在《莱茵报》停刊后，还是在巴黎时，他已经"专门从事从哲学上发展共产主义"。参阅 M. Hess, Briefwechsel, Herg. V. E. Silberner, Mouton & co, 1959, S. 102–103.

② Moses Hess, Philosophische und sozialistische Schriften, 1837–1850, Herg. v. A. Cornu und W. Moenke, Berlin, 2Aufl., 1980, S. 85.

③ Moses Hess, Philosophische und sozialistische Schriften, 1837–1850, Herg. v. A. Cornu und W. Moenke, Berlin, 2Aufl., 1980, S. 89.

哲学上论证社会主义必然性的任务和课题。

赫斯还从历史的角度对"行动的哲学"的历史地位进行了阐述。他认为，作为"德国哲学巅峰"的黑格尔哲学已是"过去的哲学"[①]。青年黑格尔派哲学构成了从"过去的哲学"向"行动的哲学"的过渡，它作为"黑格尔哲学和德国哲学的最后阶段"，是"对过去哲学的否定"。而由德国哲学中发展出来过渡到行动，则是由切什考夫斯基在《历史学导论》和由赫斯自己在《人类的圣史》中做出的[②]。

赫斯对"行动的哲学"历史地位的这一描述，是具有政治内涵的。它明确标示出，"行动的哲学"作为社会主义的哲学理论基础，已经超出了包括青年黑格尔派哲学在内的资产阶级的意识形态。所谓"行动的哲学"，无非是一种诉诸社会主义实践的哲学。

"行动的哲学"概念源于切什考夫斯基的《历史学导论》，这点已为许多学者所指出。但是，赫斯在《人类的圣史》中实际上已表达出这一思想，这还尚未被人们所注意。如前所述，在《圣史》中，赫斯把人类历史划分为"作为将出现的东西的原因的过去"和"作为已出现的东西的结果的未来"两大阶段，目的就是要从过去和现在中推导出未来，以便有助于确定人们的社会行动的方向。这其实正是"行动的哲学"的要义和旨趣。因此，赫斯说他自己早在《圣史》一文中就已超出"德国哲学"走向行动，这并非是过誉之辞。

赫斯的"行动的哲学"是在批判黑格尔哲学的唯心主义的观念论的基础上提出的，因而具有一种唯物主义的倾向。

赫斯在分析黑格尔哲学未能产生历史的行动时指出，黑格尔称为客观精神的东西，只是被理解了的（即观念形态的）存在物或曾在

---

① 赫斯的这一说法，实际上是重述费尔巴哈在《黑格尔哲学批判》中已表达过的意见。参阅《费尔巴哈哲学著作选集》上卷，荣震华、李金山译，商务印书馆1984年版，第49—50页。

② Moses Hess, Philosophische und sozialistische Schriften, 1837 – 1850, Herg. v. A. Cornu und W. Moenke, Berlin, 2Aufl., 1980, S. 82 – 83.

物，而不是能够被描述的现实的客体。黑格尔的客观精神与主观精神的区别只是形式上的区别，两者实际上都是一种"纯观念"（pure Idee）①。对于他自己的"行动的哲学"，赫斯则这样说明：它是以"绝对唯心主义"的终点为起始的，它并不像绝对唯心主义那样，只是对曾在物和过时物的简单回忆，而是富有生机的未来事物的萌芽，它不仅是"绝对精神"失去灵魂的"脑壳"，而且也是行动的新生的灵魂②。

可见，赫斯的行动的哲学是作为黑格尔哲学唯心主义的对立面出现的，它表明了赫斯向哲学唯物主义的转向，从而也表明了哲学唯物主义与社会主义实践之间存在的一种内在的有机的联系③。

赫斯赋予"行动的哲学"以一种现实的表现形式与实现形式，这就是他在《圣史》中已提出的德国精神与法国实践相结合的思想。在《欧洲三同盟》中，他对此又作了新的进一步的发挥。

赫斯认为，法国革命是自由行动的开端，在德国哲学中获得完成的德国宗教改革则是精神自由的开端④。而"当代的本质趋向就在于德国自由和法国自由的交互作用"，即两者的有机结合⑤。因此，他强调，"现在的问题仅在于把这两种倾向结合起来并把工作进行到底"⑥。据赫斯的看法，要做到这一点必须依靠英国，所以，他寄希

---

① Moses Hess, Philosophische und sozialistische Schriften, 1837 – 1850, Herg. v. A. Cornu und W. Moenke, Berlin, 2Aufl., 1980, S. 85.
② Moses Hess, Philosophische und sozialistische Schriften, 1837 – 1850, Herg. v. A. Cornu und W. Moenke, Berlin, 2Aufl., 1980, S. 96.
③ 马克思对此这样表达："实践的唯物主义者即共产主义者。"马克思、恩格斯：《费尔巴哈》，人民出版社1988年版，第19页。
④ Moses Hess, Philosophische und sozialistische Schriften, 1837 – 1850, Herg. v. A. Cornu und W. Moenke, Berlin, 2Aufl., 1980, S. 93.
⑤ Moses Hess, Philosophische und sozialistische Schriften, 1837 – 1850, Herg. v. A. Cornu und W. Moenke, Berlin, 2Aufl., 1980, S. 94.
⑥ Moses Hess, Philosophische und sozialistische Schriften, 1837 – 1850, Herg. v. A. Cornu und W. Moenke, Berlin, 2Aufl., 1980, S. 105.

望于英国这个已将理论与实践、行动自由与精神自由结合起来的国度①，憧憬在那里看到未来理想社会的曙光。这样，在赫斯那里，存在三种自由，即德国的自由、法国的自由以及英国的自由。德国的自由必须由法国的自由来补充。在理论上，三种自由即精神、实践以及两者的有机结合三位一体；在实践上，德、法、英三个国度作为三种自由的体现，构成代表欧洲历史趋向的三角同盟。这也就是把该文命名为《欧洲三同盟》的内在根据和原因。

> 如果说，亚里士多德是对的，死的工具越是不完善，活的、理性的人就越是需要这一说法是正确的，那么，反过来说，同样正确的是，死的工具越是完善，活的理性的生物就越是不需要贬低为盲目的工具和机械。……据此，世界史被划分为三个主要时期：绝对不平等时期、过渡时期和平等时期。在人们把自己不得不贬低为盲目工具的古代，是绝对的不平等。中世纪构成由此向绝对平等的过渡。最后，在现代，当死的工具和活的工具的旧有关系是一种倒转过来的关系，因而就像古代活的工具被贬为死的工具一样，死的工具被提升为活的工具时，绝对的平等就将到来。②

这种从人与物（劳动工具）关系及由此决定的人的自由境况出发而对人类发展的概括以及对社会主义必然性的论证，内含了对生产关系的关注③和有关人的异化的思想建构的萌芽。这同《圣史》中把人

---

① Moses Hess, Philosophische und sozialistische Schriften, 1837 - 1850, Herg. v. A. Cornu und W. Moenke, Berlin, 2Aufl., 1980, S.105.

② Moses Hess, Philosophische und sozialistische Schriften, 1837 - 1850, Herg. v. A. Cornu und W. Moenke, Berlin, 2Aufl., 1980, S.92.

③ 奥古斯特·科尔纽：赫斯在这里"甚至注意到生产关系在世界历史发展中的意义，虽说这种想法毕竟还很肤浅"。[法] 奥古斯特·科尔纽：《马克思恩格斯传》第1卷，刘磊等译，生活·读书·新知三联书店1963年版，第260页。

类史界说为"拯救史"相比,显然是一大进步。

但是,《三同盟》依然在一定程度上保留了《圣史》一书的宗教、伦理色彩。它的伦理色彩甚至获得了进一步的发展,宣昭了"复归斯宾诺莎"主义的强烈意向①。该文显示出,赫斯正在寻找能够担负起社会主义使命的社会力量,然而,他的强烈的感伤的伦理倾向和所处的孤立的知识分子地位,他对"理智之爱"(intellektuale Liebe)的崇奉②,使他更注重的是资本主义社会中的知识分子而非无产阶级③。

2.《莱茵报》政评

如果说,《三同盟》基本上只是提出了从哲学上论证社会主义的课题,那么,在《莱茵报》期间,赫斯已着手这方面的工作。在他发表在《莱茵报》上的一系列评论中,最为引人注意的一个思想是,把社会主义理解为一种符合人的本质的社会关系,理解为个人与"类"(国家、社会)的和谐一致。

在《十九世纪之谜》一文中,赫斯在回答"个体的自由应该为普遍的自由即法律而牺牲呢,还是普遍的自由应当为个人的自由而牺牲?"这一问题时,坚持了一种个体的存在同普遍的存在(国家)、个体的自由同普遍的自由(法律)相统一的观点:"……我们知道得很清楚,如果从更高的角度来考察这一问题,这一问题本身就不存在了。如果个体同他自己的概念相符合,换言之,如果人事实上是他按其本质应该是的东西,那么个体的自由同普遍的自由就毫无二致;因

---

① Moses Hess, Philosophische und sozialistische Schriften, 1837 – 1850, Herg. v. A. Cornu und W. Moenke, Berlin, 2Aufl., 1980, S. 116;伦理学"构成我们当代生活的基础"。"伦理的、自我意识的和具有成果的行动是未来的要素。" S. 148 – 149:"复归斯宾诺莎。"

② Moses Hess, Philosophische und sozialistische Schriften, 1837 – 1850, Herg. v. A. Cornu und W. Moenke, Berlin, 2Aufl., 1980, S. 154:"理智之爱始终是立法者。"

③ Moses Hess, Philosophische und sozialistische Schriften, 1837 – 1850, Herg. v. A. Cornu und W. Moenke, Berlin, 2Aufl., 1980, S. 154:"尽管较庞大的人群总是粗野的,但是力量不是建立在群众而是建立在知识分子中。"

为真正的人只过类生活（Leben der Gattung），不能把他的个体的、特殊的存在同普遍的存在分离开；他的自由绝不会和法律发生矛盾，因为法律对他来说完全不是外在物，而是他自己的意志。"①

赫斯在这里表达了这样一种萌芽性的观点：既反对把个体建立在牺牲普遍之上，也反对把普遍建立在牺牲个体之上。在赫斯看来，把个体与普遍对立起来，在认识论上，属于一种低浅层次的狭隘观念，在实践领域中则属于一种非理想的、不尽如人意的社会形态。而无论是就认识论方面还是就社会实践方面而言，都属于应该扬弃的对象。

值得注意的是，赫斯对社会主义本质的这种新的理解，是通过引进费尔巴哈的"类""类生活"的概念取得的。费尔巴哈的"类"概念如何为社会主义提供了思想理论基础，在这里也获得了明显体现。

3.《来自瑞士的二十一印张》论文

赫斯在《十九世纪之谜》中表述的个体与普遍、个体的自由与普遍的自由相统一的思想，作为赫斯社会主义学说的核心，在他的《来自瑞士的二十一印张》（以下简称《二十一印张》）中的文章以及其他一些文章中得到了系统的、详尽的发挥。这些发挥，可以视为赫斯"专门从事从哲学上发展共产主义"的理论结晶。它们表现在下述几个方面。

（1）对于社会主义本质的理解

在《二十一印张》的著述中，赫斯明确地把社会主义、共产主义的本质"自由""平等"以及两者的统一联系起来。

在《社会主义与共产主义》一文中，赫斯通过对施泰恩的批判，首次明确表述了对社会主义、共产主义的这种本质理解。

施泰恩在其著作《今天法国的社会主义与共产主义》一文中，将

---

① Moses Hess, Philosophische und sozialistische Schriften, 1837–1850, Herg. v. A. Cornu und W. Moenke, Berlin, 2Aufl., 1980, S. 176.

社会主义和共产主义两个概念进行了区分。认为，前者牵涉理论，后者则牵涉实际生活；前者牵涉劳动的组织，后者则包括社会生活全体。同时认为，虽然两者在其结果上存在这样的差别，它们却统一于一个基本原则，即"民主精神"或社会平等。

赫斯的意见是，施泰恩强调了平等，看到了平等作为"中心和重点"在革命历史中具有优先地位，这是对的。可是，他却把社会主义、共产主义的基础仅仅归结为平等，忽视了自由和统一。这表明，他不仅没有看清自由、平等、统一三者在以往革命历史中的相互联结，而且也错判了社会发展的现实。赫斯承认，法国精神倾向的原则即平等是更为深刻的。但是，他认为，只有把这一原则同德国现代精神的倾向即自由结合起来，才算把握了"法国以及德国的现代精神的真正原则"，达到了对社会主义和共产主义、对当代历史趋向的完整理解[①]。

在《单一和完整的自由》一文中，赫斯从另一角度对自由与平等的统一进行了阐述，即把自由理解为一个统一整体，它包括精神自由与社会自由（社会平等）或精神自由与现实自由两个方面，且两者并重，无孰先孰后[②]。

这样，赫斯所理解和主张的自由与平等的统一，在一定意义上又是主体与客体、个人与社会、思想与现实、理论与实践的统一的集中的和具体的表现。

赫斯还把自由与平等的统一归结为"自由共同体"（Freigemein-

---

① Moses Hess, Philosophische und sozialistische Schriften, 1837–1850, Herg. v. A. Cornu und W. Moenke, Berlin, 2Aufl., 1980, S. 203–204.

② Moses Hess, Philosophische und sozialistische Schriften, 1837–1850, Herg. v. A. Cornu und W. Moenke, Berlin, 2Aufl., 1980, S. 227. 赫斯有关社会主义的本质、社会主义的基本价值观念是自由与平等的统一的见解，成为德国社会民主党思想传统的一部分，为其所继承和保存。今日联邦德国社会民主党党纲中关于民主社会主义的基本价值的规定，即为"自由、公正和团结"，实质上再现了赫斯的见解。参阅托马斯·迈尔（Thomas Meyer）对"自由""公正""团结"概念的解释，见其《论民主社会主义》，刘芸影等译，东方出版社1987年版，第83—87页。

schaft）："自由与平等、个体生活与公共生活的统一，这一过程，这种个体化的类的真正生活，就是自由共同体，就是由类的真理和统一向不同个体的自由现实、又从这种个体的自由现实返回到本质即类的不同表现的统一或社会生活产物的过渡。"①

可以认定，如同赫斯以前在《圣史》中确认的"财富共同体"这一概念对于他那时的宗教社会主义思想具有表征意义一样，"自由共同体"这一概念显然再鲜明不过地标明了赫斯此时心目中所理解的社会主义、共产主义的实质。

在阐明自由与平等的统一的基础上，赫斯指明，这种自由与平等的统一的必然性在现实中根源于反对宗教斗争与反对专制政治斗争的内在关联性和结合的客观要求。

赫斯认为，宗教与政治（专制政治）具有亲缘关系，它们的实质和历史作用是同一的。宗教是个人的不自由，政治则是社会的不自由。宗教是精神的内在不自由，政治则是精神的外在不自由②。它们"生死与共"③，结成"父子"和"家庭同盟"④，相互支撑，彼此辅助⑤。它们有着共同的本质，即"统治及其对立面的屈从"⑥。它们也有其共同的功用，即"通过切断自由的生命线即劳动与享乐的统一，

---

① Moses Hess, Philosophische und sozialistische Schriften, 1837 – 1850, Herg. v. A. Cornu und W. Moenke, Berlin, 2Aufl., 1980, S. 258 – 259.
② Moses Hess, Philosophische und sozialistische Schriften, 1837 – 1850, Herg. v. A. Cornu und W. Moenke, Berlin, 2Aufl., 1980, S. 202.
③ Moses Hess, Philosophische und sozialistische Schriften, 1837 – 1850, Herg. v. A. Cornu und W. Moenke, Berlin, 2Aufl., 1980, S. 202.
④ Moses Hess, Philosophische und sozialistische Schriften, 1837 – 1850, Herg. v. A. Cornu und W. Moenke, Berlin, 2Aufl., 1980, S. 214.
⑤ Moses Hess, Philosophische und sozialistische Schriften, 1837 – 1850, Herg. v. A. Cornu und W. Moenke, Berlin, 2Aufl., 1980, 参阅 S. 202："精神的内在不自由即天国的政治支撑精神的外在不自由。" S. 199："各种政治——无论它是专制的、贵族的或民主的，为了它的自我保存，必然……通过天国的政治、通过宗教……同精神奴役联系在一起。"
⑥ Moses Hess, Philosophische und sozialistische Schriften, 1837 – 1850, Herg. v. A. Cornu und W. Moenke, Berlin, 2Aufl., 1980, S. 217.

通过把人分为劳动的奴隶和享乐的动物，从而达到它们的否定一切自由和任何真正人的生命的目标"①。说到底，两者同为人的二重化（Dualismus）②的根源，宗教不过是精神奴役，政治不过是物质奴役。而同为奴役，"精神奴役与物质奴役间没有差别"③。因而，如同"只存在一种自由"，也"只存在一种奴役"④。

鉴于此，赫斯呼吁，必须把反对宗教的斗争同反对政治的斗争结合起来，把争取个人自由同争取社会自由即社会平等结合起来⑤。

这样，在赫斯那里，社会主义、共产主义从正面说，是自由与平等的统一，从负面说，则是宗教与专制政治的消除、摒弃和否定⑥。

基于对社会主义、共产主义本质的这种理解，赫斯不仅对施泰恩的理论，而且还对巴贝夫、傅立叶、圣西门、蒲鲁东等人的法国社会主义学说进行了分析批判，以及对费希特、谢林、黑格尔的哲学进行了分析批判。

赫斯认为，巴贝夫还未能理解社会主义、共产主义的本质。在他那里，社会主义学说是以一种最粗野的形态（roheste Gestalt）出现的⑦。圣西门也未达到对社会主义、共产主义的本质的正确认识。因

---

① Moses Hess, Philosophische und sozialistische Schriften, 1837 – 1850, Herg. v. A. Cornu und W. Moenke, Berlin, 2Aufl., 1980, S. 229.
② "二重化"是赫斯对人的本质异化的一种表述，指谓个体与普遍（类）的对立。
③ Moses Hess, Philosophische und sozialistische Schriften, 1837 – 1850, Herg. v. A. Cornu und W. Moenke, Berlin, 2Aufl., 1980, S. 229.
④ Moses Hess, Philosophische und sozialistische Schriften, 1837 – 1850, Herg. v. A. Cornu und W. Moenke, Berlin, 2Aufl., 1980, S. 228.
⑤ Moses Hess, Philosophische und sozialistische Schriften, 1837 – 1850, Herg. v. A. Cornu und W. Moenke, Berlin, 2Aufl., 1980, S. 227："如果不同时给予人民现实的、社会的自由，而想从精神上解放他们，这是无益和徒劳之举。""但是，另一方面，如果人民没有从精神奴役中、从宗教中解放出来，而把人民提升到现实的自由，使他们分享此在财富，同样也是无益和徒劳的。"
⑥ Moses Hess, Philosophische und sozialistische Schriften, 1837 – 1850, Herg. v. A. Cornu und W. Moenke, Berlin, 2Aufl., 1980, S. 202："在共产主义中，在集体状态中，没有宗教是可以想见的……同样，反过来，在无神论中，在精神自由状态中，没有政治也是可以想见的。"
⑦ Moses Hess, Philosophische und sozialistische Schriften, 1837 – 1850, Herg. v. A. Cornu und W. Moenke, Berlin, 2Aufl., 1980, S. 204.

为他只看到了制度而未看到自由。他想到的只是等级制即一种最糟糕的统治形式，这是由于这种统治形式是一贯的。他向往的实际上是没有自由的平等。与此相反，傅立叶走向另一极端，他向往的是没有平等的自由。总之，圣西门和傅立叶都各执一个方面，未能看到，自由与平等是相互依赖、互为前提的①。甚至连在批判地扬弃了私有财产以后想给法国人民提供一部预备宪法的蒲鲁东也未能把自由与平等统一、联结起来②。蒲鲁东的功绩是对私有财产的批判，即以最尖锐的方式批判和否定了个人的或私有的财产，但他的这种批判和抨击，仅以共同（gemeinshaftlich）、平等（Gleichheit）和公正（Gerechtigkeit）为基础，即仅以法国革命原则中的一种要素为基础，而不是以这一革命的全部原则为基础。然而，法国革命的完整原则不仅包含平等，而且也包含自由。平等之所以特别被重视、强调，只是因为这一原则在法国革命中占有重要地位。所以，蒲鲁东片面理解了法国革命的原则精神③。

与对法国社会主义学说的批判相联系，赫斯还将德国古典哲学与法国社会主义学说相比较、相观照。

海涅在《论德国的宗教和哲学的历史》（1835年，德文发表）中，曾把法国革命同德国哲学发展的不同阶段相比较：把康德和罗伯斯庇尔、费希特和拿破仑、谢林和法国复辟时期、黑格尔与七月革命作为等同项并列④。赫斯深受其启发。但他只采纳了海涅的天才比较方法，而并没有抄袭其现成结论。赫斯认为，在海涅的比较中，只有

---

① Moses Hess, Philosophische und sozialistische Schriften, 1837–1850, Herg. v. A. Cornu und W. Moenke, Berlin, 2Aufl., 1980, S. 206.
② Moses Hess, Philosophische und sozialistische Schriften, 1837–1850, Herg. v. A. Cornu und W. Moenke, Berlin, 2Aufl., 1980, S. 255.
③ Moses Hess, Philosophische und sozialistische Schriften, 1837–1850, Herg. v. A. Cornu und W. Moenke, Berlin, 2Aufl., 1980, S. 255、257.
④ ［德］海涅：《论德国的宗教和哲学的历史》，海安译，商务印书馆1974年版，第102—103、109、145—147页。

"康德—罗伯斯庇尔"这一事例才能成立。

按照赫斯的理解，德国哲学的精神自由的积极发展过程，始于费希特，终于黑格尔。这相当于由巴贝夫至傅立叶的法国社会主义学说的发展。费希特就是法国的巴贝夫（前者主张"精神自由""无神论"，后者则主张"无政府"），谢林就是法国的圣西门（他们为现代原则——一切人生活的绝对统一赢得了牢固基地），而黑格尔就是法国的傅立叶（前者解决了"个性自由"，后者解决了"社会平等"）①。赫斯还尝试把蒲鲁东同费尔巴哈加以比较。在他看来，由费希特和巴贝夫开始的无神论和共产主义，诉诸无政府状态。这种无政府状态否定一切统治，摈除一切限制。但却没有认识到，对外在限制的否定，就是对内在自我约制、自我限定的肯定。因此，实际上，它未能否定掉外在的限制，只不过把外在的限制变成了内在的限制（自我限制），走向了反面。而蒲鲁东和费尔巴哈的功绩正在于在新的起点上重新开始，不再局限于要求无限制的状态，而是采取了辩证的态度，这是最终有可能获得自由的道路②。

与此同时，赫斯认为，遵循费尔巴哈与蒲鲁东开辟的道路前进，并达到了对社会主义、共产主义的本质的辩证理解的，是包括他自己在内的"最新的社会改革者和共产主义者"③。因此，他把他们的学

---

① Moses Hess, Philosophische und sozialistische Schriften, 1837 - 1850, Herg. v. A. Cornu und W. Moenke, Berlin, 2Aufl., 1980, S. 199、200 - 202.

② Moses Hess, Philosophische und sozialistische Schriften, 1837 - 1850, Herg. v. A. Cornu und W. Moenke, Berlin, 2Aufl., 1980, S. 203. 尔后，在《论社会主义运动在德国》一文中，赫斯直接把费尔巴哈说成是理论上的蒲鲁东，而把蒲鲁东说成是实践上的费尔巴哈："费尔巴哈是德国的蒲鲁东。蒲鲁东通过对财产的批判在社会生活的所有实践的矛盾和冲突方面所实现的东西，费尔巴哈在所有理论的冲突方面实现了。"参阅 Moses Hess, Philosophische und sozialistische Schriften, 1837 - 1850, Herg. v. A. Cornu und W. Moenke, Berlin, 2Aufl., 1980, S. 293。

③ Moses Hess, Philosophische und sozialistische Schriften, 1837 - 1850, Herg. v. A. Cornu und W. Moenke, Berlin, 2Aufl., 1980, S. 206.

说命名为"科学共产主义"①。

(2) 对社会主义、共产主义若干特征的描述

赫斯不但把社会主义、共产主义理解为自由与平等的统一，还对社会主义、共产主义的某些其他重要特征、特点有所描述。引人注目的有下述两个方面。

①作为劳动与享乐的统一

赫斯在同施泰恩的论战中批评了施泰恩在平等的奋斗中只看到了"享乐"这一纯外部的、物质的指向的片面性，强调消除劳动与享乐的对立是共产主义的本质特征与优越性。

赫斯认为，劳动与享乐的统一取决于财产公有状态。而财产公有状态则是"哲学伦理学"的实现和体现②。由于哲学伦理学把自由的活动、把劳动看作是真正的、唯一的享乐，是至善，所以，在财产公有状态下，劳动与享乐也就成为同义语。与此相反，在体现利己主义和非道德的财产分有或财产私有的状态下，享乐与劳动必然是分离的：一方面，自由活动即劳动被贬低为奴隶劳动；另一方面，人的享乐则被贬低为动物的享乐③。

在《谈我们社会的困境及其补救》一文中，赫斯据此对空想社会主义学说进行了评述。他认为，从圣西门、傅立叶至蒲鲁东、卡贝的法国社会主义和共产主义都还"未有超越劳动与享受的对立"，"未有达到生产与消费统一的思想以及自由行动的思想"。④

---

① Moses Hess, Philosophische und sozialistische Schriften, 1837 – 1850, Herg. v. A. Cornu und W. Moenke, Berlin, 2Aufl., 1980, S. 200.

② 这里所言的哲学伦理学，首先应是指赫斯自己的哲学。

③ Moses Hess, Philosophische und sozialistische Schriften, 1837 – 1850, Herg. v. A. Cornu und W. Moenke, Berlin, 2Aufl., 1980, S. 204.

④ Moses Hess, Philosophische und sozialistische Schriften, 1837 – 1850, Herg. v. A. Cornu und W. Moenke, Berlin, 2Aufl., 1980, S. 323.

②必然性向自由的转化

赫斯把社会主义、共产主义视为人们由必然性状态向自由状态的过渡，认为人类的发展过程就是摆脱自然的规定性和束缚的过程：

> 在自然的生活中，矛盾是生活观念的表现形式。因此，这里若没有矛盾就没有生活。但是自然的生活不是自由的实现。只要精神还受自然性的束缚，它就谈不上自由。然而，精神及其世界，社会生活，人和人类，最终要实现它们自我同一的存在，那时，活动所采取的、成为习惯和'另种天性'的一切形式都将打破，只是活动保存下来，那时，所有自然的规定性都转化为自我规定。①

由此出发，他把人类史划分为两大阶段，即"精神的自然史"和"精神的真正历史"阶段。前者就是迄资本主义社会为止的历史，后者就是资本主义后的历史。两者的区别在于，在人的自然史中，任何精神的自我限制都是固定的，精神赖此同自身的对立是持存的。而在人的真正历史中，任何精神的自我限制都不过是被超越的一个历史阶段。②

赫斯认为，精神的真正历史开始于一切自然的限制终止、精神发展、自我意识成熟以及精神行动被清楚地认识的时刻，这就是自由王国的开始。而人们现在就站在它的门前且叩响了它的大门③。

这里，赫斯已初步表述出人类史是由必然王国向自由王国过渡的思想。

（3）关于社会主义必然性的论证

在《二十一印张》上的论文中，赫斯所表达的另一核心思想是对

---

① Moses Hess, Philosophische und sozialistische Schriften, 1837–1850, Herg. v. A. Cornu und W. Moenke, Berlin, 2Aufl., 1980, S. 219.

② Moses Hess, Philosophische und sozialistische Schriften, 1837–1850, Herg. v. A. Cornu und W. Moenke, Berlin, 2Aufl., 1980, S. 223.

③ Moses Hess, Philosophische und sozialistische Schriften, 1837–1850, Herg. v. A. Cornu und W. Moenke, Berlin, 2Aufl., 1980, S. 223–224.

社会主义必然性的论证。这一论证含三个层次：哲学的，社会学的，以及经济学的。

赫斯对社会主义必然性的哲学论证是转绕个体与普遍物的关系展开的。

正像前面所提及的，在《莱茵报》期间，赫斯已借助费尔巴哈的"类"概念，开始把人类史理解为个体与普遍矛盾发展的历史。在《二十一印张》上的文章中，赫斯对此作了进一步的发挥。他通过"二重化"（das Dualismus）这一概念，把迄资本主义社会为止的历史界说成人的"二重化"即人的自身分裂的过程。赫斯认为，这种人的"二重化"虽然存在于以往的全部历史过程中（实际上应为私有制社会以来的历史过程中），但却在基督教和君主政体中达到了顶点。基督教是最完善的宗教，君主政体则是最完善的政治。而"二重化"达到这种不可能再保持的高度就是革命和批判主义的开始[①]。换言之，基督教和君主政体的扬弃就意味着社会主义的起始。

这里，值得注意的是赫斯明确地不仅把宗教而且也把政治（剥削阶级的政治统治）视为人的"二重化"即异化的表现。这在赫斯那里，是基于对宗教和政治的本质的这种理解："宗教和政治的本质在于，它们让抽象、绝非现实而又外在于个体本身的普遍去吞并现实的生命，现实的个体的生命。"[②]"在绝对的宗教和政治中……普遍表现为对一切个体的否定。"[③]

总之，赫斯把社会主义理解为历史中个体与普遍的矛盾发展的必然结果，理解为人的"二重化"及其扬弃的结果。

此外，赫斯又把这种对"二重化"即个体与普遍的对立的描述具

---

① Moses Hess, Philosophische und sozialistische Schriften, 1837 – 1850, Herg. v. A. Cornu und W. Moenke, Berlin, 2Aufl., 1980, S. 217.

② Moses Hess, Philosophische und sozialistische Schriften, 1837 – 1850, Herg. v. A. Cornu und W. Moenke, Berlin, 2Aufl., 1980, S. 215.

③ Moses Hess, Philosophische und sozialistische Schriften, 1837 – 1850, Herg. v. A. Cornu und W. Moenke, Berlin, 2Aufl., 1980, S. 215.

体化为对国家与市民社会矛盾的考察,以此为社会主义必然性提供社会学的根据。

他指出:"迄今为止的历史仅是抽象的普遍即国家和个人的利己主义即市民社会间的盲目的、自发的斗争。只是在市民社会中,个人的所有制原则才以纯净的形式统治。但是,借助抽象的个性自由原则,所有权骤然转化为它的对立物,个人所有权首先产生的是奴隶制度。"

然而,"由于法国家还有市民社会作为敌对的对立面,它自身尔后必然同样骤然转化为它的反面"。①

这里,潜在的结论是,有如社会主义是个体与普遍的对立发展的必然结果一样,它也是国家与市民社会的矛盾发展的必然结果。

赫斯在此明确地提出国家与市民社会的矛盾问题,把有关社会主义必然性的论证由哲学上的抽象推论转换成社会结构的具体分析,这是具有重要意义的。马克思同期关注的也正是国家与市民社会的矛盾(《黑格尔法哲学批判》),这导致马克思确认了"市民社会"的"基础"作用,并从经济学中去寻求对市民社会的解剖②。

赫斯还通过对金钱的本质的揭示,从经济学方面论证了社会主义的必然性。

他在《金钱的本质》一文中认为,金钱的存在及其在资本主义社会中的绝对统治,根源于人的能力或生产力的不发展以及由此决定的人的孤立状态。可是在现代,人的能力、本质,即生产以及为了进一步进行生产所需要的产品消费的交往已发展到了丰裕的程度,因此,已生产了人的直接的、内在的联合的要求。所以,一旦人们联合起来,一旦他们能够直接进行交往或协作,金钱作为外在的交往手段就

---

① Moses Hess, Philosophische und sozialistische Schriften, 1837 – 1850, Herg. v. A. Cornu und W. Moenke, Berlin, 2Aufl., 1980, S. 207.

② 瓦·图赫舍雷尔(W. Tuchscheerer):"在《黑格尔法哲学批判》中,马克思阐述了一系列唯物主义的基本论点,其中最重要的是关于市民社会同政治国家的关系的唯物主义论证。"《马克思的经济理论的形成和发展》,马经青译,人民出版社1981年版,第37页。

必然被废除，产生和建立"有机的共同体"。

赫斯在这里所说的金钱，显然并非单纯意指本意上的交换媒介和手段，而是内含整个资本主义生产方式。因为在赫斯眼里，"金钱不外是非组织化的，因而脱离我们自己的理性意志并因此统治我们的人类社会现代生产方式的幻影"。①

（4）社会主义的实现

在社会主义的实现方面，赫斯诉诸的手段在更多的情况下是改革而非革命，更确切地说，即使他使用革命这一字眼，也主要是在改革的意义上而言的。

赫斯所理解的改革，是社会改革，即一种广义的改革。这种理解是与他对宗教和政治，特别是对基督教和专制政体的认识相关联的。他把宗教和政治视为两种最主要的奴役形式，并针对基督教和专制政体提出了社会主义的自由与平等的要求。为了自由与平等的实现，需要的显然既不会是单纯的思想变革，也不会是单纯的政治变革，而只能是包括思想、政治甚至经济变革在内的社会变革。

关于社会变革或变革具有社会性质的观点赫斯早在《莱茵报》期间已明确表述过。他在当时发表的《论英国面临的灾难》这篇评论中，特别以英国的状况为例，说明资本主义社会呈现的罪恶和灾难是社会性质的，因而必须进行全面的社会改革，而不是政治改革②。在那里，他明确把"政治改革"宣布为"治标手段"③。

如何实现这种社会改革呢？赫斯在总的原则方面，求助于道义驱

---

① 《多托勒·格拉齐安诺或阿诺尔德·卢格博士在巴黎》，《社会》杂志第 8 卷，1831 年第 2 期，第 178 页。
② 参阅 Moses Hess, Philosophische und sozialistische Schriften, 1837–1850, Herg. v. A. Cornu und W. Moenke, Berlin, 2 Aufl., 1980, S. 185、184。
③ 参阅 Moses Hess, Philosophische und sozialistische Schriften, 1837–1850, Herg. v. A. Cornu und W. Moenke, Berlin, 2 Aufl., 1980, S. 184, "一切政治改革都只是防止罪恶的治标手段。"

使下达到的理性认识①，求助于"爱的联合"，同时在具体操作方面，则针对宗教和政治这两个对象，求助于教育和劳动组织，把"组织教育"和"组织劳动"视为社会改革的两种基本手段，或者说，视为建立社会主义这一理想社会的两种基本途径和形式②。

赫斯在多大程度上沉溺于这种社会改革的幻想，卢格在他的回忆录中曾做过生动形象的记载③。或许出于成见，卢格对赫斯言谈的描绘多少具有漫画色彩，但他所叙述的基本思想倾向却是同赫斯在其文献中表露的思想吻合不悖的。

（5）在实现社会主义目标过程中哲学理论的任务

赫斯认为，在社会主义实现过程中，时代精神特别是哲学精神负有特别重要的任务。而有关社会主义实现的时代精神就是行动的自由精神，有关社会主义实现的哲学就是"行动的哲学"。行动的哲学就是社会变革的理论形式和先导。

在行动的哲学中，置于核心位置的是行动（Tat）。赫斯把行动界定为人的自我生产（Selbsterzeugung），即人的自我生成和发展的形式："……活动是通过设置和扬弃它的对立面以及生产它的同一物和自我相同性，通过打破我是非我即活动的限制，生产同一性，一句话，自我生产……"④ 他从"贯彻始终的不是存在而是行动"⑤ 这一本体论命题出发。

赫斯特别把行动与"自由"联系起来，同时将自由的行动

---

① 在《欧洲三同盟》中，他把这种理性认识称之为"理智之爱"，认为它始终是"立法者"。参阅上书，S. 154。

② 在《欧洲三同盟》中，他把这种理性认识称之为"理智之爱"，认为它始终是"立法者"。参阅上书，S. 283－284。

③ A. Ruge, Saemttliche Werke. 2. Aufl. Mannheim，1847，Bd. 5，S. 34—35. 参阅［法］奥古斯特·科尔纽《马克思恩格斯传》第 1 卷，刘磊等译，生活·读书·新知三联书店 1963 年版，第 629 页。

④ Moses Hess, Philosophische und sozialistische Schriften, 1837－1850, Herg. v. A. Cornu und W. Moenke, Berlin, 2Aufl., 1980, S. 211.

⑤ Moses Hess, Philosophische und sozialistische Schriften, 1837－1850, Herg. v. A. Cornu und W. Moenke, Berlin, 2Aufl., 1980, S. 210.

（活动）① 与强制的行动（活动）相对立，并将前者归属于人，后者归属于动物："人的本质，这一独特物，他所以同动物相区别，恰好在于他的自由的、独立于任何外在强迫的活动。"②

为了使人不再作为"社会动物"而作为"人"生活，赫斯力倡行动的自由精神。他把这种精神直接隶属社会主义的目标，并将其解释为一种不断否定的主导力量："社会主义的目标……就是，除了行动，不再保留任何陈旧的垃圾。行动迄今采取的任何形式，在自由精神面前将不复存在，这种自由精神恰好只能被理解为行动的自由精神，它不会停滞于既得的成果，即把它固它化、具体化和物质化，以及把它作为自己的财富保存起来，而是作为一种力量始终超越有限物、特定物，以便始终把自己视为行动者……"③

不用赘言，这种行动的自由精神的理论表现当然就是行动的哲学。

赫斯追溯了有关自由精神的"行动的哲学"的发展演历。他认为，自由行动的基础是斯宾诺莎的伦理学。而他自己创立的"行动的哲学"则是斯氏伦理学的进一步的发展。费希特曾为这一由伦理学到行动的哲学的演变奠定了基石，但其哲学未能摆脱唯心主义④。赫斯明确申明自己是斯氏和费氏的后继者，肯定了二者的历史地位与功绩。

赫斯把斯宾诺莎作为自由行动的哲学理论的奠基人是有理由的。斯宾诺莎被誉为"第一个近代精神上的信仰自由的哲学倡导者"⑤。在他的伦理学中确含有构成赫斯行动的哲学的基础与核心的要素——

---

① Moses Hess, Philosophische und sozialistische Schriften, 1837–1850, Herg. v. A. Cornu und W. Moenke, Berlin, 2Aufl., 1980, S.360, "自由的活动是源自内心驱使而进行的一切活动。"
② Moses Hess, Philosophische und sozialistische Schriften, 1837–1850, Herg. v. A. Cornu und W. Moenke, Berlin, 2Aufl., 1980, S.228.
③ Moses Hess, Philosophische und sozialistische Schriften, 1837–1850, Herg. v. A. Cornu und W. Moenke, Berlin, 2Aufl., 1980, S.219.
④ Moses Hess, Philosophische und sozialistische Schriften, 1837–1850, Herg. v. A. Cornu und W. Moenke, Berlin, 2Aufl., 1980, S.221.
⑤ [美] 斯·汉姆普西耳：《理性的时代》，陈嘉明译，光明日报出版社1989年版，第97页。

这就是斯宾诺莎的自由观。斯宾诺莎基于实体是自因的理解，把自由解说为事物（人）依据自身本性的必然而存在和行动："我们说一事物是自由的，如果它仅仅根据自身本性的必然性而存在，其行为仅仅由它自由决定。"同时，把必然性和受制性解说为自主性和自我决定的丧失："一事物被叫做必然的或受制的，如果它的存在及其产生结果均按一定的方式为别的事物所决定。"① 在赫斯看来，这无疑是对能体现人的本质的东西即"自由的活动"的一种明晰的、经典的表述②。

至于费希特，他把笛卡尔提出的"我思"释义为人类精神的行动，从而把"事实行动"（Tathandlung）作为"一切意识的基础"和"全部知识学的基础"③。这无疑为赫斯从"我思"命题中推出"行动在先"的行动本体论提供了非同寻常的启示。

总的来说，赫斯把行动的哲学视为扬弃人的二重化即人的现实异化的要求的哲学表达，他试图通过这一哲学扫除通向精神自由与社会自由理想境界道路上的宗教与政治这两大障碍，消除在资本主义社会中获得充分发展的个体与普遍的对立：

> 现在精神哲学的任务就是要成为行动的哲学。不仅必须把思维，而且必须把全部人类活动提高到消除一切对立的水准。④

这样，在赫斯那里，行动的哲学既是有关社会主义、共产主义学

---

① ［美］斯·汉姆普西耳：《理性的时代》，陈嘉明译，光明日报出版社1989年版，第103页；［荷］巴鲁赫·斯宾诺莎：《伦理学》，贺麟译，商务印书馆1958年版，第4页。
② 赫斯在何种程度上接受了斯宾诺莎的这一思想，可参见他在《谈我们社会的困境及其补救》一文中对"美德"（Tugend）的阐述。参阅 Moses Hess, Philosophische und sozialistische Schriften, 1837–1850, Herg. v. A. Cornu und W. Moenke, Berlin, 2Aufl., 1980, S. 325。
③ ［德］约翰·戈特利布·费希特：《全部知识学的基础》，王玖兴译，商务印书馆1986年版，第6—7页；［美］亨利·狄·阿金：《思想体系的时代》，王国良译，光明日报出版社1989年版，第52—53页。
④ Moses Hess, Philosophische und sozialistische Schriften, 1837–1850, Herg. v. A. Cornu und W. Moenke, Berlin, 2Aufl., 1980, S. 219.

说的哲学的理论表述，又是社会主义、共产主义理想社会境界实现的精神手段。

（三）伦理社会主义（"真正的"社会主义）

在赫斯的哲学社会主义思想中，已经蕴含了他的伦理社会主义即"真正的"社会主义。所谓伦理社会主义，不过是他的哲学社会主义思想发展的极致。

赫斯的"真正的"社会主义思想是从1844年初开始日渐成熟和发展起来的。它在《行动的哲学》《金钱的本质》《进步与发展》《社会主义运动在德国》《谈我们社会的困境及其补救》《最后的哲学家们》以及《关于共产主义的两次讲演》等文中有日趋明显的表露。而《问答式共产主义自白》一文则可视为他的"真正的"社会主义的形成标志①。

可以从三个方面来描述这种"真正的"社会主义的特征：泛爱论、宗教说与改良主义。

1. 泛爱论

赫斯首先把爱理解为社会主义、共产主义的一种社会的状态。他认为迄资本主义社会为止的人类历史是人的形成史阶段，而这一阶段同社会主义、共产主义的区别就在于，在前者，人类是"生存在斗争、矛盾和仇恨中"，在后者，人类则是"生存在爱中"。他径直把社会主义、共产主义社会称为"爱的新世界"②。这种爱的新世界，

---

① 这部著作完成于1844年6月的西里西亚织工起义后，与《谈我们社会的困境及其补救》一文同月发表。因此，一些研究者强调亚里西亚起义的意义，认为这一事件可以视为"真正的"社会主义诞生或问世的标志，是有道理的。参阅〔苏〕米·瓦·谢列布里雅科夫《德国的社会主义和马克思、恩格斯同它的斗争》，载《列宁格勒大学学报》（哲学类）1948年第2期；〔苏〕康捷尔《马克思和恩格斯反对德国"真正的社会主义"的斗争史略》，载中央编译局编译《马列著作编译资料》1981年第18辑；〔法〕奥古斯特·科尔纽《马克思恩格斯传》第3卷，刘磊等译，生活·读书·新知三联书店1963年版，第20页。

② Moses Hess, Philosophische und sozialistische Schriften, 1837–1850, Herg. v. A. Cornu und W. Moenke, Berlin, 2Aufl., 1980, S. 284.

在他看来，就是世俗的天国："……当我们不再生活在私欲和仇恨中，而是生活在爱中、生活在和谐一致的人类中、生活在共产主义社会中时，我们就在尘世中得到这样的天国。"① 如同赫斯以前强调平等而把理想中的社会命名为"财富共同体"、强调自由而把理想中的社会命名为"自由共同体"一样，现在，基于爱的理解，他把理想中的和谐社会冠之以"有机的共同体"②。

爱在赫斯那里，不仅表现为理想中的社会状态，而且表现为这种社会的理论原则。赫斯把爱解释成社会主义、共产主义的利他原则，以此同资本主义的利己主义原则相对立："爱""创造、工作、生产是直接的享受。我不能不生存（幸福的生存）而去爱。我不能不消费、享受而去生产。即使是利己主义者也想享受！那么，什么是利己主义同爱的区别呢？两者的区别在于，利己主义是不热爱而生活，不劳动而享受，不生产而消费。它总是为自己索取和从自我出发，即从不想奉献。"③ 这样，在赫斯那里，爱作为利他主义原则，体现为劳动与享乐、生产与消费的统一，体现为给予和奉献的统一。赫斯认为，爱的原则作为社会主义、共产主义的观念表现，本身就内含力量，即生命力和创造力④。并且，它不是一般的力量，而是能创造一切的力量，是原动力。这样的力量，自然也就无异于上帝。在《问答式共产主义自白》一文中，赫斯这样回答"爱的问题"：

---

① Moses Hess, Philosophische und sozialistische Schriften, 1837–1850, Herg. v. A. Cornu und W. Moenke, Berlin, 2Aufl., 1980, S. 367.
② Moses Hess, Philosophische und sozialistische Schriften, 1837–1850, Herg. v. A. Cornu und W. Moenke, Berlin, 2Aufl., 1980, S. 347.
③ Moses Hess, Philosophische und sozialistische Schriften, 1837–1850, Herg. v. A. Cornu und W. Moenke, Berlin, 2Aufl., 1980, S. 286.
④ Moses Hess, Philosophische und sozialistische Schriften, 1837–1850, Herg. v. A. Cornu und W. Moenke, Berlin, 2Aufl., 1980, S. 349.

67：天国的上帝不同于爱吗？

不，没有什么不同。

68：爱能产生什么？

能产生全部造物和宇宙，这宇宙如同爱一样，是永恒、无限和不可测度的。

69：这种创造物是某种始终保持同一和不变的东西吗？

不，相反。爱在不断创造。哪里爱不起作用，哪里的一切就都解体了。①

同时，赫斯主张，爱是一种普遍的，即具有全民性的原则。它牵涉和包括全体的人，因此，为了实现它，也必须用它去赢得全体的人②。这与赫斯在《金钱的本质》一文中表达的所有人都是不幸的异化人（不仅无产者，而且也包括资本家）③的思想是一致的。

赫斯还将爱视为一种实现社会主义、共产主义的实践活动，一种联结个体的手段④。在这个意义上，它也就是人的自由的活动即"协作、交往和交换"，是人的类本质："我们的类本质，即把无组织的要素、分离的个体联结起来并形成有组织的自我行动的爱，就是所有生命力量的协作、交往与交换。"⑤

赫斯的这些关于爱的说法，很容易令人想到埃里希·弗洛姆的"人道主义伦理学"。

---

① Moses Hess, Philosophische und sozialistische Schriften, 1837 – 1850, Herg. v. A. Cornu und W. Moenke, Berlin, 2Aufl., 1980, S. 367.
② Moses Hess, Philosophische und sozialistische Schriften, 1837 – 1850, Herg. v. A. Cornu und W. Moenke, Berlin, 2Aufl., 1980, S. 300.
③ Moses Hess, Philosophische und sozialistische Schriften, 1837 – 1850, Herg. v. A. Cornu und W. Moenke, Berlin, 2Aufl., 1980, S. 335.
④ Moses Hess, Philosophische und sozialistische Schriften, 1837 – 1850, Herg. v. A. Cornu und W. Moenke, Berlin, 2Aufl., 1980, S. 348.
⑤ Moses Hess, Philosophische und sozialistische Schriften, 1837 – 1850, Herg. v. A. Cornu und W. Moenke, Berlin, 2Aufl., 1980, S. 314.

赫斯的泛爱论是弗洛姆"人道主义伦理学"的一个重要思想来源①。把赫斯的泛爱说同埃里希·弗洛姆的人道主义伦理学加以对照，会发现两者具有惊人的相似之处。弗洛姆继承和完成了赫斯所开始的工作，即从斯宾诺莎主义出发，创立一种名副其实的爱的存在本体论哲学。因此，有必要将其与赫斯的泛爱说加以对比。

像赫斯一样，弗洛姆把爱界说为既是人与人之间联合、融合的状态、情境，又是这种人与人之间联合、融合的手段、能力。作为前者，爱是在保存人的完整性、人的个性条件下的一种联合、融合；作为后者，爱则显现为一种主动能力，它能突破把人与其同伴、与他人分离开的障碍。因此，爱的本质特征是主动性，作为一种主体发出的主动性活动，它只是在内心自由和独立的条件下才是可能的②。爱的主动性首先表现在"给予行为"，其次表现在关心、责任、尊重和认识因素③。给予作为爱的主动性特征，是人的潜能的最高表达，是自我生命存在与活力的证明，也是他人生命感的提高④。这无疑是对爱的利他主义性质的一种本体论的表述。至于爱的主动性在认识方面的表现，弗洛姆则赋予其一种认识论含义。他把爱行上升为一种全面的认识方式、认识模式，并且把这种认识模式说成是一种"融合的体验"，认为它超越思想和语言，可以洞悉人与宇宙的秘密⑤。这种富

---

① 撇开弗洛姆与赫斯的思想的相同性不论，至少他的《马克思关于人的概念》一书表明他对赫斯的学说是熟知的。在该书中，弗洛姆认为先知的救世主义在赫斯那里得到了有意识的复活，并构成了19世纪社会主义思想的主要成分。他还假定旧约全书思想有可能通过赫斯对马克思发生过直接影响。参阅［美］埃里希·弗洛姆《马克思关于人的概念》，载复旦大学哲学系现代西方哲学研究室编译《西方学者论〈1844年经济学—哲学手稿〉》，复旦大学出版社1983年版，第80、76页。
② ［美］埃里希·弗洛姆：《爱的艺术》，载《为自己的人》，孙依依译，生活·读书·新知三联书店1988年版，第244—247页。
③ ［美］埃里希·弗洛姆：《爱的艺术》，载《为自己的人》，孙依依译，生活·读书·新知三联书店1988年版，第251页。
④ ［美］埃里希·弗洛姆：《爱的艺术》，载《为自己的人》，孙依依译，生活·读书·新知三联书店1988年版，第249—250页。
⑤ ［美］埃里希·弗洛姆：《爱的艺术》，载《为自己的人》，孙依依译，生活·读书·新知三联书店1988年版，第255—256页。

有禅意韵味的说法，可谓独树一帜，不仅是对斯宾诺莎伦理学的一种超出，而且，也为赫斯的见解所不及。

在爱的能力、爱的功用方面，弗洛姆与赫斯有着更为一致的意见。赫斯认为，爱作为一种不断创造的力量，能产生全部造物和宇宙。弗洛姆在把爱解释成为一种积极的行为的同时，也宣称"爱可以创造一切"①，他把它说成是人的存在之源："这种对人与人间联合的追求是人的身心中最为强劲最为有力地奋争着的欲望。它是最基本的情感，是维系人类、民族、家庭和社会生存的力量。不能实现这种联合意味着疯狂或毁灭——自我毁灭与毁灭他人。没有爱，人类不能存在一天。"②

弗洛姆在乞援于斯宾诺莎主义来构建自己的人道主义伦理学时，同赫斯一样，注意到了斯宾诺莎如下的观点：爱是一种自由、自主的活动，是对人自身本性的必然性的遵从③。他把斯宾诺莎的德性概念视为斯宾诺莎对人的存在的一种解答，从而把伦理学同人的科学联结起来④。他也同赫斯一样，强调斯宾诺莎哲学的重点是从正确的信念转变到人生的正确行动⑤。

弗洛姆对"爱"的核心之论是，爱是"对人类存在问题的解答"。他的《爱的艺术》可谓其爱的存在本体论之书。他对赫斯的发展在于，他赋予"爱"以一种更加鲜明和突出的本体论色彩。但是，他的表述中具有实质性的东西，赫斯事先已经为他提供了。

---

① ［美］埃里希·弗洛姆：《生命之爱》，罗原译，工人出版社1988年版，第16页。
② ［美］埃里希·弗洛姆：《为自己的人》，孙依依译，生活·读书·新知三联书店1988年版，第244页。
③ 参阅［美］埃里希·弗洛姆《为自己的人》，孙依依译，生活·读书·新知三联书店，1988年，第248、98、44—45页。
④ 参阅［美］埃里希·弗洛姆《为自己的人》，孙依依译，生活·读书·新知三联书店，1988年，第44、45页。
⑤ 参阅［美］埃里希·弗洛姆《为自己的人》，孙依依译，生活·读书·新知三联书店，1988年，第292页。

2. 宗教说

在赫斯那里，伦理和宗教是融为一体的。当他把爱的本体论发展到极致时，它就上升为一种宗教观。这样，他就又绕回到《人类的圣史》这一出发点上：把宗教和共产主义融汇、等同起来。

在《问答式共产主义自白》一文中，他对宗教观给予如下的解说：

> 我们大家应该信奉何种宗教？信奉爱和人道的宗教。这一宗教的证明何在？在一切善良的人的心中。这种普遍的人类宗教是非基督教的宗教吗？不，毋宁说它是基督教的实现。①

赫斯把爱等同于社会主义、共产主义。所以，既然爱是一种宗教，与宗教同名，社会主义、共产主义自然也同宗教无异。于是他说，社会主义既是"最高的科学"，也是"最高的宗教"，而社会主义者既是"哲学家"，也是"传教士"②。

当赫斯把包括自己在内的社会主义者描述成传教士时，无疑已与马克思、恩格斯对社会主义、共产主义的理解相去甚远了。

3. 改良主义

在《问答式共产主义自白》一文中，赫斯明确摈弃了任何暴力的社会革命形式，把社会主义、共产主义的实现看作社会改良的结果。

他认为，只要使资本主义社会"意识到它的贫困和它的达到较好的存在（Dasein）的命运，借而激发大多数人的向往人的状况即摆脱正在遭受的奴役的愿望"，只要"废除因受雇专制制度而浪费人力的国家机构"，只要合理"摊派捐税"，即改交税收原则，只要根本改

---

① Moses Hess, Philosophische und sozialistische Schriften, 1837–1850, Herg. v. A. Cornu und W. Moenke, Berlin, 2Aufl., 1980, S. 366.
② Moses Hess, Philosophische und sozialistische Schriften, 1837–1850, Herg. v. A. Cornu und W. Moenke, Berlin, 2Aufl., 1980, S. 300.

变"继承权",资本主义的所有制关系"就会逐渐地转化为共产主义的所有制关系"。而与此相反,如果"采用暴力和突袭方法来废除目前的所有制关系,则必然造成不良后果"。①

为了实现这种改良,赫斯特别诉诸教育。他认为,"合乎理性的所有制以合乎理性的社会为前提,而合乎理性的社会又以受社会教育的人为前提"②,所以,问题的关键是教育。教育是人的"自由及其真正财产或财富"的真正保障③。赫斯所言的教育包含两个方面:"身体的教育"和"在公共教育机构中的普遍教育"④。

赫斯的这些思想,为伯恩斯坦所承继,并渗透到德国社会民主党的指导思想中。它在下列基本点上与作为民主社会主义思想基础的伯恩斯坦主义相吻合⑤:

---

① Moses Hess, Philosophische und sozialistische Schriften, 1837 – 1850, Herg. v. A. Cornu und W. Moenke, Berlin, 2Aufl., 1980, S. 364 – 265.
② Moses Hess, Philosophische und sozialistische Schriften, 1837 – 1850, Herg. v. A. Cornu und W. Moenke, Berlin, 2Aufl., 1980, S. 365.
③ Moses Hess, Philosophische und sozialistische Schriften, 1837 – 1850, Herg. v. A. Cornu und W. Moenke, Berlin, 2Aufl., 1980, S. 363.
④ Moses Hess, Philosophische und sozialistische Schriften, 1837 – 1850, Herg. v. A. Cornu und W. Moenke, Berlin, 2Aufl., 1980, S. 363.
⑤ 有关赫斯与伯恩斯坦的思想关系,兹·罗森在其研究著作中有所涉猎,见 Moses Hess und Karl Marx, Hamburg, 1983, nach S. 180. Z. Rosen,其特别指出,伯恩斯坦的"人们通常所云的社会主义的终极目标对我来说是虚无,运动就是一切"("Das, Was man gemeinhin Endziel des Sozialismus nennt, ist mir nichts, die Bewegung alles")。这一名言来自赫斯的如下思想:"在历史中,在精神生活中,事情牵涉的不是结果,而是其产生。'关键问题是活动,而非产物。'"("In der Geschichte, im Leben des Geistes, handelt es sich nicht um Resultate, sondern um das Hervorbringen derselben. Das Wirken, nicht das Werk, ist die Hauptsache.") 这是一项极为重要的提示。对此,还应加以补充的是,赫斯还曾明确把不断地行动(Taetigkeit)作为社会主义的目标("社会主义的目标……就是除了行动,不再保留任何陈旧的废物")。伯恩斯坦的"运动就是一切"不过重述了这一说法。此外,鉴于伯恩斯坦曾在他于柏林1902年出版的《社会主义文献》第1卷中收入了赫斯于1851年在日内瓦出版的题为《旧世界的审判》的小册子,并在"前言"中称赫斯为"社会主义的先驱",称赫斯在这本小册子中对"现代社会主义"的阐释"达到了其所处时代社会主义认识的巅峰",有理由把赫斯的"真正的社会主义"视为伯恩斯坦主义的重要理论来源,从而,也有理由把它视为民主社会主义的发源地之一和理论先声。兹·罗森认为,赫斯的具有人道主义和伦理色彩的社会主义在社会民主党中得到了贯彻(Moses Hess and Karl Marx, S. 182.),这一结论无疑是正确的。正因为如此,赫斯逝世后德国社会民主党人把他誉为"德国民主之父"也就不奇怪了。

a. 社会主义并不是一个有着明确规定的机构制度的社会模式，而只是组织社会的一种原则。

b. 社会主义不单纯是科学的行动，而是人民的利益和正义感的结果，即源于一种道义的必然性。

c. 不用通过暴力而应通过具体的替代方法用社会主义因素逐步取代资本主义。

关于第三点即社会主义的实现问题伯恩斯坦曾明确申明："政治革命中的暴力对改变社会的性质所起的作用愈来愈小。它可以打碎已经变得无法容忍的锁链和过时的制度，但除此之外它却不能创造任何有永久价值的东西。"（《布朗基主义和社会改良主义》，未发表）[1]

总之，泛爱论、宗教说与改良主义三位一体，构成了赫斯的"真正的"社会主义的主要本质特征。

赫斯参与了《德意志意识形态》的撰写工作，表明了他对自己的"真正的"社会主义的一种反省[2]。在1851年的《旧世界的审判》中以及在1859年的《马克思经济学批判手稿评论》（遗稿）中，赫斯又对自己的社会主义理论进行了自我批判，认为该理论没有"实证科学的中介"，"飘浮在纯思想的空中"。同时，肯定马克思为代表的方向"有对于基本现状实证认识的丰富材料"[3]。这些，表明了赫斯此后对自我的某种超越。当然，即便如此，赫斯并未能从根本上摆脱自己的伦理社会主义的思想轨道。

---

[1] 参阅《论民主社会主义》，刘芸影等译，东方出版社1987年版，第35—47页。

[2] "《德意志意识形态》第二卷第五章……按照那些专门对这一章做了版本考证分析的人的意见，是由赫斯撰写的。这就是说，赫斯力图克服自己的'真正社会主义'的幻想。"［苏］马利宁、申卡鲁克：《黑格尔左派批判分析》，曾盛林译，沈真校，社会科学文献出版社1987年版，第196页。

[3] E. Silberner, Zur Hess-Bibliographie, mit zwei bisher unveroeffentlichten Manuskripten ueber Marx, in Archiv fuer Sozialgeschichte Bd. VI/VII, Hannover, 1966/1967. S. 283.

二　赫斯的社会主义与科学社会主义

在19世纪40年代，无论就其理论贡献，还是就其时代影响来说，赫斯均堪称除马克思、恩格斯以外的一位最重要的社会主义理论家。特别是他40年代前期的思想，不仅在许多重要观点上，而且也在发展轨迹和趋向上预示了马克思、恩格斯为代表的"科学社会主义"理论的必然诞生。所以，卢卡奇把赫斯视为"说明无产阶级革命理论形成时期德国思想状况"的"最有趣味的例证之一"，视为能体现这一过渡时期的"典型代表"①，是颇有意味的，尽管他未能充分揭示出这一结论的蕴涵，未能对于赫斯与马克思、恩格斯的思想关系给予足够的重视和注意。

但是，在现有的研究文献中，在如何看待和估价赫斯在社会主义理论方面对马克思的影响这一问题上，意见还是颇有歧异的。

卢卡奇断言，赫斯对革命工人运动现代理论不具任何意义，他只是在历史唯物主义发展史中扮演了某种"纯历史的角色"②。这一观点为I. 格伊泰恩（Irma Goitein）等人所维护和沿袭③。沃·门克（W. Moenke）在此方面也是卢卡奇的后继者④。与此相反，奥·科尔纽、E. 蒂尔（Erich Thier）、R. 图克尔（R. Tucker）、埃·西尔伯纳尔（E. Silberner）、戴·麦克莱伦（D. Mclellan）、兹·罗森（Z. Rosen）等人则从不同的立场和方面提出了相异的观点，他们均程度不同地肯

---

① G. Lukacs, Moses Hess und die Probleme der idealistischen Dialektik, Leipzig, 1926, S. 51.
② G. Lukacs, Moses Hess und die Probleme der idealistischen Dialektik, Leipzig, 1926, S. 4 – 5.
③ I. Goitein, Die Probleme der Gesellschaft und des staates bei Moses Hess, Leipzig, 1931, S. 75 – 76, 81 – 82.
④ W. Moenke, Die heilige Familie, Zur ersten Gemeinschaftsarbeit von Karl Marx und Friedrich Engels, Berlin, 1972, S. 80.

定了赫斯对于马克思转向社会主义以及创建科学社会主义理论过程中的作用和贡献①。

门克坚持认为,在马克思转向社会主义方面,赫斯所起的作用是微乎其微的,因为尽管马克思在《莱茵报》期间同他频繁接触、交往,却没有成为社会主义者。他强调,是由于社会问题方面的理论与实践的冲突导致了马克思对社会主义学说的研究②。但是,以下几个方面的事实是不容忽略的。

第一,从两人思想发展过程看,赫斯转向社会主义远早于马克思,而且,是马克思亲自接触和交往的第一位社会主义者。1832年或1833年,赫斯(当时20岁或21岁)曾从家出走,游历过法国,那时,他就有机会直接接触法国社会主义学说。而在此之前,他已通过德国的手工业者对巴贝夫、傅立叶的学说有所了解了③。马克思则是在1843年10月移居法国后才直接接触到法国社会主义学说的。他对法国社会主义学说的了解不会早于1842年下半年④。赫斯1837年初已发表了第一部社会主义论著,它虽然具空想性质,但已模糊地表达了社会主义的思想倾向。而马克思直至1843年9月致卢格的信中才有保留地承认了社会主义(傅立叶、蒲鲁东等人的学说),认为它"牵涉到真正的人的本质的现实这一方面"。但与此同时,马克思仍拒绝了"共产主义"这一概念,在马克思当时心中,这一概念只是卡

---

① A. Konue, Moses Hess et la gauche Hégélienne, Paris, 1934, S. 75, 108 – 109. E. Thier, Das Menschenbild des jungen Marx, 2 Aufl., Goettingen, 1961, S. 34. R. Tucker, Karl Marx, Die Entwiclung seines Denkens von der Philosophie Zun Mythos. Menchen, 1963, S. 146. E. Silberner, Moses Hess, Geschichte seines Lebens, Leiden, 1966, S. 121. D. Mclellan, The young hegelians and Marx, London and Basingstoke, 1969, S. 142 – 143, 151, 154 – 157. Z. Rozen, Moses Hess und Karl Marx, Hamburg, 1983, S. 177 – 178.

② W. Moenke, Die heilige Familie, Zur ersten Gemeinschaftsarbeit von Karl Marx und Friedrich Engels, Berlin, 1972, S. 80.

③ 参阅拙文《莫泽斯·赫斯——生平、著作以及和马克思的交往》,《马克思主义研究资料》1988年第3期。

④ 参阅《马克思恩格斯全集》第1卷,人民出版社1956年版,第134页。

贝、德萨米、魏特林学说的代名词①。在《德法年鉴》上发表的文章中，马克思诉诸"人的解放"，诉诸无产阶级，但仍未用社会主义、共产主义概念来标示未来社会。显然，只是到了1844年上半年，马克思才开始接受这两个术语，例如在《1844年经济学哲学手稿》②中，以及在《评"普鲁士人"的〈普鲁士国王和社会改革〉一文》中③。

第二，马克思是在《莱茵报》期间，特别是通过《莱茵报》以及有关社会主义的讨论开始了解法国社会主义学说及其在德国的反响的，即他后来所称的"法国社会主义和共产主义的带着微弱哲学色彩的回声"④。而赫斯正是这种"回声"的主要制造者。他把偷运共产主义观念视为自己办报的主要任务⑤。例如，评介施泰恩的论著和魏特林的思想，转载法国共产主义者宣言，等等。在《共产主义者在法国》一文中，他公开言明"新学说"（共产主义学说）的意义不能用信仰者的数量来衡量，而必须根据其内在的内容⑥。在《共产主义原则的统治形式》一文中，他甚至公然宣扬魏特林提出的关于科学统治这一"共产主义原则"的"创造性和独特性"（Genialitaet und Originalitaet）⑦。所以，《奥格斯堡总汇报》嗅出了《莱茵报》的"共产主义"烟火味，并非是没有缘由的。

第三，《奥格斯堡总汇报》对《莱茵报》的攻击和马克思被迫为此承担"反击"任务的直接起因，盖源于赫斯在《莱茵报》上发表的文章。其结果是迫使马克思对尚无能力作出评判的对象表态，并最

---

① 参阅《马克思恩格斯全集》第1卷，人民出版社1956年版，第416页。
② 《马克思恩格斯全集》第42卷，人民出版社1979年版，第131页。
③ 《马克思恩格斯全集》第1卷，人民出版社1956年版，第484、288—289页。
④ 《马克思恩格斯选集》第2卷，人民出版社2012年版，第2页。
⑤ 参阅 E. Silberner, Moses Hess, Geschichte seines Lebens, Leiden, 1966, S. 114ff.
⑥ 参阅 E. Silberner, Moses Hess, Geschichte seines Lebens, Leiden, 1966, S. 116ff.
⑦ Moses Hess, Philosophische und sozialistische Schriften, 1837 – 1850, Herg. v. A. Cornu und W. Moenke, Berlin, 2Aufl., 1980, S. 194.

终为解决由这一窘境带来的"苦恼"而由社会舞台退回书房。

上述事实表明,赫斯在促使马克思关注社会主义和共产主义,确信从理论上理解社会主义和共产主义的必要性和迫切性方面是发挥了重要作用的。

至于在构建社会主义理论方面赫斯到底在何种程度上对马克思产生了影响,可以从下述若干方面的分析和对比中看出。

(一)"社会主义"与"共产主义"

赫斯在社会主义思想方面对马克思的影响,首先表现在对社会主义、共产主义概念的接受和理解方面。

按照普列汉诺夫的考证,"社会主义"一词最初出现在19世纪30年代英国和法国的文献中。在这一概念开始流行时,它被用来表示为了提高下层阶级福利和保障社会和平而改造社会制度的任何一种意图。由于它的含义十分不确定,人们往往把它同"共产主义"一词对立起来①。

这一情况显然也适用于40年代上半期的德国。例如"真正的"社会主义代表之一海·泽米希在自己的文章中就表达过这样的意见:共产主义不能产生出自由社会的和谐,而只能产生出专制主义的死板的平等;与此相反,社会主义则是"最合理的"社会制度,能保证每个个性的发展。同时,他还认为,社会主义与共产主义这种区别的实质在于,共产主义是法国现象,社会主义是德国现象,虽然两者最终都消融在人道主义中②。

海·皮特曼曾针对泽米希的见解对这两个概念在当时的使用情况进行过说明。根据他的说法,在当时,按照概念的流行情形,在英

---

① [俄]普列汉诺夫:《十九世纪法国的空想社会主义》,载《论空想社会主义》,中国人民大学编译室编,商务印书馆1980年版,上卷,第31页注。
② 《莱茵社会改革年鉴》,达姆施塔特,1847年,第1卷第167—174页。

国,"社会主义"与"共产主义"是无区别的。但是,在法国和德国,两者含义则有所不同,即"共产主义"内含并以消灭私有财产为基本原则,"社会主义"则与消灭私有财产无关。在曾遭到赫斯批判的施泰恩那里,却存有另种看法。他虽然也指出了两者的差异,但同时又强调,无论社会主义与共产主义怎样不同,但它们的基本原则却是统一的,即统一于"民主精神"①。

面对这种概念纠葛和纷争,赫斯起初出于形式方面的顾忌,没有接受"共产主义"这一概念,但后来(至迟在《二十一印张》中)则改变了态度②。在《社会主义与共产主义》(1843年7月)一文中,他默认了施泰恩的关于社会主义与共产主义两者在基本原则上是同一的这一观点。这不仅因为它们是同时历史地形成和发展的,而且因为它们都把注意力集中于无产阶级,是彼此内在联系的。此外,赫斯批判了施泰恩只从巴贝夫所代表的原始的、粗野的共产主义形态的意义上去理解"共产主义",从而把圣西门、傅立叶、蒲鲁东等人的社会主义学说同"共产主义"分割开,甚至对立起来的错误③。

马克思晚于赫斯接受社会主义,特别是共产主义的概念。如前所述,他对这两个概念明确表态,首见于1843年9月致卢格的信中。在这封信中,马克思在批判以卡贝、德萨米和魏特林为代表的共产主义并没有摆脱私有制存在的影响时,实际上摈除了"共产主义"这一概念。但是,马克思对"社会主义"概念却给予了某种程度的肯定。他认为傅立叶、蒲鲁东等人的社会主义高于那种实际上是"教条的抽

---

① Moses Hess, Philosophische und sozialistische Schriften, 1837 – 1850, Herg. v. A. Cornu und W. Moenke, Berlin, 2Aufl., 1980, S. 203.

② Moses Hess, Philosophische und sozialistische Schriften, 1837 – 1850, Herg. v. A. Cornu und W. Moenke, Berlin, 2Aufl., 1980, S. 174. 参阅海·皮特曼的注释:"赫斯……和他的朋友们最近接受了共产主义者这个名称,并委托我们来澄清一下:他们以前仅是由于形式上的顾忌而没有接受这一称谓。"

③ Moses Hess, Philosophische und sozialistische Schriften, 1837 – 1850, Herg. v. A. Cornu und W. Moenke, Berlin, 2Aufl., 1980, S. 203 – 204.

象观念"的共产主义，后者不过是社会主义原则的"一种特殊的片面实现"。尽管如此，马克思对社会主义这个概念依然有所保留。他在整体上把社会主义理解为仅牵涉"人的本质的现实"，而不牵涉人的理论生活的实践原则[①]。这里，马克思和赫斯的相同之处在于，注意到了既有的共产主义与社会主义学说之间的历史联系。

在《1844年经济学哲学手稿》中，马克思正式肯定和接纳了"社会主义"与"共产主义"这两个概念。但是与马克思晚年的意见即把社会主义视为共产主义的低级阶段（《哥达纲领批判》）相反，此时马克思还是从自己在致卢格信中表露的思路出发，即把共产主义隶属于社会主义。有所不同的是，马克思这时认为，"共产主义"是私有财产的扬弃，即人的"肯定的（positiv）现实"的实现媒介，而"社会主义"则是人的"肯定的（positiv）自我意识"，即有关人的"肯定的现实"的意识。这样，在《1844年经济学哲学手稿》中，社会主义首先表现为观念目标，共产主义则首先表现为实践手段，社会主义是"人类发展的目标"和未来的"人类社会的形式"，共产主义则"对下一段历史发展来说是必然的环节"，是"最近将来的必然的形式和有效的原则"[②]。

（二）"科学共产主义"与"科学社会主义"

马克思对"社会主义""共产主义"概念的接纳同赫斯对空想共产主义学说发展史的看法有一定联系。

赫斯在《社会主义与共产主义》中，将法国社会主义代表人物同

[①] 《马克思恩格斯全集》第1卷，人民出版社1956年版，第416页。
[②] 《马克思恩格斯全集》第42卷，人民出版社1979年版，第131页。顺便指出，共产主义一词中文译法源自日语共产主义（Kyosan-Shugi），为意译英语 Communism。该词拉丁语字根为 Communis，"共同"之意，相当于德语的 gemeinschaftlich。所以，该词又可译"共同主义"。就"扬弃私有财产"内涵而言，"共产主义"译法是较为确切的。但如果就一种共同体状态即包含社会主义阶段在内的社会形态而言，译为"共同主义"或"大同主义"则更为贴切。

德国哲学的经典作家加以对照类比。他在把谢林和黑格尔看作费希特后继者的同时，也把圣西门、傅立叶（甚至蒲鲁东等）视为巴贝夫的继承人。他认为，巴贝夫的共产主义是共产主义理论的"始初的、最粗陋的形态"（roheste Gestalt），这种共产主义把平等等同于无套裤汉的平等、"贫穷的平等"，它不理解共产主义的本质①。圣西门、傅立叶的社会主义作为巴贝夫共产主义的"发展和过渡阶段"，对共产主义的本质的理解也是片面的，他们或执着于没有自由的平等，或囿拘于没有平等的自由②。只有"最新的社会改革者和共产主义者"才达到了对共产主义本质的完整的理解和深刻的把握③，他们的理论是"科学共产主义"④。这样，在赫斯那里，德国近代社会主义理论发展的历史就呈现为三个阶段：

a. 以巴贝夫为代表的粗陋的共产主义；

b. 以圣西门、傅立叶等为代表的社会主义；

c. 以"最新的"社会改革者和共产主义者代表的"科学共产主义"。

这里，引人注目的是，赫斯第一次提出了"科学共产主义"这一概念，以同圣西门、傅立叶等人以前的一切空想社会主义相区分。稍后，在1844年5月撰写的《谈社会主义运动在德国》一文中，他又表达了"社会主义……是最高的科学"的思想⑤。

---

① Moses Hess, Philosophische und sozialistische Schriften, 1837 – 1850, Herg. v. A. Cornu und W. Moenke, Berlin, 2Aufl., 1980, S. 204、206.

② Moses Hess, Philosophische und sozialistische Schriften, 1837 – 1850, Herg. v. A. Cornu und W. Moenke, Berlin, 2Aufl., 1980, S. 204、206.

③ Moses Hess, Philosophische und sozialistische Schriften, 1837 – 1850, Herg. v. A. Cornu und W. Moenke, Berlin, 2Aufl., 1980, S. 204、206.

④ Moses Hess, Philosophische und sozialistische Schriften, 1837 – 1850, Herg. v. A. Cornu und W. Moenke, Berlin, 2Aufl., 1980, S. 200："法国社会哲学……在圣西门和傅立叶以后……才从学派中解放出来并开始作为科学共产主义渗透到人民中。"

⑤ Moses Hess, Philosophische und sozialistische Schriften, 1837 – 1850, Herg. v. A. Cornu und W. Moenke, Berlin, 2Aufl., 1980, S. 65.

马克思在《1844年经济学哲学手稿》中，恰好也对共产主义的理论形态作了类似的划分：

（1）"粗陋的共产主义"。它是私有财产关系的普遍化和完成，是想把自己作为肯定的共同本质（das positive Gemeinwesen）确定下来的私有财产的卑鄙性的一种表现形式。

（2）"仍具有政治性质的、即民主或专制的共产主义"[①]，以及废除国家，但同时尚未完成，并且仍带有私有财产即人的异化烙印的共产主义。这种共产主义尚未摆脱私有财产的束缚和理解私有财产的本质。

（3）作为"私有财产即人的自我异化的积极的扬弃"的共产主义。这种共产主义，是人向自身即向社会的人的完全、自觉且保存以往发展全部财富的复归，是历史之谜的解答[②]。

马克思对社会主义（共产主义）思想史的这种理解与赫斯观点的雷同是一目了然的。

马克思是采用"科学社会主义"一词来命名和标示自己的社会主义学说的。这显然也得益于赫斯的"科学共产主义"的概念以及社会主义是最高科学的提法。它的意旨显然与赫斯使用"科学共产主义"这一术语一致，即针对以往的各种空想社会主义。对此，马克思在批判巴枯宁时曾作过专门的说明："'科学社会主义'也只是为了与空想社会主义相对立时才使用，因为空想社会主义力图把新的呓语和幻想强加于人民，而不把自己的认识领域局限于研究人民自己进行的社会运动。"[③]

[①] 此处《马克思恩格斯全集》中译文有误。德文原文为"Der Kommunsimus a) noch politischer Natur, demokratisch oder despotisch"。noch 被误作 nach（"按"）翻译。参阅《马克思恩格斯全集》第42卷，人民出版社1979年版，第120页首行。

[②] 参阅《马克思恩格斯全集》第42卷，人民出版社1972年版，第117—120页。

[③] 《马克思恩格斯全集》第18卷，人民出版社1964年版，第700页。

（三）哲学与社会主义

赫斯的理论活动的中心，理论的着眼点始终是哲学与社会主义的关系问题。他试图从哲学方面阐明对资本主义社会的共产主义批判以及推进共产主义学说。由于德国与法国两个民族历史发展的不同特点，哲学与社会主义的关系问题在当时的历史条件下，很自然地具体化为德国哲学与法国社会主义的关系问题。而哲学与社会主义的结合的需要，也就很自然地具体化为德国哲学与法国社会主义的"联姻"的要求。

早在1837年的《人类的圣史》中，赫斯就已明确地表达了德法"联盟"的要求。这一要求是以对德法两国各自的特点及其互补性的认识为基础的：德国具有宗教的特点，是"精神斗争"的代表，法国具有政治的特点，是"政治革命"的代表，而两者的结合就将形成未来的理想社会，即"圣王国"，一种"新的耶路撒冷"[①]。此后，例如在《欧洲三同盟》中以及发表在《二十一印张》上的文章中，他又把这种结合的客观必然性描述成"当代的本质趋势"[②]和"现代精神倾向的真正原则"，描述成社会主义的实质、基本价值和观念[③]。

在《欧洲三同盟》中，他认为法国代表行动自由，德国代表精神自由，而英国则以萌芽的形式代表了这两者的统一，即另一种完整的自由（"第三种自由"）。于是，行动自由、精神自由以及两者的统一，法国、德国以及英国的联盟，就构成赫斯的有关欧洲甚至整个世界历史发展战略构想的理论基础。

---

① Moses Hess, Philosophische und sozialistische Schriften, 1837 – 1850, Herg. v. A. Cornu und W. Moenke, Berlin, 2Aufl., 1980, S. 65.

② Moses Hess, Philosophische und sozialistische Schriften, 1837 – 1850, Herg. v. A. Cornu und W. Moenke, Berlin, 2Aufl., 1980, S. 94.

③ Moses Hess, Philosophische und sozialistische Schriften, 1837 – 1850, Herg. v. A. Cornu und W. Moenke, Berlin, 2Aufl., 1980, S. 95, 105, 202 – 204.

在谈到德国哲学与法国社会主义的同一性时，特别是当赫斯把费希特、谢林与黑格尔同巴贝夫、圣西门与傅立叶逐一对照时，他实际上是把德国哲学当成了超越德国现状的东西，或者说，当成了德国现状的观念上的延伸。

与此相类似的见解马克思在1844年间也有所表露。

在1844年8月驳斥卢格的文章《评"普鲁士人"的〈普鲁士国王和社会改革〉一文》中，马克思谴责了法德两个民族的各自弱点，并且针对德国现实提出了将哲学与社会主义结合起来的要求。马克思认为，法国政治性过强，以致不能在国家原理中寻找社会疾苦的根源[①]。反之，德国则在政治革命方面无能[②]。在他看来，这种"德国哲学和政治发展的不相称"是"必然的"，因此，"一个哲学的民族只有在社会主义里面才能找到适合于它的实践"[③]。在该文中，马克思还表达了这样的观点："德国无产阶级是欧洲无产阶级的理论家"，"英国无产阶级是它的经济学家，法国无产阶级是它的政治家"[④]。这显然是对赫斯"欧洲三同盟"思想的一种发挥。

在《〈黑格尔法哲学批判〉导言》中，马克思也认为德国哲学超过了德国的现实，它相当于同时代各国发展的实际，对于德国人来说，则是他们的未来历史。

在该文中，马克思宣布宗教批判的任务已告结束，提到现实日程的已是政治批判。但是马克思认为，要实现这一任务，正确的方法是针对"副本"而非针对"原本"，即应针对德国的国家哲学和法哲学（其典型标本是黑格尔哲学）而非针对德国现实。原因何在呢？就在于德国当时的状况落后于世界各国发展的实际。德国人是在思想、哲

---

① 《马克思恩格斯全集》第1卷，人民出版社1956年版，第480页。
② 《马克思恩格斯全集》第1卷，人民出版社1956年版，第484页。
③ 《马克思恩格斯全集》第1卷，人民出版社1956年版，第484页。
④ 《马克思恩格斯全集》第1卷，人民出版社1956年版，第483—484页。

学中经历其未来历史的。他们是哲学的同时代人，而非历史的同时代人。德国哲学是德国历史在观念上的继续。因此，不批判德国现实历史而批判德国观念历史即哲学时，恰恰触及了时代的中心问题。反之，则犯了"时序错误"。所以，马克思强调摧毁政治现状的一般障碍的重要性，强调"理论解放"的意义，认为理论要求能够"直接成为实践的要求"①。马克思的这种对于德国哲学和德国现状的理解，同赫斯是一致的。

（四）"类"与社会主义

费尔巴哈的著作，特别是《关于哲学改造的临时纲要》和《未来哲学原理》出版以后，费尔巴哈哲学与社会主义的关系问题就在哲学与社会主义的关系问题中占据了首要地位，成为后者的主要表现形式。关于费尔巴哈哲学与社会主义的内在联系，马克思在1844年8月11日致费尔巴哈的信中曾这样谈及："在这些著作中，您（我不知道是否有意地）给社会主义提供了哲学基础，而共产主义者也就这样理解了您的著作。建立在人们的现实差别基础上的人与人的统一，从抽象的天上下降到现实的地上的人的类（die Menschengattung）概念，——如果不是社会的概念，那是什么呢？"②

在这里，马克思强调了费尔巴哈学说中对于社会主义具有重要意义的东西——"类"概念。

赫斯在《莱茵报》期间已经意识到费尔巴哈的类概念对于社会主义构想具有的意义。在《德国和法国与中央集权问题》一文中，他已开始尝试把费尔巴哈的"类""类生命"等概念引入自己的社会主义

---

① 《马克思恩格斯全集》第1卷，人民出版社1956年版，第453、458、459页。
② 《马克思恩格斯全集》第27卷，人民出版社1972年版，第450页。原文见 L. Feuerbach, Gesammelte Werk, Bd. 18, Herg. v. W. Schuffenhauer, Berlin, 1974, S. 376。

理论中,即把社会主义理解和阐释为一种符合人的类本质的社会关系①。

如前已述,马克思在此期间也接纳了费尔巴哈的"类"概念。至迟在《评普鲁士最近的书报检查令》(1842年1—2月)一文中,马克思已经使用了这一概念,用以标示同新闻检查官这一"特殊个体"相对立的新闻"出版物",从而在哲学上对书报检查令进行抨击。但是,此时马克思还没有转向社会主义,因而没有也不可能把"类"同社会主义联系起来。马克思着手这种尝试是在《1844年经济学哲学手稿》(以下简称《手稿》)中。在那里,马克思既把共产主义理解为私有财产运动的必然结果,即以往全部生产运动的必然结果,又把共产主义理解为"人对人的本质的真正占有",即人向社会的人或"类本质"的复归,理解为"个体与类之间的斗争的真正解决"②。这和赫斯在《二十一印张》上的文章中把社会主义界说为"类生活的全面展开"或"真正的类生活"的社会是一致的,两者都带有某种"哲学社会主义"色彩。而马克思在该文"序言"中明确声明,他在撰写该文时,利用了包括赫斯《二十一印张》上的几篇文章在内的"德国社会主义者"的著作。

几乎在与马克思开始撰写《手稿》一文的同时,赫斯发表了《谈社会主义运动在德国》(1844年5月)一文。在该文中,赫斯对费尔巴哈展开了批判,并明确阐明了德国哲学,特别是费尔巴哈哲学同社会主义的关系:

> 哲学的关系,简言之,完善的德国哲学即费尔巴哈哲学同社会主义的关系,是理论的人道主义同实践的人道主义的关系。如

---

① Moses Hess, Philosophische und sozialistische Schriften, 1837 – 1850, Herg. v. A. Cornu und W. Moenke, Berlin, 2Aufl., 1980, S. 295.
② 《马克思恩格斯全集》第42卷,人民出版社1979年版,第121、120页。

果德国哲学本身同社会主义之间出现了冲突,那么,这种冲突原则上只能由此产生,即德国哲学不是把人道主义、人的生活从根本上理解为人的共同活动,理解为最广意义上的人的生活活动,而是理解为思想活动。①

(五)"自由的活动"与"自主活动"

"自由的活动"是赫斯社会主义学说中的一个核心的概念。在《欧洲三同盟》中,赫斯对这一概念已有所论及,但那时,他还受到黑格尔的哲学唯心主义以及费希特的"精神行动"的概念的束缚,主要是从精神方面去理解它,即把它首先理解为一种精神活动②。但是,在《二十一印张》期间,他对自由的活动的理解已趋于全面,有了自由的活动是"自由的精神活动"与"自由的社会活动"的统一的思想③。以此为契机,赫斯在此后的文章中对自由的活动概念又有所发挥。

赫斯把自由的活动界定为"源自内心驱使而进行的一切活动"④,即人们在其行为中,遵从内在的自我,自我本身的本性或声音⑤。因而,"自由的活动"具有主动性特点。它是活动的主体主动发出的。"自由的活动"所内含的自由精神是一种自主的、自我决定的"主动

---

① Moses Hess, Philosophische und sozialistische Schriften, 1837 – 1850, Herg. v. A. Cornu und W. Moenke, Berlin, 2Aufl., 1980, S. 295.
② Moses Hess, Philosophische und sozialistische Schriften, 1837 – 1850, Herg. v. A. Cornu und W. Moenke, Berlin, 2Aufl., 1980, S. 82.
③ Moses Hess, Philosophische und sozialistische Schriften, 1837 – 1850, Herg. v. A. Cornu und W. Moenke, Berlin, 2Aufl., 1980, S. 221 – 222. W. 门克把赫斯此时的行动概念说成仍是费希特意义上的"精神行动",这是不确切的。见同书,前言,S. LXXI。
④ Moses Hess, Philosophische und sozialistische Schriften, 1837 – 1850, Herg. v. A. Cornu und W. Moenke, Berlin, 2Aufl., 1980, S. 360.
⑤ Moses Hess, Philosophische und sozialistische Schriften, 1837 – 1850, Herg. v. A. Cornu und W. Moenke, Berlin, 2Aufl., 1980, S. 325.

精神"，它不断超越现存和既得成果，而它和非自由的劳动即奴役的本质区别也正在于：在后者，创造物束缚创造者本身；在前者，则精神借以外化自身的任何限定都不会成为自然规定性，而是得到克服并成为自我决定（Selbstbestimmung）①。此外"自由的活动"是活动的主体有意识的和自愿的行为。自由的活动之所以具有主动性特点，就是因为它是主体有意识和按意愿进行的，而"一切活生生的本质的不自由，外在于人的本质，恰好在于，各种个体共同活动的形成对于个体是无意识和非意愿的"。②

这里，赫斯以另一种方式重述了斯宾诺莎对自由的理解。斯氏强调事物的内在原因和顺乎本性，把自由界说为在自身之内形成与其本性相一致的观念以及在自身之外达到与其本性相一致的结果，而否定屈从于任何外在的原因。在他看来，自由人与奴隶的区别，就在于自由人的行为是"基于自己的意志"，"仅追求他所最愿望的对象"③。他的理论前提之一是，把主动性视为主体本质富有的表现，而把被动性、受动性视为主体本质的空虚或虚无④。

然而，赫斯的"自由的活动"是与社会主义构想相联系的。他认为，"自由的活动"就是人的类本质、人的生命活动。它具有社会性，原本或理应是个体生活的目的，而个体生活只是类本质实现的手段。可是，在资本主义社会中，两者却发生了根本的颠倒⑤。因此，它必然在社会主义社会中获得实现。而这种理想目标的实现，并不意味着

---

① Moses Hess, Philosophische und sozialistische Schriften, 1837–1850, Herg. v. A. Cornu und W. Moenke, Berlin, 2Aufl., 1980, S. 219.
② Moses Hess, Philosophische und sozialistische Schriften, 1837–1850, Herg. v. A. Cornu und W. Moenke, Berlin, 2Aufl., 1980, S. 332.
③ ［荷］巴鲁赫·斯宾诺莎：《伦理学》，贺麟译，商务印书馆1958年版，第205页。
④ ［荷］巴鲁赫·斯宾诺莎：《神、人及其幸福简论》，洪汉鼎、孙祖培译，商务印书馆1987年版，第251—252页。
⑤ Moses Hess, Philosophische und sozialistische Schriften, 1837–1850, Herg. v. A. Cornu und W. Moenke, Berlin, 2Aufl., 1980, S. 333–334.

自由的活动的终结，它不过是这种"真正的人的活动"的"开始"①。

马克思在《手稿》中，也把人的类本质、类特性规定为"自由的自觉的活动"。他特别强调了这一活动的意识性的特点，认为人的活动的有意识性，是人同动物活动相区别的根本标志。而人的活动所以称为自由的活动，仅仅在于它是一种有意识的活动，人这一活动主体能够使他自身的活动成为他自己的意志和意识的对象②。同时，马克思也突出了人的活动的能动性特征，即人的活动、生产是可以不受肉体需要支配的，它是一种主动的、积极的活动、生产，而且，正因为如此，它才是"真正的生产"③。

在对"异化劳动"进行阐述时，马克思也采用了与赫斯相同的方法，也就是说，把类生活与个体生活的颠倒作为其"劳动异化论"的哲学内核，理解为手段与目的的倒置。由于自由的活动是人的类本质、类生活，所以，马克思指出，自由的活动贬低为手段，也就是类生活贬低为维持人的肉体生存的手段④。

在《德意志意识形态》中，马克思的"自由的自觉的活动"概念升华为"个人的自主活动"（Selbstbetaetigung der Individuen）。按照马克思的定义，所谓个人的自主活动，是指"生存于一定关系中的一定的个人独立（allein）生产自己的物质生活以及与这种物质生活有关的东西"⑤。"allein"在德文中为"单独的"。既然是能够"单独"从事物质生产的个人，这样的个人就不会是片面的个人或单向度的个人，而只能是"完整的个人"，就不会是孤立的个人，而只能是"联合起来的个人"。此外，这些个人赖以进行自主活动的社会条件或

---

① Moses Hess, Philosophische und sozialistische Schriften, 1837–1850, Herg. v. A. Cornu und W. Moenke, Berlin, 2Aufl., 1980, S. 277.
② 《马克思恩格斯全集》第42卷，人民出版社1979年版，第96页。
③ 《马克思恩格斯全集》第42卷，人民出版社1979年版，第97页。
④ 《马克思恩格斯全集》第42卷，人民出版社1979年版，第97页。
⑤ 马克思、恩格斯：《费尔巴哈》，人民出版社1988年版，第70页。

交往形式就不会是"受制约的交往",而只能是"作为个人的个人交往"①。在马克思看来,如果说,在以前各个历史时期,劳动与自主活动已经分开,那么,在资本主义条件下,劳动则已失去了任何自主活动的假象,成为自主活动的否定形式。在这里,自主活动同"物质生活的生产(Erzeugung des materiellen Lebens)、同劳动已经彻底分离,以致物质生活表现为目的,而劳动则仅表现为(谋生)手段"②。于是,从中就产生了自主活动的必然性。完全失去了整个自主活动的现代无产者,将实现"自己的充分的、不再受限制的自主活动",即实现"对生产力总和的占有以及由此而来的才能总和的发挥"③。因此,社会主义不是别的,它就是自主活动与物质生活的统一以及与此相适应的个人向"完整的个人"的发展,就是劳动向自主活动的转化以及与此相适应的"受限制的交往"向"作为个人的个人的交往"的转化④。

在这里,"自由的活动"概念被排除了,然而它的内涵被提升到更高的、更为科学的层次。

值得注意的是"自主活动"这一术语的来源。费尔巴哈在《基督教的本质》中已使用了这一康德的术语⑤。但赫斯显然先于马克思采纳了这一语词。赫斯在《进步与发展》(当写于1844年上半年)一文中,在谈到人的本质与自然的本质的区别时,曾区分了"发展"的两种类型或两个阶段:一种是有关本质的形成,一种是"本质的自主发展""自主生产"和"自主活动"(Selbstbetaetigung)。他认为,

---

① 马克思、恩格斯:《费尔巴哈》,人民出版社1988年版,第73页。
② 马克思、恩格斯:《费尔巴哈》,人民出版社1988年版,第75页。
③ 马克思、恩格斯:《费尔巴哈》,人民出版社1988年版,第75页。
④ 马克思、恩格斯:《费尔巴哈》,人民出版社1988年版,第76页。
⑤ 参阅 L. Feuerbach, Gesammelte Werk, Bd. 5, Herg. v. W. Schuffenhauer, Berlin, 1974, S. 36:"意识是自主活动(Selbstbetaetigung)、自我肯定、自爱(非动物意义的自爱)以及对自我完善性的喜悦。"在中译本中,该词被译为"自我确证",参阅《费尔巴哈哲学著作选集》下卷,荣震华、李金山译,商务印书馆1984年版,第31页。

人类也像自然界一样，必须要经历这两种类型或阶段。这样，他就把资本主义社会说成是"形成史"的结束，而把以"自主活动"为特征的社会主义看作是"自主发展"的开始①。在这里，赫斯除了使用了"自主活动"（Selbstbetaetigung）外，还使用了"自由的自主活动"（freie Selbsttaetigkeit）这一概念②。

（六）"自由共同体"与"真正的共同体"

"共同体"（Gemeinschaft）是赫斯社会主义学说建构的核心概念。

在德文中，Gemeinschaft 有两个含义：其一是指通过某种共同物联结起来的群体；其二是指联合、共在、关联。与它较相近的词是 Gemeinwesen，而不是 Gesellschaft。Gemeinwesen 可译为共同本质、共在物，但亦可译为"共同体"，即指具有政治色彩的集体、国家或社团。Gesellschaft 则被用来指按照特定的目的联结起来的、出于功利考虑而形成的共同生活工作的群体，它除了具有公共的含义，还有利益规定的隐涵③。但是，Gemeinschaft 与 Gemeinwesen 的区别也是明显的：同作为"共同体"，前者比后者具有更高的共同性，它并不局限于政治这一单一层面。赫斯用来标示社会主义概念的，是 Gemeinschaft。

在不同时期，赫斯赋予了共同体概念以不同的含义。在《人类的圣史》中，他接受了空想社会主义者提出的"财富共同体"（Guetergemeinschaft）的概念。尽管他认为，这一概念作为目标只是遥远未来的

---

① Moses Hess, Philosophische und sozialistische Schriften, 1837 – 1850, Herg. v. A. Cornu und W. Moenke, Berlin, 2Aufl., 1980, S. 282, 23.

② Moses Hess, Philosophische und sozialistische Schriften, 1837 – 1850, Herg. v. A. Cornu und W. Moenke, Berlin, 2Aufl., 1980, S. 284.

③ 参阅 Wahrig, Deutsches Woerterbuch, Mosaik Verlag, S. 1491、1530。亦请参阅费孝通《乡土中国》，生活·读书·新知三联书店1985年版，第5页："在社会学里，我们常分出两种不同性质的社会，一种并没有具体目的，只是因为在一起生长而发生的社会，一种是为了要完成一件任务而结合的社会。用 Toennies 的话说：前者是 Gemeinschaft，后者是 Gesellschaft；用 Durkheim 的话说：前者是'有机的团结'，后者是'机械的团结'。用我们自己的话说，前者是礼俗社会，后者是法理社会。"

目标，而非最近未来的目标或首先应追求的目标，但是他同意这个概念是有关"平等"概念的最准确、最深刻的表述，并认为，这一重要术语使人注意到了社会生活的终极目标①。即使到了1843年，赫斯也仍把这一概念理解为"绝对的平等"的同义语，认为它是"绝对的自由"的前提②。在同年批判蒲鲁东的文章中，赫斯提出了"自由共同体"（Freigemeinschaft）③ 概念来代替"财富共同体"这一术语。这里所说的"自由"，是广义上的自由，即包括精神自由和社会自由两者，前者是通常所说的狭义上的自由，后者则是指平等，因而，所谓"自由共同体"是指自由与平等相统一的共同体，或者说，是指作为实现了完整意义上的自由的"共同体"。后来，赫斯又提出了"有机的共同体"④ 概念。他把它界说为"一种合乎理性的、有机的人的社会"（eine vernuenftige organische menschliche Gesellschaft），并着力强调这种共同体的多样性统一与有组织的特征⑤。在他看来："这种社会具有多种多样的、和谐协作的生产，具有与人的不同活动方向和多种多样的活动相适应的多种多样的有组织的活动领域，以致每个受到教育的人在这个社会中都能按照职业和爱好自由地发挥他的能力和天赋。"⑥

这样，赫斯的共同体概念就内含了平等、自由以及体现两者的有

---

① Moses Hess, Philosophische und sozialistische Schriften, 1837 – 1850, Herg. v. A. Cornu und W. Moenke, Berlin, 2Aufl., 1980, S. 51.
② Moses Hess, Philosophische und sozialistische Schriften, 1837 – 1850, Herg. v. A. Cornu und W. Moenke, Berlin, 2Aufl., 1980, S. 206.
③ Moses Hess, Philosophische und sozialistische Schriften, 1837 – 1850, Herg. v. A. Cornu und W. Moenke, Berlin, 2Aufl., 1980, S. 258 – 259.
④ Moses Hess, Philosophische und sozialistische Schriften, 1837 – 1850, Herg. v. A. Cornu und W. Moenke, Berlin, 2Aufl., 1980, S. 333.
⑤ Moses Hess, Philosophische und sozialistische Schriften, 1837 – 1850, Herg. v. A. Cornu und W. Moenke, Berlin, 2Aufl., 1980, S. 332.
⑥ Moses Hess, Philosophische und sozialistische Schriften, 1837 – 1850, Herg. v. A. Cornu und W. Moenke, Berlin, 2Aufl., 1980, S. 332.

机性这样一些特征。

马克思在《博士论文》至 1844 年 7 月以前的著作中，也频繁地使用了"共同体"这一概念。但在此期间，他尚没有把这一概念同社会主义联结起来。他或者用这一概念来说明神、说明宗教，如在《博士论文》和《论犹太人问题》中①，或者用它来揭示劳动与资本的关系和空想社会主义的本质，如在《1844 年经济学哲学手稿》中②。而且，马克思并未对 Gemeinschaft 与 Gemeinwesen 两词作严格意义上的区分，两者往往是被交替使用的。直至在《评"普鲁士人"的〈普鲁士国王和社会改革〉一文》中，马克思提出了"真正的共同体"（das wahre Gemeinwesen）概念，才在实际上把"共同体"同社会主义相联系③。

在该文中，"真正的共同体"是被作为"政治共同体"的对立物而提出的。马克思纠正了卢格含糊使用"共同体"一词的做法，指出他所谓的"共同体"不过是政治共同体即国家，而真正的共同体则只能是"生活本身，也就是物质生活和精神生活、人的道德、人的活动、人的快乐、人的本质"④。正是在这里，马克思提出了"人的本质就是人的真正的共同体"这一著名命题⑤。

在《德意志意识形态》中，马克思充分发挥了"真正的共同体"的思想，他将这一用来标志共产主义的术语同古代国家、封建制度、君主专制的"共同体"相对照，严格地用 Gemeinschaft 来标明前者，用 Gemeinwesen 来标明后者，或者把后者标为"冒充的"（surrogat-

---

① 参阅《马克思恩格斯全集》第 40 卷，人民出版社 1982 年版，第 81 页；第 1 卷，人民出版社 1956 年版，第 430 页。第 1 卷有"政治共同体"一词，但系"作为共同体的共同体"（Gemeinwesen als Gemeinwesen）一词的误译。

② 《马克思恩格斯全集》第 42 卷，人民出版社 1979 年版，第 119 页第一自然段与第三自然段。

③ 《马克思恩格斯全集》第 1 卷，人民出版社 1956 年版，第 487 页。

④ 《马克思恩格斯全集》第 1 卷，人民出版社 1956 年版，第 487 页。中译本将"人的本质"（das menschliche Wesen）译成"人的实质"。

⑤ 《马克思恩格斯全集》第 1 卷，人民出版社 1956 年版，第 487 页。

en)、"虚假的"（scheinbare）和"完全虚幻的"（ganz illusorishe）共同体（Gemeinschaft）。后者的虚幻性在于，由于它是一个阶级反对另一个阶级的联合，因而在这种共同体中，个人自由只是对统治阶级的成员来说才是现实的，而对于被统治阶级来说，这种自由则是幻象，是不存在的。

马克思认为，"真正的共同体"是个人全面发展其才能的基本前提。它与"虚假的共同体"的本质区别在于：首先，在前者，各个人都是作为个人参加的；而在后者，个人则是作为阶级的成员处于共同关系中。其次，在前者，是把个人的自由发展和运动的条件置于个人控制之下的联合，在这种真正共同体的条件下，"各个人在自己的联合中并通过这种联合获得自己的自由"[①]，这意味着，个人的自由已变成一种必然性，而个人的联合也不再是有关个人利用偶然性的一些条件的协定；而在后者，个人的自由发展和运动的条件则受偶然性的支配，在这种联合中，个人的自由仅表现为对偶然性的利用。

可见，个人的自由和全面的发展是马克思"真正的共同体"的始点和归宿。这种自由人的联合体的思想在以后马克思中期以及晚期的著作中均有一系列经典的表述。在《共产党宣言》中，马克思用"每个人的自由发展是一切人自由发展的条件"来表达它[②]。在《1857—1858年经济学手稿》中，马克思把它描述成"建立在个人全面发展和他们共同的社会生产能力成为他们的社会财富这一基础上的自由个性"的联合体[③]。在《资本论》中，它则以"以每个人的全面而自由的发展为基本原则"的形式出现[④]。这种对于未来共同体的基本原则的构想，显然可以从赫斯所设想的那种具有多种多样的和谐协

---

① 马克思、恩格斯：《费尔巴哈》，人民出版社1988年版，第68、65页。
② 《马克思恩格斯选集》第1卷，人民出版社2012年版，第422页。
③ 《马克思恩格斯全集》第46卷（上），人民出版社1979年版，第104页。
④ 《马克思恩格斯全集》第23卷，人民出版社1972年版，第649页。

作的生产，多种多样的有组织的活动领域，以致每个人都能按照职业与爱好自由地发挥自己的能力和天赋的共同体蓝图中寻到它的切实的生长点。

马克思真正的共同体的出发点是现实的个体。这种共同体不再是分散的和彼此对立的，不再是同其生产力分离的生活内容的，也不再是其劳动仅表现为手段的，因此，不再是"抽象的人"①，而是"完整的个体"或"联合起来的个体"②，是"全体个体"③。在这里，马克思同赫斯一样汲取了黑格尔关于个人的自由在于认识和实现与普遍的同一的思想④。于是，最高的联合就表现为最高的独立，最高的共同就表现为最高的自由，达到了一种大同若异的境界。因此，从这样一种较高的辩证观点来俯视，施蒂纳在其《唯一者及其所有物》中对共产主义所进行的"批判"，即认为共产主义是想通过一种新的形式使个人依附、隶属于整体，是为了普遍性而牺牲现实的个人⑤，也就不攻自破了。实际上，施蒂纳所批判、斥责的共产主义，并非是马克思所言的"真正的共同体"，而只能被称为"虚假的共同体"。

（七）"自然史""史前历史"与"自由王国"

赫斯继承了黑格尔历史观中的这一精华，即把人类历史理解为一种由低级向高级的辩证的发展过程。但是与黑格尔不同，基于对社会主义本质与必然性的理解，赫斯把这种辩证的历史发展过程划分为两

---

① 马克思、恩格斯：《费尔巴哈》，人民出版社1988年版，第75页。
② 马克思、恩格斯：《费尔巴哈》，人民出版社1988年版，第76页。"个体"（Individumm）原被译为"个人"，现据德文订正。
③ 马克思、恩格斯：《费尔巴哈》，人民出版社1988年版，第76页。顺便提及，由此可见，马克思在《资本论》中提出的"重建个体（das individuelle Eigentum）所有制"，是指重建"全体个体"的所有制或"联合起来的个体"的所有制。"重建个体所有制"在《资本论》汉译本中均被译为"重建个人所有制"，现据德文订正。
④ Moses Hess, Philosophische und sozialistische Schriften, 1837-1850, Herg. v. A. Cornu und W. Moenke, Berlin, 2Aufl., 1980, S. 215, 216.
⑤ M. Stirner, Der Einzige und sein Eigentum, Leipzig, 1882, S. 264, 17, 257.

大历史阶段，即迄资本主义社会为止的历史发展阶段与始于社会主义或共产主义社会的未来理想社会的历史发展阶段，并将其与必然和自由联系起来。他把前者称为"精神的自然史"或"形成史"，而把后者称为"精神的真正历史"，称为"自由王国"（Reich der Freiheit）①。他认为：两者的区别在于，在前者中，任何精神的自我束缚都是固定化的，精神赖以同自身的对立是持存的；而在后者中，任何精神的自我束缚都不过是被超越的一个历史阶段。换言之，在人类精神的自然史形态中，人们还囿于自然的必然性的束缚，而在精神的真正历史中，人们可以不断地超越这种自然的必然性和束缚而不断达到自由。从人的不断地发展与完善角度来说，自然史或形成史阶段的特点，是围绕本质自身存在即围绕谋取其奋斗的手段与条件的斗争。这一斗争是在民众与国家以及个体与阶级和政党之间展开的，有理论或观念的以及实践的或物质的两种形式。精神的真正历史阶段（赫斯又称它为"自主活动"阶段）的特点，则是人类已"不再生存在斗争、矛盾和仇恨中，而是将首先生存在爱中"②。赫斯又把人的自然史或形成史阶段分为两个时期："无意识的或躯体存在（Dasein）的形成史"和"有意识的、精神的或社会存在（Dasein）的形成史"，前者显现于"自然的动物界"，后者显现于"社会的动物界"。赫斯认为，资本主义社会就正处在这一社会的动物界的巅峰和顶点。③ 因此，历史已处于由"形成史"向"真正的历史"的转折点，我们就站在自由王国的门前并叩响了它的大门。④

---

① Moses Hess, Philosophische und sozialistische Schriften, 1837 – 1850, Herg. v. A. Cornu und W. Moenke, Berlin, 2Aufl., 1980, S. 223 – 224.
② Moses Hess, Philosophische und sozialistische Schriften, 1837 – 1850, Herg. v. A. Cornu und W. Moenke, Berlin, 2Aufl., 1980, S. 283.
③ Moses Hess, Philosophische und sozialistische Schriften, 1837 – 1850, Herg. v. A. Cornu und W. Moenke, Berlin, 2Aufl., 1980, S. 345.
④ Moses Hess, Philosophische und sozialistische Schriften, 1837 – 1850, Herg. v. A. Cornu und W. Moenke, Berlin, 2Aufl., 1980, S. 224.

马克思关于人类前史与真正的历史、必然王国与自由王国的划分怎样源于赫斯的上述思想，几乎无须赘言了。在《1844 年经济学哲学手稿》中，他已接受了赫斯的说法，把迄资本主义社会为止的全部历史说成是为了使人成为真正的人即"作为人的人"所做的准备史①。在《德意志意识形态》第一章中，他也谈及了"史前历史"和"真正的历史"的区分②。在《政治经济学批判》中他则特别指出了市民社会（资本主义社会）的生产关系是社会生产过程的最后对抗形式，而人类社会的"前史"就将以这种社会形态而终结。但是，这一思想最完善、最恢宏、最精彩的表述大概还是在《资本论》第三卷中，在那里，马克思这样指出：

> 事实上，自由王国只是在由必需和外在目的规定要做的劳动终止的地方才开始；因而按照事物的本性来说，它存在于真正物质生产领域的彼岸。像野蛮人为了满足自己的需要，为了维持和再生产自己的生命，必然与自然进行斗争一样，文明人也必须这样做；而且在一切社会形态中，在一切可能的生产方式中，他都必须这样做。这个自然必然性的王国会随着人的发展而扩大，因为需要会扩大；但是，满足这种需要的生产力同时也会扩大。这个领域内的自由只能是：社会化的人，联合起来的生产者，将合理地调节他们和自然之间的物质变换，把它置于他们的共同控制之下，而不让它作为盲目的力量来统治自己；靠消耗最小的力量，在最无愧于和最适合于他们的人类本性的条件下来进行这种物质变换。但是不管怎样，这个领域始终是一个必然王国。在这个必然王国的彼岸，作为目的本身的人类能力的发展，真正的自

---

① 《马克思恩格斯全集》第 42 卷，人民出版社 1979 年版，第 128 页。
② 马克思、恩格斯：《费尔巴哈》，人民出版社 1988 年版，第 23 页。

由王国，就开始了。但是，这个自由王国只有建立在必然王国的基础上，才能繁荣起来。①

三　马克思对"真正的"社会主义的批判

（一）马克思对"真正的"社会主义的批判

1845年以后，当"真正的"社会主义开始作为一种思潮日渐流行时，马克思和恩格斯一起在《德意志意识形态》《共产党宣言》等文中对它进行了批判。这种批判，体现了"曾以哲学为出发点的德国共产主义者"在走向共产主义过程中所达到的两种截然不同的结果②，体现了马克思同赫斯对社会主义理解的根本差异与对立。

马克思、恩格斯认为，"真正的"社会主义的根本错误在于，它照搬了法国社会主义思想，却忘记了法国批判赖以建立的具有相应的物质生活条件和政治结构的现代市民社会这一前提，抛弃了法国社会主义思想赖以产生的"现实运动""实际的需要""一定阶级的生活条件的总和"以及"现实的关系"③。它给"真正的"社会主义带来的后果是，在哲学理论方面，把受历史条件制约的各生活领域的意识变成了脱离这种生活领域的"真正的、绝对的意识"，把各个具体的特定的个人的关系变成了抽象的"人"的关系，把各个具体的特定的个人的思想变成了抽象的"人"的思想④。简言之，把各个具体的特定的个人、现实的人变成了抽象的"人"，把无产者变成了"一般

---

① 《马克思恩格斯全集》第25卷（下），人民出版社1975年版，第926—927页。
② 参阅《马克思恩格斯全集》第3卷，人民出版社1960年版，第537页。
③ 参阅《马克思恩格斯全集》第3卷，人民出版社1960年版，第535—536页；《马克思恩格斯全集》第1卷，人民出版社1956年版，第277—278页。
④ 《马克思恩格斯全集》第3卷，人民出版社1960年版，第536页。

人"。从而，不是宣扬革命热情，而是宣扬对于人们的普遍的爱，不是向无产者呼吁，而是诉诸抱有博爱幻想的小资产阶级及其思想家。① 在社会实践方面，把社会主义的要求同政治运动（资产阶级运动）对立起来，敌视自由主义、代议制国家以及资产阶级的竞争、出版自由、法和自由平等，完全否定在德国还尚待争取的资产阶级革命成果对于人民群众的积极意义，以致在客观上成为普鲁士专制政府对付德国资产阶级和反对德国无产阶级的同盟军，即"吓唬来势汹汹的资产阶级的稻草人"和"镇压德国工人起义的毒辣的皮鞭和枪弹的甜蜜的补充"②。

所以，马克思、恩格斯认为，"真正的"社会主义代表的是德国小资产阶级的利益，反映了德国小资产阶级"胆战心惊地从资产阶级大工业统治和政治统治那里等候着无可幸免的灭亡"的现状及其要求。③

从马克思、恩格斯对"真正的"社会主义的评判中可以看出，马克思同"真正的"社会主义的分歧源于对法国社会主义学说赖以存在的社会历史条件的不同认知。在马克思看来，"真正的"社会主义没有能够弄清和尊重这一事实："法国的社会主义和共产主义的文献是在居于统治地位的资产阶级的压迫下产生的，并且是同这种统治作斗争的文字表现，这种文献被搬到德国的时候，那里的资产阶级才刚刚开始进行反对封建专制制度的斗争。"④ 因此，它也就不可能认识到，在现代资产阶级社会的基础上是革命的东西，在缺乏这种基础而必须先建立这种基础的地方必然成为反动的。

马克思对"真正的"社会主义的指责十分类似他与恩格斯对康

---

① 《马克思恩格斯全集》第3卷，人民出版社1960年版，第537页。
② 《马克思恩格斯选集》第1卷，人民出版社2012年版，第428页。
③ 《马克思恩格斯选集》第1卷，人民出版社2012年版，第428页。
④ 《马克思恩格斯选集》第1卷，人民出版社2012年版，第426页。

德的批判。马克思、恩格斯在批判康德时曾指出，在康德的思想中含有以现实的阶级利益或物质利益为基础的法国自由主义在德国的回音。但是，在这里，由于德国的落后状况，问题在本质上就被歪曲了。在德国，资产阶级过于软弱，只有分散的利益和政治组织，有关公共利益管理权的特殊领域显示出较强的独立性，以致国家构成一种貌似独立的力量。因而，就产生了在其他国家从未有过的循规蹈矩的官僚意识以及关于国家的一切幻想，产生了德国理论家对资产阶级及其利益所具有的那种虚假的独立性。正是这种虚假的独立性外观，使康德未能觉察到法国资产阶级的理论思想是以物质利益和由物质生产关系所决定的意志为基础的。"因此，康德把这种理论的表达与它所表达的利益割裂开来，并把法国资产阶级意志的有物质动机的规定变为'自由意志'、自在和自为的意志、人类意志的纯粹自我规定，从而就把这种意志变成纯粹思想上的概念规定和道德假设。"①

可以说，马克思与恩格斯一起对"真正的"社会主义的批判，从根本上承继了对康德伦理学唯心主义的批判。这里贯穿的一个重要方法论原则是，必须遵循意识与存在、主体与客体、思想与现实、一般与个别的具体的历史的统一，这样才能不致把现实的人（一定阶级或社会的成员）及其意识的研究变成无谓的哲学思辨，而滞留在"云雾弥漫的哲学幻想的太空"②。

（二）评对马克思批判的"批判"

对马克思（以及恩格斯）有关赫斯的批判，曾引起一些人们的非议。例如，在较早的一批人物中，有俄国"合法马克思主义者"彼·

---

① 《马克思恩格斯全集》第3卷，人民出版社1960年版，第213页。
② 《马克思恩格斯选集》第1卷，人民出版社2012年版，第427页。

司徒卢威（Пётр Вернгар дович Струве），赫斯最早的传记作者特·兹罗齐斯蒂（TH. Zlocisti）①，德国学者埃·哈马赫（E. Hammacher），甚至弗·梅林（F. Mehring）② 等人。在新近的一批研究者中，则有埃·西尔伯纳尔，兹·罗森，沃·门克等人。

其中，兹·罗森的意见较为重要并具有代表性，是值得特别提出来加以讨论的。

彼·司徒卢威在其有关科学社会主义发展史研究的著述中曾提出，马克思所以对"真正的"社会主义展开激烈批判，是因为马克思想借此清算自己的过去，同自己的早期观点保持距离。③ 罗森发挥了彼得的这一观点，他断定：马克思曾是"真正的"社会主义者，他"在一段时间内代表了'真正的'社会主义的典型倾向"④。

这样，有关马克思的批判的讨论就变成了这样一个重要问题：马克思曾是一位"真正的"社会主义者吗？

罗森的论证的核心可以归结为，在1843年9月至1844年末这一期间，马克思用青年黑格尔派特别是费尔巴哈构制的概念作为测量"非人的"资本主义的政治和社会现实的标准，并借此从哲学上对社会主义进行论证，表达其共产主义理想。⑤ 他把马克思的《致卢格的信》、《德法年鉴》文章、《手稿》以及《神圣家族》中载有"真正

---

① 特·兹罗齐斯蒂（TH. Zlocisti）倾向于把马克思对赫斯的批判说成是个人纠纷。参阅 Moses Hess, Der Vorkämpfer des Sozialismus und des Zionismus, 1821－1875, 2. Aufl., Berlin, 1921。

② 弗·梅林（F. Mehring）强调，"真正的"社会主义的代表者们的主观意图是想革命的，并非有意充当反动专制政权的工具。因此，马克思和恩格斯在《共产党宣言》中对赫斯的批判"并不完全公正"。参阅［德］梅林《德国社会民主党史》第1卷，青载繁译，生活·读书·新知三联书店1963年版，第380、269—270页；《马克思传》，樊集译，生活·读书·新知三联书店1965年版，第146—150页。

③ Peter von Struve, Studien und Bemerkungen zur Entwicklungsgeschichte des wissenschaftlichen Sozialismus, in: Die Neue Zeit, Jg. 15 (1897), Bd. l, S. 69.

④ Zvi Rosen, Moses Hess und Karl Marx, Ein Beitrag zur Entstehung der Marxschen Theorie, Hamburg, 1983, S. 116, 115.

⑤ Zvi Rosen, Moses Hess und Karl Marx, Ein Beitrag zur Entstehung der Marxschen Theorie, Hamburg, 1983, S. 116.

的人的本质""类本质""自我意识的人""人性的现实""对人的本质的现实占有""人的最高本质"等字样的段落均摘录出来,作为佐证。

与罗森的看法相类似,门克在其较晚的研究成果中,也倾向于认为马克思在一段时间里(1843—1844 年)经历了"真正的"社会主义这一思想发展阶段。在他看来,当马克思还没有在经济学中发现理解社会的钥匙时,即在 1844 年末以前,像"真正的"社会主义者一样,把费尔巴哈的异化构想转化为"乌托邦—社会主义"的方式,持有并运用了一种源于费尔巴哈的"哲学—伦理解释原则"①。他甚至认为,正是马克思的这种以费尔巴哈哲学为基础的伦理原则,特别是马克思对私有财产和金钱的伦理批判,为"真正的"社会主义提供了理论根据和出发点。②

问题直接牵涉的是对"真正的"社会主义的本质特征的理解。罗森与门克的意见在表述上虽稍有不同,但实质上都把运用哲学—伦理的原则、尺度作为"真正的"社会主义的标志,或者说,都把是否运用哲学—伦理的原则、尺度视为问题的关键。按照他们的理解,哲学,特别是伦理的原则和尺度是"真正的"社会主义的"专利品",是和"成熟的"马克思思想绝对不相容的。

但是,就实际情形而论,罗森和门克创立的这一标准是不能成立的。我们不妨通过实际应用来检测一下罗森和门克的这一标准的客观性。按照这一标准,"真正的"社会主义应是何时诞生的呢? 应该说,

---

① W. Mönke, Die heilige Familie. Zur ersten Gemeinschaftsarbeit Von Karl Marx und Friedrich Engels, Berlin, 1972, S. 76, 87. 也参阅 Einige neue Daten zur Marx-Biographie. In: Beitraege zur K. Marx und F. Engles-Forschung. Glaschuetten i. T. 1972, S. 79。

② W. Mönke, Die heilige Familie. Zur ersten Gemeinschaftsarbeit Von Karl Marx und Friedrich Engels, Berlin, 1972, S. 76, 87. 也参阅 Einige neue Daten zur Marx-Biographie. In: Beitraege zur K. Marx und F. Engles-Forschung. Glaschuetten i. T. 1972, S. 76:"在他的《论犹太人问题》一文中,马克思也把这种源于费尔巴哈的哲学—伦理解释原则引申到金钱上。这种构想对于'真正的'社会主义者们,特别是他们的最重要的代表赫斯变成决定性的。"

它至迟在 1842 年就已经存在了，因为在 1842 年赫斯发表在《莱茵报》上的文章中，已经能够找到运用费尔巴哈的"类"概念论证社会主义的证据。甚至在 1837 年它就已经存在了，因为在赫斯的《人类的圣史》中已经包含了从哲学以及伦理学上论证社会主义的尝试。然而，事实是，赫斯的思想经历了不同的发展阶段。即使是从赫斯专门致力于从哲学上论证社会主义时期开始（《莱茵报》时期以后），《二十一印张》前后时期的思想状况也是不同的。他的"真正的"社会主义思想只是到了 1844 年才成熟起来。而"真正的"社会主义作为一股思潮得以流行，则明显是 1845 年以后的事。所以，按照罗森和门克的标准，显然将会在实际上导致否定"真正的"社会主义有其酝酿和形成的发展过程。

就理论上而言，罗森和门克创立的这一标准更是不能成立的。

试想，难道社会主义作为社会现象只需要经济学论证而无需哲学或伦理学论证吗？难道经济发展的客观必然性（如果它是这种客观必然性的话）不会化为主观的愿望和要求从而在哲学或道德领域中获得或找到自己的理论表现吗？难道社会主义作为历史现实运动的客观规律的必然产物（如果它是这种必然产物的话），与作为社会主体的人的自身存在及其意义，与作为社会主体的人的自身历史发展无关吗？可见，问题并不在于是否运用了哲学—伦理原则，而在于运用的是什么样的哲学—伦理原则以及把该原则置于何种地位，也不在于是否论及了人、人的本质及其历史发展，而在于怎样理解人以及如何对人的本质进行界定。

当罗森和门克谈及马克思《德法年鉴》时期或在此以后的思想并援引和指摘马克思所使用的费尔巴哈的术语和表述方式时，他们都抛弃和忘却了这样一个基本事实：马克思这时已通过对黑格尔法哲学的批判转向了唯物主义，并且并非是费尔巴哈意义上的唯物主义。这种抛弃和忘却使他们往往只见同一，不见差别。例如，当罗森摘引马克思《手稿》中共产主义是"通过人和为了人而对人的本质的现实占有"和"存在和本质间争执的真正解决"等段落时，他根本未能看到，正是在《手稿》中，马克思把"经济学—科学"论证和"哲学—伦理学"论证有机地结合起来，确立了一种真正科学的方法论原则——这集中表现在《手稿》对"劳动"概念的揭示上。①

在《手稿》中，"劳动"是一个具有双重蕴涵的范畴。它既是一种经济学的规定，又是一种哲学的规定；既是一个经济学概念，又是一个哲学的概念。劳动作为经济学范畴，是生产产品和使用价值的活动，同时，又是宗教、家庭、国家、法、道德、科学、艺术等的本质规定②，即社会赖以存在和发展的基础。劳动作为哲学范畴，则是"产生生命的生活"或人本身的生产，因而是人的本质规定，是"人的本质力量"发展的决定因素。③

"劳动"在资本主义社会中表现为"异化劳动"。"异化劳动"的双重蕴涵和规定表现在：作为经济学范畴，它侧重意指私有财产的主体本质，意指生产活动、生产产品同生产者相异化④；作为哲学范畴，

---

① 泰·伊·奥伊则尔曼在《马克思的〈经济学—哲学手稿〉及其解释》一书中曾十分精彩地表达了这样的结论："《1844年经济学哲学手稿》是真正科学的方法论形成道路上的一个极其重要的里程碑。"（见该书，刘丕坤译，人民出版社1981年版，第68页）。遗憾的是他不是在《手稿》中的"劳动"概念体现了科学的逻辑分析方法与伦理的价值判断方法的有机统一这一意义上，而仅仅是在与空想社会主义相区别的对经济运动所作出的客观分析的意义上。相反，对于《手稿》中所包含的伦理批判的意义，他则给予了坚决的、绝对的否定："我认为，马克思早期著作中所包含的对资本主义进行'伦理的'批判的因素，并不是这些著作的优点，而是马克思不久后予以彻底的批判和克服的缺点。"（见同节第109页注1）。在《马克思主义哲学的形成》（修订版，莫斯科，1974年版）第一部分第三章第九节中，他也表示了类似意见："我认为，马克思早期著作中包含的一些对资本主义进行劝导式批判的因素并非这些著作的长处，而是它们的不足。"德意志民主共和国学者M.布尔（Manfred Buhr）也持有相同见解，他指出，在《手稿》中，马克思是从道德上——且不论是劝导——谴责他所研究的政治经济学学说和当时的社会生活的。在他看来，这自然是马克思思想不成熟的表现。参阅 Entfremdung-Philosophische Anthropologie-Marx-Kritik，In：Deutsche Zeitschrift fuer Philosophie，1966，Bd. 7，S. 316。

② 《马克思恩格斯全集》第42卷，人民出版社1979年版，第121页。
③ 《马克思恩格斯全集》第42卷，人民出版社1979年版，第96页。
④ 《马克思恩格斯全集》第42卷，人民出版社1979年版，第96—98、112页。

则侧重意指人的类本质的异化（人的本质同人相异化以及人同人相异化），意指劳动主体"自身的丧失"，或"人的激情的本体论本质"实现的必然的中介形式。①

劳动所具有的这种双重内蕴浓缩于这样两个彼此统一的命题：

A. 人类的全部历史是劳动史；

B. 人类的全部历史是人的自我生成。

马克思通过这样的表述把两大命题融汇在一起："整个所谓世界历史不外是人通过人的劳动而诞生的过程，是自然界对人说来的生成过程。"②

这样，在《手稿》中，劳动概念既体现社会存在的"本体论"，又体现人的存在的"本体论"；既体现科学的逻辑（经济学的）分析，又体现伦理的价值判断；既体现一种辩证的、历史的唯物主义，又体现为一种真正的、现实的人道主义。通过作为哲学的劳动概念，马克思批判了资本主义的非人性和反伦理的性质，批判了它对人的本质的扭曲和对人性的泯灭，宣判了它的存在已丧失其合理性。通过作为经济学的劳动概念，马克思则证明，对资本主义的这种宣判，即对资本主义进行彻底社会改造的必然性，归根结底不是主观的，而是客观的，不是源自伦理动机和人的天性本身，而是由社会的经济的历史发展决定的。这样，马克思就既反对了各种漠视和抹杀历史主体的机械的历史决定论，也反对了各种空想社会主义和伦理社会主义，例如当时已经酝酿成型的"真正的"社会主义。

罗森和门克显然未能见到《手稿》中劳动范畴所具有的这种双重蕴涵和规定。然而，他们所以未能见到这一点，是因为他们囿于马克思著作中费尔巴哈的术语和表达方式，更重要的是，是因为他们把

---

① 《马克思恩格斯全集》第42卷，人民出版社1979年版，第97、94、150页。

② 《马克思恩格斯全集》第42卷，人民出版社1979年版，第131页。

"哲学—伦理的阐释方法"、把伦理的主体价值因素和原则从马克思思想中排除出去,并将其同科学的客体逻辑分析方法、同经济学的方法对置起来。

事实上,马克思同"真正的"社会主义的分歧并不在于"真正的"社会主义者们运用了"哲学—伦理的阐释方法"或人道主义的尺度,而在于他们使这种方法、尺度与"现实运动"、与"受历史条件制约的各生活领域"的经验事实相分离;并不在于"真正的"社会主义者们谈论人、人道主义或人的本质,而在于他们"始终一贯地"把"各个具体的一定的个人"变为"人","把各个具体的一定的个人间的关系变为'人'的关系"①。

罗森、门克通过对马克思与赫斯思想关系的阐释表达了一种对马克思的理解。但无论是这种阐释,还是这种理解,其实均非罗森或门克首创。当他们这样做时,他们只不过以更加鲜明和系统的形式重述了他们的理论前驱者们——诸如司徒卢威、哈马赫、西尔伯纳尔等人的见解。司徒卢威早就明确地断言,马克思在某种意义上曾是"真正的"社会主义者,因为马克思在1843年、1844年和1845年的一部分与赫斯、格律恩等人一样,用"人的本质"解释社会主义以及衡量整个无人性的和非社会的现实。②哈马赫甚至根据类似的理由断言马克思"参与了'真正的'社会主义的制定"③。在西尔伯纳尔那里,则已经可以找到罗森、门克观点的雏形。④由于司徒卢威和哈马赫较早地提出了这种见解,有理由把他们列为把青年马克思改扮成抽象的人

---

① 《马克思恩格斯全集》,第3卷,人民出版社1960年版,第536页。
② 参阅 Neue Zeit, Bd. 15, H. 1 (1896 – 1897), S. 69 – 71, S. 74 – 75。
③ E. Hammacher, Zur Wuerdigung des wahren Sozialismus. In: Archiv Zur Geschichte des Sozialismus und der Arbeiterbewegung, I. JG. H. I, Leipzig, 1910, S89, 94 – 96。
④ E. Silberner, Moses Heß, Geschichte seines Lebens, Leiden, 1966, S. 229 – 230. 参阅胡文建《关于"真正的"社会主义的研究》,《国际共运史研究资料》第七辑,人民出版社1982年版,第93—97页。

道主义者和伦理社会主义者的先驱。S. 朗兹胡特（S. Landshut）、J. P. 迈耶（J. P. Mayer）、H. 德曼（H. de Man）以及 R. 图克尔、J. 霍梅斯（J. Honmes）等人正是循此方向前进的①。可见，罗森、门克所主张的观点不过是当代西方唯心主义的科学思潮与非理性的人本主义思潮的对立在如何理解、解释马克思问题上的一种反映和表现。从根本上说，他们不过是以特殊的形式重复了哲学史中古已有之的矛盾和对立。

从泰·伊·奥伊则尔曼对马克思《手稿》的解释中，可以看出，奥伊则尔曼以其独特的立场代表了同一的思想倾向。由于他的观点颇为典型和具有代表性，我们在这里不妨略加赘述。奥氏在他的《马克思的〈经济学—哲学手稿〉及其解释》一书中，揭示了《手稿》中的"异化"概念是一个兼具哲学与经济学的双重内涵的概念，这就是"人的本质的异化"与"异化劳动"。这无疑是十分正确的。但是，他却未能找到这两者统一的现实基础，从而深深陷入矛盾和对立中。例如，一方面，他说不能把哲学异化概念看作一种不确切的表达方式，从而忽略异化概念内涵中的另一个不亚于经济的重要和现实的方面，即人的本质异化的方面，甚至还说，不应因马克思使用模糊不清的费尔巴哈的人本主义用语而摒弃"人的本质的异化"这一概念中所包含的同"异化劳动"概念所具有的同样的丰富的内容，而应把这一内容视为有助于从哲学上理解异化问题现实意义的积极的东西；另

---

① S. 朗兹胡特和 J. P. 迈耶尔在解释马克思《手稿》时坚持认为，马克思的经济分析原则直接源自"人的真正现实性"，马克思在《手稿》中把对资本主义的社会主义改造不是理解为生产资料私有制的废除，而是理解为"人的本来目的的实现"。参阅 K. Marx. Der historische Materialismus, Die Fruehschriften, Bd，1，Leipzig，1932，S. XIII，XLI。H. 德曼在其著作中提出必须区分"人道主义的马克思主义"与后来的"唯物主义的马克思主义"或"经济主义的马克思主义"的主张。参阅 Der neu entdeckte Marx，in：" der Kampf"，1932，H. 5，S. 275－276。R. 塔克尔力图把马克思的科学社会主义说成不是"科学体系"，而是一种"伦理的和宗教的观点体系"。参阅 Karl Marx，die Entwicklung seines Denkens von der Philosophie zum Mythos，Muenchen，1963，S. 2。J. 霍梅斯企图通过援引马克思的《1844 年经济学哲学手稿》证明马克思的辩证法不是有关客观事物的内在的发展学说，而只是描述异化或人的本质发展的理论。参阅 J. Homines，Der technische Eros，Freiberg，1955. S. 37。

一方面，他又认为，"人的本质的异化"这一异化概念的哲学内容表明，马克思把人的本质理解为属人存在物的各种"自然的""本来的"规定性总和，理解为某种超历史的恒久不变的先验存在物，即虽然存在于人类历史中，但却被"非人的"敌对社会关系扭曲了的"预先给定了的东西"①。

而且，事情还不止于此。他认为，这样一来，马克思就把作为资本主义社会制度基本矛盾的劳动与资本之间的矛盾变成了人的本性同不符这种本性并使这种本性扭曲的经济、政治关系之间的矛盾，把对社会主义必然性的论证变成了有关人的本性与资本主义制度矛盾的论证（这自然是一种伦理学的论证）。因此，他认为，马克思对人的这种理解还没有同人本主义和关于人的本质的启蒙学说传统划清界限，是必须加以"放弃"和结束的"本体论"倾向，而事实上，这种倾向和人本主义方面后来确被马克思从异化概念中排除了。②

可是，这样说来，奥氏在该书中所言的《手稿》所表达的那种"真正现实的人道主义理论的伟大思想"、那种"从哲学上……对马克思主义的真正革命的、批判的人道主义所做的卓越论证"又何在呢？"人的本质的异化"这一异化概念中所具有的同经济学规定有着同样丰富内涵的哲学规定又何在呢？

实际上，马克思从未假定过一种史前就已定型的一种超验的、不变的永恒本质。这是奥氏的臆测。他所以作出这种推测，是因为他在进行这种推测时忘记了《手稿》中的一个颇为重要的观点，即马克思对人的本质的规定——劳动是人的本质。然而，恰恰按照这一规定，"人的本质的异化"不过是劳动异化（或"异化劳动"）的另一种表

---

① [苏]泰·伊·奥伊则尔曼：《马克思的〈经济学—哲学手稿〉及其解释》，刘丕坤译，人民出版社1981年版，第16、17、15、78、108页。
② [苏]泰·伊·奥伊则尔曼：《马克思的〈经济学—哲学手稿〉及其解释》，刘丕坤译，人民出版社1981年版，第15、108、122、77—78、107页。

述，而劳动异化在马克思看来则又是现存的经验事实，是一定历史阶段的产物。

奥氏反对阿尔都塞否定对人道主义进行科学理论论证的可能性，反对阿尔都塞关于"马克思的理论上的反人道主义"的断言。但是，他既然绝对摒弃了马克思思想中有关异化概念的哲学内容，那么，又怎么能同阿尔都塞划清界限呢？这确可谓形似"两个黄鹂鸣翠柳"，实则"一行白鹭上青天"了。

割裂马克思思想中例如《手稿》中的科学的客观逻辑因素和伦理的主体价值因素的统一将会导致什么样的后果，奥氏的著作无疑为我们提供了一个具体的例证。

【附录】

赫斯与马克思生平对照年表

赫　斯	年份	马克思
1月21日生于波恩	1812	
寄居其祖父家，受到严格的犹太教教育	1816 或 1817	
	1818	5月5日出生于特利尔
母逝，移居科隆，尔后协助其父经商	1825	
解除正统的犹太教	1828	
	1830	10月入中学
从家出走，游历荷兰、法国、瑞士等国家	1832 或 1833	
	1835	10月入波恩大学法律系
	1836	10月22日转入柏林大学法律系
6月3日在波恩大学注册，学习哲学至次年冬学期。10月出版处女作《人类的圣史》	1837	4—8月钻研黑格尔哲学，结识鲍威尔、科本
	1839	年初始撰《博士论文》
1月底匿名出版《欧洲三同盟》一书；夏季筹办《莱茵报》；8月底或9月初与马克思结识	1841	3月大学毕业，4月获博士证书；约7月底研究费尔巴哈《基督教的本质》；8月底或9月初与赫斯结识；下半年与鲍威尔合作，撰《论基督教的艺术》（后更名为《论宗教的艺术》）和对黑格尔自然法的批判文章

续表

赫 斯	年份	马克思
1月《莱茵报》创刊，赫斯任编辑至12月；10月初结识恩格斯，并对其共产主义世界观的形成发生影响；12月作为《莱茵报》通讯员赴巴黎	1842	1—2月撰《评普鲁士最近的书报检查令》（次年2月发表）；3月放弃与鲍威尔的文字合作；5月发表《第六届莱茵省议会的辩论》（一）；8月发表《法的历史学派的哲学宣言》；10月移居科隆并任《莱茵报》主编；10—11月发表《第六届莱茵省议会的辩论》（三）；11月同恩格斯初识；该月底与青年黑格尔分子组成的柏林小组（"自由人"）决裂；10月至次年初研究傅立叶等法国空想社会主义者著作
3月《莱茵报》停刊，5—8月拜访科隆，与格律恩、皮特曼建立联系；7月在《来自瑞士的二十一印张》上发表《行动的哲学》《社会主义与共产主义》以及《单一和完整的自由》等文；8—9月与卢格赴巴黎筹办《德法年鉴》；10月至次年3月与马克思、海涅、海尔维格等密切来往	1843	3月退出《莱茵报》编辑部并同卢格筹办《德法年鉴》；夏重撰《黑格尔法哲学批判》；10月3日致函费尔巴哈，请其为《德法年鉴》撰批谢林文章；10月底迁居巴黎；秋至次年1月撰《论犹太人问题》《〈黑格尔法哲学批判〉导言》；年底着手系统研究政治经济学，读斯密、萨伊、斯卡尔贝克等人著作。
1月底为《德法年鉴》撰《来自巴黎的信》；该年初为《德法年鉴》撰《金钱的本质》，但一年半后才获发表；3月初返回科隆，参加那里的共产主义团体活动；5月发表《谈社会主义运动在德国》；12月发表《谈我们社会的困境及其补救》与《共产主义信仰自白》	1844	2月底《德法年鉴》问世；4—8月撰《经济学哲学手稿》；约7月结识蒲鲁东；8月发表《评"普鲁士人"的〈普鲁士国王和社会改革〉一文》；8月11日致信费尔巴哈，征询对批判鲍威尔的意见；9—11月与恩格斯合撰《神圣家族》；11月收到恩格斯推荐和评介施蒂纳《唯一者及其所有物》的信，旋即研读施蒂纳《唯一者及其所有物》一书，并约定为亨利希·伯恩施泰因主编的《前进》杂志撰写批判施蒂纳《唯一者及其所有物》的文章；年底或翌年初撰写

续表

赫 斯	年份	马克思
	1844	《关于费尔巴哈的提纲》；年底至次年1月继续研究18世纪和19世纪初英、法经济学家著作
2月和恩格斯一起在爱北斐特作共产主义演讲；5月编辑出版《社会明镜》（至次年7月）；6月中旬发表《最后的哲学家们》；夏季《金钱的本质》问世；8月或9月迁居布鲁塞尔；9月至次年初同马克思、恩格斯密切来往；为《外国杰出的社会主义者文丛》译书，并且为《德意志意识形态》撰反对卢格和库尔曼的章节	1845	2月《神圣家族》出版；同月移居布鲁塞尔；3—5月与恩格斯、赫斯筹办出版《外国杰出的社会主义者文丛》；夏开始与恩格斯、赫斯合撰《德意志意识形态》，次年夏完成其主要章节
3月在布鲁塞尔共产主义通讯委员会会议上因对魏特林的处理意见与马克思、恩格斯发生公开分歧，并脱离共产主义通讯委员会	1846	年初马克思和恩格斯在布鲁塞尔创立共产主义通讯委员会；3月参加在布鲁塞尔召开的共产主义通讯委员会会议，并批判魏特林
夏发表《问答式共产主义自白》，至8月在巴黎从事活动；同卢格展开论战；9月至次年3月在布鲁塞尔，为共产主义者同盟成员，德国工人联合会副主席；10月参加共产主义者同盟关于该同盟纲领的讨论，并为其拟定纲领草案，该草案后遭恩格斯批判；10—11月发表《无产阶级革命的结果》一文；与马克思的冲突尖锐化	1847	上半年撰《哲学的贫困》，该书7月问世；12月开始与恩格斯合撰《共产党宣言》；收到恩格斯的有关要求其对赫斯采取批判行动的信件

续表

赫　斯	年份	马克思
4月试图在科隆重建《莱茵报》；5月至次年4月在巴黎；为德国联合会领导成员之一	1848	1月收到恩格斯关于期望在《德意志—布鲁塞尔报》抨击赫斯的信件；2月《共产党宣言》发表，其中内含了对以赫斯为代表的"真正的"社会主义的批判

第五章

马克思与施蒂纳的"唯我论"

> 当施蒂纳摈弃了费尔巴哈的"人",摈弃了起码是《基督教的本质》里的"人"时,他就是对的。费尔巴哈的"人",是从上帝引申出来的,费尔巴哈从上帝进到"人",这样,他的"人"无疑还带着抽象概念的神学光轮。达到"人"的真正道路是与此完全相反的。我们必须从"我",从经验的、肉体的个人出发……
>
> ——恩格斯致马克思

> 符合现实生活的观察方法则是从现实的、有生命的个体本身出发……
>
> ——马克思、恩格斯:《德意志意识形态》

> 在共产主义社会中……个体关于个人间的相互关系的意识也将完全是另外一回事,因此,它既不会是"爱的原则"或dévouement(自我牺牲精神),也不会是利己主义。
>
> ——马克思、恩格斯:《德意志意识形态》

施蒂纳的"唯我论"哲学是作为费尔巴哈的"类"学说与赫斯的"真正的"社会主义的反题出现的。作为青年黑格尔派运动的最后理论代表，他的学说对于马克思思想的发展具有特殊意义。

一　施蒂纳的历史观及其作为历史主体的"我"

施蒂纳的历史观首先表现在他对"个人"（Person）发展史的了解。他的社会历史观（人类发展史的认识）就是源出于此，即是对个人发展史的推衍和放大。

他把这种个体发展史划分为三个阶段：儿童—青年—成年。在这里，他把老年摒除在外，舍而不论。

施氏认为，儿童时期人们处于一种无精神的学习状态中，与理性绝缘，只知玩乐嬉戏，绝少冥思苦想。在青年时期，人们则作为精神发现了自己，他力求去揭示纯思（reine Gedanke）或追随这种纯思，他的心灵被思想世界的一切光辉形象，诸如真理、自由、人道、人等所照耀和鼓舞。但是，虽然在青年时期人们作为精神发现了自我，可是这种精神还不是一种完善的精神，它很容易向"彼岸的"完善精神屈膝，很容易坠入幻想，而又重新丧失自我。这样，青年时期必然为成年时期所代替。与处在青年时期的人们不同，处在成年时期的人们愈益把自己作为中心，思考问题"更实际"。因此，成年人与青年的主要区别就在于，后者是按照自己的理想去塑造世界，而前者则是按照自己的利益。这样成年人不仅仅像青年人那样把自己认作精神，而且他们把自己认作有"形体的精神"①。

于是，施氏的结论是："儿童是现实主义的，他囿于这一世界的

---

① Der Einzige und sein Eigentum, Philipp Reclam jun, Stuttgart, 1972, Durchgesehene und Verbesserte Ausgabe, 1981, S. 9 – 14; 参阅［德］麦克斯·施蒂纳《唯一者及其所有物》，金海民译，商务印书馆1989年版，第8—13页；《马克思恩格斯全集》第3卷，人民出版社1960年版，第128页。

事物，以后才逐渐洞悉它们；青年是理想主义的，为思想所鼓舞，以后才成长为成人，即利己主义的成人。这种成人随心所欲地处理事物与思想，并将其个人利益置于一切之上。"①

当施蒂纳把个体发展史即他所谓"人生"发展各阶段的模型投射到世界史中去时，他的"儿童—青年—成年"的三部曲就变成"古代人—近代人—我"这样的三部曲。

古代在施蒂纳看来相当于个体的儿童发展阶段。在论述这一发展阶段的特征时，他发挥了费尔巴哈的"在古代人看来世界是真理"这一命题。施蒂纳认为，古代人纠缠于尘世的事物和关系。他们以这种感觉方式生活：尘世和尘世关系是真实，无能为力的自我必须对其屈膝。② 这就好像儿童囿于现实。诚然，古代人也思考，也有关于一切、关于世界、关于人和神的思想，也努力使这一切成为自己的意识，但即使他们思考各式各样的事物，并"深受其思之苦"，他们却不认识思想。③ 他们纵然具有洞察和深思，但这种古代的洞察和深思与近代世界即基督教世界的精神和精神性相比，又不免有天壤之别。④

因此，古代人不会永驻于自然、世界和现实的事物和关系中，他要致力于克服它们并努力将人（古代人自己）从这些束缚、缠绕自己的纽带中解脱出来，要使自己提升为精神或变成精神。施蒂纳认为，人意识到自己就是精神，这是古代人工作的最终结果。⑤

施蒂纳在谈及古代人的追求时同鲍威尔等其他青年黑格尔派成员

---

① Max Stirner, Der Einzige und sein Eigentum, Philipp Reclam jun, Stuttgart, 1972, Durchgesehene und Verbesserte Ausgabe, 1981, S. 15.
② Max Stirner, Der Einzige und sein Eigentum, Philipp Reclam jun, Stuttgart, 1972, Durchgesehene und Verbesserte Ausgabe, 1981, S. 16.
③ Max Stirner, Der Einzige und sein Eigentum, Philipp Reclam jun, Stuttgart, 1972, Durchgesehene und Verbesserte Ausgabe, 1981, S. 23.
④ Max Stirner, Der Einzige und sein Eigentum, Philipp Reclam jun, Stuttgart, 1972, Durchgesehene und Verbesserte Ausgabe, 1981, S. 21.
⑤ Max Stirner, Der Einzige und sein Eigentum, Philipp Reclam jun, Stuttgart, 1972, Durchgesehene und Verbesserte Ausgabe, 1981, S. 20.

一样注意到了古希腊斯多葛派、伊壁鸠鲁以及怀疑派等哲学派别。但是,他对这些哲学派别的思想倾向都作了主观的解释。例如,他说斯多葛派向往的是"没有生命发展的生活";伊壁鸠鲁派则要求"变动的生活"(das bewgliche Leben),而不是相反。① 他也过分强调了伊壁鸠鲁派同斯多葛派的差异,仿佛它们反映了对待世界的两种不同的态度。② 此外,他把怀疑派的哲学描述得比伊壁鸠鲁派哲学更激进,认为这一派实现了"与世界的完全决裂"③。

在对古代人描述完之后,施蒂纳转向青年期的人类——"近代人"。他模仿费尔巴哈"在古代人看来世界是真理"提出与近代史阶段相适应的命题,"在近代人看来,精神是真理"④。

施蒂纳认为,近代人达到了事物的背后,超越事物及其各种束缚。因此,精神此时成了解放了的、彼岸的、自由的精神,或者说,达到了"精神的自由"。于是,剩下的事就只是精神和精神物。但是,由于精神远离了事物并且又只承认和肯定自身,所以,它必然要求"世界的精神化",即犹如富有理想主义的青年那样,幻想拯救或改善世界。

这样,正像古代人所做的事不过是"当世的智慧",即一种洞悉世界的努力,近代人所做的事不过是研究精神、神的奥秘。但是研究神的底蕴的精神活动就是神学的研究,所以,施蒂纳断言,近代人从不超出神的常识范围。⑤ 施蒂纳把"自由人"或"自由主义者"也列

---

① Max Stirner, Der Einzige und sein Eigentum, Philipp Reclam jun, Stuttgart, 1972, Durchgesehene und Verbesserte Ausgabe, 1981, S. 23.
② Max Stirner, Der Einzige und sein Eigentum, Philipp Reclam jun, Stuttgart, 1972, Durchgesehene und Verbesserte Ausgabe, 1981, S. 24.
③ Max Stirner, Der Einzige und sein Eigentum, Philipp Reclam jun, Stuttgart, 1972, Durchgesehene und Verbesserte Ausgabe, 1981, S. 24.
④ Max Stirner, Der Einzige und sein Eigentum, Philipp Reclam jun, Stuttgart, 1972, Durchgesehene und Verbesserte Ausgabe, 1981, S. 26.
⑤ Max Stirner, Der Einzige und sein Eigentum, Philipp Reclam jun, Stuttgart, 1972, Durchgesehene und Verbesserte Ausgabe, 1981, S. 28.

入近代人的范畴，认为他们虽然形式上属于现代，实际上却是近代人中的时髦者。① 他的基本根据是，"自由主义者"（他们代表不同的自由主义："政治自由主义""社会自由主义"与"人道自由主义"）所主张的"国家""社会"与"人类"说到底均为一种抽象，即思想、观念或精神，因而，均为"神"的同义语。

在施蒂纳那里，"自由人"或"自由主义者"是近代人的最高类型，他们构成近代人向现代人即"我"（Ich）的过渡。"我"就是利己主义者，他相当于个体的完善的成人阶段。"我"具有"独自性"（Eigenheit），是"所有者"（Eigner）和"唯一者"（Einzige）。

"独自性"是"我"的一种根本特性。所以，施蒂纳说："独自性就是我的全部本质和此在，就是我自己。"② 这样，"独自性"比自由更根本，更至高。它不仅是自由取舍的尺度，而且是一切的创造者。因此，毋需待言，它也创造新的自由和消除封锁人们前进道路的一切不自由。这种"独自性"异于观念物，它具有现实性，或者说，是一种现实。③

"我"也是"所有者"。施蒂纳在论说"所有者"时，枚举了三个方面含义，即"我"是权力、交往和自我享乐的所有者。作为权力（Macht）的所有者，权力就是我自己，或者说，我就是权力的强者和唯一者。因为是我自己授予自己以权力而非他人授予我权力，权力只存在于我自身。相反，权利（Recht）则只是社会的意志，是一种精神所授予的恩惠物。④ 作为社会交往的所有者，"交往"只是我与他

---

① Max Stirner, Der Einzige und sein Eigentum, Philipp Reclam jun, Stuttgart, 1972, Durchgesehene und Verbesserte Ausgabe, 1981, S. 107.
② Max Stirner, Der Einzige und sein Eigentum, Philipp Reclam jun, Stuttgart, 1972, Durchgesehene und Verbesserte Ausgabe, 1981, S. 173.
③ Max Stirner, Der Einzige und sein Eigentum, Philipp Reclam jun, Stuttgart, 1972, Durchgesehene und Verbesserte Ausgabe, 1981, S. 172, 179 – 180.
④ Max Stirner, Der Einzige und sein Eigentum, Philipp Reclam jun, Stuttgart, 1972, Durchgesehene und Verbesserte Ausgabe, 1981, S. 230 – 231.

人之间的一种关系和行为，即"纯粹个人的交往"（rein persoenlicher Verkehr）。施蒂纳认为，只有这样的交往才是"真正的交往"（der wirkliche Verkehr）。而这种个人的交往的进行与社会无关，它不会改变社会的性质。社会的性质是由社会成员的性质决定的。与此同理，它与国家、民族、人类等共同体也无关系。相反，建立在爱、谨慎的行动、互助基础上的交往，即假定和肯定"人""人的本质"或以人的本质为基础的交往，则是与一种幽灵的交往，而不是与现实的人的交往。① 当"我"同世界交往并享受这个世界时，表明了这一交往的出发点和目的只是"为了我自己"，即"我"的"自我享乐"。作为自我享乐（Selbstgenuß）或享乐的所有者，"我"拥有我自己，我按照我的喜好，使用和享受我自己。因此，我真正是我自己的所有物。我并不追求应然（Sollen），而是执着实然（Sein），我并不生活在憧憬与希望之中，而是沉湎于享乐。我只从我自己出发，我要让生命的享乐战胜生命的憧憬和希望。我并不向往和承受任何人生的使命、天职和任务，我仅把我的生命、我的自我享乐作为目的和出发点。相反，"自由主义者"即宗教人则不是寻求自我生命的享乐，而是寻求生命本身，寻求自我。他们不是从我出发，拥有自我，而是面对自我，憧憬自我。自我对他们始终是外在的。他们追求的也不是现实的享乐，而是应该（Sollen）成为什么。他们把这种追求的某物（"人""真正的人"）奉为目标，却把生命变成手段和工具。他们不了解"我"是唯一的，即独一无二的。②

因此，"我"不仅具"独自性"，又是"所有者"，还是"唯一者"。"我"作为"唯一者"甚至高于"我"作为"所有者"，因为

---

① Max Stirner, Der Einzige und sein Eigentum, Philipp Reclam jun, Stuttgart, 1972, Durchgesehene und Verbesserte Ausgabe, 1981, S. 239–240, 231, 323.

② Max Stirner, Der Einzige und sein Eigentum, Philipp Reclam jun, Stuttgart, 1972, Durchgesehene und Verbesserte Ausgabe, 1981, S. 358–361, 364, 406.

"如果我知道我自己是唯一者，那么而后我就是所有者"。"唯一者"是易逝者，终有一死的创造者。他从"创造性的无"（schoepferisches Nichts）中诞生，又从"创造性的无"中湮灭。因此，施蒂纳宣布：我把我的事业置于虚无（Nichts）之上。①

通过"独自性""所有者"和"唯一者"三种特性的论述，施蒂纳把"我"和利己主义发挥到了极致，表述了一种富有思辨哲学特色的极端的唯我主义和利己主义。但是，如果我们的目光停留于此，显然还没有深入和洞悉事物的底蕴。不要忘记，施蒂纳的"我"的"独自性"（或利己主义）不过是个体及其特性即现实的人及其个性的一种表述方式。因此，不言而喻，施蒂纳对"我"和"独自性"的高扬，就是对现实的人和现实的人的个性的高扬。

施蒂纳的"我"是现代人的表征，是古代人和近代人的"真理"。作为第三者，他扬弃了古代人的现实性，也扬弃了近代人的理想性，一句话，他消除和终结了现实与理想、形体性与神圣性（精神性），以及存在与使命、实然的我与应然的我的对立。因而，他破除了基督教的怪圈，也标志着人们完成了他们的历史。从施蒂纳构造的"古代人（现实主义）—近代人（理想主义）—我（利己主义）"的模式中可以看出，他的全部推论不过是为了导出"我"和利己主义的必然性，即施蒂纳自以为揭示了的，而实际上却在他那里再度被歪曲的现实的个体及其个性。

施蒂纳通过对我的"独自性""所有者"和"唯一者"诸特性的描述，建立了其独特的"我"的本体论（存在论）。这个"我"距离现实的个体多么遥远，具有何种抽象性，堪称达到了老子的"道"的

---

① Max Stirner, Der Einzige und sein Eigentum, Philipp Reclam jun, Stuttgart, 1972, Durchgesehene und Verbesserte Ausgabe, 1981, S. 412.

高度，试作一比较：

	"我"	道
命题之一	没有概念表达出我自己。（Der Einzige und sein Eigentum, 1972, Philipp Reclam jun, Stuttgart, Durchgesehene und Verbesserte Ausgabe, 1981, S. 412） 我是不可言说的。（S. 400） 人们作为我的本质所作出的说明根本没有对我作出充分的论述。它只不过是名称。（S. 412）	道可道，非常道。名可名，非常名。（《道德经》第一章）
命题之二	同神一样，一切他者对我皆为虚无，我就是我的一切，我就是唯一者。（S.5） 不仅是依据行为和存在，而且对于我的意识来说，我也是唯一者。（S. 406） 我并非是在其他自我之外的自我，而是唯一的自我：我是独一的。（S. 406）	主之以太一。（《庄子·天下篇》） 一也者，万物之本也，无敌之道也。（《淮南子·诠言》）
命题之三	对我来说，我是一切。(S. 179) 对于我来说，不存在什么真理，因为没有什么超越于我。(S.399)	道则无遗者矣。（《庄子·天下篇》） 夫道……万物备，广广乎其无不容也。（《庄子·天道》） 齐万物以为首。（《庄子·天下篇》）

续表

	"我"	道
命题之四	我……是创造性的无，是我自己作为创造者从中创造一切的无。（S. 5） 在唯一者那里，甚至所有者返回到他的创造性的无之中，从这创造性的无中诞生。（S. 412） 我，这一虚无，将从我中产生出我的诸创造性。（S. 259）	其上不皦，其下不昧，绳绳兮不可名，复归于无物。（《道德经》第十四章） 天下万物生于有，有生于无。（《道德经》第四十章）
命题之五	我自己就是我的事业（S. 5）。 我并不按照使命生活，就如同花并不按照使命生长和散发芳香那样。（S. 411） 如果我懂得要拥有自己并不把自己抛给他人的话，在任何时候和任何情况下我就是我自己。（S. 173）	道法自然。（《道德经》第二十五章）

当然，施蒂纳也讲到"我"的相对性，例如，他不得不承认现实中的"我"是"易逝的、难免一死的"[①]。但当他让"我"作为所有者复归到他的"创造性的无"之中时，他的"易逝的、难免一死的""我"则又获得了长驻和永生。这样，他的以"创造性的无"形式出现的"我"仍丝毫不逊色于老子的"道"。

以上只是一种类比，它只在某种有限的意义上才能成立。论其实质，施蒂纳的"我"与"道"毕竟不同。最简单、明显的事例是，

---

① Max Stirner, Der Einzige und sein Eigentum, Philipp Reclam jun, Stuttgart, 1972, Durchgesehene und Verbesserte Ausgabe, 1981, S. 412.

施蒂纳的"我"有一种内在的饥饿感,他有一种吞噬一切的贪婪本性:"我在哪里碰到世界(我到处都能碰到世界),我就在哪里吞掉世界,以解我利己主义的饥渴。"① 这简直是一条可怕的饿狼。老子的"道"则绝无这种敌视万物、荡平尘寰的疯狂性。相反,它生而不有,为而不恃,长而不宰:"大道泛兮,其可左右。万物恃之以生而不辞……衣养万物而不为主……万物归焉而不为主"②。

二 施蒂纳对"自由主义"的征讨

(一)施蒂纳对"自由主义"的一般批判

在施蒂纳那里,"自由主义"包括"政治的自由主义""社会的自由主义"与"人道的自由主义"三种类型,它是近代思想发展的最高阶段,构成由"理想主义"向"利己主义"的过渡。它主要针对的对象是鲍威尔的批判哲学、费尔巴哈的人本主义以及包括赫斯、马克思在内的社会主义。因而,施氏对"自由主义"的批判,也就是对这些人及其学说的批判。

施蒂纳认为,尽管他们的学说形式不同,例如,或诉诸国家,或诉诸人类,或诉诸社会和劳动,但实质上是一致的,即都承认或设定了一种抽象的"人"(诸如人道人和道德人、政治人、社会人和劳动人)、"人性"或"人的本质"。

费尔巴哈诉诸类人,把神归结为人,宣称"人的本质是人的最高本质",但由于这样的"最高本质"对"我"即"个人"(Person)

---

① Max Stirner, Der Einzige und sein Eigentum, Philipp Reclam jun, Stuttgart, 1972, Durchgesehene und Verbesserte Ausgabe, 1981, S.331.
② 《道德经》第三十四章。

来说依然是一个外来之物，是超越和独立于我、个人的东西，因而，具有这样本质的"真正的人"并非是我，即单个的个人，而是一种"纯粹的精神性"。所以，费尔巴哈的工作，不过是把旧神自然化和世俗化为新神而已。① 与此相联系，当费尔巴哈由宗教立场转到伦理学的立场时，他所主张的"爱的宗教"也确定是一种新的宗教，因为它源自从抽象的人、"人的本质"出发的理性原则。它虽然不以神为立法者，可却以人格化的神——"人"为立法者②，换言之，它同宗教一样，都牵涉一个精神性的"最高本质"③。如果说，两者还有区别，那么这一区别也只在于，在旧的宗教即基督教那里，爱是对超人的神的爱，而在新的宗教即爱的宗教那里，爱是对人的神的爱。④

鲍威尔诉诸"自由国家"。然而，国家是人们作为"人"的结合（或者说，在国家这一结合中，人们仅仅是作为"人"存在的），国家生活是一种纯粹人的生活，它与人们的私生活、与"市民社会"领域是无缘的。它代表一切人的普遍利益。⑤ 故国家共同体对于这一共同体的成员是神圣的，高居和超越其上的，它是一位整体的专制者，而个人（Person）在它面前，只是不名誉的容器。⑥ 当它要求人们放弃个人的优先权，放弃个人的特殊利益和个性而将自己完全奉献出来

---

① Max Stirner, Der Einzige und sein Eigentum, Philipp Reclam jun, Stuttgart, 1972, Durchgesehene und Verbesserte Ausgabe, 1981, S. 34, 39-42.

② Max Stirner, Der Einzige und sein Eigentum, Philipp Reclam jun, Stuttgart, 1972, Durchgesehene und Verbesserte Ausgabe, 1981, S. 50-53.

③ Max Stirner, Der Einzige und sein Eigentum, Philipp Reclam jun, Stuttgart, 1972, Durchgesehene und Verbesserte Ausgabe, 1981, S. 50-53.

④ Max Stirner, Der Einzige und sein Eigentum, Philipp Reclam jun, Stuttgart, 1972, Durchgesehene und Verbesserte Ausgabe, 1981, S. 63.

⑤ Max Stirner, Der Einzige und sein Eigentum, Philipp Reclam jun, Stuttgart, 1972, Durchgesehene und Verbesserte Ausgabe, 1981, S. 108-109.

⑥ Max Stirner, Der Einzige und sein Eigentum, Philipp Reclam jun, Stuttgart, 1972, Durchgesehene und Verbesserte Ausgabe, 1981, S. 213.

时，它就是"尘世的神"①。这样，在施蒂纳那里，鲍威尔的国家说也是一种宗教，即"国家宗教"，或"自由国家的宗教"②，因为鲍威尔的批判的前提归根结底也是一种（抽象的）"人"③。他的"国家"不过是"真正的人"的体现，而个人在它面前也失掉了其差别，作为"人"出现。④

施蒂纳认为，国家的最高概念就是"真正的人的社会"⑤，"人的社会"⑥。所以，社会主义、共产主义者（包括赫斯、马克思在内）的主张，言谈的"社会"，同"国家"一样，不过是一种具有虚假形体的"精神"⑦。施蒂纳特别从以下两个方面指摘社会主义和共产主义废除私有财产（施氏把它理解为取消个人财产）和把人的活动、劳动规定为人的本质。施氏认为，社会主义、共产主义通过消灭一切个人财产使个人（Person）依附于一个第三者即普遍性或整体性，从而设定了一种阻碍"我"自由运动、一个在"我"之上的统治权⑧，而把所有人变成无个人财产的平等的"游民"，使"个性"再遭劫掠⑨；此外，社会主义、共产主义设定劳动原则，把社会变成新的主人，新

---

① Max Stirner, Der Einzige und sein Eigentum, Philipp Reclam jun, Stuttgart, 1972, Durchgesehene und Verbesserte Ausgabe, 1981, S. 108 – 109.

② Max Stirner, Der Einzige und sein Eigentum, Philipp Reclam jun, Stuttgart, 1972, Durchgesehene und Verbesserte Ausgabe, 1981, S. 193.

③ Max Stirner, Der Einzige und sein Eigentum, Philipp Reclam jun, Stuttgart, 1972, Durchgesehene und Verbesserte Ausgabe, 1981, S. 161.

④ Max Stirner, Der Einzige und sein Eigentum, Philipp Reclam jun, Stuttgart, 1972, Durchgesehene und Verbesserte Ausgabe, 1981, S. 108 – 109.

⑤ Max Stirner, Der Einzige und sein Eigentum, Philipp Reclam jun, Stuttgart, 1972, Durchgesehene und Verbesserte Ausgabe, 1981, S. 193.

⑥ Max Stirner, Der Einzige und sein Eigentum, Philipp Reclam jun, Stuttgart, 1972, Durchgesehene und Verbesserte Ausgabe, 1981, S. 197.

⑦ Max Stirner, Der Einzige und sein Eigentum, Philipp Reclam jun, Stuttgart, 1972, Durchgesehene und Verbesserte Ausgabe, 1981, S. 127.

⑧ Max Stirner, Der Einzige und sein Eigentum, Philipp Reclam jun, Stuttgart, 1972, Durchgesehene und Verbesserte Ausgabe, 1981, S. 285 – 286.

⑨ Max Stirner, Der Einzige und sein Eigentum, Philipp Reclam jun, Stuttgart, 1972, Durchgesehene und Verbesserte Ausgabe, 1981, S. 129.

的幽灵和新的"最高本质",而把个人置于劳动者社会的"效劳与义务之中"①。于是施氏认为,社会主义甚至比"政治自由主义"对个人更为残酷无情,因为尽管社会主义大声攻击"国家",可它主张的"社会"实际上仍是一种"国家";尽管它反对个人所有者压迫"我",压迫个人,可它却把"我"、个人交付给了一种更为残暴的整体权力。② 这样,施氏认为,自由主义固然把属于"人"的东西归还给了个人,例如政治的自由主义把天生的人所具有的信仰自由、财产占有等人权归还给了他,社会的自由主义把作为劳动人而享有的一切归还给了他,人道的自由主义把作为"人"即人类所拥有的一切归还给了他,可是个人却仍一无所有。③ 自由主义固然取消和废除了某些东西,例如政治自由主义取消了主人与仆人的不平等,社会自由主义废除了财产的不平等,人道自由主义废除了对神的信仰,可是主人又作为国家出现,财产又作为社会的财产出现,对神的信仰又作为对人类的信仰出现。总之,自由主义固然通过各种形式把神废除了,可"人"却又被提升到神的地位,因为这个"人"所意指的东西如同神一样,也是无人能够达到与企及的。④ 由此看来,自由主义的各种形式不过是"人"即人的概念发展的不同阶段,即政治人—社会人—人道人⑤。这种划分同施蒂纳对自由主义各形态的政治立场的理解相吻合:他倾向于把政治自由主义解释为市民意识,把社会自由主义解释

---

① Max Stirner, Der Einzige und sein Eigentum, Philipp Reclam jun, Stuttgart, 1972, Durchgesehene und Verbesserte Ausgabe, 1981, S. 135.

② Max Stirner, Der Einzige und sein Eigentum, Philipp Reclam jun, Stuttgart, 1972, Durchgesehene und Verbesserte Ausgabe, 1981, S. 285 – 286.

③ Max Stirner, Der Einzige und sein Eigentum, Philipp Reclam jun, Stuttgart, 1972, Durchgesehene und Verbesserte Ausgabe, 1981, S. 151.

④ Max Stirner, Der Einzige und sein Eigentum, Philipp Reclam jun, Stuttgart, 1972, Durchgesehene und Verbesserte Ausgabe, 1981, S. 158 – 159.

⑤ Max Stirner, Der Einzige und sein Eigentum, Philipp Reclam jun, Stuttgart, 1972, Durchgesehene und Verbesserte Ausgabe, 1981, S. 273.

为工人意识,而把人道自由主义解释为两者的混合物即综合。①

施蒂纳对自由主义批判的方法论是诉诸脱离普遍的特殊或脱离一般的个别,而把特殊与普遍、个别与一般直接等同起来。这在政治和社会观上必然表现为极端利己主义和极端无政府主义。他的利己主义的"我"实际上是以资产阶级的社会成员——利己主义的孤立的个体为理想原型与样本的。但他未看到这实际上只是资本主义社会中的一种现实的人,却把他普遍化了,当成了"唯一"现实的人。同理,施蒂纳对国家、社会共同体的理解也是以资本主义国家、资本主义的社会为蓝本、模型的。当他对国家、社会毫不怜惜地加以否定时,也把高居于独立的"个人"之上,从而具有某种虚假的独立外观的资本主义国家、社会,普遍化、绝对化为一切国家、一切社会的标本了。可见,他的立足点没有超出资本主义社会。所不同的是,他对资本主义社会的利己主义的人是抱欣赏、肯定的态度,而对资本主义社会和国家本身则持鄙夷和否定态度。可见,施蒂纳也陷入了"市民社会"和"政治国家"的分裂中,他的理论不过是资本主义社会内部矛盾、对立的体现。

(二)施蒂纳对"自由主义"自由观的批判

施蒂纳的"我"的根本特征是"独自性"(Eigenheit)。通过对独自性与自由的关系的阐释,施氏批判了自由主义者自由观,表达了自己对"自由"这一概念的独特理解。

首先,施蒂纳通过揭示自由的相对性和具体性,尖锐地批判了有关自由的梦幻,即把对自由的热望奉为对某种无限的东西的热望的观点。

---

① Max Stirner, Der Einzige und sein Eigentum, Philipp Reclam jun, Stuttgart, 1972, Durchgesehene und Verbesserte Ausgabe, 1981, S. 140.

施氏认为，自由意味着摆脱某种东西。"从某物获得自由，仅意味着不受约束和超脱于某物。"① 但事实上，在摆脱某物的同时，又总是有某种东西是不能摆脱的，甚至包括自我的意志、自我的愿望。② "人们能摆脱许多东西，却不能自由于一切。尽管在奴隶制的状况下人们就内心而言是可以自由的……然而作为奴隶，他们并不会有摆脱主人的鞭子、专横脾气等的自由。"③ 因此，自由与束缚在施氏看来犹如一头拥有美女之首和魔鬼之身的怪兽，是难以单独取舍的。我争取到了自由，同时也就争取到了束缚。我在多大程度上为自己争取到了自由，我也就在多大程度上为自己制造了新的束缚。④ 因此，自由的同时也就意味着对自我、对我的独自性的束缚与否定。而最充分的自由，则是对自我、对我的独自性最充分的否定。"我愈是自由，在我眼前堆积的强制就愈多，我就愈感到自己的无力。"⑤ 由此可见，绝对的自由实际上是不存在的。"自由只存在于梦幻的王国！"⑥

然而，事情还不仅如此。

施蒂纳又指出，任何自由都是有特定内容和指向的。"对自由的渴望在任何时代均归结为对某种特定的自由的要求。"⑦ 例如信仰自由是为了摆脱宗教裁判所的法官，政治或市民的自由是为了摆脱官僚

---

① Max Stirner, Der Einzige und sein Eigentum, Philipp Reclam jun, Stuttgart, 1972, Durchgesehene und Verbesserte Ausgabe, 1981, S. 173.
② Max Stirner, Der Einzige und sein Eigentum, Philipp Reclam jun, Stuttgart, 1972, Durchgesehene und Verbesserte Ausgabe, 1981, S. 172.
③ Max Stirner, Der Einzige und sein Eigentum, Philipp Reclam jun, Stuttgart, 1972, Durchgesehene und Verbesserte Ausgabe, 1981, S. 173.
④ Max Stirner, Der Einzige und sein Eigentum, Philipp Reclam jun, Stuttgart, 1972, Durchgesehene und Verbesserte Ausgabe, 1981, S. 172.
⑤ Max Stirner, Der Einzige und sein Eigentum, Philipp Reclam jun, Stuttgart, 1972, Durchgesehene und Verbesserte Ausgabe, 1981, S. 172.
⑥ Max Stirner, Der Einzige und sein Eigentum, Philipp Reclam jun, Stuttgart, 1972, Durchgesehene und Verbesserte Ausgabe, 1981, S. 173.
⑦ Max Stirner, Der Einzige und sein Eigentum, Philipp Reclam jun, Stuttgart, 1972, Durchgesehene und Verbesserte Ausgabe, 1981, S. 176.

的统治和贵族的专横,等等。这实际上意味着,任何自由都是部分的、不完整的,是"一小块自由"。因此,完整的自由或完全的自由是不存在的,是一种"达不到的事物"①。更主要的是,自由的利用与取舍是以我、以我的独自性为尺度的。施氏认为,自由是有实际意义的概念,其意义在于能够使人们拥有所欲求的美好事物。否则,它就空无内容。因此,"谁不知道利用自由,那么,对他来说,自由这一无用的允诺就是没有价值的"。"至于我如何来利用自由,这就取决于我的独自性。"② 所以,归根结底,我及其独自性是对自由进行取舍的终极的和最高的尺度,是"超越一切的标准和法官"③。甚至有时,为了我、我的独自性的缘故,我宁愿放弃自由,而选择束缚。譬如,假若"甜蜜的爱情"这种不自由使你们感到舒适,你们就会乐意放弃自由的选择。在你们温柔的情人面前,即使面对她的无可违抗的命令的眼光,你们也不想摆脱这种眼光而自由。④ 这样说来,具有独自性的我就是最高贵的东西,是追求的真正的圆心,即始源、过程和归宿,是自由的创造者,因而也是"第一者"。我比自由更具有价值,也更具有现实性,因为我不是像自由那样只存在将来和希望中,而是也存在于现世,即便我是作为一名最卑贱的奴隶。⑤ 这样说来,自由不过是我的权力,我的所有物。我首先是所有者,然后才是自由人。我成为所有者,同时也就成为自由人,即"只有在我的自由即是我的权力的情况下,我的自由方会变得完全。由于这种权力我就不再仅仅

---

① Max Stirner, Der Einzige und sein Eigentum, Philipp Reclam jun, Stuttgart, 1972, Durchgesehene und Verbesserte Ausgabe, 1981, S. 176.
② Max Stirner, Der Einzige und sein Eigentum, Philipp Reclam jun, Stuttgart, 1972, Durchgesehene und Verbesserte Ausgabe, 1981, S. 172.
③ Max Stirner, Der Einzige und sein Eigentum, Philipp Reclam jun, Stuttgart, 1972, Durchgesehene und Verbesserte Ausgabe, 1981, S. 177.
④ Max Stirner, Der Einzige und sein Eigentum, Philipp Reclam jun, Stuttgart, 1972, Durchgesehene und Verbesserte Ausgabe, 1981, S. 177.
⑤ Max Stirner, Der Einzige und sein Eigentum, Philipp Reclam jun, Stuttgart, 1972, Durchgesehene und Verbesserte Ausgabe, 1981, S. 180.

是一个自由者，而变成了所有者"①。

通过批判"自由的梦幻"，施蒂纳力倡独自性的"现实"。他强调独自性比自由更根本，因为自由可以泯灭丧失，可是我的独自性即使在我身为奴隶的状况下，也不会丧失，除非我把自己出卖给他人。所以，在施蒂纳看来，独自性才是真正的自由，具有独自性的人才是真正的自由人，即天生的自由人，或本然的自由人。与此相反，脱离独自性的自由人则仅仅是自由病患者、梦幻者和狂热者。② 出自这种信念，施蒂纳向自由的鼓吹者疾呼：你们不要寻求恰恰通过"自我否定"而使你们丧失你们自己的自由，而是要寻求你们自身！③ 施蒂纳就这样以实然对抗应然，以现实对抗理想，以私利对抗道德，来高扬我及其独自性，即"个人"与个性。他抓住自由的相对性、具体性，却将其绝对性撇在一边。

（三）施蒂纳对费尔巴哈的批判

费尔巴哈哲学的核心命题是"人是人的最高本质"。施氏对此反驳如下：在费尔巴哈那里，这种最高本质被称为神即精神，依然有别于"我"，故而它只能存在于"我"、存在于"个人"（"现实的人"）之外。因此，尽管费尔巴哈把神归结为人的本质，把人的本质移回到此岸，实际上仍然是把人的本质同"我"相对立，仍然是将"我"分割成本质的我和非本质的我。④ 施蒂纳同费尔巴哈的对立，可从如下两个命题看出。

---

① Max Stirner, Der Einzige und sein Eigentum, Philipp Reclam jun, Stuttgart, 1972, Durchgesehene und Verbesserte Ausgabe, 1981, S. 183-184.

② Max Stirner, Der Einzige und sein Eigentum, Philipp Reclam jun, Stuttgart, 1972, Durchgesehene und Verbesserte Ausgabe, 1981, S. 180.

③ Max Stirner, Der Einzige und sein Eigentum, Philipp Reclam jun, Stuttgart, 1972, Durchgesehene und Verbesserte Ausgabe, 1981, S. 180.

④ Max Stirner, Der Einzige und sein Eigentum, Philipp Reclam jun, Stuttgart, 1972, Durchgesehene und Verbesserte Ausgabe, 1981, S. 33.

A. 费尔巴哈：人的本质是人的最高本质，这一最高本质尽管被宗教称为神并当作客观的本质来对待，但在实际上它却是人的本质，因而世界历史的转折点在于而今之后对人来说不再是神作为神，而应是人作为神。

B. 施蒂纳：最高本质无疑是人的本质，但正因为最高本质是人的本质，而不是人自己，所以我们无论是在人之外寻觅到它而将其看作"神"，还是在人之内发现它而将其称为"人的本质"或"人"，就完全是一样的了。

施蒂纳的方法论是，从反面看，批判费尔巴哈把本质同具体的存在、把类同个体、把一般同个别相分离，揭示出在费尔巴哈那里，"人""人的本质"不等于作为人的"个人"；从正面看，则主张人的本质就是个别"个人"，即把一般等同于个别。例如，他说，人的本质"毋宁说与个别人自身那样"①。"你的本质并非是更崇高的本质，你的本质并非比你更高、更普遍，它就如同你自己一样是唯一的。"②在这里，个体的本质与个体的存在本身全然同一，无有差别。

这样，在施蒂纳看来，费尔巴哈的功绩至多是把神学、把思辨哲学倒置过来，即把主词与宾词倒转过来。③ 但是，这样倒转的结果，并没有损伤宗教的核心，更没有消除宗教，而只是以一种宗教代替了另一种宗教，即以人之爱的宗教、伦理的宗教代替了基督教（由"宗教立场"转到"道德立场"）④。事情还不仅如此，由于费尔巴哈把神归结为人，把属神的东西归结为属人的东西（如把"神是爱"说成

---

① Max Stirner, Der Einzige und sein Eigentum, Philipp Reclam jun, Stuttgart, 1972, Durchgesehene und Verbesserte Ausgabe, 1981, S. 40 – 41.

② Max Stirner, Der Einzige und sein Eigentum, Philipp Reclam jun, Stuttgart, 1972, Durchgesehene und Verbesserte Ausgabe, 1981, S. 45.

③ Max Stirner, Der Einzige und sein Eigentum, Philipp Reclam jun, Stuttgart, 1972, Durchgesehene und Verbesserte Ausgabe, 1981, S. 51.

④ Max Stirner, Der Einzige und sein Eigentum, Philipp Reclam jun, Stuttgart, 1972, Durchgesehene und Verbesserte Ausgabe, 1981, S. 51.

"爱是神性的"），于是，他就在把神变成人的同时，又把人还原为神。而这意味着，费尔巴哈虽然把神逐出天国，却又将它置入人的心中，虽然消除了神的外在性，却又同时赋予了其内在性。① 这样，费尔巴哈固然把宾词变成了主词，可宗教（基督教）的本质却变得更加令人困惑，神及神性也更加令人无法解脱。②"如果说神折磨了我们，那么'人'就有能力将我们压榨得更加残酷。"③

在这里，施蒂纳对费尔巴哈的人类学（Anthropologie）的批判的视点，由哲学转入伦理学，即转入对爱的宗教的批判。施蒂纳赖以出发的前提是道德与宗教同一的原则。他认为，道德与宗教一样，这两者都涉及一个精神性的最高本质，即在后者为神，在前者为抽象的"人"。由于在任何情况下这一最高本质都是高于我的一个本质，是超出我自身的东西，那么，至于它究竟是超人的还是人的本质，就无异于八两与半斤了。④ 这样，道德的统治也就是宗教的统治，即完全神圣的统治⑤，人性也就是神性，即使人具有尊严的神性⑥，道德性也就是宗教性，即虔诚性⑦。当然，施蒂纳认为，这种道德与宗教的同一并非是在任何条件下都存在的，他认为，在统治、泯灭个人的力量遭到反对和否定的时候，道德就会与宗教的虔诚性相对抗，通过自由

---

① Max Stirner, Der Einzige und sein Eigentum, Philipp Reclam jun, Stuttgart, 1972, Durchgesehene und Verbesserte Ausgabe, 1981, S. 51.
② Max Stirner, Der Einzige und sein Eigentum, Philipp Reclam jun, Stuttgart, 1972, Durchgesehene und Verbesserte Ausgabe, 1981, S. 51.
③ Max Stirner, Der Einzige und sein Eigentum, Philipp Reclam jun, Stuttgart, 1972, Durchgesehene und Verbesserte Ausgabe, 1981, S. 190 – 191.
④ Max Stirner, Der Einzige und sein Eigentum, Philipp Reclam jun, Stuttgart, 1972, Durchgesehene und Verbesserte Ausgabe, 1981, S. 51.
⑤ Max Stirner, Der Einzige und sein Eigentum, Philipp Reclam jun, Stuttgart, 1972, Durchgesehene und Verbesserte Ausgabe, 1981, S. 52.
⑥ Max Stirner, Der Einzige und sein Eigentum, Philipp Reclam jun, Stuttgart, 1972, Durchgesehene und Verbesserte Ausgabe, 1981, S. 51.
⑦ Max Stirner, Der Einzige und sein Eigentum, Philipp Reclam jun, Stuttgart, 1972, Durchgesehene und Verbesserte Ausgabe, 1981, S. 61 – 62.

主义而走向独立。① 出于对这种道德与宗教同一的确认，施蒂纳以一种极端的反道德的立场，抨击了道德的虚伪性。在他看来，道德的虚伪性就表现在它具有一种虚伪的合法性，即它体现为一种无可变更的规定性，体现为一种唯一的意志，人们必须顺从它、为它效劳、遵循它、爱它，而不管这种意志是合理的还是不合理的。唯有遵从它，才是道德的，否则，就是不道德的。②

鉴于道德这种虚伪性，施蒂纳认为，无论是"善"的道德说教，还是"恶"的道德说教，都是一种宗教说教，就其实质来说都是对人民生活的一种束缚和人们安全的一种威胁。而"善"者与"恶"者两者也没有什么本质的不同，他们都是道德宗教的"中迷者"③。

于是，施蒂纳在谈到"我"的事业时，高呼："什么叫善，什么叫恶？我自己就是我的事业，而我既不善也不恶。这两者对我都毫无意义！"④

在这里，施蒂纳已先于尼采表述出超出善与恶的对立的思想。施蒂纳反道德的立场形象地体现在这样一句话中："一个放纵的风流少女抵得上上千个在道德禁锢中黯然失色的贞洁女郎！"⑤

施蒂纳对费尔巴哈爱的宗教观的批判，在一定意义上亦可视为对赫斯爱的宗教观的批判。这不仅因为在原则上对费尔巴哈的批判适用于赫斯的主张，而且还因为《唯一者及其所有物》中有几处行文直接

---

① Max Stirner, Der Einzige und sein Eigentum, Philipp Reclam jun, Stuttgart, 1972, Durchgesehene und Verbesserte Ausgabe, 1981, S. 53 – 54.
② Max Stirner, Der Einzige und sein Eigentum, Philipp Reclam jun, Stuttgart, 1972, Durchgesehene und Verbesserte Ausgabe, 1981, S. 55 – 56.
③ Max Stirner, Der Einzige und sein Eigentum, Philipp Reclam jun, Stuttgart, 1972, Durchgesehene und Verbesserte Ausgabe, 1981, S. 57.
④ Max Stirner, Der Einzige und sein Eigentum, Philipp Reclam jun, Stuttgart, 1972, Durchgesehene und Verbesserte Ausgabe, 1981, S. 5.
⑤ Max Stirner, Der Einzige und sein Eigentum, Philipp Reclam jun, Stuttgart, 1972, Durchgesehene und Verbesserte Ausgabe, 1981, S. 67.

把锋芒指向了赫斯。例如，施蒂纳批判了赫斯把"道德"同自由的行动即"自我行动""自我规定"等同起来的观点，而这一观点正是赫斯"行动的哲学"的核心。施蒂纳认为，"自我行动""自我规定"并不能被归结为道德。如果自我行动仍然是道德的行动，这恰恰说明行动的主体还受否定个人的传统的习惯、习俗的束缚而未能意识到他自己本身。① 在另一处，施蒂纳借用"固定观念"这一用语来指谓费尔巴哈和赫斯等人希冀实现"爱""善"之类的概念和建立爱的王国的幻想②，而这一用语曾被赫斯用来批判劳动产品的异化。施蒂纳甚至把爱的道德理论径直称为僧侣主义③，即"道德的僧侣主义"④。他无情地嘲弄了博爱主义（泛爱论），认为它并非是对所有的人、对每一个人的爱，而仅仅是一种对抽象的人的、非现实理解的、幽灵的爱，或者说，是一种天国的、精神的爱，一种僧侣主义的爱。⑤ 施蒂纳也无情地嘲弄了"道德感化"。道德感化是赫斯所再三诉诸的建立社会的主要工具和杠杆。然而，在施蒂纳看来，道德感化则不啻屈辱、自我意志的丧失、自贬和自卑。⑥

施蒂纳在批判费尔巴哈的爱的宗教的同时，阐述了自己对爱的理解，即利己主义之爱及其与爱的宗教的对立。这种对立表现在以下五

---

① Max Stirner, Der Einzige und sein Eigentum, Philipp Reclam jun, Stuttgart, 1972, Durchgesehene und Verbesserte Ausgabe, 1981, S. 76.
② Max Stirner, Der Einzige und sein Eigentum, Philipp Reclam jun, Stuttgart, 1972, Durchgesehene und Verbesserte Ausgabe, 1981, S. 80.
③ Max Stirner, Der Einzige und sein Eigentum, Philipp Reclam jun, Stuttgart, 1972, Durchgesehene und Verbesserte Ausgabe, 1981, S. 83.
④ Max Stirner, Der Einzige und sein Eigentum, Philipp Reclam jun, Stuttgart, 1972, Durchgesehene und Verbesserte Ausgabe, 1981, S. 85.
⑤ Max Stirner, Der Einzige und sein Eigentum, Philipp Reclam jun, Stuttgart, 1972, Durchgesehene und Verbesserte Ausgabe, 1981, S. 85.
⑥ Max Stirner, Der Einzige und sein Eigentum, Philipp Reclam jun, Stuttgart, 1972, Durchgesehene und Verbesserte Ausgabe, 1981, S. 88.

个方面：其一，利己主义之爱带有利己主义的意识①，不是无私之爱②。它的出发点和目的是"我"，是为了"我"或"我"在对象中的利益，而不是为了对象。③ 它不假定一种高于"个人"的东西。④ 其二，爱是"我"的感情，"我"的所有物，"我"的权力，而不是像"爱的宗教"那样，作为异在的戒律（Gebot），体现为他者的要求和"我"的义务。⑤ 其三，对象是"我"爱的对象，是"我"使他者成为爱的对象，而非一种异己的对象，那种"自在自为的爱的对象"⑥。其四，利己主义之爱的性质既不神圣亦非不神圣，既非神性亦非鬼性，而"爱的宗教"之爱具有神性。⑦ 其五，利己主义之爱作为"我"的感情，是非理性的，而"爱的宗教"之爱是理性的，是理智之爱，这种理性无异于信仰。⑧

施蒂纳的利己主义之爱表明，尽管施蒂纳试图超出善恶对立、超出道德之外，但终究事与愿违。当施蒂纳自我表白"我也爱人，不仅仅是爱个别人，而且爱每个人。然而我是以利己主义的意识去爱他们的。我爱他们，因为他们使我幸福"⑨ 时，马克思作了这样的品评：

---

① Max Stirner, Der Einzige und sein Eigentum, Philipp Reclam jun, Stuttgart, 1972, Durchgesehene und Verbesserte Ausgabe, 1981, S. 324.
② Max Stirner, Der Einzige und sein Eigentum, Philipp Reclam jun, Stuttgart, 1972, Durchgesehene und Verbesserte Ausgabe, 1981, S. 326.
③ Max Stirner, Der Einzige und sein Eigentum, Philipp Reclam jun, Stuttgart, 1972, Durchgesehene und Verbesserte Ausgabe, 1981, S. 327.
④ Max Stirner, Der Einzige und sein Eigentum, Philipp Reclam jun, Stuttgart, 1972, Durchgesehene und Verbesserte Ausgabe, 1981, S. 319–320.
⑤ Max Stirner, Der Einzige und sein Eigentum, Philipp Reclam jun, Stuttgart, 1972, Durchgesehene und Verbesserte Ausgabe, 1981, S. 327.
⑥ Max Stirner, Der Einzige und sein Eigentum, Philipp Reclam jun, Stuttgart, 1972, Durchgesehene und Verbesserte Ausgabe, 1981, S. 326–327.
⑦ Max Stirner, Der Einzige und sein Eigentum, Philipp Reclam jun, Stuttgart, 1972, Durchgesehene und Verbesserte Ausgabe, 1981, S. 328.
⑧ Max Stirner, Der Einzige und sein Eigentum, Philipp Reclam jun, Stuttgart, 1972, Durchgesehene und Verbesserte Ausgabe, 1981, S. 328.
⑨ Max Stirner, Der Einzige und sein Eigentum, Philipp Reclam jun, Stuttgart, 1972, Durchgesehene und Verbesserte Ausgabe, 1981, S. 324.

"德国哲学是从意识开始,因此,就不得不以道德哲学告终,于是各色英雄好汉都在道德哲学中为了真正的道德而各显神通。费尔巴哈为了人而爱人,圣布鲁诺爱人,因为人'值得爱'……而圣桑乔爱'每一个人',他是用利己主义的意识去爱的,因为他高兴这样做。"①

总体来看,施蒂纳对费尔巴哈的批判是毁灭性的。他的"唯我论"是费尔巴哈"类"学说的反题,两者一起构成了有关主体性理论的两大极端。这是人类哲学发展史上的一种奇特的景观。然而,由于施蒂纳是以一个极端反对另一极端,也就预示了他自己的理论也将走向其反面。在此方面,马克思是被智慧女神召唤来的施蒂纳的天然敌手。

三 马克思与施蒂纳的"我"以及"利己主义者的联盟"

法国学者 H. 阿尔冯（Henri Arvon）曾较早明确提示过施蒂纳对于历史唯物主义形成的意义②。但有关方面的研究迄今尚未获得重大突破和进展。科尔纽在其有名的研究论著中只是认为对施蒂纳的批判是马克思更确切地确定和完成他自己的学说的前提③,而未论及施蒂纳与马克思两人之间的思想联系。麦克莱伦也坦率承认:"……要指出施蒂纳对马克思有任何影响是困难的。何况施蒂纳的书在很大程度上是各种流行的陈词滥调大杂烩,因此要指出他对马克思的影响就更

---

① 《马克思恩格斯全集》第 3 卷,人民出版社 1960 年版,第 424 页。
② H. Arvon, Une polémique inconnu：Marx et Stirner, In: Les temps modernes, 7/71, Paris, 1951, p. 509 – 536；Aux Sources de l'existentialisme：Max Stirner, Collection "Epiméthée", Paris, 1954, p. 9.
③ [法]奥古斯特·科尔纽:《马克思恩格斯传》,第 3 卷,刘磊等译,生活·读书·新知三联书店 1963 年版,第 269 页。

加困难了。"① 施蒂纳与马克思关系的专门研究者 W. 埃斯巴赫（W. Essbach）虽然指出了施蒂纳与马克思在某些观点上的类似性②，但他却又荒唐地认为，马克思误解了施蒂纳的"我"以及"我"与其自身的关系，即把"我"误解为"绝对无关系的本质"，把"我"与自身的关系误解为"纯意识的关系"，从而将其看成唯心主义，因此，马克思的唯物主义不可能承接施蒂纳的哲学立场。③ 可是，无需待言，撇开观点和方法论不说，即便是哲学立场方面的对立，也不可能是绝对而又绝对的。

对马克思与施蒂纳的思想联系，可从以下两个总的方面来加以说明。

（一）施蒂纳的"我"（Ich）与马克思的"现实的个体"（die wirklichen Individuen）

施蒂纳对费尔巴哈的"类人"以及与此相关的感性、爱的宗教的批判是毁灭性的。当马克思在《德意志意识形态》中确认费尔巴哈对感性世界的"理解"的局限性，确认费尔巴哈的人是"一般人"而非"现实的历史的人"时，以及当他指责费尔巴哈把人只看作"感性对象"，仅限于在感情范围内承认"现实的、单个的、肉体的人"，除了爱与友情（而且是理想化了的）以外不知道其他的"人的关系"时④，马克思所确认和肯定的，正是施蒂纳对费尔巴哈批判的合理成

---

① ［英］戴维·麦克莱伦：《青年黑格尔派与马克思》，夏威仪等译，陈启伟校，商务印书馆1982年版，第143—144页。

② W. 埃斯巴赫（W. Essbach）指出了施蒂纳与马克思在理论上的下述几个方面的联系：(1) 施蒂纳对早期社会主义的批判与马克思在《德意志意识形态》中对"真正的"社会主义的批判；(2) 施蒂纳对专制的社会原则和流动的联盟的区分与马克思对粗陋的和展开的社会主义的关系的理解；(3) 施蒂纳的"剥夺"与马克思的阶级斗争理论；(4) 施蒂纳对无产阶级的界定与马克思对无产阶级的重要意义的认识；等等。参阅 W. Essbach, Gegenzuege, Frankfurt a. M., 1982, S. 30。

③ W. Essbach, Gegenzuege, S. 160.

④ 马克思、恩格斯：《费尔巴哈》，人民出版社1988年版，第19、22页。

分。在专门批判施蒂纳的章节中，我们看到，马克思在论及施蒂纳对费尔巴哈的批判时，他指摘的并不是施氏对费尔巴哈的"人的本质"的抽象性的抨击，以及对费尔巴哈囿于"倒置法"（调换主词和宾词）这一简单化处理方式的抨击，而是指摘施蒂纳的批判的不彻底性，即指摘施蒂纳在批判费尔巴哈的同时，也无条件地接受了费尔巴哈的幻想，并以此作为自己创立理论的根据。因为当他把"我"（Ich）、"个人"（Person）同现实的历史、现实的物质生活分割开来并等同于"类"时，当他谈及"利己主义的高尚本质"时，他的"我"（Ich）或"个人"（Person）即他所称的真正的"现实的人"（der Wirklicher）也不外是一个抽象物。此外，正因为如此，他也没有超出费尔巴哈的"倒置法"，他与后者的区别仅在于，把后者变为主词的宾词神圣地奉为统治世界的现实的个人，把现实关系的词句奉为现实的关系。①

至于施蒂纳对费尔巴哈"爱"的宗教的批判，马克思更是采取了默认态度，几乎未予专门提及、分析。甚至对施蒂纳流露出来的极端反道德的非伦理主义的倾向也未提出指责和异议。有关该章（《怪想》）施蒂纳曾写了二十余页，而马克思对该章的评论只写了三页，草草打发了事。而且，在这里，马克思指摘的显然也不是施蒂纳对"爱"的宗教批判内容本身，而仍是针对施蒂纳的批判的不彻底性，因为尽管施蒂纳无情地批判了"爱"的宗教，可是，他对"圣物"的那种肯定关系却又仍打着"爱"的招牌出现②。

显然，施蒂纳对费尔巴哈的"类人""类本质"的批判，有助于马克思深入认识费尔巴哈"类"学说的根本缺陷。同时，施蒂纳对"现实的人"（der Wirklicher）即"我"（Ich）或"个人"（Person）

---

① 参阅《马克思恩格斯全集》第 3 卷，人民出版社 1960 年版，第 259—260、262 页。
② 参阅《马克思恩格斯全集》第 3 卷，人民出版社 1960 年版，第 318 页。

的抽象肯定，也会促使和推动马克思去寻求真正的"现实的个体"（die wirklichen Individuen）①。

当施蒂纳以具有独自性、所有性和唯一性的"我"同鲍威尔、费尔巴哈、赫斯（其"真正的"社会主义）的抽象人相对立时，他无疑为人的理解开辟了一条全新的思路和门径。② 甚至他的理论的缺欠在这里也表现为某种长处：他把"个人"（Person）讲得越绝对、越极端，也就越引起人们对个人的瞩目。施蒂纳的理论的积极意义，无疑在于它使人们的目光由普遍转向个别、由共同体或共同本质转向了个体。③ 现在，应该进一步加以解决的问题是，如何科学地理解和规定这一个体？

施蒂纳在批判黑格尔哲学唯心主义的过程中，针对"概念"和精神统治世界的教条，也针对抽象的"人的本质"的议论，试图诉诸现实生活中的具体的、有生命的真实个体，把费尔巴哈的"现实的人"归结为"我"即"个人"（Person）④。这是施蒂纳的最重大的理论功绩。然而，尽管施蒂纳作出了这一重要结论，他却未能寻找到"现实

---

① 需要特别注意和指出的是，鉴于施蒂纳所用"个人"（Person）这一概念的抽象性以及其实质上不过是指谓资本主义社会条件下的人，马克思在指谓其所说的现实的人时不再使用"个人"（Person）这一概念，而是使用"个体"（单数：Individuum；复数：Individuen）。

② 汉斯－马丁·萨斯（H.－M. Sass）认为，施蒂纳的个体主义模式的尝试"是欧洲启蒙运动的一种可能性的结果和选择。欧洲启蒙运动特别强调个人应从一切限制人、监督人和约束人的机构桎梏中，从社会的和别的人的羁绊中，从宗教、哲学和意识形态的牢狱中解放出来"。参阅其《费尔巴哈和青年马克思》一文，载《德国哲学》第2期，第170页。实际上，施蒂纳的模式是作为欧洲文化传统核心的个体主义精神的漫画。

③ 恩格斯首先敏锐地意识到施蒂纳的方法论中的合理内核和对于唯物主义历史观构想的意义："当施蒂纳摒弃了费尔巴哈的'人'，摒弃了起码是《基督教的本质》里的'人'时，他就是对的。费尔巴哈的'人'是从上帝引申出来的，费尔巴哈从上帝进到'人'，这样，他的'人'无疑还带着抽象概念的神学光轮。达到'人'的真正道路是与此完全相反的。我们必须从'我'，从经验的、肉体的个人出发……简言之，如果要使我们的思想，尤其是要使我们的'人'成为某种真实的东西，我们就必须从经验主义和唯物主义出发；我们必须从个别物中引申出普遍物，而不要从本身中或者像黑格尔那样从虚无中去引申。"（《马克思恩格斯全集》第27卷，人民出版社1972年版，第12页以下）

④ 参阅 Max Stirner, Der Einzige und sein Eigentum, Philipp Reclam jun, Stuttgart, 1972, Durchgesehene und Verbesserte Ausgabe, 1981, S. 104 – 105。

的人"（der Wirklicher）这一概念的真实内涵和赋予其科学的蕴意。之所以如此，是由于他把一般抽象同现实具体、把"人的本质"以及国家、社会、民族、集体、家庭等"普遍物"同个体存在割裂开来，而对后者又加以思辨的唯心主义的解释。这样，正是在接近纯粹经验的现实领域的界限的地方，施蒂纳停住了脚步。而马克思的理论推进，也正是从施氏这一驻足之处开始。

在《德意志意识形态》中，马克思依据经验观察的方法①，从可以用经验确证的感性事实出发。他首先肯定，人类历史的第一个前提，是"有生命的个体"（die lenbendige Individuen）的存在②。当他对这一现实的历史前提进行研究时，他揭示出，有生命的个体的肉体组织决定生活资料的生产，而生产这种制造生活资料的方式，与其说是个体肉体存在的再生产，毋宁说是个体的活动方式和生活方式。因此，马克思得出如下重要结论：生产的物质条件是个体的本质的规定性，从而，也是个体的本质③。这一结论，即对人的本质的规定，是对《手稿》中"自由自觉的活动"即"劳动"是人的本质的命题的深化和提升。其中固然凝聚了马克思研究政治经济学的成果，但无疑也内含了施蒂纳有关现实的"个人"（Person）的构想的某种影响和推动。正是在此基础上，马克思揭示了"现实的个体"（die wirklichen

---

① 马克思把这一方法解说为"在任何情况下都应当根据经验"来揭示对象，而不附加"任何神秘和思辨的色彩"。参阅马克思、恩格斯《费尔巴哈》，人民出版社1988年版，第15页。

② 在《德意志意识形态》一文中的另一处，马克思还确认，人类历史的第一个前提是物质生活的生产（上书，第23页）。这似乎同"人类历史的第一个前提是有生命的个体存在"这一命题相矛盾。但从更高的观点来看，主体（个体）与主体的活动（物质生活的生产）是一而二、二而一的。所以，马克思在《〈政治经济学批判〉导言》（1857—1858）中说，"在社会中进行生产的个体（Individuen），——因而，这些个体的一定社会性质的生产，自然是出发点。"参阅《马克思恩格斯选集》第2卷，人民出版社1972年版，第86页。

③ 马克思、恩格斯：《费尔巴哈》，人民出版社1988年版，第10、11页："一当人开始生产自己的生活资料的时候……人本身就开始把自己和动物区别开来。""个体怎样表现自己的生活，他们自己也就怎样。因此，他们是什么样的，这同他们的生产是一致的……因而，个体是什么样的，这取决于他们进行生产的物质条件。"译文有修订，以下均同。

Individuen）的真实蕴涵：所谓"现实中的个体，也就是说，这些个体是从事活动的，进行物质生产的，因而是在一定的物质的、不受他们任意支配的界限、前提和条件下活动着的"①。

对人类现实历史的第一个前提的确认与对"现实的个体"这一范畴的科学规定，使马克思能够把"现实的个体"作为自己的"真正的实证科学"②的观察的方法论前提和出发点③。事实上是在这里，体现了马克思与包括施蒂纳在内的整个青年黑格尔派的根本对立：是从意识出发，把意识看作有生命的个体，还是从现实的、有生命的个体本身出发，把意识仅仅看成这些个体的意识？正是从真正的、"现实的个体"出发④，马克思阐明了一系列基本的和重要的社会范畴。例如，现实的个体的力量，或者说，"个体的行动或活动"就是生产力⑤，现实的"个体的物质生活"就是"他们的相互制约的生产方式和交往形式"⑥，"社会结构和国家"也"总是从一定的个体的生活过程中产生的"⑦。而这种"从个体的物质活动方式中所产生的国家同时具有统治意志的形式"⑧。此外，意识也仅仅是这些现实的个体的意识，即被意识到的个体的现实生活过程本身⑨。这里，在方法论上，体现了社会与个体、存在与本质、客观的规定与主体的蕴意的高度统一。这种高度统一体现在这一命题中，"人们的存在就是他们的现实

---

① 马克思、恩格斯：《费尔巴哈》，人民出版社 1988 年版，第 15 页，也参阅第 16、66 页。
② 马克思、恩格斯：《费尔巴哈》，人民出版社 1988 年版，第 17 页。
③ 马克思、恩格斯：《费尔巴哈》，人民出版社 1988 年版，第 16 页："我们的出发点是从事实际活动的人……""符合现实生活的观察方法则从现实的、有生命的个体本身出发……""它的前提是人……是处在现实的、可以通过经验观察到的、在一定条件下进行的发展过程中的人。"
④ 有必要重申，如前所述，从"现实的个体"出发，是从现实的个体的活动（生产）出发的不同说法。
⑤ 马克思、恩格斯：《费尔巴哈》，人民出版社 1988 年版，第 74、69 页。
⑥ 《马克思恩格斯全集》第 3 卷，人民出版社 1960 年版，第 377 页。
⑦ 马克思、恩格斯：《费尔巴哈》，人民出版社 1988 年版，第 15 页。
⑧ 《马克思恩格斯全集》第 3 卷，人民出版社 1960 年版，第 379 页。
⑨ 马克思、恩格斯：《费尔巴哈》，人民出版社 1988 年版，第 16 页。

生活过程"①。

综上所述，可以得出的结论是，在一定的意义上，正是由于对"现实的个体"进行科学界定的必要性，导致马克思揭示了人类历史的首要前提，进一步阐明了人们物质生活过程的决定意义，从而说明了整个社会的结构，建构起整座历史唯物主义的大厦。

在这里，马克思与施蒂纳在方法论上的不同之处在于，后者将个人（Person）与社会绝对对置起来，前者则运用费尔巴哈的对象化思想始终把个体（Individuen）与社会、主体与"实体"统一起来。

（二）施蒂纳"利己主义者的联盟"与马克思的共产主义

施蒂纳在摒弃社会、国家和一切共同体之后，用以取而代之的是"利己主义者的联盟"（Verein von Egoisten）②。所谓"利己主义者的联盟"无非是施氏有关未来理想社会的构想（马克思将其戏称为施氏的"共产主义圣观念"）③。施氏提出这一概念，其直接用意在于，借此把他对共同体的理解同他所理解的共产主义者的"社会"区别开来④。

施蒂纳的"利己主义者的联盟"的特征可以从他对"联盟"与"社会"的区分中看出：联盟是"我"的一种"不间断的自我联合"，而"社会"则是一种僵固化的联合，或"联合的僵固化"和"蜕化"⑤；联盟的目的是"我"的"独自性"和保证这种"独自性"，

---

① 马克思、恩格斯：《费尔巴哈》，人民出版社1988年版，第15页。
② Max Stirner, Der Einzige und sein Eigentum, Philipp Reclam jun, Stuttgart, 1972, Durchgesehene und Verbesserte Ausgabe, 1981, S. 196.
③ 《马克思恩格斯全集》第3卷，人民出版社1960年版，第331、453页。
④ "人是一个社会的生物；作为人，他只能在人的社会中生活，并通过这个社会生活；作为孤独的我，人就变成动物。施蒂纳当然也想到这一点，所以他企图通过他的'利己主义者的联盟'同这个不容置辩的事实妥协……"（[德]梅林：《德国社会民主党史》第1卷，青载繁译，生活·读书·新知三联书店1963年版，第275页）
⑤ Max Stirner, Der Einzige und sein Eigentum, Philipp Reclam jun, Stuttgart, 1972, Durchgesehene und Verbesserte Ausgabe, 1981, S. 342.

而"社会"(和"国家")则毁灭"我"的"独自性",显现为一种独立的、超越于我的权力,是"独自性"的敌人和谋害者①;联盟是"我"的创造物,"我"高于联盟,或者说,联盟就是"我"自己,它为"我"服务,为"我"存在,为"我"所用,而"社会"则是神圣的,统治"我"和反对"我",高于"我"和使用"我"②;联盟是通过协议方式为了增强"我"的力量而建立的,"我"参与它,完全是为了"我"自己的利益,而社会则要求"我"为整体作出牺牲③;联盟不受自然和精神羁绊的束缚,也无需承担任何义务和讲求信义,"我"对它取何种态度,存焉弃焉,亦可随心所欲,完全听凭"我"自己,而社会则必定使"我"受到压抑,使"我"对社会负有义务,为社会责任所中迷④;联盟能使"我"倾注全部能力,能使"我"有所作为,而社会则使我因我的劳动力而受到役用,宗教式的作为"社会""这一主人的躯体的器官"而生存⑤;联盟是承认所有物即财产的,而共产主义者的"社会"则是国家中一向就存在的无财产性的彻底完成⑥,在前者中,利己主义者是所有者,在后者中,社会主义者则是"游民"⑦;等等。

由此可见,施蒂纳的联盟最根本的特点在于,它完全以"我"为

---

① Max Stirner, Der Einzige und sein Eigentum, Philipp Reclam jun, Stuttgart, 1972, Durchgesehene und Verbesserte Ausgabe, 1981, S. 343–344.
② Max Stirner, Der Einzige und sein Eigentum, Philipp Reclam jun, Stuttgart, 1972, Durchgesehene und Verbesserte Ausgabe, 1981, S. 345、351–352.
③ Max Stirner, Der Einzige und sein Eigentum, Philipp Reclam jun, Stuttgart, 1972, Durchgesehene und Verbesserte Ausgabe, 1981, S. 349、351.
④ Max Stirner, Der Einzige und sein Eigentum, Philipp Reclam jun, Stuttgart, 1972, Durchgesehene und Verbesserte Ausgabe, 1981, S. 349–350.
⑤ Max Stirner, Der Einzige und sein Eigentum, Philipp Reclam jun, Stuttgart, 1972, Durchgesehene und Verbesserte Ausgabe, 1981, S. 350.
⑥ Max Stirner, Der Einzige und sein Eigentum, Philipp Reclam jun, Stuttgart, 1972, Durchgesehene und Verbesserte Ausgabe, 1981, S. 349–350.
⑦ Max Stirner, Der Einzige und sein Eigentum, Philipp Reclam jun, Stuttgart, 1972, Durchgesehene und Verbesserte Ausgabe, 1981, S. 351.

圆心，是实现利己主义的"我"的工具。反过来说，利己主义的"我"则完全是联盟的主宰和目的。从这种纯粹的主观的唯我主义的前提出发，施蒂纳也把"利己主义者的联盟"的建立看成纯个人的事，即"个人的反抗"行为，他美其名曰"暴动"，以此同他所理解的共产主义者诉诸的"革命"相对立。这种"暴动"不是从改变社会的客观状况出发，而是从对自我的不满（道德上的不满）出发，或者说，不是反对和推翻现存状态，而是使自己摆脱这一现存状态而超越其上。因此，它的目的不是确立某种秩序和制度，而完全是为了设定自我。这样，它不是（集体的）武装反抗，而是个人的利己主义的意图和活动，它不具有政治的和社会的性质，而是具有非政治的和非社会的性质。①

概括起来，施蒂纳的"利己主义者的联盟"与其作为利己主义者的"我"是完全协调统一的。前者不过是后者的延伸和放大，是映现为客体或投射到客体之中的"我"。这个作为客体的"我"不过是作为主体的"我"的设定物和幻影。当施蒂纳用他的利己主义的"我"构建起"利己主义者的联盟"时，他显然是在模仿和重复费希特的做法：用自我设定非我。

施蒂纳对"联盟"的构想带有明显的梦幻性质。因此，马克思的批判就从实证性的分析出发。在施蒂纳对联盟的论述中，有意无意地涉及地产、劳动、组织、货币、国家、个人等一系列具体问题。马克思通过对这些问题的实证的分析揭示出，施蒂纳所设想的地产占有方式，即单独的个人通过集体占有地产而以租赁或奖赏形式获取一定的财产，不过是一种带有部落所有制色彩的采邑制，它是以小资产阶级的世袭租佃制和德意志帝国的家庭所有制为蓝本的②；施蒂纳所设想

---

① Max Stirner, Der Einzige und sein Eigentum, Philipp Reclam jun, Stuttgart, 1972, Durchgesehene und Verbesserte Ausgabe, 1981, S. 354.

② 《马克思恩格斯全集》第3卷，人民出版社1960年版，第454页。

的把工作区分为人的工作（一般工作）和"唯一者"的工作（特殊工作）的组织计划和分配计划，不过是对供求规律的一种小资产阶级的理解，其实质无非是照搬现存分工①；施蒂纳所设想的货币制不过是用德国小资产阶级的粉饰和纯幻想的语言表达的现存货币制度②；同样，施蒂纳所设想的所谓保证个人"独自性"的联盟，不过是现代国家③；施蒂纳所设想的联盟中的个人之间的关系，也不过是盛行于现存社会中的功利关系的纯化（所谓"唯一关系"），是那些想成为资产者的德国小资产阶级的愿望的表达。④ 这使马克思得出这样的结论：施蒂纳的"利己主义者的联盟"实质是现存资产阶级社会的幻想，它反映了小资产者在人人都在追逐利益的一个盘剥盛行的世界中所持有的闲逸愿望。⑤ 马克思讽刺道，这样的"联盟"事实上并不需要施蒂纳去通过"暴动"建立，因为它已经存在了。⑥

马克思也对施蒂纳借以建立"联盟"的手段——"暴动"进行了揭露。他特别着重指出，施氏的所谓暴动，没有超出思想范畴，即现存关系在思想上的反映。它把改变现存关系看成取决于善良意志，是一种道德训诫。因此，这种"暴动"并不是行为。马克思指出，实际上，施蒂纳所描述的暴动不过是一幅有关罢工的小资产阶级的讽刺画。⑦

施蒂纳"利己主义者的联盟"构想的荒谬性是极其明显的。它表明，施蒂纳无法回避这样一个事实：除了他这一利己主义的"我"即唯一者以外，还存在其他的利己主义的"我"。并且，尽管他设定了

---

① 《马克思恩格斯全集》第3卷，人民出版社1960年版，第457、460页。
② 《马克思恩格斯全集》第3卷，人民出版社1960年版，第464页。
③ 《马克思恩格斯全集》第3卷，人民出版社1960年版，第470页。
④ 《马克思恩格斯全集》第3卷，人民出版社1960年版，第478、481页。
⑤ 《马克思恩格斯全集》第3卷，人民出版社1960年版，第486—488页。
⑥ 《马克思恩格斯全集》第3卷，人民出版社1960年版，第486页。
⑦ 《马克思恩格斯全集》第3卷，人民出版社1960年版，第439—440、438、452页。

自我的"非我"——"利己主义者的联盟"来解决这一面临的矛盾，可是，当他把"联盟"中人与人之间的各种关系都归结为唯一的功利关系、归结为相互利用时，他的"联盟"即使能够建立起来，也只有两种前途：或是"联盟"本身不免自行瓦解，或是个体之间因彼此吞噬而同归于尽。

但是，同样明显的是，在施氏的"联盟"构想中，也蕴含着某种合理的因素。施氏的"利己主义者的联盟"，是针对"真正的"社会主义对共产主义的理解——"普遍的爱的联合"而提出来的。这种论战对象的规定性不仅客观上赋予施氏的"利己主义者的联盟"以某种积极意义，而且也决定了这一构想的理论着眼点和重点——对个体地位的提升和肯定。在施蒂纳看来，"我"即"个人"（"利己主义者"）在联盟中处于至尊无上的地位，他是摆脱了任何异己性、任何偶像的。他能够确信自己，也不必再去寻求失落的自己，他真正成为他自己的所有者。一句话，他拥有了自我，恢复了自我的本真状态。他的生命不再是实现和确立某物的手段和工具，而只是以自身为出发点和目的（施氏自己似乎不喜用"目的"一词，而用"出发点"①）。这样，实际上施蒂纳就通过"联盟"的形式提出并回答了这样一个问题：在未来的理想社会中，现实的个体的地位应是怎样的？

正如施蒂纳强调"现实的人"和高扬"个人"的概念而引起马克思对"个体"的瞩目一样，施蒂纳的"利己主义者的联盟"及其对"个人"地位的确认，也必然逼迫和促使马克思去深入思考和阐明"现实的个体"在共产主义这一联合体中的地位和意义。

其实，当马克思在把"现实的个体"确认为"全部人类历史的第一个前提"时，这一命题已内含了这样一个逻辑结论："现实的个

---

① Max Stirner, Der Einzige und sein Eigentum, Philipp Reclam jun, Stuttgart, 1972, Durchgesehene und Verbesserte Ausgabe, 1981, S. 354、356、362.

体"也是共产主义社会的首要的现实前提。因为正如马克思自己所揭示的,"社会结构……总是从一定的个体的生活过程中产生的"①,共产主义当然亦不例外。

这样,假若把这一事实提升为观察方法,那么,有关共产主义的"实证科学"的观察方法也应该是从作为共产主义社会现实前提的"现实的、有生命的个体本身"出发。这无疑是一个极为重要的方法论结论。如果估价它在社会主义思想史中的意义,则正如同在历史哲学中确立"现实的个体"这一现实前提一样,不啻一种传统思维方法或传统思维模式的变革和转换。

在《德意志意识形态》中,马克思正是从上述方法论出发,决定性地推进了他的有关共产主义的理解,在哲学理论方面完善了有关共产主义的构想。

首先,马克思确认,现实的个体是共产主义共同体的主体。马克思指出,这一共同体是各个个体自己的联合,在其中每个个体都是"作为个体"参加的,而非作为隶属于共同体的一定阶级的成员。马克思有时又把这种各个个体的联合称为"联合起来的个体"②。不言而喻,在这种各个个体的联合中,是消除了异己关系和异己性的,个体的自由发展和运动的条件被置于他们自己的控制之下。这甚至使马克思得出了这样的结论:共产主义就是创造"使一切不依赖于个体而存在的状况不可能发生"的现实基础③。具体说来,在这一共同体中,是确立了个体对偶然性统治的,"联合起来的个体"或"全体个体"不仅是生产力总和的所有者,而且也是物质财产的所有者④。这样,这种各个个体联合的共同体不是它物,而仅仅是个体的"全面发

---

① 马克思、恩格斯:《费尔巴哈》,人民出版社1988年版,第15页。
② 马克思、恩格斯:《费尔巴哈》,人民出版社1988年版,第68页。
③ 马克思、恩格斯:《费尔巴哈》,人民出版社1988年版,第69页。
④ 《马克思恩格斯全集》第3卷,人民出版社1960年版,第515页;马克思、恩格斯:《费尔巴哈》,人民出版社1988年版,第76页。

展其才能"的必要条件,即个体获得"个体自由"的条件①。

其次,马克思确认,无论在何种情况下,"各个个体的出发点总是他们自己"②。这种说法显然是包括共产主义形态在内的。马克思对这一观点没有详加发挥。但很显然,这是一个完全可以凭借感性经验确定的客观事实,因为个体固然归根结底受整个社会的生存条件的制约,但首先和直接的是受个体的生活条件的制约。在书中,马克思至少在四处重复了这一命题,这是意味深长的。由此出发,马克思对施蒂纳所论及的"爱的原则"(或"自我牺牲")与"利己主义"的关系(如前所述,这两者在施蒂纳那里是绝对对立的)进行了阐释:它们不过是个体发展的两个方面或两种基本形式,都源自个体生活的经验条件。因而,至于个体比较多地代表矛盾的哪一面,是更像利己主义者,还是更像自我牺牲者,只能从发展的特殊历史条件和分工中去寻求答案。③

最后,与此相联系,马克思确认,共产主义共同体中个体之间的相互关系及其意识,将既不是"自我牺牲"("爱的原则"),也不是"利己主义"。换言之,共产主义将是个体发展的内在矛盾——"自我牺牲"与"利己主义"的协调统一,即利他主义与利己主义的有机结合。因此,也可以这样说,既是"自我牺牲",也是"利己主义"④。在此方面,马克思既批判了施蒂纳否定个体发展的内在矛盾根源于现实历史条件,从而把问题变成抽象的虚伪道德说教的唯心主义,也批判了他只抓住事情一个方面而对另一个方面表示厌恶的形而上学。马克思提出:"共产主义者既不拿利己主义来反对自我牺牲,

---

① 马克思、恩格斯:《费尔巴哈》,人民出版社1988年版,第65页;《马克思恩格斯全集》第3卷,人民出版社1960年版,第516页。
② 马克思、恩格斯:《费尔巴哈》,人民出版社1988年版,第66、82页;《马克思恩格斯全集》第3卷,人民出版社1960年版,第274、514页。
③ 参阅马克思、恩格斯《费尔巴哈》,人民出版社1988年版,第66—67页。
④ 《马克思恩格斯全集》第3卷,人民出版社1960年版,第274、516页。

也不拿自我牺牲来反对利己主义……"①

那么，这种令人神往、催人运作的共产主义个体间的关系是一种什么样的关系呢？对此，马克思并没有坠入空想，而只是指出了一个基本的方向："在共产主义社会中，即在个体的独创的和自由的发展不再是一句空话的唯一的社会中……这种个体间的联系则表现在下列三个方面，即经济前提，一切人的自由发展的必要的团结一致以及在现有生产力基础上的个体的共同活动方式。"②

个体间的相互关系如此，个体间的相互关系的意识当然亦然。所以马克思又指出："个体关于个体间的相互关系的意识也将……既不是'爱的原则'或 dévouement（自我牺牲精神），也不会是利己主义。"③

共产主义既不是"自我牺牲"，又不是利己主义（或共产主义是"自我牺牲"与利己主义的统一）这一命题，无疑是马克思在扬弃了赫斯的"爱的联合"与施蒂纳的"利己主义者的联盟"之后获得的最后结论。这是马克思把共产主义最终确立为"现实的个体"的发展的理想的社会形式，在这一"现实的个体"的自由联合体中，个体的自由发展是一切人自由发展的必要条件。

四　马克思反对施蒂纳的双重独断论④

施蒂纳试图由抽象的人转到现实的个体，用具体的个体同抽象的普遍相对立。这种理论的出发点和侧重点是具有本然的、内在的唯物

---

① 《马克思恩格斯全集》第 3 卷，人民出版社 1960 年版，第 275、516 页。
② 《马克思恩格斯全集》第 3 卷，人民出版社 1960 年版，第 275、516 页。
③ 《马克思恩格斯全集》第 3 卷，人民出版社 1960 年版，第 516 页。
④ 这里"独断论"一词在下述两个意义上被运用：在康德主义与在黑格尔主义的意义上，即既指过分崇奉理性原则，又指反辩证法性质。

主义规定性、要求和倾向的。① 但是，当他把"现实的人"即利己主义的"我"或"个人"同人们的现实历史、人们的现实的社会存在相割裂的时候，他并未能揭示出真实的具体的人，反而把真实的具体的人再度变成抽象的普遍。这样，他就陷入了更加具有独断论特征的唯心主义和形而上学的抽象思辨。② 这种动机与效果、出发点与归宿的背离，遭到了马克思的双重批判和反对。

（一）对施蒂纳超历史的唯心主义独断论的批判

马克思首先把批判的锋芒指向施蒂纳的历史观，指向施氏对利己主义的"我"的历史必然性的论证。

施氏把以往的历史描述为个体由"儿童—青年—成年"发展的历史，并把这一个体同现实世界的关系即历史中主体同客体的关系分别相应描述成一种主观态度与原则：现实主义—理想主义—利己主义③。这里，施蒂纳的这一历史过程构想的唯心主义性质已经昭然若揭："作为儿童、青年和成人而出现于我们之前的三个简单范畴，即唯实主义（现实主义）、唯心主义（理想主义）和作为两者统一的绝对否定（这里称为利己主义）被当作全部历史的基础……"④

马克思对此具体分析如下：

（1）人生的诸阶段被归结为一定的意识关系。从而，个体的形态同世界的关系也被归结为哲学的关系；

（2）抛弃了个体的物质生活和社会生活，撇开了历史时代、民

---

① 在施蒂纳那里，这种规定性和倾向特别体现在他提出了"我在我思之先"这一同笛卡尔"我思故我在"的理性主义的命题相对立的命题。
② W. 埃斯巴赫根据施蒂纳"我在我思之先"这一命题，判定施氏的哲学是一种唯物主义哲学，即"自我唯物主义"（Gegenzuege, Frankfurt an Main, 1982, S.109）。这显然把施氏理论的出发点与逻辑结论、主观动机与客观效果混同起来了。
③ 在《马克思恩格斯全集》第3卷中："现实主义"和"理想主义"被分别译为"唯实主义"与"唯心主义"。
④ 《马克思恩格斯全集》第3卷，人民出版社1960年版，第132页。

族、阶级等因素，把统治阶级的意识提升为"人的生活"的正常意识；

（3）把有关个体生活的某些实际上或口头上创造的幻想同个体的现实混淆起来。①

总之，这样一来，思辨的观念变成了历史的动力，历史变成了单纯的哲学史②。

而且，事情还不仅如此，从这种思辨观念统治历史的结论中，必然引出思辨哲学家统治历史。③

马克思指出，这种历史过程的全部虚构的原型，来源于黑格尔主义，是对黑格尔《自然哲学》的拙劣抄袭。所不同的只是，黑格尔多少还尊重经验事实，施蒂纳却把这种对经验事实的尊重也抛开了。④施蒂纳所以抄袭黑格尔，是由于他对黑格尔所持的非批判态度以及对现实的经验历史的无知造成的。⑤

由于施蒂纳把现实的历史变成了观念的历史，他的具有"唯一者"形态的现实的"个人"也就成了抽象的"人"，他的具有"唯一者"形态的现实的"个人"的历史也就同抽象的"人"的历史无异了。对此，马克思在认识论根源上进行了如下分析：

> 人们在其中生产自己生活的并且不以他们为转移的条件，与这些条件相联系的必然的交往形式以及由这一切所决定的个体的关系和社会的关系，当它们以思想表现出来的时候，就不能不采取观念条件和必然关系的形式，即在意识中表现为从一般人的概念中、从人的本质中、从人的本性中、从人的自身中产生的规

---

① 《马克思恩格斯全集》第 3 卷，人民出版社 1960 年版，第 129—130 页。
② 《马克思恩格斯全集》第 3 卷，人民出版社 1960 年版，第 131 页。
③ 《马克思恩格斯全集》第 3 卷，人民出版社 1960 年版，第 135、186—187 页。
④ 《马克思恩格斯全集》第 3 卷，人民出版社 1960 年版，第 130 页。
⑤ 《马克思恩格斯全集》第 3 卷，人民出版社 1960 年版，第 190 页。

定。人们是什么,人们的关系是什么,这种情况反映在意识中就是关于人自身、关于人的生存方式或关于人的最切近的逻辑规定的观念。于是,在思想家们假定观念和思想支配着迄今的历史,假定这些观念和思想的历史就是迄今存在的唯一的历史之后,在他们设想现实的关系要顺应人自身及其观念的关系,亦即顺应逻辑规定之后,在他们根本把人们关于自身的意识的历史变为人们的现实的历史的基础之后,——在所有这一切之后,把意识、观念、圣物、固定观念的历史称为"人"的历史并用这种历史来偷换现实的历史,这是最容易不过的了。①

值得注意的是,马克思对施蒂纳的历史观的批判提出了这样一个问题:如何对待和评判有关历史的抽象?马克思在批判施蒂纳过程中谈到,施蒂纳把古代算作现实主义("唯实主义")时代以及把基督教时代和近代算作理想主义("唯心主义")时代并非什么新发明,不过是沿袭德国哲学的传统。而在法国和英国经济学家、历史学家和自然科学家那里,情形恰恰相反,即古代被视为理想主义时代,中世纪和近代则被视为现实主义时代。从这种划分的相对性中可以看出,这些抽象的对立和历史结构并无多大意思。② 马克思在这里强调了理论抽象的相对性。但显然,这并不意味着排斥和否定这种有关历史结构和特征的抽象的意义。因为,事情很明显,理论抽象无疑是必要的,问题只在于是何种意义上的抽象:是历史的抽象,还是非历史的抽象,是以现实经验条件为基础的抽象,还是脱离现实经验条件的抽象。

(二)马克思对施蒂纳反社会的形而上学独断论的批判

施蒂纳哲学的独断论性质不仅体现在它的唯心主义方面,即摒除

---

① 《马克思恩格斯全集》第3卷,人民出版社1960年版,第199—200页。
② 《马克思恩格斯全集》第3卷,人民出版社1960年版,第149—150页。

了与现实的个体相联系并决定现实的个体发展的历史中的现实物质关系、个体的现实物质生活条件，而且体现在它的形而上学方面，即把同个体、同施蒂纳本人所云的"唯一者"和"我"相对立的一切普遍物——诸如人类、民族、阶级、国家，特别是社会以及与此相联系的普遍利益、社会义务、人类任务等统统通过宣布为异己物（"圣物"）而否定掉。这种极端的形而上学，正是施蒂纳的以"我"的"唯一性"或"独自性"形式出现的极端唯我主义的哲学基础。

施蒂纳的形而上学独断论，是对传统哲学中的主体与"实体"即现实的个体与他们生活在其中的社会的关系这一古老问题的一种标新立异的解决方式。因此，马克思的批判也是围绕这一古老而又恒新的问题进行的。这主要从下述几个方面展开。

1. 批判施蒂纳将"个人"与社会、将"个人"的发展与他们生活中其在的社会的发展相对立

施蒂纳的一个核心命题是，社会是泯灭、否定"个人"的异己物，因而，"我"即个体不能通过社会而只能通过自己才能获得真正发展。鉴于此，他把社会作为"圣物"抛弃掉，也反对"按共产主义原则组织社会"，而要求"我发展自身"。

马克思的批判则指出，个体之间的相互联系，即他们生活在其中的社会关系，是客观的、必然的，它是与现实的个体与生俱存的。

按照马克思的看法，虽然个体在任何情况下总是从自己出发的，但由于在一定意义上他们的存在并不是"唯一的"，由于他们的需要、本性以及他们求得满足的方式把他们联系起来，所以，他们必然要发生相互关系。① 这样，社会关系在马克思眼里源自个体的生活活动："以一定的方式进行生产活动的一定的个体，发生一定的社会关系和

---

① 《马克思恩格斯全集》第3卷，人民出版社1960年版，第514页。

政治关系。"①

马克思通过对历史过程的基本要素——生命的生产的经验考察来证明这一点。他揭示出，无论是个体自己生命的生产还是他人生命的生产，都不仅表现为自然关系，而且表现为社会关系。②由此，马克思就表述了这一事实：

一开始就表明了人们之间是有物质联系的。这种联系是由需要和生产方式决定的，它的历史和人本身的历史一样长久：这种联系不断采取新的形式，因而就表现为"历史"，它不需要专门把人们联合起来的任何的政治的或宗教的呓语。③

社会关系既然源自现实的个体物质生活过程的必然性，现实的个体就不能不受制于它。马克思指出了这种受制性的两个方面：一是个体的发展取决于和他直接或间接进行交往的其他一切人的发展；二是个体受以前的或同时代的个体的历史的制约，这首先表现在他的肉体存在为前代所决定，其次表现为他要继承前代积累起来的生产力和既有的交往形式，由此种既得的现实前提出发。④

由此可见，社会关系对于个体的制约性绝不能单纯从对个体的否定性意义上去理解。事实上，社会关系恰恰是个体即现实的人赖以存在和发展的唯一可能的形式和条件，而所谓对个体的否定性，无疑只是社会关系的一种规定性、一个方面，它只是在一定的历史发展阶段或一定的特殊历史条件下才突出出来。而且，即便是这种否定性，也是个体发展所必然采取的、无可避免的形式。正因为如此，马克思坚决反驳了施蒂纳对共产主义者"丝毫没有发展自身的意图……总是想建立一个社会"的曲解："人们丝毫没有建立一个社会的意图，但他

---

① 马克思、恩格斯：《费尔巴哈》，人民出版社1988年版，第14—15页。
② 马克思、恩格斯：《费尔巴哈》，人民出版社1988年版，第24页。
③ 马克思、恩格斯：《费尔巴哈》，人民出版社1988年版，第25页。
④ 《马克思恩格斯全集》第3卷，人民出版社1960年版，第515页。

们的所作所为正是使社会发展起来，因为他们总是想作为孤独的人发展自身，因此他们也就只有在社会中并通过社会来获得他们自己的发展。"①

施蒂纳从"我"出发，在对客观环境的改造上采用了一种以主体为绝对本位的方法。他认为社会成员的性质决定了社会的性质②，因此，要改变社会环境，必然先改变作为社会主体的人。反过来说，人如果不发展自己，未获改变，仍然是"旧人"，那么，社会就不能更新。

马克思则提出，现实的个体（例如无产者），只有改变了环境，他们才会不再是"旧人"；他们在改变环境的同时，也就改变自己。③ 在马克思眼中，确立个体对偶然性和关系的统治，以代替关系和偶然性对个体统治的任务，并非像施蒂纳所想象的那样，要求"我发展自身"（马克思认为，这是即使施蒂纳不进行忠告，每个人也一直在这样做的），而是严正要求摆脱一种发展方式，即资本主义发展方式。而这个由现代关系提出的任务和按共产主义原则组织社会的任务是一致的。④

这样，在如何发展主体自身的问题上，提出了两种截然相反的模式。反映在对待客观环境的改造上，它们又表现为两种全然不同的方案和设计。马克思提出的是以改造客体特别是社会为中介来发展主体（个体）的方法，其依据是个体与社会的联结以及对象化的原理。施蒂纳则抛掉社会这个对象，让"唯一性"的"我"即"唯一性"的主体在自身中打转。

2. 批判施蒂纳将"个人"与阶级相对立

施蒂纳在其著作中几乎没有专门论述阶级问题。但当他把"统治

---

① 《马克思恩格斯全集》第3卷，人民出版社1960年版，第235页。
② Max Stirner, Der Einzige und sein Eigentum, Philipp Reclam jun, Stuttgart, 1972, Durchgesehene und Verbesserte Ausgabe, 1981, S. 228.
③ 《马克思恩格斯全集》第3卷，人民出版社1960年版，第234页。
④ 《马克思恩格斯全集》第3卷，人民出版社1960年版，第515页。

意志"（der herrschende Wille）、国家、法律和专制政体等同个体对立起来时，无疑表露出了他对个体与阶级之间相互关系的理解。因此，施氏对个体与阶级之间关系的看法就寓于或集中表现在他的国家观中。马克思曾特别指出施蒂纳的这样一个说法：每个人通过国家才完全成其为人。马克思认为，这一说法表明，施蒂纳实际上假定，资产者这个阶级在构成该阶级的个体尚未存在之前就已经存在了。① 施蒂纳在论述现存国家时，曾指出它是资产者的保护机关，是一个资产阶级国家②，这表明他对国家实质有一定的了解。但当他把资产阶级社会中"市民社会"与"国家"的对立即私人生活领域与公共生活领域的对立普遍化从而排斥一切国家形式时，显然也把阶级这一现实生活中的要素从个体生活中排除掉了。

马克思依据资产阶级形成的历史事实对个体与阶级的关系进行了论述。他一方面指出，一定的阶级是由单独的个体在反对另一个阶级的共同斗争中组成的，因而，它是依赖于各个个体的；另一方面则着重强调，由于阶级对个体来说又有其独立性，"因此，各个个体可以发现自己的生活条件是预先确定的：各个个体的社会地位，从而他们个体的发展是由阶级决定的，他们隶属于阶级"③。马克思认为，个体隶属于阶级这一现象，与个体隶属于分工一样，只有通过消灭私有制和劳动才能消除④。而且，在无产阶级形成以前，是不可能消除的⑤。

与此相联系，马克思也对个性问题进行了阐述。马克思指出，在

---

① 马克思、恩格斯：《费尔巴哈》，人民出版社 1988 年版，第 63 页。
② Max Stirner, Der Einzige und sein Eigentum, Philipp Reclam jun, Stuttgart, 1972, Durchgesehene und Verbesserte Ausgabe, 1981, S. 12.
③ 马克思、恩格斯：《费尔巴哈》，人民出版社 1988 年版，第 64 页。
④ 马克思在这里说的"劳动"，是指迄资本主义社会存在的个人面临的生存条件和社会的生存条件。参阅马克思、恩格斯《费尔巴哈》，人民出版社 1988 年版，第 67 页。
⑤ 马克思在这里说的"劳动"，是指迄资本主义社会存在的个人面临的生存条件和社会的生存条件。参阅马克思、恩格斯《费尔巴哈》，人民出版社 1988 年版，第 64、65 页。

施蒂纳那里囿于抽象反思的个性也取决于社会关系、个体的生活条件。① 在历史过程中呈现的每一个个体的生活同他的屈从于某一劳动部门和与其相关的各种条件的生活之间出现的差别表明,"他们的个性是由非常明确的阶级关系所决定和规定的"②。马克思认为,个体的个性发展同个体现存的生活条件的对立在无产阶级那里达到顶峰。"对于无产者来说,他们自身的生活条件、劳动,以及当代社会的全部生存条件都已变成一种偶然的东西。"③ 这样,无产者"为了实现自己的个性,就应当消灭他们迄今面临的生存条件,消灭这个同时也是整个迄今存在的社会的生存条件"④。

马克思还区分了"人格个体"(das persoenliche Individuum)和"偶然个体"(das zufaellige Individuum),并指出,这不仅是逻辑的差别,而且是历史的事实⑤。理由在于,这种划分是以个体之间进行交往的条件是否与他们的个性相适应为准绳的:当交往条件与其个性的发展相适应时,个体就是"人格个体";反之,则是"偶然个体"。这样,在马克思那里,个体的发展就被同与生产力发展的一定水平相适应的交往形式的发展联结起来并与其相适应:交往形式的不断更替过程,也就是人们不断由"偶然个体"向"人格个体"的提升过程。而一旦无产者消灭了其现存的生存条件,也就把自己由"偶然个体"提升为"人格个体"。

3. 批判施蒂纳将个体利益与普遍利益相对立

施蒂纳看到了历史过程中"个人"的私人利益和普遍利益的不可分离性,但他并不理解两者之间的矛盾、对立。他把个人利益隶属共同利益的事实解释成源自"个人"的自我卑微感。把追求普遍利益说

---

① 《马克思恩格斯全集》第 3 卷,人民出版社 1960 年版,第 295—296 页。
② 马克思、恩格斯:《费尔巴哈》,人民出版社 1988 年版,第 66 页。
③ 马克思、恩格斯:《费尔巴哈》,人民出版社 1988 年版,第 67 页。
④ 马克思、恩格斯:《费尔巴哈》,人民出版社 1988 年版,第 67 页。
⑤ 马克思、恩格斯:《费尔巴哈》,人民出版社 1988 年版,第 69 页。

成是为国家这一尘世的"神"效劳。马克思在批判施蒂纳过程中，重申了他在《德法年鉴》文章中在某种程度上已表述过的观点：共同利益在历史上任何时候都是由作为"私人"的个体造成的。共同利益与私人利益的对立只是表面的，因为它总是不断地产生于私人利益，而决不是作为一种具有独立历史的独立力量而与私人利益抗衡。因此，这种对立不是黑格尔式的对立面的"否定统一"，而是源自物质实践并将为物质实践所最终扬弃。①

可是，施蒂纳为什么不理解个体利益总是违反个体的意志而发展为阶级利益、共同利益并在独立化过程中取得普遍利益的形式而与个体发生矛盾呢？他为什么借助意识把普遍利益想象成理想的，甚至是宗教的、神圣的利益呢？马克思认为，这是由于他不了解，由于一定的生产方式的规定性，人们必然被置于某些异己的实际力量统治之下这一事实。②

由于施蒂纳把私人利益与普遍利益对立起来，他也就把与此相连的"个人"发展的两个方面即利己主义与自我牺牲（利他主义）对立起来，用利己主义来反对自我牺牲。他提出作为个人利益代表的"通常理解的利己主义者"与作为共同利益代表的"自我牺牲的利己主义者"两种对立的类型的人，以此指谓不彻底的利己主义者和共产主义者，而把自己则标榜为"自我一致的利己主义者"。马克思指出，这种划分不过是现存的生产方式和交往方式所规定的普遍利益与私人利益矛盾的表现，是有关"现实的人的现实关系的一种错觉"③。而在共产主义者看来，"无论利己主义还是自我牺牲，都是一定条件下个体自我实现的一种必要形式"。④

---

① 《马克思恩格斯全集》第 3 卷，人民出版社 1960 年版，第 275—276 页。
② 《马克思恩格斯全集》第 3 卷，人民出版社 1960 年版，第 273—274 页。
③ 《马克思恩格斯全集》第 3 卷，人民出版社 1960 年版，第 276 页。
④ 《马克思恩格斯全集》第 3 卷，人民出版社 1960 年版，第 275 页。

4. 批判施蒂纳将个体的任务同社会的职责、使命相对立

施蒂纳认为，"个人"如同动物、植物一样，在其发展中没有职责、使命和任务。他只需从自身出发，运用自身的力量，随其意欲，自然而行。而如果承认或确立诸如职责、使命、义务等这些"圣物"，则意味着将个人的生命贬低为手段和工具。①

马克思认为，施蒂纳在这里依然犯了把个体的观念同他们的生活条件割裂开来的错误。其实，职责、使命、义务等虽然具有观念的形式，但却非人为杜撰，而是有着真实的客观内容。它们是个体的现实主观条件在观念中的表现，是与个体的需要相联系的。如果施蒂纳所说的"我"即个体脱离其全部经验生活关系，脱离其活动，脱离其生存条件，脱离作为其基础的世界，脱离其自身的肉体，那么，他当然不会面临职责、使命、任务等问题；可是，在现实世界中，个体是有许多需要的，而需要本身就已是职责、使命和任务的规定。因此，"作为确定的人，现实的人，你就有规定，就有使命，就有任务，至于你是否意识到这一点，那都是无所谓的"。②

施蒂纳把职责、使命和任务作为"圣物"同人的生活条件分割开来，这当然是有其认识上的原因的。马克思认为，这一原因就在于：个体的现实需要一定要观念化，以职责这一观念的形态表现出来，这就容易造成对其进行孤立的考察。③

就客观作用来说，施蒂纳一般地摒弃职责、使命和任务，也就特殊地摒弃了无产者变革现存关系的职责、使命和任务。在这里，暴露了施蒂纳的理论在实践上的荒谬性：它完全漠视了无产者的处境这一现实。

---

① Max Stirner, Der Einzige und sein Eigentum, Philipp Reclam jun, Stuttgart, 1972, Durchgesehene und Verbesserte Ausgabe, 1981, S. 359.
② 《马克思恩格斯全集》第 3 卷，人民出版社 1960 年版，第 329 页。
③ 《马克思恩格斯全集》第 3 卷，人民出版社 1960 年版，第 326 页。

鉴于此，马克思特别强调了在新兴阶级争取统治地位的斗争中个体任务同整个人类的任务的一致性，认为在这种斗争中，把争取统治地位的阶级中的个体任务说成是全人类的任务，是非常必要的。①

"个体的全面发展，只有到了外部世界对个体才能的实际发展所起的推动作用为个体本身所驾驭的时候，才不再是理想、职责等，这也正是共产主义者所向往的。"②

在马克思批判施蒂纳将个体的发展同社会的职责、使命和任务相对立的过程中，马克思也反驳了施蒂纳对共产主义者把自由活动、把劳动作为"人的本质"规定的指摘和他把劳动宣布为"圣物"的做法。

施蒂纳认为，共产主义者最先宣布了自由活动是人的本质，因此，他们就使个体皈依于这样的信仰，即劳动是人的"命定与天职"。这样一来，由于劳动原则的确立，固然消除了投机和竞争原则，但同时却使个体屈从于"劳动者社会"这一至高权威之下，从而与使个体依附于"竞争的国家"毫无差别。

施蒂纳对把劳动视为人的本质的构想的批判，形式上显然主要是针对赫斯等人的，因为马克思虽然在《1844年经济学哲学手稿》中表达了这一观点，但该文并未能发表。但也正因马克思在《1844年经济学哲学手稿》中接纳和发挥了赫斯的这一构想，所以，施氏这一批判的锋芒在客观上也是指向马克思的。

马克思在反批判中把作为人的本质规定的"自由活动"、劳动解说为主体"从全部才能的自由发展中产生的创造性的生活表现"③，强调它是"个体的生存方式"④。因此，不消说，它是具有现实性和物质性的。这样，马克思就从根本上批驳了施蒂纳的关于"劳动—圣

---

① 《马克思恩格斯全集》第3卷，人民出版社1960年版，第330页。
② Max Stirner, Der Einzige und sein Eigentum, Philipp Reclam jun, Stuttgart, 1972, Durchgesehene und Verbesserte Ausgabe, 1981, S. 133 – 135.
③ 《马克思恩格斯全集》第3卷，人民出版社1960年版，第248页。
④ 《马克思恩格斯全集》第3卷，人民出版社1960年版，第330页。

物"的说法。马克思认为,当施蒂纳把劳动与国家、家庭、地租等统称为"圣物"时,他恰恰抹杀了包含劳动在内的这些事物的特殊规定性。其实,当施蒂纳把过去消融在"圣物"中时,他已经预先把劳动假定为"圣物"的一个特殊的种①。

马克思在批判施蒂纳把个体与社会相对立的形而上学独断论时特别着意对施蒂纳的方法论的批判。他指出,施蒂纳在个体与社会关系上所运用的一个主要逻辑公式是:

(1) 我不是非我;
(2) 非我就是异于我的东西,就是异物;
(3) 非我对我的关系就是异化的关系。②

通过这一公式,施蒂纳就把诸如社会、国家、劳动等任何一种客体或关系都说成是与"我"即个体相异的东西;说成是个体的异化。在这一公式的小前提中已经先验地内含了其逻辑前提。因此,从中可以看出,施氏所做的,仅仅把一切现实的关系以及现实的人都预先宣布为异化的,变成关于异化的抽象词句。马克思指出:"这就是说,他的任务不是从现实的个体的现实异化和这种异化的经验条件中来描绘现实的个体,他的做法又是:用关于异化、异物、圣物的空洞思想来代替一切纯经验关系的发展。"③

从马克思的上述批判中可以看出,马克思对施蒂纳形而上学方法论的批判已超出方法论本身的研究范围,它实际上又是对施氏异化观的批判。

(三) 对施蒂纳"我"的哲学的总体性批判

马克思对施蒂纳超历史的唯心主义独断论的批判和反社会的形而

---

① 《马克思恩格斯全集》第3卷,人民出版社1960年版,第319页。
② 《马克思恩格斯全集》第3卷,人民出版社1960年版,第316页。
③ 《马克思恩格斯全集》第3卷,人民出版社1960年版,第317页。

上学独断论的批判是融汇在一起的。通过这一批判马克思证明，施蒂纳并未能揭示出真正的现实的个体，反而又再度重复了"一般人"的抽象：施蒂纳的"这个'我'，历史虚构的终结，不是男女结合而生的'肉体的'我，也不需要假借任何虚构而存在；这个'我'是'理想主义'和'现实主义'两个范畴的精神产物，是纯粹思想上的存在"①。

施蒂纳曾用费尔巴哈批判黑格尔的方法批判费尔巴哈。费尔巴哈根据"绝对精神"的抽象性，把黑格尔的思辨哲学归结为理性化的神学。施蒂纳则抓住费尔巴哈"人的本质"的抽象性，把费尔巴哈哲学归结为道德化的神学。他认为，费尔巴哈虽然调换了"主词"和"宾词"，并突出后者，但并未反对宾词本身。因此，实际上费尔巴哈并未能反掉神学的核心，仍把神物留给了人们。②

马克思则采用施蒂纳批判费尔巴哈的批判方法来批判施蒂纳，或者说，把施蒂纳批判费尔巴哈的方法的锋芒倒转过来针对施氏本人。马克思认为，当施蒂纳不断地把作为孤立行动的"个人"强加给历史时，以及当他用"我"代替经验世界时，他也以同样方式重复和再现了费尔巴哈的错误，即以费尔巴哈的幻想作为自己创立理论的根据："……他把费尔巴哈的这些变为主词的宾词神圣地奉为统治着世界的现实的个人，他把这些有关各种关系的词句恭顺地看作是现实的关系，并给他们加上'神圣的'这个宾词，又把这个宾词变为主词，变为'圣物'，这就是说，他所做的同他责备费尔巴哈所做的完全

---

① 《马克思恩格斯全集》第3卷，人民出版社1960年版，第266—267页。译文有改动。梅林对施蒂纳的"我"也曾发表过类似意见："这个我同费尔巴哈的人一样，也是一个抽象概念。由于它想证明自己的现实性，就更加明显地成为一个抽象概念。"参阅《德国社会民主党史》第1卷，青载繁译，生活·读书·新知三联书店1963年版，第275页。

② Max Stirner, Der Einzige und sein Eigentum, Philipp Reclam jun, Stuttgart, 1972, Durchgesehene und Verbesserte Ausgabe, 1981, S. 63.

相同。"①

据此，马克思得出这样的结论：施蒂纳的历史观实际上仍是宗教观，施蒂纳的作为历史起点的原人实际上仍是宗教人："圣麦克斯·施蒂纳更加彻底，他对现实的历史一窍不通，他认为历史进程必定只是'骑士'、强盗和怪影的历史，他当然只有借助于'不信神'才能摆脱这种历史的幻觉而得救。这种观点实际上是宗教的观点：它把宗教的人假设为全部历史起点的原人，它在自己的想象中用宗教的幻想生产来代替生活资料和生活本身的现实生产。"② 这样，马克思就把施蒂纳奉献给费尔巴哈的神学家的桂冠也转送给施蒂纳本人。鉴于施氏满足于把"圣物"的"神圣性""从头脑中挤出去"，对现实关系漠然置之，马克思称他"是一位最大的保守分子"③。

马克思认为，施蒂纳所以像鲍威尔、费尔巴哈一样重新堕入宗教的幻想，在认识根源方面，是出于对现实的人和现实关系的无知——马克思称他"是所有哲学家中对现实关系知道得最少的一个"④，在阶级根源方面，则是由于他是小资产阶级的代表⑤。

---

① 《马克思恩格斯全集》第3卷，人民出版社1960年版，第262—263页。
② 马克思、恩格斯：《费尔巴哈》，人民出版社1988年版，第39页。
③ 《马克思恩格斯全集》第3卷，人民出版社1960年版，第340—341页。
④ 《马克思恩格斯全集》第3卷，人民出版社1960年版，第529页。
⑤ 在《德意志意识形态》一书中马克思多次申明，施蒂纳的哲学代表了小资产阶级的利益（参阅《马克思恩格斯全集》第3卷，第263、303、481、525等页）。但研究成果也表明了与此不同的见解。例如，阿德勒在《施蒂纳的无政府主义社会理论》中，科根在《德国近代哲学社会主义的前史》以及M. 库尔钦斯基在《施蒂纳及其无政府主义哲学》中都倾向于把施蒂纳看作"流氓无产阶级"的代表。E. 吉梅利法尔布和M. 托赫米勒在《唯一者及其所有物》俄译本中认为施蒂纳诉诸工人阶级，表达了工人阶级利益。参阅［苏］库尔钦斯基《施蒂纳及其无政府主义哲学》，载《马克思主义研究资料》1982年第21期。而H. G. 赫尔姆斯（Hans G. Helms）则把施蒂纳说成"中产阶级"（Mittelklasse）的代表，认为他的"唯一者"哲学是"中产阶级意识形态的最初的彻底的表述"。参阅 Die Ideologie der anonymen Gesellschaft, Koeln, 1960, S. 3。

【附录】

施蒂纳与马克思生平对照年表

施蒂纳	年份	马克思
10月25日生于巴伐利亚	1806	
	1818	5月5日出生于特里尔
就读柏林大学哲学系听过黑格尔的课	1826	
就读爱尔兰根大学	1828	
	1830	10月入中学
再次在柏林大学就学	1832	
完成毕业论文《论教育法》；获得中学授课证书；成为柏林皇家中学试用教员	1835	9月中学毕业，10月入波恩大学法律系
	1836	10月22日转入柏林大学法律系
	1837	4—8月钻研黑格尔哲学，结识鲍威尔、科本
在柏林一所私立女子高等中学任教	1839	年初始撰《博士论文》
	1841	3月大学毕业，4月获博士证书；约7月底研究费尔巴哈《基督教的本质》；8月或9月结识赫斯；下半年与鲍威尔合作，撰《论基督教的艺术》（后更名《论宗教的艺术》）和批判黑格尔自然法的文章

续表

施蒂纳	年份	马克思
与柏林的"自由人"交往；发表《关于布·鲍威尔的〈末日的宣告〉》；3月7日至10月13日为《莱茵报》撰写通讯，其中有《我们的教育的不真原则或人道主义和现实主义》；5月16日至12月31日为《莱比锡总汇报》撰写通讯，内有《自由人》一文；6月发表《艺术和宗教》一文	1842	1—2月撰《评普鲁士最近的书报检查令》（次年2月发表）；3月放弃与鲍威尔的文字合作；5月发表《第六届莱茵省议会的辩论》（一）；8月发表《法的历史学派的哲学宣言》；10月中旬任《莱茵报》主编；10—11月发表《第六届莱茵省议会的辩论》（三）；11月同恩格斯初识；该月底与青年黑格尔分子组成的柏林小组（"自由人"）决裂；10月至次年初研究傅立叶等法国空想社会主义者著作
与玛·威·德恩哈特结婚；在至1844年期间，为《柏林月刊》撰写了《爱的国家的若干临时物》《欧仁·苏的〈巴黎的秘密〉》	1843	3月退出《莱茵报》编辑部并同卢格筹办《德法年鉴》；夏重撰《黑格尔法哲学批判》；10月3日致函费尔巴哈，请其为《德法年鉴》撰批谢林文章；10月底迁居巴黎；秋至次年1月撰《论犹太人问题》《〈黑格尔法哲学批判〉导言》；年底着手系统研究政治经济学，读斯密、萨伊、斯卡尔贝克等人著作

续表

施蒂纳	年份	马克思
10月1日离开女子中学；10月底《唯一者及其所有物》在莱比锡出版，同月28日该书为萨克森当局查禁，11月2日内政大臣又取消了这一禁令	1844	2月底《德法年鉴》问世；4—8月撰《经济学哲学手稿》；约7月结识蒲鲁东；8月发表《评一个普鲁士人的〈普鲁士国王和社会改革〉一文》；8月11日致信费尔巴哈，征询对批判鲍威尔的意见；9月—11月与恩格斯合撰《神圣家族》；11月收到恩格斯评介施蒂纳《唯一者及其所有物》的信，旋即研读施蒂纳《唯一者及其所有物》一书，并约定为亨利希·伯恩施泰因主编的《前进》杂志撰写批判施蒂纳《唯一者及其所有物》的文章；年底或翌年初撰写《关于费尔巴哈的提纲》；至次年1月继续研究18世纪和19世纪初英、法经济学家著作
在《维干德季刊》上对施里加、赫斯、费尔巴哈等人对《唯一者及其所有物》一书的批判作出答复；在1845—1847年翻译出版了以下著作：《法国与英国的经济学家》、萨伊的《实用政治经济学详细教程》（1845—1846）、亚当·斯密的《关于国民财富的本质和原因的研究》（1846—1847）	1845	2月《神圣家族》出版，同月移居布鲁塞尔；3—5月与恩格斯、赫斯筹办出版《外国杰出的社会主义者文丛》；夏开始与恩格斯、赫斯合撰《德意志意识形态》，次年夏完成其主要章节
	1847	7月《哲学的贫困》出版；12月开始与恩格斯合撰《共产党宣言》
	1848	2月《共产党宣言》发表

结　　语

要全面地了解马克思批判地克服青年黑格尔派哲学的意义（这牵涉到对马克思哲学思想本身历史地位的理解），有必要在更广泛的范围内——结合西方哲学的历史发展——对青年黑格尔派的地位加以考察。

在一定意义上，可以把哲学的认识理解为对人同外在世界关系的描述。它包括两个方面：仅就人的精神、思维同客观世界的关系而言，是意识与物质或思维与存在的关系；就作为精神与肉体的统一整体，即具有意识的物质力量或实践力量的人[①]同客观性界的关系而言，是主体与客体的关系[②]。这两者是统一交融在一起的。它既体现哲学认识对世界、对客观对象存在及其发展规律的认知，又体现哲学认识对主体自身存在、目的或任务以及意义的理解。这样，哲学史作为人对世界以及自身存在的理论认识的历史，交织着唯物主义与唯心主义、以主体为绝对本位的"主体主义"（Subjektivismus）与以客体为绝对本位的"客体主义"（Objektivismus）的矛盾和对立[③]。"主体主

---

① "真正的主体……是作为支配自然力的那种活动出现在生产过程中。"《马克思恩格斯全集》第46卷（下），人民出版社1980年版，第113页。

② "……在社会存在的总体中，主客体关系作为独立自在的特殊存在方式才出现，并且是作为这个发展阶段上最本质的范畴规定之一而出现。"[匈]格奥尔格·卢卡奇：《社会存在本体论导论》，沈耕等译，华夏出版社1989年版，第268页。

③ 思维与存在同主体与客体这两对范畴之间的关系，以及唯心主义与唯物主义同"主体主义"与"客体主义"这两对范畴之间的关系，具有较为复杂的性质，对此需要专门研究和探讨，这里暂不予论及。

义"和"客体主义"划分的根据在于，人这一历史主体在一定的哲学学说、哲学体系中所处的地位如何，而这又取决于该学说、体系如何理解人在现实世界中的地位，或者说，如何处置人与现实世界的关系。在主体主义那里，人被置于现实世界的中心和被视为客观对象的主宰，他是独立自存或基本上独立自存的存在物，而世界、对象的存在以及世界、对象与人的关系，是从这一主体并通过这一主体本身而获得意义和蕴含的。在客体主义那里，人则完全地、绝对地隶属于现实世界和客观对象，他的存在以及他与周围世界和客观对象的关系必须从世界或对象本身获得其意义和说明。

这种哲学上的主体主义与客体主义的对立，可以追溯到西方哲学的源头——古希腊哲学。

在古希腊哲学那里，整体而论，人与世界、对人的认识与对世界的认识是统一的。哲学既探索世界也探索人，通过一方探索另一方。在哲学理论中人与世界，主体与客体相互联结，彼此映照。人被宇宙化、自然化，而宇宙、自然则被人格化。

这种统一，是建立在"实体"基础之上的，或者说，是以"实体"为统一原则的。表现在哲学体系中，人作为宇宙普遍过程的个别要素出现。黑格尔曾就此指出，古希腊哲学的前提是精神与自然合一的东方式的"实体化"[1]。按照黑格尔的解释，古希腊哲学以自然与精神的实质合一为基础、为本质，它既是自然的，也是精神的。其中，精神已成为主导的、决定性的主体，已居于首位，但精神的个性还没有独立自为，还没有成为"抽象的主体性"，即把自己作为手段，通过自身把自己体现、展示出来，建立自己的世界。因此，在古希腊哲学那里，主体性本身还带着自然的、感性的色彩，基本上与自然性融汇在一起，它与"实体"的对立还具偶然性，换言之，还是隶属世

---

[1] ［德］黑格尔：《哲学史讲演录》第1卷，贺麟、王太庆译，商务印书馆1981年版，第160页。

界本身的。

然而，即便如此，在古希腊哲学中已内含了主体主义与客体主义的对立。

就研究对象的选择来说，在古希腊哲学的初期，已经表现出以米利都学派为代表的宇宙论哲学同以智者派和苏格拉底为代表的人类学哲学的对立。就对人与世界、主体与"实体"、自由与必然、个别与一般诸关系的实际解决来说，"一方面，早期希腊自然哲学家以及后来的德谟克利特、柏拉图和亚里士多德，都把人置于客观物质和理想生活的关系和本质的支配之下；另一方面，诡辩学派、昔克尼学派、昔勒尼学派、怀疑论者，伊壁鸠鲁学派和斯多葛派，原则上虽不拒绝这些基本论点，但却宣称人是万物的尺度，谈到人的、特殊者的价值"①。怀疑派、伊壁鸠鲁派、斯多葛派三派哲学对主体性原则的高扬得到青年黑格尔派特别是青年马克思的肯定和推崇。它们同德谟克利特、柏拉图和亚里士多德的对立，无疑代表了古希腊哲学中主体主义与客体主义的两种不同的立场。这种立场上的对立，预示了后来的人本主义与神本主义的斗争。

当然，即便是在斯多葛派那里，人也是终究隶属自然，主体也是终究隶属"实体"的。该派把自然的和谐视为最高的原则和规律，对他们来说，自然的东西就是道德的东西，自然的要求就是理性的要求，而与自然协调一致的生活，就是符合人性的生活，履行自然的命令，便是发展人自身本质最内在的萌芽。因此，斯多葛等主体论派别虽然高扬了主体性、人格的内在价值，其世界观仍未超出"实体"的范畴。这就为"抽象的主体性"的基督教世界观的产生提供了根据。

在中世纪，主体主义原则在形式上得到了推崇。同时，主体主义

---

① ［苏］鲍·季·格里戈里扬：《关于人的本质的哲学》，汤侠声、李昭时等译，生活·读书·新知三联书店1984年版，第30页。

和客体主义两大原则的对立也在基督教内部展开。

中世纪基督教世界观的基本原则是抽象的主体性，它是作为对以实体性为基本原则的古希腊哲学世界观的否定而出现的。基督信仰、基督启示的底蕴就在于它展示了这种由实体性向主体性、由自然向精神的发展。对此，黑格尔曾作过深刻的揭示。在他看来，基督信仰、基督启示的意义在于它显示出了主体必然经历的由自然性向精神性、由有限向无限转化的过程，表明了应该放弃其自然性，即自然的意志、自然的知识和自然的存在，而转向精神[1]。中世纪的世界观鲜明地体现在基督本人的话中，他说："精神将引导你到一切真理。"

与古希腊哲学所提出的人服从于宇宙普遍性的思想相对立，基督教肯定了个体灵魂不死、人类精神的共同性、个人存在的唯一性和自我价值的思想。

可尽管基督教哲学强调了个人的独立性、价值和意志自由，但在这种哲学中，个人始终是被预定的因素。他只不过是上帝所安排的秩序的组成部分，是执行神的意志的盲目工具。[2] 因此，基督教哲学只不过是用人隶属上帝代替了古希腊哲学的人隶属自然，而且更具绝对性、权威性。这样，也就如恩格斯所指出的："基督教德意志世界观以抽象的主观性，因而也就是以任性，对内部世界的崇拜、唯灵论作为基本原则来和古代世界相对抗；但是正因为这种主体性是抽象的、片面的，所以它必然会立刻变成自己的对立物，它所带来的也就不是主体的自由，而是对主体的奴役。抽象的内部世界变成了抽象的外在形式，即人被贬低和异化了，这一新原则所造成的后果，首先就是奴隶制以另一种形式即农奴制的形式重新出现；这种形式不像奴隶制那

---

[1] ［德］黑格尔：《哲学史讲演录》第3卷，贺麟、王太庆译，商务印书馆1981年版，第264页。

[2] 黑格尔认为，在基督教哲学那里，自我意识、人的思维、人的纯粹自我都被否定了，它只有沉没在外在的自我即彼岸的自我中，才能获得它的价值和意义。参阅［德］黑格尔《哲学史讲演录》第3卷，贺麟、王太庆译，商务印书馆1981年版，第284—285页。

样令人厌恶，但却更加虚伪和不合乎人性。"①

在基督教哲学内部，也存在着主体主义与客体主义两种倾向的对立和斗争。这就是著名的"唯名论"与"唯实论"的争论。这一争论在形式上是和上帝存在的所谓本体论证明相关的。但实际上，体现了对上帝与人、神的普遍制约性与个人的意志自由相互关系的不同认知。从正面看，则是对人的存在、地位的确证。把共相、上帝确认为"实体"体现了客体主义原则，反之，把共相、上帝确认为"名词"，则体现了一种主体主义原则。在这方面，唯名论在宗教范围内达到了其所能达到的主体性原则的最远之处。可是，两极相通。彻底的唯名论其逻辑结论也只能是泛神论，即把上帝变成万物或宇宙，从而复归宇宙论哲学。

文艺复兴时期的哲学对主体问题采取了与基督教哲学截然不同的方法。它打破了基督教哲学运用神秘主义在彼岸生活、神圣历史的范围内解决人、人的价值和自由问题的方式，呈现了向古希腊哲学的自然与人统一的观念回复的倾向。但文艺复兴时期的哲学对人的主体性的强调，很快便消融在后来一个时期的客体主义观念之中了。

近代的启蒙运动在斯宾诺莎那里达到了很高的成就。② 斯宾诺莎把上帝归结为具有思维与广延性的"实体"，归结为包括精神性在内的"自然"，从而通过"实体"概念把人与自然统一起来。针对基督教的抽象主体性，斯宾诺莎强调客体主义的原则。在他看来，一切事物都受一种逻辑必然性的支配，在精神领域中没有所谓自由意志，在物质世界也没有什么偶然性。

主、客体主义原则的对立，在 18 世纪尖锐化了，如果说，在 17

---

① 《马克思恩格斯全集》第 1 卷，人民出版社 1956 年版，第 662—663 页。译文有改动。由此可见，就其在现实中发挥的实际作用而言，主体主义学说未必就高扬了主体性，而客体主义学说则未必就压抑、泯灭了主体性。这要看与其相联系的具体历史条件。

② "德国启蒙运动的先驱者们所达到的最极端的思想是一种斯宾诺莎主义。"[匈]卢卡奇：《青年黑格尔》，王玖兴译，商务印书馆 1963 年版，第 31 页。

世纪这种对立还是以抽象的形而上学的形式表现出来，18世纪则愈加具有具体的社会内容。18世纪哲学愈加表明同基督教世界观的抽象主体性的对立性质。但也正因为如此，它又走向另一种极端，即以客体同主体、以自然同精神、以普遍同个别、以自然同自由相对立。

作为启蒙运动最彻底的代表的18世纪法国唯物主义者，虽然坚持了哲学的唯物主义原则，从自然和社会本身出发，用内在原因来解释社会生活和人的各种社会现象，但他们却把人完全隶属于自然和自然规律，陷入了客体主义。他们甚至把人视为机器（拉美特利），主张精神世界的命定论（霍尔巴赫），人的精神生活的特殊性也使历史过程中的偶然性、使人的自由失去了客观根据。他们虽然把理性理解为人的特性、本质，主张、强调理性主义，却又把这种理性自然化，认为理性是自然赋予的，合乎自然就是合乎理性，用自然的东西吞没精神的东西。因而，又把理性主义染上了自然主义、宿命论的色彩。

总之，18世纪唯物主义以有理性的自然、物质的普遍抽象同中世纪基督教的抽象的主体性、唯灵论相抗衡，用一种片面性反对另一种片面性，因而，它"并没有克服那种自古以来就有并和历史一同发展起来的巨大对立，即实体和主体、自然和精神、必然性和自由的对立，而是使这两个对立面发展到顶点并达到十分尖锐的程度，以致消灭这种对立成为必不可免的事"①。

但是，尔后的包括青年黑格尔派哲学在内的德国古典哲学实际上也未能真正解决和消除这种自古以来在哲学中就存在的古老的对立。

从康德到黑格尔的哲学强调和发展了人的主体的能动方面，把人理解为有理性的理论活动和有道德的实践活动的、自律而又自由的主体。但是，由于它终究用抽象逻辑代替18世纪哲学的有理性的自然，用唯心主义原则代替18世纪哲学的唯物主义原则，实际上是在更高

---

① 《马克思恩格斯全集》第1卷，人民出版社1956年版，第658页。

级的基础上恢复了基督教哲学的抽象的主体性。

在康德那里，虽然对主体与客体原则有着虽说是矛盾的，然而却是较为全面的理解，但其理论的着重点已经是主体性的理念。费希特在唯心主义基础上把康德的主体性原则推向极端。同时取消了康德的"物自体"，并赋予主体超验的、普遍的和客观的性质。主、客体的矛盾被限制在超验的意识领域。主体的"自我"是活动的本原，它设定、创造客体（"非我"）。客观世界不再具有任何意义。

黑格尔则循相反方向发展。他与谢林一起诉诸客体性的理念同康德、费希特相对立[①]。他不仅把人的逻辑、理性、观念（"绝对精神"）规定为积极的能动的主体，而且也把它变成实体、客体。这就使他把"绝对精神"归结为"实体"与"自我意识"的统一。

但是，不论是主体性的理念，还是客体性的理念，都是一种抽象的主体性，都是抽象的主体性的不同表达形式。总之，德国古典哲学仍囿于抽象主体性范围之内，它不过把基督教哲学的宗教形式、神学形式的抽象主体性变成理性形式的抽象主体性[②]。

黑格尔的功绩是，他通过"绝对精神"在一定意义上实现了"主体与实体"、主体主义与客体主义的统一。这一方面表现为对古希腊哲学的"实体"与基督教哲学的"抽象的主体性"的综合，一方面表现为对贯穿哲学史过程中的柏拉图主义—基督教"唯实论"哲学—17、18世纪唯物主义的客体主义路线与伊壁鸠鲁、怀疑派、斯多葛派—基督教"唯名论"—费希特哲学的主体主义路线的综合。可是，这种综合不仅是在唯心主义的基础上达到的，而且也是通过"绝对的同一性"即抽象的同一的方式达到的：主体和"实体"在黑格

---

① 参阅费尔巴哈的论述，《费尔巴哈哲学著作选集》上卷，荣震华、李金山译，商务印书馆1984年版，第70页。

② 对此费尔巴哈看得很清楚："近代哲学只是证明了理智的神性，只是将抽象的理智认作上帝的实体，绝对的实体。"《费尔巴哈哲学著作选集》上卷，荣震华、李金山译，商务印书馆1984年版，第146页。

尔那里都是"理念"自身的构成环节或发展阶段，因而它们的同一是理念自身的同一，是一种无中介的同一。换言之，黑格尔尽管通过"绝对精神"将"实体"与主体包容在内，然而并没有消解这一矛盾，只不过将哲学体系外部的对立变成了哲学体系内在的对立。①

青年黑格尔派哲学是在黑格尔哲学基地上形成和发展起来的。这样，它就通过黑格尔哲学承继了西方哲学历史发展的路线，并在对人、对主体的理解和说明上反映了自古以来就存在的恩格斯所描述过的那种实体与主体、自然与精神、必然与自由、一般与个别的对立。可见，青年黑格尔派哲学所环绕的主题、所解决的矛盾或任务，不仅为德国资产阶级社会问题解决的特殊形式这一社会条件所规定，而且，也为西方哲学历史发展的基本路线、为它的直接间接的思想理论前提所左右。

但是，尽管青年黑格尔派清楚地看到自己的老师未能真正解决主体与"实体"的对立，尽管他们对自己的老师把主体变成"实体"的做法提出了批评②，可正如我们已经指出的，当他们用"自我意识""类""我"等概念去统一主体与"实体"时，还是重复了自己的老师的错误，因为他们忽视了与主体的人相联系的、主体的人生活在其间的现实的社会关系和经验条件。这样，青年黑格尔派像黑格尔一样，未能摆脱"抽象的主体性"。他们的历史作用在于，把主体与"实体"在哲学体系自身内部的对立即在"绝对精神"之中的对立再

---

① 因德里希·泽勒尼（Jindrich Zeleny）认为，黑格尔在《精神现象学》中强调自我意识是实体，在体系中则强调实体是自我意识。这表明，黑格尔只在哲学上表达了现实冲突，无法实现实体与自我意识的统一。参阅 Die Wissenschaftslogik bei Marx und "Das Kapital", Berlin, 1962, S. 247。

② 鲍威尔在《末日的宣告》中认为，黑格尔创造了一种牺牲个人而非牺牲上帝和自然的哲学，这种哲学不了解历史的产生，以致把个人变成了世界精神的玩偶。参阅 Die Posaune des Juengsten Gerichts ueber Hegel, Leipzig, 1841, S. 50. 61。施蒂纳也认为，黑格尔像歌德一样，珍视主体对客体的依赖性和对客观世界的从属性。参阅 Der EinZige und sein Eigentum, Leipzig, 1882, S. 108。费尔巴哈在《关于哲学改造的临时纲要》中则指出，黑格尔特别将自主活动、自决力、自我意识作为实体的属性。参阅 L. Feuertiach, Gesammelte Werke, Herg. v. W. Schuffenhauer, Bd. 9, Berlin, 1982, S. 244。

度"外化"出来，变成哲学体系外部或哲学体系之间的对立，从而使这一对立更加突出，更加尖锐化了。

马克思扬弃了青年黑格尔派哲学，解决了哲学史中古老的"实体"与主体、精神与自然、必然与自由、一般与个别相对立的问题。因而，这不仅是对青年黑格尔派哲学的批判总结、概括和综合，也不仅是对以"抽象的主体性"为特征的整个德国古典哲学的批判总结、概括、综合，而且，也是对包括古希腊"实体性"哲学、中世纪和近代的"抽象的主体性"哲学在内的整个哲学认识的批判总结、概括和综合，或者说，是对马克思哲学形成以前的整个哲学历史发展过程中的主体主义与客体主义两大哲学传统的批判总结、概括和综合。

这种总结、概括和综合决定了马克思哲学的这一本质特征：它是以实践概念为基础和中介的主体与客体、精神与自然、人与社会、本质与存在、一般与个别、必然与自由、科学与伦理等诸关系、因素和原则的有机统一。如果可以借用"本体论"这一术语的话，则可以说，是以实践为基础的人的存在的本体论与世界存在的本体论（包括自然存在的本体论与社会存在的本体论）的有机统一。

这种统一，在马克思那里，不仅体现在人与自然是统一的，即周围的自然是"人化的自然"，而人是"能动的自然存在物"①，而且也体现在人与社会也是统一的。马克思依据"对象化"的原理，为了科学地说明现实的人的本质及其历史发展而去追溯和探讨各种社会关系，追溯社会历史过程及其规律性；同时，又从人的本质、人的活动，人的实践能力的提升，来判断社会历史的进步和发展。在马克思的结论中，社会与人虽是分而为二但归根到底又是合而为一的："社会本身，即处于社会关系中的人本身。"确切地说，即"处于相互关

---

① 《马克思恩格斯全集》第42卷，人民出版社1979年版，第126、167、220页。

系中的个体"本身①,它是"表示这些个体彼此发生的那些联系和关系的总和"②,而人则是"社会联系的主体"③,他的本质在现实性上就是这种作为"总和"的社会关系④;"追求着自己目的的人的活动",就构成了历史⑤,而历史则不外是"既定的主体的人的现实的历史"⑥,即"他们的个体发展的历史"⑦,"是人类本性的不断改变而已"⑧。这样,人们"既当成剧作者,又当成剧中人物"⑨,社会规律既是社会"本身运动的自然规律"⑩,又是"人们自己的社会行动的规律"⑪。一句话,人类历史的发展是人们在客观规律发生作用的基础上有意识地进行活动的结果,是客观规律性与主体的目的性、主体的能动活动的统一,"是一种自然历史的过程"⑫。

通过对青年黑格尔派哲学的扬弃,马克思结束了传统意义上的哲学。因此他的学说标志着近代哲学的最后终结。但也正因为如此,它同时也就构成了现代哲学的开端⑬。就反映的阶级和社会状况来看,

---

① 《马克思恩格斯全集》第46卷(下),人民出版社1980年版,第226页。
② 《马克思恩格斯全集》第46卷(上),人民出版社1979年版,第220页。
③ 《马克思恩格斯全集》第42卷,人民出版社1979年版,第25页。
④ 马克思、恩格斯:《费尔巴哈》,人民出版社1988年版,第89页。
⑤ 《马克思恩格斯全集》第2卷,人民出版社1957年版,第118—119页。
⑥ 《马克思恩格斯全集》第42卷,人民出版社1979年版,第159页。
⑦ 《马克思恩格斯全集》第27卷,人民出版社1972年版,第478页。
⑧ 《马克思恩格斯全集》第42卷,人民出版社1979年版,第138页。
⑨ 《马克思恩格斯全集》第42卷,人民出版社1979年版,第149页。
⑩ 《马克思恩格斯全集》第23卷,人民出版社1972年版,第11页。
⑪ 《马克思恩格斯全集》第20卷,人民出版社1971年版,第308页。
⑫ 《马克思恩格斯全集》第23卷,人民出版社1972年版,第12页。
⑬ O. 斯宾格勒(O. Spengler)断言,马克思的"唯物史观的本质意味着理性主义已达到了最后的逻辑结论;因此,马克思主义是个完结辞"(参阅《西方的没落》第2卷,齐世荣、田农译,商务印书馆1963版,第709页)。但是,把马克思哲学完全归结为理性主义甚至是传统意义上的理性主义未免有失偏颇。因为这样一来就否定了这一哲学学说的经验的、基于感性的政治经济学事实的、实证的性质。在这一点上或许 A. 施密特(A. Schmidt)看得倒比较确切,他认为:"如果说辩证唯物主义不是作为实证主义的搜集事实的科学,那末也不是思辨地跳过事实这意义上的哲学。"(《马克思的自然概念》,欧力同、吴仲昉译,赵鑫珊校,商务印书馆1988年版,第45页注)此外,斯宾格勒也忽略了概念的辩证性:"完结"同时也就意味着"开端"。因而,"完结辞"也就是"开首语"。

19世纪中叶（1843年革命）标志着资产阶级上升时期的结束，青年黑格尔派哲学是该阶级上升时期完结的理论标志和反映，而马克思的哲学学说作为无产阶级运动、共产主义运动的理论表现，直接承继了资产阶级上升时期的哲学路线。

19世纪中叶以后，特别是在西方资产阶级经历转折时期（70年代初）以后，资产阶级哲学经过分化，再也不具有像法国唯物论和德国古典哲学那样的完整形态了，再也统一不起来了。如果说主体主义与客体主义的对立在上升时期的资产阶级哲学那里（例如在黑格尔哲学那里），在某种形式上还获得了一定程度的统一的话，那么，此后则完全分裂了。原因当然是复杂的。但其中重要的一点是，这时资产阶级在思想理论方面所面临的任务已不再是反宗教和神学，已不再是绝对地信赖和无限制地崇奉科学、理性，而是协调宗教与科学、信仰与知识的矛盾。对于资产阶级来说，宗教仍是一种不可缺少的世界观，是确立一种对现实来说是某种彼岸的道德理想和价值的源泉，而科学虽然必须不断获得发展，可也不是万能的，它能提供有关世界的外在观念，却未必能揭示人的生活的内在意义和蕴涵。于是，需要建立科学与宗教的联盟。因此，在这种情况下，哲学的地位、作用发生了转换，它由过去的科学和理性的同盟军以及宗教的敌手转变为调和宗教与科学的手段与中介。

但是，资本主义制度并不能从根本上消除科学与宗教发展的内在矛盾。这种以某种统一为前提的对立性必然带来哲学上的内在矛盾与危机，所以，西方资产阶级哲学的解体与分化是资本主义社会宗教与科学之间矛盾的表现，从而也是资本主义社会在由竞争到垄断发展过程中的一般社会矛盾的表现。

与马克思通过自己的"新唯物主义"实现了主体主义与客体主义的综合相反，也正是在19世纪40年代，在几乎与马克思主义哲学诞生的同时，出现了孔德的实证主义（《实证哲学教程》，1830—1842

年;《实证哲学概观》,1848 年) 与克尔凯郭尔的学说(《非此即彼》,1843 年;《恐惧概念》,1844 年;《死亡病》,1849 年),叔本华的意志主义(《作为意志和表象的世界》,1819 年;《论自然意志》,1836 年;《伦理学的两个根本问题》,1841 年) 也开始流行起来,从而开了现代西方社会中唯心主义的"科学主义"和非理性的"人本主义"两大彼此对立的哲学思潮的先河。这种科学主义与人本主义的对立,实质上就是历史上客体主义与主体主义的传统对立在新的历史条件下即现代资本主义社会条件下的一种尖锐化的表现。一般说来,科学主义思潮沿袭了客体主义的传统和路线,人本主义思潮则沿袭了主体主义的传统和路线:在前者那里,以自然科学为主的具体科学方法被绝对化、普遍化;在后者那里,人的意识的主观创造性因素、精神道德因素、意志因素则被赋予独立的、决定性的意义。在前者那里,哲学只被看作专门科学认识的一部分,而人则仅仅被看作是这种认识的客体;在后者那里,哲学被视为对世界的主体体验和理解的一种特定形式,而人则是完全或绝对独立的、自由的创造性本原。

由于在资本主义社会中伴随生产力的发展,人与物、物质财富与精神文明、科学技术进步与道德伦理滞后等矛盾日益突出,现代西方哲学中这种主体主义与客体主义原则的对立还特别以事实原则与价值原则、科学判断与伦理判断的关系的形式表达出来,这在新康德主义的西南学派特别是在文德尔班(Wilhelm Windelband) 和李凯尔特(Henrich Riekert) 那里已经获得清晰的表述。

然而,另一方面,在现代社会中,在西方资产阶级哲学发生剧烈分化并基本上循着科学主义与人本主义两条路线发展的同时,马克思哲学内部也发生了分化。

由于马克思哲学扬弃了哲学史中主体主义与客体主义的对立,实现了主体与"实体"、精神与自然,人与社会、必然与自由、存在与本质、一般与个别、科学与伦理等诸因素的统一,所以,它也就为人们对其加以不同的解释或将其向不同方向发展留下了余地。这样，当它被运用于不同的社会历史条件时，当人们出于不同的政治、社会和意识形态的需要而对其加以说明和阐释时，就形成了不同面貌和特征的"马克思主义"。例如，20世纪30年代以后的苏联官方哲学与"西方马克思主义"中的人本主义学派两者都从一个特定的方面发展了马克思哲学，即前者从客体主义原则、从科学因素方面发展了马克思哲学，后者从主体主义原则、从人道主义方面发展了马克思哲学，然而，却只是将它片面地发展了。此外，无论是在现代西方资本主义社会中，还是在社会主义国家内部，都出现了对马克思主义哲学加以不同解释的两种截然对立的倾向。这种不同倾向的对立，在一定意义上，也是现代西方哲学中唯心主义的科学主义与非理性的人本主义两大思潮的对立在如何对待马克思主义哲学问题上的反映和表现。与此相关联的，是在社会实践方面所呈现的类似情形。当马克思哲学被从两个根本方面加以片面地发展时，这种理论上的对立也在社会实践中鲜明地表现出来。例如，20世纪30年代苏联开始形成的以中央高度集权、主要靠行政手段管理和运行为基本特征的社会主义模式与伦理社会主义实践的对立。前者只强调社会主义是一种客观的历史必然性，只强调社会利益与行政权力；后者则只承认社会主义是一种道义和伦理的选择，只承认个人的价值和个人的自由。就哲学理论方面来说，实际上前者只撷取了马克思哲学的客体性原则，后者则至多只肯定了马克思哲学的主体性原则；前者囿于抽象的客体主义，后者则滞留于抽象的主体主义。

可是，无论是主体主义与客体主义原则的对立还是统一都是哲学认识发展所采取的形式，它们自身本来也是不可分割的。所以，在现代哲学发展过程中，在呈现主体主义与客体主义、人本主义与科学主义分裂倾向的同时，也显露出其融合的趋势，从而昭示出未来哲学发展的方向。这在某种意义上无疑是向作为主体主义与客体主义两大因素、原则统一的马克思哲学的一种回复和在更高层次上的发展的征兆。

　　这样，提出来的一个问题是，在哲学认识实现客体主义与主体主义的新的综合、统一的过程中，马克思哲学仍会给人们以启示吗？或者说，仍会起到它的一定的作用吗？答案自然是肯定的。显然，正是在这里，马克思哲学显示出它所内含的对于今天的现实的社会实践及其理论的发展具有重要意义的方面以及具有恒久价值的因素，而体现主客体原则统一的马克思的关于理想社会的自由人联合体的构想，也仍保持着它的生机和魅力。

附录一

莫泽斯·赫斯[*]

——生平、著作以及和马克思的交往

[**编者按**] 中外学者一直把赫斯喻为"马克思的影子",认为他和马克思、马克思主义、国际共产主义运动以及犹太复国主义都有一定的联系。因此,为了深入研究马克思主义的发展,有必要熟悉和了解赫斯的主要著作及其生平活动。正是出于这一目的,笔者客观地概述了赫斯的生平、著作及其与马克思的交往,以飨读者。本文是笔者1986年在联邦德国进修期间用德文写成的,本刊登载时作了压缩和修改。

莫泽斯·赫斯(Moses Hess)1812年诞生在波恩的一个虔诚的犹太人家庭里。他的祖父纳坦·大卫是一个殖民商店的老板,兼有犹太法师头衔。他的父亲大卫·赫斯(1790—1851)是一个能干的商人,在19世纪40年代成为科隆犹太人协会主席。

赫斯诞生的时代是法国兼并时代(1795—1815)的末期。这时,莱茵省已经历了一系列深刻的社会变革。1801年奥地利把莱茵河左岸割让给了法国,这给那里的犹太人带来了解放。但是在拿破仑倒台

---

[*] 本文原载中共中央编译局《马列主义研究资料》编辑部编《马列主义研究资料》1988年第3期。

和法国人迁走以后，普鲁士政府开始着手全面取消和废除拿破仑时期所进行的改革，犹太人在法国革命后获得的市民权利遭到削减，从而他们不得不重新忍受普鲁士政府的反动措施之苦。

赫斯的童年时代是在他祖父那里度过的。在那里，他受到了严格的犹太教教育。对此，赫斯直到50岁时还曾带着激动回忆。

赫斯7岁时，他的母亲去世了。赫斯重新回到了在科隆定居的他的父亲那里。但是严厉的宗教单一教育显然不能满足这个精神迅速发展的孩子的多方面的需求。出于对犹太教法典的"厌倦"，赫斯开始探寻自我教育的道路。他在帮助父亲营业的同时，利用业余时间阅读哲学、文学等书籍，学习法语、德语、英语、拉丁语以及数学和历史。1832年或1833年，他同父亲发生冲突，从家出走，游历了荷兰、法国和瑞士，或许还到了英国。一年后，他因经济拮据，又回到父亲的商店。直至1837年5月，他才有机会在波恩大学注册，在那里学习了3个学期。

这一时期是赫斯思想发展的重要时期。早在大约1828年，他已抛弃正统的犹太教。他自修了卢梭、黑格尔、斯宾诺莎的著作，受到他们特别是斯宾诺莎的学说的深刻影响。在巴黎居住期间，他有幸直接接触了法国社会主义学说，这无疑对他的思想形成产生了决定性的影响。事实上，在此之前，他已通过德国的手工业者对巴贝夫和傅立叶的学说有所了解。1835年和1836年，他开始勤奋研究法国革命，并着手著述。1837年10月，他在斯图加特出版了自己的处女作《人类的圣史》。

这是一部交织着宗教、哲学和空想社会主义学说影响的著作。它分为两部分："过去是将出现的东西的基础"和"未来是已出现的东西的结果"。赫斯试图从人类历史的发展中推导出社会主义的必然性。他把人类历史划为三大主要阶段：古代、中世纪和现代（从斯宾诺莎开始）。它是上帝和人的统一经过分裂达到重新恢复的过程，也是建立在财富共同体上的和谐被私有财产和继承权破坏并重新确立的过程。

尽管赫斯把对现存社会的批判和对未来社会的理解同宗教的救世说融汇在一起，但这部著作无疑属于德国早期空想社会主义重要著作之列，它对德国空想共产主义世界观的发展有一定贡献。同时，它也在多方面预示了赫斯后来的思想发展。

在大学学习的同时，赫斯继续深入思考现实的政治和社会问题。1841 年 1 月底，他在莱比锡出版了他的第二部著作《欧洲三同盟》。这部著作的写作起因于普鲁士政府和科隆大主教之间关于杂婚问题的争论，赫斯想借此阐述和澄清国家和教会之间的关系。

赫斯在这部著作中进一步发展了切什考夫斯基在 1838 年《历史学导论》中提出的"实践哲学"的思想。他要求哲学的实现，呼吁"建造一座重新由天上返回地面的桥梁"①，指出行动哲学的任务就在于从过去和今天中去理解和把握未来，以指导行动。此外，他还批评了青年黑格尔派哲学，认为它只在宗教方面强调了哲学和现实生活的关系，因而还停留在抽象的现代生活原则上面，没有实现走向"行动"的积极过渡，不过是"德国哲学"的最后阶段。

《欧洲三同盟》是赫斯早期的一部重要著作。该书当时在思想理论界引起了很大反响，作者也因此成了知名人物。赫斯后来认为，这部著作的贡献在于，它表达了当时还没有公开和清楚表达出来的社会主义思想。由于该书的写作，人们把赫斯同青年黑格尔派运动联系了起来。然而，该书已清楚地表明赫斯对青年黑格尔派的某种超越：他一开始就以自己的方式接近了社会主义。在《欧洲三同盟》所获成功的鼓舞下，1841 年夏，赫斯和他的好友、作家贝·奥尔巴赫着手创

---

① ［德］莫泽斯·赫斯：《哲学和社会主义文集（1830—1850）》，［法］奥·科尔纽、［德］沃·门克编辑，柏林，科学出版社 1980 年版，第 77 页。

立《莱茵报》的准备工作。同年8月底或9月初，他结识了青年马克思。马克思这时已从柏林来到波恩，试图通过鲍威尔的帮助在大学谋得一个授课职位。有机会结识马克思，赫斯是异常激动的。在致奥尔巴哈的信中，他把马克思称为"一位最伟大的、或许唯一现在在世的真正的哲学家"，并承认马克思是自己的"偶像"①。

1842年1月1日，《莱茵报》在科隆出版。赫斯担任该报的编辑工作。不久，青年黑格尔分子就成了该报的主要撰稿人。马克思也参加了《莱茵报》的工作，并在同年10月任该报主编。这时，赫斯也同青年恩格斯结识了。恩格斯服兵役后，想到父亲的工厂里参加工作。在从柏林前往英国的途中，他拜访了《莱茵报》编辑部，并同赫斯进行了长谈。这次会晤对恩格斯社会主义世界观的形成产生了一定影响。

赫斯同马克思一起在《莱茵报》编辑部工作了大约两个月时间。在此期间，他还同报纸出版负责人荣克和奥本海姆共同发起了每周一次的有关社会主义的讨论。1842年11月下旬或12月初，他作为《莱茵报》的通讯员到了巴黎，直到次年5月。但实际上，在马克思负责该报不到半年，普鲁士政府就作出了封闭《莱茵报》的决定。从1843年3月起，该报就被迫停刊了。在《莱茵报》存在的短短一年多时间里，赫斯为它撰写了文章、通讯以及评论等大约150篇。这些文章体现了法国社会主义的影响，对社会主义学说在德国的传播起到了不容忽视的作用。它们和作者本人发起的关于社会主义的讨论一起促进了马克思对法国社会主义和共产主义思想的关注。

《莱茵报》关闭后，赫斯继续致力于共产主义的研究，并且把它从哲学领域扩展到经济学领域。该年下半年，他在由诗人格·海尔维格在苏黎世和温特图尔出版的《来自瑞士的二十一印张》上发表了

---

① 《莫泽斯·赫斯通信集》，[以] 埃·西尔伯纳尔编辑，蒙同，1959年，第79—80页。

《行动的哲学》《社会主义与共产主义》以及《单一和完整的自由》等几篇重要论文。它们被马克思誉为德国社会主义科学方面"内容丰富而有独创性的著作"①。

在《行动的哲学》一文中，赫斯进一步集中阐述和发挥了他在《欧洲三同盟》中表达的"行动"哲学的观点。他批判了私有制条件下存在的个体和普遍的对立以及对个体自由行动的泯灭，要求使精神哲学成为行动哲学，从而不仅把思维，也把全部人类活动"提高到消除一切对立的水平"②。与此相联系，赫斯还进一步批判了青年黑格尔派一直藏在神学"自我意识"中的做法。尤为重要的是，在该文中，赫斯已接触到了资本主义条件下人的本质的异化在经济领域中的表现，即人同自己的活动及其产品的异在关系，并把私有制理解为作为人的本质特征的"劳动""制造"和"创造"活动异化的产物。③这实际上是把费尔巴哈的宗教异化批判方法运用到现实经济领域分析的起始。因此，这篇论文曾给马克思以某种启示和影响。

因《莱茵报》被禁止，马克思和卢格计划创办一个新杂志来替代该报。为了实现这一计划，赫斯和卢格（赫斯刚和他结识不久）1843年8月初一起来到巴黎。两个月后，马克思也到了那里。他们在巴黎共同工作的成果，体现在《德法年鉴》的出版及其刊载的书信、文章中。

在此期间，赫斯在1844年初为《德法年鉴》撰写了一篇题为《金钱的本质》的文章，该文由于《德法年鉴》的停刊，一年半以后

---

① 《马克思恩格斯全集》第42卷，人民出版社1979年版，第46页。
② ［德］莫泽斯·赫斯：《哲学和社会主义文集（1830—1850）》，［法］奥·科尔纽、［德］沃·门克编辑，柏林，科学出版社1980年版，第219页。
③ ［德］莫泽斯·赫斯：《哲学和社会主义文集（1830—1850）》，［法］奥·科尔纽、［德］沃·门克编辑，柏林，科学出版社1980年版，第225页。遗憾的是人们往往强调《行动的哲学》中的"实践"思想，而把其中蕴含的"经济学转向"忽略了。迄今为止几乎还没有人对《行动的哲学》一文的地位和意义从经济学的角度作出正确评价。

才发表在由哈·皮特曼编辑的《莱茵社会改革年鉴》上。有理由认为，该文是赫斯撰写的最优秀的著作之一。在该文中，赫斯沿着《行动的哲学》一文所预示的方向，把费尔巴哈的异化学说彻底地运用于资本主义社会经济生活的分析，阐发了许多重要的结论。该文赖以建立的基础和所表达的核心思想是："金钱不外是非组织化的、因而脱离我们自己理性的意志并因此统治我们的人类社会的现代生产方式的幻影。"① 该文在人的本质及其社会性、金钱和私有制的本质以及异化的普遍性等一些问题的理解上同马克思《1844年经济学哲学手稿》相吻合，从中可见该文对马克思思想发展的影响②。此外，该文也愈益明显地流露出浓厚的伦理主义倾向，这也是后来赫斯遭到马克思和恩格斯批判的根本原因。

1844年3月，赫斯返回科隆，并参加了那里的共产主义团体的活动。在此期间他撰写的主要著作有：《谈社会主义运动在德国》（1844年5月）、《人的规定》（1844年6月）、《谈我们社会的困境及其补救》（1844年12月）、《共产主义信仰自白》（1844年12月）以及《最后的哲学家们》（1845年6月）。

在《谈社会主义运动在德国》一文中，赫斯进一步发挥了《金钱的本质》一文的思想，依据费尔巴哈人类学观点对社会主义进行了论证。值得注意的是，他明确提出了把费尔巴哈的宗教批判方法运用到政治经济学批判上来的要求，并且以"人类学是社会主义"的命题同费尔巴哈的"神学是人类学"的命题相对立，推进和开始超越费尔

---

① ［德］莫泽斯·赫斯：《多托勒·格拉齐安诺或阿诺尔德·卢格博士在巴黎》，载《社会杂志》第8卷，1931年第2期，第178页。
② 学者沃·门克对此断然否认。参阅［德］沃·门克《有关研究赫斯的新原始资料》，柏林，1964年，第20页；［德］莫泽斯·赫斯《哲学和社会主义文集》（1830—1850），［法］奥·科尔纽、［德］沃·门克编辑，柏林，科学出版社1980年版，第LXXI页；《"真正的"社会主义》（"博士论文"），打字稿，第400、402页。奥·科尔纽在《马克思恩格斯传》中也只谈到"可能""发生了某种影响"，参阅该著作第2卷，刘磊等译，生活·读书·新知三联书店1963年版，第139页。事实上，该文对马克思产生影响是无疑的，对此需专文论述。

巴哈的学说①。一年后，在《最后的哲学家们》一文里，赫斯则明确地批判了费尔巴哈抽象的人的观点，指出"类"的人在现实性上只存在于所有的人都能够受到培养、发挥作用以及自我实现的社会中。②

1845年2月，赫斯和恩格斯在爱尔斐尔特作了一次共产主义演讲。这次演讲被视为德国首次有关共产主义的解释性演说。在布鲁塞尔逗留期间，赫斯在编辑《社会明镜》的同时，和马克思、恩格斯合作了两件事：一是他为多卷本的《外国杰出的社会主义者文丛》（以下简称《文丛》）翻译了两本书，该《文丛》是他们1845年初就开始计划出版的。二是他参与了《德意志意识形态》的写作工作，为该书撰写了个别章节。其中一章是针对卢格的，题为《格拉齐安诺博士，德国哲学界的小丑》，后可能根据马克思的建议收录到反对卢格的文章中单独发表。另一章是针对格·库尔曼的，题目叫作《"霍尔施坦的格奥尔格·库尔曼博士"或"真正的社会主义"的预言》，它被部分地吸收到《德意志意识形态》中。

但是，正是在《德意志意识形态》中，已经暴露了马克思和赫斯思想的根本分歧。在该书中，马克思批评了赫斯理论带有"非常模糊的和神秘主义的性质"，认为它"已经陈旧"③。赫斯在《德意志意识形态》中扮演的批判者和被批判者的双重身份无疑是马克思和赫斯关系发生转折的一个标志。尽管在马克思和格律恩的争论中，赫斯基本上还是站在前者一方的，并因而结束了他和格律恩的友谊，但赫斯同马克思不久也发生了公开冲突。

在1846年3月30日在布鲁塞尔召开的"共产主义通讯委员会"的会议上，马克思尖锐地批判了魏特林的手工业者的社会主义，并要

---

① ［德］莫泽斯·赫斯：《哲学和社会主义文集（1830—1850）》，［法］奥·科尔纽、［德］沃·门克编辑，柏林，科学出版社1980年版，第293页。
② ［德］莫泽斯·赫斯：《哲学和社会主义文集（1830—1850）》，［法］奥·科尔纽、［德］沃·门克编辑，柏林，科学出版社1980年版，第384页。
③ 《马克思恩格斯全集》第3卷，人民出版社1960年版，第580页。

求通过批判不称职的成员和断绝其资金来源对党进行清洗。赫斯对这种做法，特别是委员会对魏特林的处理感到不满。他气愤地给马克思写了一封带有"再见吧，党"字样的信①，同"共产主义通讯委员会"诀别了。这是赫斯和马克思之间分歧的第一次公开化。尽管赫斯在致马克思的信中也表示他还愿意同马克思在个人关系方面保持惬意的、频繁的交往，并于1846年8月19日通知恩格斯，他已同党在某种程度上重新和解②，但无疑此后他同马克思和恩格斯逐渐疏远了。

在"共产主义通讯委员会"会议结束后不久，赫斯就离开了布鲁塞尔。但出于生活贫困，一年后他又返回那里。他成为共产主义者同盟的成员。在1846年8月底于布鲁塞尔召开的德国工人联合会成立大会上，他被任命为该会的副主席。

在此期间，赫斯在《德意志—布鲁塞尔报》上发表了他的论文《多托勒·格拉齐安诺的著作：〈巴黎的两年（阿·卢格的研究和回忆）〉》。这篇论文是对卢格文章《法师莫泽斯和莫里茨·赫斯》的反击。早在1844年赫斯就已同卢格决裂了，后者把共产主义称为"可怕的犹太人的灵魂"。

1847年10月，赫斯参加了共产主义者同盟在巴黎举行的关于共产主义信条的讨论，并在会上作了发言，恩格斯称其为"绝妙的教义问答修正稿"③。赫斯表述的观点部分地包含在他于10月和11月在《德意志—布鲁塞尔报》上连载的《无产阶级革命的结果》一文中。

在该文中，赫斯表达了无产阶级赢得政权以后"由工人阶级建立权威的集权管理"的思想④。但赫斯对无产阶级和资产阶级之间的斗争作了不同于马克思的阐述。特别是在无产阶级革命是否在德国已经

---

① 《莫泽斯·赫斯通信集》，[以]埃·西尔伯纳尔编辑，蒙同，1959年，第156页。
② 《马克思恩格斯全集》第27卷，人民出版社1972年版，第49—50页。
③ 《马克思恩格斯全集》第27卷，人民出版社1972年版，第114页。
④ 《莫泽斯·赫斯文选》，[德]霍·拉德马赫编辑，威斯巴登，1981年，第25页。

提上议事日程问题上,他持同马克思完全相反的态度。赫斯确信,即将到来的德国革命将是无产阶级革命;而马克思则认为,德国无产阶级革命暂时还没有提到日程,只有当资本主义经济获得充分发展以后,胜利的无产阶级革命才是有可能的。但是资产阶级革命是无产阶级革命的前提条件,对无产阶级也是有益的。赫斯这篇文章似乎成了他和马克思决裂的导火线。在文章发表不久,恩格斯就从巴黎写信给马克思,要求他采取行动制止赫斯的"流言"[①]。

1848年1月14日恩格斯再次致信马克思,希望马克思在《德意志—布鲁塞尔报》抨击赫斯。[②] 在《共产党宣言》中,马克思、恩格斯认为赫斯的"真正的"社会主义的根本错误在于,它照搬了法国社会主义的文学表述,却忘记了法国批判赖以建立的具有相应的物质生活条件和政治结构的现代市民社会前提。因此,它是法国批判的可怜回声,代表德国小市民的利益。[③] 由于他们的批判,赫斯未能进入布鲁塞尔的同盟大会管理机构和参加该同盟的代表大会。

从1850年3月底或4月初,赫斯致俄国作家亚·赫尔岑的信中,可以看出当时赫斯对马克思所持的看法。赫斯向赫尔岑推荐马克思反对蒲鲁东的论著,并且附加了以下意见:"相对您以及我的马克思的这种体现方式像用铁笔在矿石上刻出来的抹不掉的线条,而我们的体现方式至多不过像一幅在羊皮纸上绘出的干净图画……可惜,非常可惜,我们党的这个无可争议的天才人物的自我感情不仅不满足于这种承认,而且显得要求一种个人的屈从。对此面对这个唯一者我至少将决不俯就!"[④]

1850年,共产主义者同盟分裂了。与维利希、沙佩尔及其追随

---

① 《马克思恩格斯全集》第27卷,人民出版社1972年版,第120页。
② 《马克思恩格斯全集》第27卷,人民出版社1972年版,第129页。
③ 《马克思恩格斯选集》第1卷,人民出版社1972年版,第277—279页。
④ 《莫泽斯·赫斯通信集》,[以]埃·西尔伯纳尔编辑,蒙同,1959年,第256页。

者还坚信一种将迅速临近的革命相反，马克思认为由于1847年经济危机造成的精疲力竭，在最近的时间里不能期望一种新的革命了。因此，维利希、沙佩尔一伙另建了一个同盟。赫斯在颠沛流离于巴黎、日内瓦、巴塞尔和斯特拉斯堡等城市之后，又重新回到日内瓦，他加入了维利希—沙佩尔集团。

1852年8月，他被逐出比利时，重新开始流浪生活。他从列日到了荷兰，然后又到了法国南部、马赛，最后又回到巴黎。

这种动荡不安的生活并没有中断赫斯的学习和研究。出于一种盲人想见天日般的渴望，他又开始对自然科学进行了探讨。他努力研究数学，潜心研究物理学、化学和地质学，尤其是天文学。1853年到1854年冬，他听取了多学科的自然科学讲座，同时为巴黎和汉堡等地的杂志撰稿。他试图通过这种自然科学的研究，揭示宇宙、社会和有机体内部的共同和谐或规律性。这种学习和研究大约持续了三年之久。

19世纪50年代末，赫斯被意大利政局的发展完全吸引了。拿破仑三世支持意大利国家元首反对奥地利旧政权。赫斯看到，被延缓的革命能够以国家统一的民族斗争名义获得发展。意大利战争开始时，他作为巴黎的通讯员写了大量有关意大利的通讯。他甚至还尝试直接同拿破仑三世进行对话。

意大利战争也促使赫斯进一步深入思考民族和种族问题。这个问题是和赫斯有着天然联系而又一直在他头脑中萦绕的。1860年下半年，他开始写作《罗马和耶路撒冷》。这部著作于1862年6月在莱比锡出版。该书大部分由信件组成。在这些书信里，赫斯为犹太人的社会未来图景提供了一个社会民主的框架。统一、解放和自我发展的思想构成了该书的出发点。它们后来被视为具有完整社会民主内容的社会主义犹太复国主义的基础。

《罗马和耶路撒冷》被看作"赫斯的最成熟、最辉煌的著作"①。40年后赫茨尔在他的日记中称赞说:"从斯宾诺莎以来犹太民族再没有创造出比这位被忘记的、失去光泽的莫泽斯·赫斯更伟大的英才!"②

1863年5月23日,拉萨尔的全德工人联合会在莱比锡建立,已返回普鲁士的赫斯被委任为联合会驻科隆的全权代表。他同拉萨尔很可能是两年前在伦敦就结识了。此后,赫斯致力于联合会的宣传活动,并出版了《工作的权力》(1863年)和《关于社会经济的改革》(1863年)等小册子。

1863年底,他再迁巴黎。1864年,他发表了《关于以色列使命的信》,并开始为全德工人联合会机关报《社会民主党人报》撰稿。但是,赫斯同联合会的关系只维持了4年多。1867年初,由于联合会依附于俾斯麦强加给人们的议会,并且在《通过联合走向自由》(1866年11月)的爱尔福特纲领中放弃了工人运动的国际主义原则,赫斯反转过来反对该联合会主席施魏策尔。1月,他拒绝担任刚组成的北德议会的候选人。一个月后,他发表了《有关德国问题的最后的话》,并退出了联合会。

同施魏策尔决裂后不久,赫斯加入了国际工人协会,并成为该会在瑞士成立的德语区支部的核心成员。

1868年9月,他作为巴塞尔和科隆支部的代表,参加了在布鲁塞尔举行的协会第三次代表大会。在这次会上,他作了反对蒲鲁东主义者的"最精彩"的演说③,并对施魏策尔进行了抨击。与他早时的看法相反,他现在相信,拉萨尔主义已完全过时。他选择了李卜克内西

---

① 《莫泽斯·赫斯文选》,[德]霍·拉德马赫编辑,威斯巴登,1981年,第38页。
② 《赫茨尔日记》,转引自[以]埃·西尔伯纳尔《莫泽斯·赫斯,他的生活史》,莱顿,1966年,第443页注释。
③ 《马克思恩格斯全集》第32卷,人民出版社1972年版,第143页。

和倍倍尔的党派——社会民主工党的方向,并把这个党的组成(1869年8月)说成是"欧洲民主的一件幸事"①。

在此期间,马克思的《资本论》第一卷出版了。尽管赫斯曾对马克思的《政治经济学批判》进行过指摘,认为它"患了黑格尔哲学的原罪"②,但他对《资本论》却给予很高评价。他认为,这部著作"体现了国民经济学的革命","它是人们向往的一切:一部重要的、革命的、民主和社会主义的,但首先是深刻哲学性的著作"③。在布鲁塞尔代表大会上,他热情地向巴塞尔支部的代表推荐这部著作,甚至还打算承担这部著作的法文本翻译工作。

1869年9月,赫斯又作为柏林支部的代表参加了协会的第四次代表大会。他同李卜克内西等人一起被选入大会书记处。在这次代表大会上,赫斯赞同马克思在以总委员会名义提交大会的决议稿中提出的关于一般地扬弃私有财产,因而特殊地废除财产继承权是多余的观点,反对巴枯宁等人赞同的关于废除财产继承权的要求。

该次代表大会结束后,赫斯开始担任社会民主工党机关报《人民国家报》的通讯员。该报1870年3月19日起开始连载他的文章《社会革命》。在这篇文章中,赫斯对无产阶级的任务进行了概括和综述,指出实现这些任务的最重要手段是革命。同时,他还认为,单靠工人阶级自己是不能胜利的,他们需要"中间阶级"的援助。赫斯还对马克思的贡献作了这样的评价:"达尔文对于自然经济学发现的东西,马克思在社会经济学方面也发现了。揭示自然和历史中的发展规律并把这一规律追溯到生存斗争,是这两位研究者的伟大功绩。借此,人

---

① 赫斯遗稿,转引自[以]埃·西尔伯纳尔《莫泽斯·赫斯,他的生活史》,莱顿,1966年,第585页。
② 赫斯遗稿,转引自[以]埃·西尔伯纳尔《莫泽斯·赫斯,他的生活史》,莱顿,1966年,第555页。
③ 赫斯遗稿,转引自[以]埃·西尔伯纳尔《莫泽斯·赫斯,他的生活史》,莱顿,1966年,第554页和同页注3。

类的大脑被从溺爱人类心愿和错误判断铁的必然性规律的宗教和社会空想中解放出来了。"①

1870年7月19日普法战争爆发,赫斯被逐出巴黎。他和他的妻子一同来到他所熟悉的布鲁塞尔,直到巴黎公社失败后才重返故地。间断多年以后,他在晚年再次转向了自然科学的研究。

宇宙、社会和有机体的规律性的统一重新成为他的研究课题。与达尔文根据有机体为发展学说提供了科学证明相类似,赫斯想根据宇宙和社会为发展学说提供同样的证据。② 1873年夏,赫斯结束了他的自然科学著作第一卷的写作。他把这部著作冠以"动力的物质学说"的标题。作者逝世后,该书才获出版。马克思就这部著作写信给作者的妻子,认为"这部著作具有很大的科学价值,它给我们党带来了荣誉"③。

赫斯生前最后两年几乎一直患病。他逝世于1875年4月6日。按照死者的生前愿望,他的遗体被安葬在科隆附近多伊茨犹太人公墓的他的双亲墓地旁。1961年10月9日其尸骨被移往耶路撒冷。

---

① 《人民国家报》1870年8月27日。
② 参阅[德]沃·门克《有关研究赫斯的新原始资料》,柏林,1964年,第80页。
③ 《莫泽斯·赫斯通信集》,[以]埃·西尔伯纳尔编辑,蒙同,1959年,第642页。

有关"异化"概念的几点辨析*

《读书》2000年第7期在"读书献疑"栏目中刊载了王若水先生的《异化这个译名》一文。该文对"异化"一词的译名和哲学内涵提出了一些意见,并考察和介绍了该词的使用,特别是该词的中文翻译和界定的有关情况。这对于人们深入理解和认识"异化"这一重要哲学概念是颇有帮助的。但是作者在文中也论及某些有待进一步考证、澄清甚至需要商榷的问题,笔者愿就此谈谈自己的理解以及介绍和补充一些相关的情况,供读者研究、讨论。

一 关于"异化"一词的德文译源

辜正坤先生认为,异化一词的德文 Entfremdung 译自英文 alienation,王若水先生则认为应该是相反。王若水先生肯定德文 Entfremdung 不是译自英文 alienation 是对的。但德文 Entfremdung 一词及其哲学内涵是从哪里来的?

据笔者接触到的材料,德语 Entfremdung 一词译自希腊文 allotriŏsis,意为分离、疏远、陌生化。它是由马丁·路德于1522年在

---

* 本文原载《哲学研究》2001年第10期。

翻译圣经时从希腊文《新约全书》移植到新高地德语中的，用来意指疏远上帝、不信神、无知。例如，路德翻译的《新约》（Epheserbrief4，18）中有如下文字：

……deren Verstand verfinstert ist, und die entfremdet sind, von dem Leben, das aus Gott ist（……他们的理智昏乱了，与源自上帝的生命异化了）

此外，Entfremdung 一词在德语中的非宗教的、世俗的使用中还融汇了拉丁语 abalienare 和 alienatio 两词的内涵。abalienare 一词在中古高地德语中为 entfremeden，意为陌生化、剥夺、取走。alienatio 一词意为陌生、脱离、转让，指谓权利和财产的转予、让渡。它在"权利转让"的意义上被运用于古典的自然法。所以，该词与作为哲学概念的异化一词有着更为密切的联系。

把异化真正提升为一个哲学概念来运用始于黑格尔。黑格尔用它来描述"绝对精神"的外化。然而，黑格尔仍是在该词固有的基本含义上、在外化和分离的意义上来使用它的。例如他在《精神现象学》中说："抽象物，无论属于感性存在的或属于单纯的思想事物的，只有先将自己异化，然后从这个异化中返回自身，才体现为它的现实性和真理，才是意识的财产。"①

只是到了费尔巴哈那里，异化才第一次被赋予这样的引申的哲学含义：主体所产生的对象物、客体，不仅同主体本身相脱离，成为主体的异在，而且，反客为主，反转过来束缚、支配乃至压抑主体。这是一个双重对象化的过程：首先是主体将自己的本质对象化，尔后是主体沦为这一对象化的对象。费尔巴哈认为，宗教的隐秘就在于此：

---

① Hegel, Werke in zwanzig Banden, Suhrkamp, 1970, Bd. 3, S. 39.

"人使他自己的本质对象化,然后,又使自己成为这个对象化了的、转换成为主体、人格的本质的对象。这就是宗教之秘密。"① 费尔巴哈还认为,黑格尔哲学也具有完全相同的性质:"绝对哲学就是这样将人固有的本质和固有的活动外化了和异化(entfremden)了,这就产生出这个哲学加给我们精神的压迫和束缚。"② 从中可见,费尔巴哈主要是在批判宗教和黑格尔哲学的意义上来使用异化一词的。

上述情况表明,Entfremdung 这一德文术语的形成和演化同希腊文、拉丁文有关,而与英语无关,其哲学内涵的形成也主要是基于德语氛围的。

二 关于马克思对异化概念的使用

王若水先生认为,马克思把费尔巴哈对宗教异化的批判发展为对现实社会异化的批判是在《〈黑格尔法哲学批判〉导言》(撰于1843年秋,发表于1844年初)中。其实,这一时间还可以前溯。

马克思对异化概念的使用和对异化现象的研究大体经历了由自然的异化到政治的异化再到经济的异化这一过程。

早在《博士论文》(1839—1841)中,马克思就已谈到了自然和自然现象的异化。他认为,"对自然的任何关系本身同时也就是自然的异化"。他还谈到,在伊壁鸠鲁那里,现象被理解为本质的"异化"③。这里,异化一词是在黑格尔哲学的意义上即作为外化的同义语被使用的。当然,这时马克思还站在黑格尔唯心主义哲学的立场上。

---

① [德] 费尔巴哈:《基督教的本质》,《费尔巴哈哲学著作选集》下卷,荣震华、李金山译,商务印书馆1984年版,第56页。
② [德] 费尔巴哈:《未来哲学原理》,《费尔巴哈哲学著作选集》上卷,荣震华、李金山译,商务印书馆1984年版,第152—153页。
③ 《马克思恩格斯全集》第40卷,人民出版社1982年版,第174、231页。

但是，到了《黑格尔法哲学批判》，马克思已经把异化概念的蕴含及对异化现象的批判引申到了现实的政治领域。据笔者的研究，马克思很可能写过两稿《黑格尔法哲学批判》，第一稿写于1842年前，第二稿写于1842年后，至迟1843年夏前。该书提出了"市民社会"（物质生活关系）决定政治国家的思想，可以视为马克思确立有关社会历史现象的唯物主义观点的开端。正是在这本书中，马克思提出了政治国家、政治制度像宗教一样也是一种"类"的异化的观点。在文中，马克思强调，"政治国家的彼岸存在无非就是要确定它们这些特殊领域的异化（Entfremdung）"①。

最后，在与《〈黑格尔法哲学批判〉导言》同时撰写和发表的《论犹太人问题》一文中，马克思拟定了其经济异化分析和批判的要点，明确提出"金钱是从人异化（entfremden）出来的人的劳动和存在的本质"。这一要点后来马克思在他的《詹姆斯·穆勒〈政治经济学原理〉一书摘要》和《1844年经济学哲学手稿》中作了详尽的发挥，并且一直延伸到他的《资本论》中。

三　关于异化概念在经济领域中的最先运用

马克思在异化问题上的独特贡献是对经济领域中异化现象的揭示。但是，首先把费尔巴哈的宗教异化批判方法引申到经济领域研究的，实际上是莫泽斯·赫斯（Moses Hess，1812—1875），而不是马克思。

早在《行动的哲学》（1837年发表）一文中，赫斯就开始有意识地尝试把费尔巴哈的宗教批判方法运用于经济领域的研究和经济学方面的分析，把宗教领域的异化归结为经济领域的异化。该文不仅通过

---

① 《马克思恩格斯全集》第1卷，人民出版社1956年，第283页。

"政治二重化"概念考察了资本主义条件下政治领域的异化,即作为特殊个体的人同其普遍本质在政治领域中的分离与对立,而且接触和论及了劳动主体同自己的活动及其产品的异化,批判了资本主义条件下人与物关系的根本颠倒与倒置。而在《金钱的本质》一文中,赫斯则进一步明确指出,"金钱是彼此异化(entfremden)的人、外化(entaussern)的人的产物"①。该文写于1843年,至迟该年年底交到马克思和卢格负责的《德法年鉴》编辑部。有理由认为,这是一篇对于马克思的思想发展有着重要启迪和影响的文稿。②

四 关于异化与外化、对象化的关系

黑格尔未有区分异化(Entfremdung)与外化(Entaeusserung)。黑格尔所描述的"绝对观念"的异化,也就是"绝对观念"的外化。费尔巴哈也未有区分异化与外化。费尔巴哈所讲的上帝是人的本质的外化,也就是上帝是人的本质的异化。换言之,在黑格尔那里,异化实际上就是外化。在费尔巴哈那里,外化实际上就是异化。

与黑格尔和费尔巴哈不同,马克思将异化与外化严格区分开来。在《1844年经济学哲学手稿》中,他批判了黑格尔将外化等同于异化的错误。值得注意的是,马克思不仅明确区分了异化与外化,而且还明确区分了异化与对象化(Vergegenstaendlichung)、转让(Veraeusserung)等概念。例如,这体现在《论犹太人问题》的下述一段话中:

---

① Moses Hess, Philosophische und sozialistische Schriften, 1837 – 1850, Herg. v. A. Cornu und W. Moenke, Berlin, 2Aufl., 1961, S. 335.
② 参阅拙著《青年黑格尔派与马克思早期思想的发展——对马克思哲学本质的一种历史透视》,中国社会科学出版社1994年版,第147页以下。

基督教是高尚的犹太教思想，犹太教是基督教的鄙俗的功利利用，但这种利用只有当基督教作为完善的宗教从理论上完成了人从自身和自然界的自我异化（Selbstentfremdung）以后，才能成为普遍的。

　　只有这样，犹太教才能实现普遍的统治，才能把外化（entaeusseren）的人、外化（entaeussern）的自然，变成可以转让（veraeusserlich）和出售的、屈从于利己主义需要的奴役和屈从于肮脏交易的对象。

　　转让（Veraeusserung）就是外化（Entaeusserung）的实践。一个受着宗教束缚的人，只有把他的本质变成一种陌生的幻想的本质，才能把这一本质对象化（vergegenstaendlich）……（此段话系据德文原文译出）。

在这里，马克思对异化、外化、对象化、转让等诸概念的区分是极为严格的，其中，每一概念都在其特有的原意上被使用，以至它们不能彼此相互置换。中文第一版《马克思恩格斯全集》把这段话中的"外化"（entaeusseren，Entaeusserung）、"转让"（veraeusserlich，Veraeusserung）都译成了"异化"（Entfremdung），结果这段话就变成了下面的样子：

　　基督教是高尚的犹太教思想，犹太教是基督教的卑鄙的功利的运用，但这种运用只有当基督教作为完整的宗教从理论上完成了人从自身和自然界的自我异化，才能成为普遍的。

　　只有这样，犹太教才能实现普遍的统治，才能把异化了的人、异化了的自然界，变成正在异化的对象、变成奴隶般的屈从于利己主义的需要、屈从于生意的买卖对象。

物的异化就是人的自我异化的实践。一个受着宗教束缚的人，只有把他的本质转化为外来的幻想的本质，才能把这种本质客体化……①

这不免有些令人不知所云了。

---

① 参阅《马克思恩格斯全集》第 1 卷，人民出版社 1956 年版，第 450—451 页。

马克思的"个体"和"共同体"概念*

——兼论马克思1848年前著作中的相关语词及其汉译

[**摘要**] 个体与共同体的概念在马克思的历史理论中占有重要的地位。"人格个体"（das persoenliche Individuum）与作为这种个体联合的"真正共同体"（wirkliche Gemeinschaft）构成马克思理想追求的密不可分、互为前提的两端。马克思对个体与共同体及其相互关系的认识和重建经历了一个演变的过程，这一过程集中反映在马克思所使用的特定语词之中。在《德意志意识形态》和《共产党宣言》等文中，马克思注意将"个体"（Individuum）与"个人"（Person）、将"共同体"（Gemeinschaft）或"联合体"（Assoziation）与"社会"（Gesellschft）严格区别开来，这种概念使用上的分疏和差异，鲜明地昭示了马克思历史理论的人文向度，体现了马克思对以往历史观及其相关理论的扬弃和超越。

[**关键词**] 个体；共同体（联合体）；个人；社会

---

* 本文最初为作者于2011年2月19日在日本东京召开的"东亚马克思研究的到达点与课题"国际学术研讨会上的大会主题演讲稿，载于日本《马克思主义研究》2012年第7期；本文系该文的扩充稿，载于《哲学研究》2012年第1期。

个人与社会或个体与共同体是历史观的一对重要范畴,它直接涉及对历史主体的定位以及理想社会蓝图的设计。

马克思对以往历史观的变革,也体现在对这对范畴及其二者相互关系的重构上。自由全面发展的"人格个体"(das persoenliche Individuum)和作为这种个体联合的"真正的共同体"(wirkliche Gemeinschaft)构成马克思所追求的未来人类历史前景的密不可分、互为前提的两端。这首先通过马克思所使用的独特语词表现出来。

一

在《德意志意识形态》和《共产党宣言》等文中,马克思在谈及他自己所指谓的现实的人包括共产主义社会中的人时,使用的概念往往是"个体"(Individuum),而不是通常意义上的"个人"(Person)。与此相对应,在谈及共产主义社会时,使用的概念则往往是"共同体"(Gemeinschaft)或"联合体"(Assoziation),而不是通常意义上的"社会"(Gesellschaft)。

例如,在《德意志意识形态》第一章中:

> 我们开始要谈的前提不是任意提出的,不是教条,而是一些只在臆想中才能撇开的现实前提。这是一些现实的个体,是他们的活动和他们的物质生活条件,包括他们已有的和由他们自己的活动创造出来的物质生活条件。
>
> (Die Voraussetzungen, mit denen wir beginnen, sind keine willkurlichen, keine Dogmen, es sind wirkliche Voraussetzungen, von denen man nur in der Einbildung abstrahieren kann. Es sind die wirklichen Individuen, ihre Aktion und ihre materiellen Lebensbedin-

gungen, sowohl die vorgefundenen wie die durch ihre eigene Aktion erzeugten.)

只有在共同体中，个体才能获得全面发展其才能的手段，也就是说，只有在共同体中才可能有个性自由。在过去的种种冒充的共同体中，如在国家等等中，个性自由只是对那些在统治阶级范围内发展的个体来说是存在的，他们之所以有个性自由，只是因为他们是这一阶级的个体。从前各个个体联合而成的虚假的共同体，总是相对于各个个体而独立的；由于这种共同体是一个阶级反对另一个阶级的联合，因此对于被统治的阶级来说，它不仅是完全虚幻的共同体，而且是新的桎梏。在真正的共同体的条件下，各个个体在自己的联合中并通过自己的联合获得自己的自由。①

(Erst in der Gemeinschaft erhaelt das Individuum die Mittel, seine Anlagen nach allen Seiten hin auszubilden; erst in der Gemeinschaft wird also die persoenliche Freiheit moeglich. In den bisherigen Surrogaten der Gemeinschaft, im Staat usw. existierte die persoenliche Freiheit nur fuer die in den Verhaeltnissen der herrschenden Klasse entwickelten Individuen und nur insofern sie Individuen dieser Klasse waren. Die Scheinbare Gemeinschaft, zu der sich bisher die Individuen vereinigten, verselbstaendigte sich stets ihnen gegen ueber und war zugleich, da sie eine Vereinigung einer Klasse gegenueber einer andern war, fuer die beherrschte Klasse nicht nur eine ganz illusorische Gemeinschaft, sondern auch eine neue Fessel. In der wirklichen Gemeinschaft erlangen die Individuen in und durch ihre Assozia-

---

① 《马克思恩格斯文集》第 1 卷，人民出版社 2009 年版，第 571 页。译文有修订。

tion zugleich ihre Freiheit.)

又例如，在《共产党宣言》第二章结尾的这段名言中：

> 当阶级差别在发展进程中已经消失而全部生产集中在联合起来的个体手里的时候，公共权力就失去政治性质……代替那存在着阶级和阶级对立的资产阶级旧社会的，将是这样一个联合体，在那里，每个个体的自由发展是一切个体的自由发展的条件。①

> (Sind im Lauf der Entwicklung die Klassenunterschiede verschunden und ist alle Produktion in den Haenden der assoziierten Individuen konzentriert, so verliert die oeffentliche Gewalt den politischen Charakter……An die Stelle der alten buergerlichen Gesellschaft mit ihren Klassen und Klassengegensaetzen tritt eine Assoziation, worin die freie Entwicklung eines jeden die Bedingungen fuer die freie Entwicklung aller ist.)

与此不同，马克思在谈及资产阶级思想家所指谓的实际上是作为资产者、私有者的单个人时，使用的概念往往是"个人"（Person）。与此相联系，在谈及资本主义社会时，使用的概念则往往是通常意义的"社会"（Gesellschaft）。例如，在《共产党宣言》中：

> 由此可见，你们承认，你们所理解的个人，不外是资产者、资产阶级私有者。这样的个人确实应当被扬弃。②

> (Ihr gesteht also, dass ihr unter der Person niemanden anders

---

① 《马克思恩格斯文集》第 2 卷，人民出版社 2009 年版，第 53 页。译文有修订。
② 《马克思恩格斯文集》第 2 卷，人民出版社 2009 年版，第 47 页。译文有修订。

versteht als Bourgeois, den buegerlichen Eingentuemer. Und diese Person soll allerdings aufgehoben werden.）

在资产阶级社会里，资本具有独立性和个性，而活动着的个体却没有独立性和个性。①

（In der buergerlichen Gsellschaft ist das Kapital selbststaedig und persoenlich, waehrend das taetige Individuum unselbststaendig und unpersoenlich ist.）

当然，也不是所有的相关语境都如此，没有例外的用法。例如，关于"共同体"（Gemeinschaft）和"社会"（Gesellschaft），在某些场合，马克思也用"共同体"概念去指谓资产阶级社会甚至前资产阶级社会，或者也用"社会"概念去称谓共产主义。但是，即使出现这种将两者交互使用的特殊场合，马克思也是通过附加定语对其加以严格的限定和赋予其特殊的内涵：例如，当马克思在《德意志意识形态》中把包括资产阶级社会在内的资产阶级社会以前的各种社会形式称为"共同体"（Gemeinschaft）时，马克思在"共同体"一词前加上了"冒充的"和"虚假的"字样，意在说明，即便可以将其称为"共同体"，那么，它们相对于共产主义这种"真正的共同体"（wirkliche Gemeinschaft）来说也不过是一种"冒充的共同体"（Surrogaten Gemeinschaft）或"虚假的共同体"（scheinbare Gemeinschaft）②；与此相类似，当马克思在《关于费尔巴哈的提纲》第十条中把共产主义称为"社会"（Gesellschaft）时，马克思在"社会"一词前加上了"人的"字样，意在说明，即便把共产主义称为"社会"，那么，这

---

① 《马克思恩格斯文集》第 2 卷，人民出版社 2009 年版，第 46 页。译文有修订。
② 参阅《马克思恩格斯文集》第 1 卷，人民出版社 2009 年版，第 571 页。

种社会也是一种完全不同于资产阶级社会的"人的社会"（menschliche Gesellschaft）①，即一种不再异化的、真正属人的社会。

因此，需要研究和回答，为什么马克思将"个体"（Individuum）同"个人"（Person）以及将"共同体"（Gemeinschaft）或"联合体"（Assoziation）同"社会"（Gesellschft）有意识地严格地区分开来，其底蕴、命意何在。

二

"个体"即 Individuum 一词为拉丁语，直接译自希腊语中所谓不可分的"原子"（atomeon）。其含义首先被用来指单个个体（Einzelwesen），就其起源来说这一含义与"原子"相一致。在经院哲学中它的含义被限制在人格（Persoenlichkeit）。从 16 世纪始这一概念被赋予了特殊个人（Besonders Person）的含义。尔后在大多数情况下该概念被用来指处在关系中的与共同体（Gemeinschaft）相对立的单个人。

"个人"即 Person，在日常用语中被用来指人、个人，人的形象、外形、体格、特性，自身、本人，等等。在法学的意义上，该概念被用来指拥有权利和义务的人。该词源自拉丁语的 persona，大约公元 1 世纪前由 per-sonare 构成，指戏剧中的面具和角色。古代晚期以后它被用来指具有独特性的单个人。此后，该词被基督教教义所吸纳和发挥。例如在阿奎那那里，这一概念被规定为具有理性本质的不可分的实体（die unteilbare Substanz eines vernuenftigen Wesens）。经院哲学的这种理解后被启蒙思想家们所继承。洛克也曾在心理学意义上将"个人"定义为具有理解和思考能力的思维的理性本质。18 世纪以后，

---

① 参阅《马克思恩格斯文集》第 1 卷，人民出版社 2009 年版，第 502 页。

"个人"(Person)被与"人格"或"个性"(Persoenlichkeit)严格区别开来。① 值得注意的是,至少在德国古典哲学中,"个人"(Person)这一概念已被用来明晰地指谓具有自我意识和人格的个人②。康德首先从自我意识的角度对其进行了界定:

> 人能够通过他的想象拥有自我,将他无止境地提升于地球上一切其他生命存在物之上。借此,他成为一个个人(Person),并且由于在他可能遭遇的一切变化方面具有意识统一性,成为一个而且是这一个个人(Person),也就是一个与人们可以任意处置和支配的、诸如无理性动物之类物在等级和尊严上截然不同的存在物③。

黑格尔进一步发挥了康德的思想。在黑格尔那里,人格(Persoenlichkeit)是个人(Person)的最本质特征和必备条件,其要义是"我在有限性中知道自己是某种无限的、普遍的、自由的存在物"。他明确地区分了自然意义上的人(Mensch)和具有人格的人(Person),认为"精神自身以抽象的即自由的自我为其对象和目的,才成为个人(Person)"。进而,他认为,由自然的人发展成为人格的人是人的天职和使命:

> 人(Mensch)的至高之事是成为一个个人(Person zu sein)。

---

① Woerterbuch der philosophischen Begriffe, Herg. v. Friedrich Kirchner und Carl Michaeelis, u. a., Felix Meiner Verlag, Hamburg, 1998, S. 314, 489 – 490.

② 关于 Person 概念从古代罗马法经基督教神学到德国启蒙思想的这一历史演变的文化背景,可参见李文堂在其《马克思关于"人"的概念》(《南京大学学报》2010 年第 6 期,第 6 页)一文中所作的概述和提示。

③ Immanuel Kant, Anthropologie in pragmatischer Hinsicht, Philipp Reclam jun., Stuttgart 1983, S. 37.

> 法的命令是："成为一个个人（Person），并尊敬他人为个人（Person）。"①

此外，黑格尔还注意到在资本主义条件下人在政治国家与市民社会中所具有的不同身份，从而区分了"公民"（citoyen）与"市民"（bourgeois），或"法人"（Person）与作为个体（Individuum）的"市民"（Buerger）：

> 在法中对象是法人（Person）……在一般市民社会中是市民（Buerger，als bourgeois）……从需要的观点说是具体的观念，即所谓人（Mensch）。②

马克思批判地继承了德国古典哲学特别是黑格尔哲学的遗产。他重视"人格"（Persoenlichkeit）及其对于人的发展的意义。但与此同时，他也清晰地看到并揭示出，在资产阶级完成了的"政治解放"的条件下，政治国家与市民社会发生了严重分裂甚至对立，与此相适应，人也被二重化，分裂为公人（der oeffentliche Mensch）与"私人"（der Privatmensch）即"个人"（Person）与"个体"（Individuum）。在市民社会中，人作为私人，是"非政治人"（der unpolitishe Menschen）、"自然人"（der natuerlishe Mensch）、"利己的人"（der egoistische Mensch），以及"具有感性的、个体的、直接存在的人"，总之，是"本真的人"（der eigentliche Mensch）；而在政治国家中，

---

① G. W. F. Hegel, Grundlinien derPhilosophie des Rechts, Verlag Ullstein GabH, Frankfurt/M – Berlin – Wien 1972, S. 50, 51. 参阅［德］黑格尔《法哲学原理》，范扬、张企泰译，商务印书馆1961年版，第45—46、46页。译文有改动。
② G. W. F. Hegel, Grundlinien derPhilosophie des Rechts, Verlag Ullstein GabH, Frankfurt/M – Berlin – Wien 1972, S. 50, 51. 参阅［德］黑格尔《法哲学原理》，范扬、张企泰译，商务印书馆1961年版，第205页。

人作为公民或公人，则是"政治人"（der politische Mensch）、"抽象的、人为的人"、"寓意的人"以及"法人"（moralische Person）：

> 政治国家的建立和市民社会分解为独立的个体——这些个体的关系通过法制表现出来，正像等级制度和行帮制度中的人的关系通过特权表现出来一样——是通过同一种行为实现的。但是，人，作为市民社会的成员，即非政治人（der unpolitishe Menschen），必然表现为自然人（der natuerlishe Mensch）。Droits de l'homme［人权］表现为 droits naturels［自然权利］，因为有自我意识的活动集中于政治行为。利己的人（der egoistische Mensch）是已经解体的社会的消极的、现成的结果，是有直接确定性的对象，因而也是自然的对象。政治革命把市民生活分解成几个组成部分，但没有变革这些组成部分本身，没有加以批判。它把市民社会，也就是把需要、劳动、私人利益和私人权利等领域看作自己持续存在的基础，看作无须进一步论证的前提，从而看作自己的自然基础。最后，人，正像他是市民社会的成员一样，被视为本真的人（der eigentliche Mensch），与 citoyen［公民］不同的 homme［人］，因为他是具有感性的、个体的、直接存在的人，而政治人（der politische Mensch）只是抽象的、人为的人，寓意的人，法人（moralische Person）。现实的人只有以利己的个体形象出现才能被承认，而真正的人只有以抽象的 citoyen［公民］形象出现才能被承认。①

因而，马克思得出的结论是：

---

① 《马克思恩格斯文集》第1卷，人民出版社2009年版，第45—46页。译文有修订。

政治解放是人的简约化,一方面把人变成市民社会的成员,变成利己的、独立的个体(Individuum),另一方面把人变成公民(Staatsbuerger),变成法人(moralische Person)。①

在马克思看来,在市民社会中存在的作为"个体"(Individuum)的人比在政治国家中存在的作为"法人""个人"(Person)的人更为具体、现实,并且构成后者赖以存在的基础;而不论是以往哲学家们所青睐的具有人格的"个人"(Person),还是资产阶级所自我标榜的具有人格的"个人"(Person),实际上都不过是一种"阶级个体"(Klassenindividuum)②,或一种从属于一定阶级的"均质化个体"(Durchschnittsindividuum)③。

正是基于"个体"(Individuum)与"个人"(Person)的上述理解,使马克思有根据确认:"人,不是一种抽象物,而是作为现实的、活生生的、特殊的个体。"(Die Menschen, nicht in einer Abstraktion, sonder als wirkliche, lebendige, besondre Individuen sind)④ 鉴于此,为了与德国古典哲学特别是黑格尔哲学划清界限,马克思给予"个体"Individuum 一词以特殊的青睐,不仅用其来指谓资本主义社会市民社会中的人,而且将其提升为一个普遍的历史概念,用其来指谓一般社会中的现实的人。该语词强调了单个人的独立与自由,完全与马克思早在博士论文中就欣赏和推崇的能够"倾斜运动"的原子概念相契合,并且与马克思用来标志共产主义社会的术语"联合体"Assoziation 或"共同体"Gemeinshaft 相对应。

在《德意志意识形态》中,被马克思确认为唯物主义历史观出发

---

① 《马克思恩格斯文集》第 1 卷,人民出版社 2009 年版,第 46 页。译文有修订。
② 《马克思恩格斯文集》第 1 卷,人民出版社 2009 年版,第 571 页。
③ 《马克思恩格斯文集》第 1 卷,人民出版社 2009 年版,第 582 页。
④ 《詹姆斯·穆勒〈政治经济学原理〉一书摘要》,《马克思恩格斯全集》第 42 卷,人民出版社 1979 年版,第 25 页。译文有修订。

点的就是"现实的个体"（das wirkliche Individuum），而被马克思确认为理想社会目标的自由全面发展的人则是具有人格的"人格个体"（das persoenliche Individuum）①。正是"人格个体"（das persoenliche Individuum）这一概念，昭示和展现出马克思自由观的深刻维度，体现了其对以往西方启蒙思想特别是德国古典哲学的继承和超越。

三

与马克思使用"个体"Individuum 来指谓通常意义的个人包括共产主义社会的个人相对应，马克思在《德意志意识形态》和《共产党宣言》中主要用"共同体"（Gemeinschaft）或"联合""联合体"（Assoziation）来指谓共产主义社会。

"联合"或"联合体"，即 Assoziation，是新拉丁语词，基本含义是（有机的）联合、结合、组合。在政治学意义上被用来指协会、联合会；在心理学意义上被用来指（无意的）联想；在物理、化学意义上被用来指缔合；在生物学意义上被用来指（动物）社会和（植物）群丛；在天文学意义上被用来指星协；在社会学的意义上，则被用来指人的联合，团队、社会的组成。就其社会学的含义而言，该词与"共同体"即 Gemeinschaft 概念最为接近。在《德意志意识形态》中，马克思和恩格斯论及共产主义社会时频繁使用的就是"共同体"即 Gemeinschaft 这一概念，并且将这一概念与"联合""联合体"即 Assoziation 并用。例如：

---

① 在《詹姆斯·穆勒〈政治经济学原理〉一书摘要》中，马克思已经明确确认："人，不是一种抽象物，而是作为现实的、活生生的、特殊的个体。"（Die Menschen, nicht in einer Abstraktion, sonder als wirkliche, lebendige, besondre Individuen sind）参阅《马克思恩格斯全集》第 42 卷，人民出版社 1979 年版，第 25 页。

在真正的共同体（wirkliche Gemeinschaft）的条件下，诸个体（individuen）在自己的联合（Assoziation）中并通过这种联合（Assoziation）获得自己的自由。①

"共同体"即 Gemeinschaft 在希腊语中为 koinonia，在拉丁语中为 societas，具有集体、团体、联盟、共同体、结合、联合、联系等含义。其基本特征也是有机的联合或统一。

人们通常用来称谓"社会"的概念，即 Gesellschaft，虽然也被用来指人们联结的一种形式，但其主要含义是指由法律关系规定的、基于共同利益的（大多数情况下是私法意义上的）单个人的统一。

就其社会学的含义而言，特别是在 19 世纪，"共同体"即 Gemeinschaft 与"社会"即 Gesellschaft 的主要区别在于，前者被视为自然的、有机的一种统一，而后者则被理解为一种理性的人的人为的、机械的统一。这正如后来的学者所概括的：Toennies 和 Durkheim 把前者称为有机的关系形式，而把后者称为机械的关系形式。费孝通把前者称为"礼俗社会"，而把后者称为"法理社会"。按照费孝通的说法，前者是一种并没有具体目的、只是因为在一起生长而发生的社会，是"有机的团结"，而后者则是一种为了完成某种任务而结合的社会，是"机械的团结"②。

与"联合体"（Assoziation）和"共同体"（Gemeinschaft）较为接近的概念还有 Gemeinwesen。与"个体"的概念相对应，马克思在《詹姆斯·穆勒〈政治经济学原理〉一书摘要》和《1844 年经济学哲学手稿》中曾频繁使用这一语词。Gemeinwesen 被认为源自拉丁语

---

① 《马克思恩格斯文集》第 1 卷，人民出版社 2009 年版，第 571 页。译文有修订。
② 费孝通：《乡土中国》，生活·读书·新知三联书店 1985 年版，第 5 页。

respublica，被用来指具有政治色彩的集体、国家或社团。该词的词根 Wesen 具有本质、本性、天性之意，当被用来做合成词的词尾时，通常是被用来指某一类的事物。所以，Gemeinwesen 也具有"共同性""共同存在物"的含义。但是在《德意志意识形态》中，马克思在具体使用这一概念时，已经把它严格限制在古代共同体或前资本主义共同体的范围之内。①

马克思在《德意志意识形态》和《共产党宣言》中用"联合体"（Assoziation）和"共同体"（Gemeinschaft）来指谓共产主义社会，其要义是强调共产主义社会是一种由个体自然而有机结合起来的社会，是一种既具有高度自由，同时又具有高度共同的社会。这一独特的用法，像"个体"概念的使用情况一样，也有其具体的缘由和现实针对性。如人们所熟悉的，在 18 世纪英法思想家那里，"社会"概念尚与"市民社会"概念混杂和重叠在一起，所谓"市民社会"概念的含义十分笼统和宽泛，甚至被作为资产阶级社会的同义语。就其词源考察，德语语境中的"市民社会"（buergerliche Gesellschaft）一词原本译自弗格森的 civil cosiety（"公民社会"或"文明社会"），而弗格森所分析的这个 civil cosiety，就是在其历史演进过程中逐步展开的具有"文明的"和"有教养的"特征的资产阶级社会。就其字面的含义而言，buergerliche Gesellschaft 一词在德语语境中既可以译成"市民社会"，也可以译成"资产阶级社会"，正如 Buerger 一词既可

---

① 对于 Gemeinschaft、Gemeinwesen、Gesellschaft 以及三者的联系与区别，笔者曾经在拙作《青年黑格尔派与马克思早期思想的发展》中曾作过某种考察，可参阅该书（中国社会科学出版社 1994 年版，第 227—230 页）。日本学者对 Gemeinschaft、Gemeinwesen、Gesellschaft 等概念及其相互关系给予了特殊关注，并提出了各种观点和看法。如望月清司认为，Gemeinwesen 属于最顶端的概念，下面才是没有异化的"共同体"Gemeinschaft 以及异化的"社会"Gesellschaft。参阅［日］望月清司《马克思历史理论的研究》，韩立新译，北京师范大学出版社 2009 年版，第 87 页。渡边宪正则主张将 Gemeinwesen 翻译成"共同社会"，而将 Gemeinschaft 翻译成"共同制或共同制社会"。参阅［日］渡边宪正《马克思研究和对〈德意志意识形态〉原始文本的解读》，载《〈德意志意识形态〉文献学及其思想研究论文集》（清华大学，2010 年），第 19 页。

以译成"市民",也可以译成"资产阶级"。与在弗格森那里的情况类似,英国古典政治经济学家们所理解和使用的"社会"(Gesellschaft)概念,具体而言也是指资本主义社会,即一种商品交换共同体或商业共同体,这至少在德斯杜特·德·特拉西和亚当·斯密等人那里是如此。

就马克思本人的研究状况而言,我们看到,在《詹姆斯·穆勒〈政治经济学原理〉一书摘要》和《1844年经济学哲学手稿》中,马克思虽然还没有专门区分"共同体"(Gemeinschaft)与"社会"(Gesellschaft)两词的使用,但是他已经熟知和充分注意到古典政治经济学家们对于"社会"(Gesellschaft)概念的理解和用法。在《詹姆斯·穆勒〈政治经济学原理〉一书摘要》中,马克思专门对古典政治经济学家们的"社会"概念作了摘录并指出:

> 国民经济学以交换和贸易的形式来探讨人们的共同性(Gemeinwesen)或他们积极实现着的人的本质,探讨他们在类生活中、在真正的人的生活中的相互补充。
>
> 德斯杜特·德·特拉西说:"社会(Gesellschaft)是一个相互交换的系列……它恰好也是这个相互结合的运动。"亚当·斯密说:"社会(Gesellschaft)说到底是一个商业的社会。它的每一个社会成员都是一个商人。"

在《1844年经济学哲学手稿》中,马克思又再次强调:

> 在国民经济学家看来,社会(Gesellschaft)是市民社会(buergerliche Gesellschaft),在这里任何个体(Individuum)都是各种需要的整体,[XXXV]并且就人人互为手段而言,个体为

他人而存在，别人也为他人而存在。①

而且，不仅如此。马克思还明确地指出古典政治经济学家眼中的社会即资本主义社会不过是人的"社会交往的异化形式"，是一种异化的社会形态，尽管它被古典政治经济学家们合法化了：

> 我们看到，国民经济学把社会交往的异化形式作为同人的本质相适应的形式确定下来了。②

在黑格尔那里，与英法思想家相比情况也有类似的方面。黑格尔把"市民社会"概念界说为"原子式的个人相互间需要的体系"而作为伦理精神发展的一个环节与家庭、国家相并列，认为它是一个"特殊性领域的社会"或"特定的社会"③。在黑格尔看来，市民社会是处在家庭和国家之间的差别阶段，它以国家为前提，是在现代世界中才产生的④，是"独立的各个极端及其特殊利益的一种普遍的、起中介作用的联系"的"总体"⑤。黑格尔对市民社会的这种界定，一方面对"市民社会"作了某种限定，另一方面，实际上也是对资产阶级社会结构的一种分析和揭示，因而成为资产阶级社会的一般表征。

在"社会"（Gesellschaft）这一概念在专业语境中与"市民社会"或资产阶级社会仍有着密切关联的情况下，马克思显然不会随便使用"社会"（Gesellschaft）这一概念去标示他眼中的共产主义社会，尽管马克思在批判蒲鲁东时也谈道，"其实，社会（Gesellschaft）、联

---

① 《马克思恩格斯文集》第 1 卷，人民出版社 2009 年版，第 236 页。译文有修订。
② 《马克思恩格斯全集》第 42 卷，人民出版社 1979 年，第 25 页。译文有修订。
③ 参阅 [德] 黑格尔《法哲学原理》，范扬、张企泰译，商务印书馆 1961 年版，第 196 页。
④ 参阅 [德] 黑格尔《法哲学原理》，范扬、张企泰译，商务印书馆 1961 年版，第 195 页。
⑤ 参阅 [德] 黑格尔《精神哲学》，杨祖陶译，人民出版社 2006 年版，第 333 页。

合这样的字眼是可以用于一切社会的名称"①。

这样，大体说来，在《德意志意识形态》和《共产党宣言》中，马克思用 Gemeinwesen（共同存在物）来标志古代共同体，用 buergliche Gesellschaft（市民社会）或异化的 Gesellschaft（社会）来标志资本主义这一"虚假的共同体"，而用 Gemeinschaft（共同体）来标志未来共产主义②。

四

马克思对"个体"和"联合体"概念及其相互关系的理解经历了一个长期的思考和演变的过程。从直接思想理论来源来说，马克思用"个体"（Individuum）来指谓现实的人特别是共产主义社会的人（人格个体，das persoenliche Individuum），用"共同体"（Gemeinschaft）来指谓共产主义社会，也与他批判地借鉴和吸收赫斯以及施蒂纳的相关思想有关。

就个体与共同体及其关系而言，在马克思那里，我们看到，在其《博士论文》中采取的是"个别原子"与"此在"的表述形式，在《莱茵报》期间的文章中采取的是"个别人"与"类"的表述形式，而在《黑格尔法哲学批判》中，采取的则是"人"与"家庭、市民社会和国家"的表述形式。正是在《黑格尔法哲学批判》中，马克思确立了人是共同体的主体，而共同体不过是人的本质的实现和客体化这一原则，提出了"人永远是（家庭、市民社会和国家等）这一

---

① 《马克思恩格斯文集》第 1 卷，人民出版社 2009 年版，第 634 页。
② 望月清司将马克思的这一世界历史过程的图景描述为"本源共同体—市民社会—未来共同体"。参阅［日］望月清司《马克思历史理论的研究》，韩立新译，北京师范大学出版社 2009 年版，第 225 页。

切存在物的本质"的观点①。

在《詹姆斯·穆勒〈政治经济学原理〉一书摘要》中,马克思首次将"个体"与"共同体"作为一对范畴相对置而使用,只是在这里马克思还没有明确区分Gemeinschaft（共同体）与Gemeinwesen（共同存在物）这两者,共同体一词使用的是Gemeinwesen,还不是Gemeinschaft。他强调：

> 因为人的本质是人的真正的共同存在物（das wahre Gemeinwesen）,所以人通过他们的本质的活动创造和生产的人的共同存在物（das menschliche Gemeinwesen）、社会的存在物,而社会的存在物不是同单个个体（das einzelne Individuum）相对立的抽象的一般的力量,而是每一个体的本质,他自己的活动,他自己的生活,他自己的精神,他自己的财富。因此,那种真实的共同存在物（jenes wahre Gemeinwesen）不是通过反思形成的,而是由于诸个体（die Individuen）的需要和利己主义才产生的,也就是说,是直接通过它们存在的活动而生产出来的。②

在《1844年经济学哲学手稿》中,马克思又进一步重申：

> 个体（Individuum）是社会的本质（das gesellschaftliche Wesen）……因此,人（der Mensch）是一个特殊的个体（ein besondres Individuum）,并且恰好是它的特殊性使它成为一个个体,成为现实的、个体的共同存在物（das individuelle Gemeinwesen）。③

---

① 《马克思恩格斯全集》第3卷,人民出版社2002年版,第51—52页。
② 《马克思恩格斯全集》第42卷,人民出版社1979年版,第24—25页。译文有修订。
③ 《马克思恩格斯文集》第1卷,人民出版社2009年版,第188页。

马克思在《1844年经济学哲学手稿》中用 Gemeinschaft 来描述"劳动的共同体"和"资本家的共同体"①，而用 Gemeinwesen 和 Gesellschaft 来与"个体"（Individuum）相对置②。同时，马克思已开始将 Gemeinwesen 与共产主义联系起来。他在批判平均共产主义时指出，这种"粗陋的共产主义，不过是私有财产的卑鄙性的一种表现形式，这种私有财产力图把自己设定为积极的共同存在物（das positive Gemeinwesen）"③。这意味着，与社会主义和共产主义相联系，马克思实际上已经区分了两种共同体，即积极的共同体和消极的共同体，只是这时马克思还没有将 Gemeinschaft（共同体）与 Gemeinwesen（共同存在物）明确区分开来。

在《评一个普鲁士人的〈普鲁士国王和社会改革〉一文》中，马克思又重申了《詹姆斯·穆勒〈政治经济学原理〉一书摘要》中提出的"人的本质是人的真正的共同存在物（Gemeinwesen）"这一重要命题④，并将其明确与社会主义相联系。

有理由认为，马克思将"个体"（Individuum）与"共同体"（Gemeinschaft）的概念作为一对范畴来对置使用并且将其与共产主义相联系在一定程度上是受到赫斯的启示。

赫斯最早将"个体"（Individuum）与"共同体"（Gemeinschaft）的概念作为一对范畴来对置使用，并且一开始就将"共同体"（Gemeinschaft）概念与共产主义相联系。早在1837年撰写的《人类的圣史》一书中，赫斯就接受了空想社会主义者提出的"财富共同体"（Guetergemeinschaft）的概念。在1843年发表的文章中，他又先后提出了自己的"自由共同体"（Freigemeinschaft）和"有机共同体"

---

① 《马克思恩格斯文集》第1卷，人民出版社2009年版，第184页。
② 《马克思恩格斯文集》第1卷，人民出版社2009年版，第185、187—188页。
③ 《马克思恩格斯文集》第1卷，人民出版社2009年版，第185页。
④ 《马克思恩格斯全集》第3卷，人民出版社2002年版，第394页。

(organische Gemeinschaft）的概念，用来标示共产主义①。所谓"自由共同体"，是指实现了"精神自由"和"社会自由"这两者。而所谓"有机的共同体"，则是指具有多样性统一的特征："这种社会具有多种多样的、和谐协作的生产，具有与人的不同活动方向和多种多样的活动相适应的多种多样的有组织的活动领域，以致每个受到教育的人在这个社会中都能按照职业和爱好自由地发挥他的能力和天赋。"②

费尔巴哈虽然在1843年发表的《未来哲学原理》中提出了"人的本质只是包含在共同体（Gemeinschaft）之中"③这样的命题，但是赫斯关于共同体及其与个体相互关系的理解无疑从一开始就已经超越了费尔巴哈。

在《1844年经济学哲学手稿》中，马克思曾尝试将社会概念提升为一个具有普遍意义的范畴，彻底超出"市民社会"概念的局限。他将社会界定为"社会是人同自然界的完成了的本质的统一，是自然界的真正的复活，是人的实现了的自然主义和自然界的实现了的人道主义"④。然而，无论在《德意志意识形态》还是在《共产党宣言》中，马克思都没有用"社会"概念去专门指谓社会主义或共产主义，而是注意与以往的思想家们保持了距离。马克思之所以采取如此立场，显然与施蒂纳对社会主义者的批判有关。

施蒂纳在1844年10月出版了他的《唯一者及其所有物》。其中，施蒂纳不仅对费尔巴哈的"类"而且对社会主义者的"社会"进行了尖锐的批判。施蒂纳认为，所谓"社会"（Gesellschaft）"并非是一

---

① Moses Hess, Philosophische und sozialistische Schriften（1837–1850），Herg. u. eing. v. Auguste Cornu u. Wolfgang Moenke, Akademie–Verlag. Berlin, 1961, S. 51, 258–259, 333. 同时参阅笔者拙作《青年黑格尔派与马克思早期思想的发展》，中国社会科学出版社1994年版，第228—229页。

② Moses Hess, Philosophische und sozialistische Schriften（1837–1850），Herg. u. eing. v. Auguste Cornu u. Wolfgang Moenke, Akademie–Verlag. Berlin, 1961, S. 332.

③ 《费尔巴哈哲学著作选集》上卷，荣震华、李金山译，商务印书馆1984年版，第185页。译文有修订。

④ 《马克思恩格斯文集》第1卷，人民出版社2009年版，第187页。

个统一的、本身的形体",而是一种精神抽象。社会是社会成员的创造物,社会成员的性质决定了社会的性质。而迄今为止人们并没有把社会建立在作为社会成员的自我的基础之上,所以"社会始终就是诸个人(Personen),诸权力个人(maechtliche Personen),以及所谓诸法人(moralische Personen),也就是说,是幽灵"①。基于对"社会"的这一理解,施蒂纳提出了与他的"唯一者"(Einzige)相对应的"联盟"(Verein)的概念。在施蒂纳看来,"社会"的解体将是"联盟"的产生。而他所谓的这个"联盟"(Verein)与社会主义者的"社会"(Gesellschaft)的最重要的区别在于:"我"即"唯一者"高于"联盟",联盟是为"我"服务的,其目的是保证"我"的独自性;而"社会"则是神圣的,显现为独立的、超越于我的权力,毁灭我的"独自性"②。施蒂纳明确地将"社会"(Gesellschaft)概念与个人(Personen)而不是"个体"(Individuum)相对置,并用"唯一者"(Einzige)与"联盟"(Verein)的概念来取代它们,强调"唯一者"(Einzige)高于"联盟"(Verein),这些,显然都有助于马克思冷静和更深入地去思考"社会"概念,构建理想中的"个体"与"共同体"的关系。

正如人们所熟悉的,马克思对"社会"的思考和探索的最终成果,是提出了"经济社会形态"(oekonomische Gesellschaftsformation)这一具有他自己特色的概念③。通常,人们往往把"经济社会形态"理解为同"政治社会形态""思想社会形态"甚至"技术社会形态"

---

① Max Stirner, Der Einzige und sein Eigentum, Philipp Reclam jun. Stuttgart, 1972, S. 231 - 232.
② Max Stirner, Der Einzige und sein Eigentum, Philipp Reclam jun. Stuttgart, 1972, S. 351 - 352, 343 - 344.
③ 马克思:"大体说来,亚细亚的、古代的、封建的和现代资产阶级的生产方式可以看作是经济社会形态演进的几个时代。"《马克思恩格斯选集》第 2 卷,人民出版社 1995 年版,第 33 页。译文有修订。"我的观点是把经济社会形态的发展理解为一种自然史的过程。"《马克思恩格斯选集》第 2 卷,第 101—102 页。译文有修订。

相对应的一个概念。实际上，马克思恰恰是要用这个概念来代替以往思想家们所抽象谈论的"社会"，它的含义显然绝不仅仅限于社会的经济结构，而是指以经济结构为基础和标志的整个社会，正如马克思在《雇佣劳动与资本》一文中所着重说明的："生产关系总合起来就构成所谓社会关系，构成所谓社会，并且是构成一个处于一定历史发展阶段上的社会，具有独特的特征的社会。"①

五

基于马克思对 Individuum（"个体"）与 Person（"个人"）以及对 Gemeinschaft（"共同体"）与 Gesellschaft（"社会"）的相关理解和表述，在马克思文本的汉语语词翻译乃至诠释过程中，显然应该注意将 Individuum（"个体"）与 Person（"个人"）、Gemeinschaft（"共同体"）与 Gesellschaft（"社会"）严格区分开来。否则，将会在客观上遮蔽马克思关于"个体"与"共同体"概念及其相互关系思想的深层蕴意，抹杀和泯灭马克思的相关思想同德国古典哲学家、英国古典政治经济学家等以往思想家们相关思想的质的差异和原则区别，甚至导致错误的理解和诠释。

就此而言，既有的《德意志意识形态》《共产党宣言》的汉译本，甚至包括中文第二版《马克思恩格斯选集》（人民出版社1995年版）以及新近编辑和出版的中文版《马克思恩格斯文集》（人民出版社2009年版），均将个体（Individuum）译为"个人"（Person），而未能顾及这两个语词背后所隐含的深刻的质的差异和原则分歧。仅顺便举几例。例如，《德意志意识形态》第一章中被经常引用的一段非

---

① 《马克思恩格斯文集》第1卷，人民出版社2009年版，第724页。

常著名的话：

> 全部人类历史的第一个前提无疑是有生命的个人（menschliche Individuen）的存在。因此，第一个需要确认的事实就是这些个人（diese Individuen）的肉体组织以及由此产生的个人对其他自然的关系。①

在这段文字中，"个人"的德文原文均为 Individuen，即复数的"个体"，而不是启蒙思想家特别是德国古典哲学意义上的 Person，所以，全文应改译为：

> 全部人类历史的第一个前提无疑是有生命的人的个体（menschliche Individuen）的存在。因此，第一个需要确认的事实就是这些个体（diese Individuen）的肉体组织以及由此产生的个体对其他自然的关系。

接下来一段重要的话是：

> 以一定的方式进行生产活动的一定的个人（Individuen），发生一定的社会关系和政治关系……社会结构和国家总是从一定的个人（Individuen）的生活过程中产生的。但是，这里所说的个人（Individuen）不是他们自己或别人想象中的那种个人（Individuen），而是现实中的个人（Individuen），也就是说，这些个人是从事活动的，进行物质生产的，因而是在一定的物质的、不受

---

① 《马克思恩格斯文集》第1卷，人民出版社2009年版，第519页。

他们任意支配的界限、前提和条件下活动着的。①

基于同样的理由，这段话应改译为：

> 以特定的方式进行生产活动的特定的个体（bestimmte Individuen），发生特定的社会关系和政治关系……社会结构和国家总是从特定的个体（Individuen）的生活过程中产生的。但是，这里所说的个体（Individuen）不是他们自己或别人想象中的那种个体，而是现实中的个体，也就是说，这些个体是从事活动的，进行物质生产的，因而是在一定的物质的、不受他们任意支配的界限、前提和条件下活动着的。

还有，本文开始引述的《共产党宣言》中的一段话：

> 当阶级差别在发展进程中已经消失而全部生产集中在联合起来的个人（die assoziierten Individuen）的手里的时候，公共权力就失去政治性质。②

这里，"联合起来的个人"中的"个人"，马克思也是用"Individuen"而非抽象的"Person"表述的，故显然应该将其译为"联合起来的个体"：

> 当阶级差别在发展进程中已经消失而全部生产集中在联合起来的个体（die assoziierten Individuen）的手里的时候，公共权力

---

① 《马克思恩格斯文集》第1卷，人民出版社2009年版，第523—524页。
② 《马克思恩格斯文集》第2卷，人民出版社2009年版，第53页。

就失去政治性质。

将"个体"（Individuum）译为"个人"（Person）的做法，在《德意志意识形态》的翻译方面，可以追溯到郭沫若1938年出版、尔后又四次再版的《德意志意识形态》译本。在该译本中，几乎所有"个体"（Individuum）概念均被翻译成了"个人"（Person）①。而郭沫若的这一译法，则是源出《德意志意识形态》第一章日文版的首译者日本学者栉田民藏和森户辰男②。直到今天，日本学界仍沿袭了将"个体"（Individuum）译为"个人"（Person）的这一不适当的译法③。

关于"共同体"概念的翻译，在《1844年经济学哲学手稿》等文中也存有类似的问题。例如《1844年经济学哲学手稿》中的一段：

> 共同性（Gemeinschaft）只是劳动的共同性（Gemeinschaft）以及由共同的资本——作为普遍的资本家的共同体（Gemeinschaft）——所支付的工资的平等的共同性（Gemeinschaft）。相互关系的两个面被提高到想象的普遍性：劳动是为每个人设定的天职，而资本是共同体（Gemeinschaft）的公认的普遍性和力量。④

---

① 在郭沫若的译本中，仅有一处将Individuum译为"个体"："一切人类史之第一个前提自然是有生命的人的个体的存在……第一项可确定的事实不消说是这些个人之肉体的组织和他们由之而被赋予的对于其它的自然之关系。"参阅郭沫若译《德意志意识形态》，言行出版社1938年版，第50页。

② 参阅［日］栉田民藏、森户辰男《马克思恩格斯遗稿〈德意志观念形态〉的第一篇费尔巴哈论》，载［日］长谷川如是闲等编辑《我等》第8卷第5号，1926年。

③ 参阅［日］广松涉编译《新编辑版〈德意志意识形态〉》，河出书房新社1974年版；［日］古在由重译《德意志意识形态》，岩波文库1956年版；［日］涩谷正编译《草稿完全复原版〈德意志意识形态〉》，新日本出版社1998年版等。

④ 《马克思恩格斯文集》第1卷，人民出版社2009年版，第184页。

文中的"共同性"和"共同体"在德文中均为 Gemeinschaft，即"共同体"，并没有"共同性"（Gemeinwesen）之意，所以不应与"共同性"（Gemeinwesen）相混淆，而均应译为"共同体"：

> 共同体（Gemeinschaft）只是劳动的共同体（Gemeinschaft）以及由共同的资本——作为普遍的资本家的共同体（Gemeinschaft）——所支付的工资的平等的共同体（Gemeinschaft）。相互关系的两个面被提高到想象的普遍性：劳动是为每个人设定的天职，而资本是共同体（Gemeinschaft）的公认的普遍性和力量。

又如：

> 这种关系还表明，人的需要在何种程度上成为合乎人性的需要，就是说，别人作为人在何种程度上对他来说成为需要，他作为最具有个体性的存在在何种程度上同时又是社会存在物（Gemeinwesen）。
>
> 由此可见，对私有财产的最初的积极的扬弃，即粗陋的共产主义，不过是私有财产的卑鄙性的一种表现形式，这种私有财产力图把自己设定为积极的共同体（Gemeinwesen）。①

这段文字中的"社会存在物"在德文中为 Gemeinwesen，即"共同性"或"共同存在物"，与"积极共同体"中的"共同体"（Gemeinwesen）是同一个词。将其译成"社会存在物"不免和"社会"（Gesellschaft）的概念相交叉或重叠。因此，应将其译为"共同存在物"才合适：

---

① 《马克思恩格斯文集》第 1 卷，人民出版社 2009 年版，第 185 页。

这种关系还表明，人的需要在何种程度上成为合乎人性的需要，就是说，别人作为人在何种程度上对他来说成为需要，他作为最具有个体性的存在在何种程度上同时又是共同存在物（Gemeinwesen）。

由此可见，对私有财产的最初的积极的扬弃，即粗陋的共产主义，不过是私有财产的卑鄙性的一种表现形式，这种私有财产力图把自己设定为积极的共同存在物（Gemeinwesen）。

类似的地方还有不少，由于篇幅的原因，这里就不赘述了。更重要的是，语词的翻译在某种意义上也会决定语词的理解和阐释，正像最初语词的理解和阐释决定了语词的翻译。所以，这就不单纯是语词翻译本身的问题了。

附录二

初版序言一

本书作者侯才曾经是我的学生，后来到中共中央党校工作并攻读博士学位。很有一段时间我们没有见面，1990年底忽然收到他寄来的博士论文也就是本书原稿，我一气读完，当时兴奋不已。令我兴奋的原因，一是觉得他这些年学业有成，长进很快，颇为慰藉。做"老师"的特别是在进入老年以后，学生留下的常常是"娃娃相"的印象很难抹掉，除非是经过具有惊愕效应的震动之后，它才会突然长大。我读完论文，就有这样的一种十分欣喜的感受。其二，也因为这篇论文的题目和内容正是我感兴趣的课题。我在读马克思和恩格斯全集的前几卷时，关于他们和"青年黑格尔派"的关系问题脑中就画过不少问号，有许多不清楚的地方。那时我能看到的辅导材料都是苏联学者写的东西，我对他们的"写作风格和方式"一直怀有一种不信任感。我并不是不相信他们的学识和水平，但总感到他们写作的"模式"气味太浓，以致对于历史上的人物、观点的述评很难使读者把捉住他们原来的或本来的面貌。读他们的哲学史著作（比如那个所谓"多卷本"）就是这样的感受。他们在论述同马克思曾经处于"敌对"关系中的人物的情况时，当然更加是如此。现在这个问题清楚了，这就叫作"左"的思想倾向和宗教化的教条习气。

我所以急迫地想了解"青年黑格尔派"的思想真相，不是出于别的动机，而是觉得它同对马克思的观点、理论实质的理解具有直接的和密切的关系。如果真像某些论者所说的那样，青年黑格尔派关于自我意识的理论、类本质的学说、唯我论的哲学不过是荒谬之极甚至达到了荒诞程度的东西，不仅它们能够产生出来、在当时发生那样大的影响成为不可理解之事，马克思为批判它们耗费了那么大的精力这件事也会变得不可理解。而在我看来，这还不是主要的问题。更重要的是，马克思究竟是从何种理论立场、思想观点去批判这些"荒谬"学说的（这里就关系着对马克思哲学思想实质的认识），同这一学说的真实本质、地位乃至意义、价值的情况直接关联着。须知，同样地批判一种学说，可以站在完全不同的立场，也可以引向完全不同的结论。如果我们不弄清楚当时论争的内容实质（包括它潜在的意义）和论战各方的阵线情况，那就有可能把反对同一"敌人"而本属完全不同甚至相反的"阵营"混在了一起。

而这种情况在我看来，在我们对于"马克思主义哲学"的理解中并非没有发生过。眼前我认为一个明显的事例就是：我们就曾把恩格斯引用一般唯物论（与旧唯物论相通者）用作批判杜林唯心论的根据的原理，当作了"马克思主义哲学"的基本观点写进"教科书"而大加宣扬，以致后学者常常误认为马克思的"唯物论"同旧唯物论在根本原则上并没有什么两样。对于这件事如果我们了解了杜林这个"对象"，那就会清楚，恩格斯当时用来揭穿杜林唯心论观点的那些作为根据的原理，并不都是马克思所创立的哲学观点，因而也就不能作为马克思主义哲学的基本的代表性观点去看待。因为杜林这个人，如恩格斯指出的，他连唯物论和唯心论的一般界线也划不清，常常把唯心论观点（如黑格尔的某些观点）当作"唯物论"来宣扬，甚至还以此来夸耀自己理论的创造性。对于这样一个"对象"，在恩格斯看来，要揭穿他很容易，只要引用哲学的常识观念（关于什么是唯物论、什么是唯心论的一般原理）就能做到，用不着搬用很大的理论。这有点像我们俗话所说"杀鸡焉用牛刀"的意思。我们后来人都不分青红皂白，把"凡是"恩格斯用以批判杜林的话，都当作"马克思主义哲学"的创造观点来对待，也就是把杀鸡的小刀当作了杀牛的大刀，这怎能不令后学者混淆马克思的哲学同旧哲学的界线呢？当然，造成这一"事故"的责任者主要不是我们，而是苏联一些学者种下的祸根。但这件事告诉我们，我们对"马克思主义哲学"的理解，确有许多不实的东西，误解甚至曲解了的东西。让马克思往往要为他的后人的某种与其本人意愿相悖的作为背负责任甚至忍受责难，实在是一种"罪过"。这在今天也清楚了，孳根就是"左"的思想倾向和教条主义习气。

我看过本篇论文，实际是一部著作，有些思想疑问得到了解答，当然也还有疑问未得到解答，但我觉得它迈出了很大的一步。能够在有关马克思的思想关系问题上开展研究，而且是真正实事求是的扎实和深入的研究，这就是难能可贵的，值得欣喜的。

我读过论文之后，就当时的兴致写过一篇评语，其中说明了其主要贡献和特色，愿意附在下面供读者参考：

"关于马克思哲学思想与青年黑格尔派的关系问题，恩格斯在阐述马克思哲学思想的渊源、形成的著作中给予了十分重要的地位，但多年来在我国学术界除费尔巴哈之外对其他人很少专门的研究。由于这点了解得不深透，影响到对马克思许多哲学观点的理解都不能不陷入抽象、不全面。侯才同志论文的选题在一定程度上填补了这一空当，因而具有重要的理论和实践意义，它必将推动今后对马克思主义哲学的深入研究和理解。

"这是一个难度较大的课题。从论文中可以看出作者下了大功夫，进行了艰苦细致的研究工作，因而才能不仅对论到的各个对象的思想及其演变作出精到的阐述，而且对于他们之间以及他们与马克思思想之间的关系作出了深刻的分析，提出了不少独到的见解。论文采用的方法是科学的、实事求是的分析方法，对论到的思想作出了中肯的分析，富于说服力，从中引申的结论有充分的事实依据，很多都很有创造性。

"我觉得论文最突出的特点是：在唯物主义与唯心主义对立基础上，作者突出了'主体主义'与'客体主义'这一实质分歧为基本线索，这就大大提高了分析的视野，并深入到论争的底蕴，使得从分析中得出的认识（宏观的、细节的）都极富启发性，澄清并回答了不少不确切的甚至模糊的认识。关于自我意识哲学，类本质学说，真正的社会主义理论、唯我论学说究竟错在何处，它们对马克思的影响究竟如何？在这些关系到理解马克思思想真谛的问题上，作者都提出了不少新的见解，我认为这些都是正确的。"

至于内容，请读者自己阅读本书，我在这里就不再啰嗦了。

高清海

一九九三年三月二十五日于长春

初版序言二

关于青年黑格尔派的哲学思想同马克思的哲学思想的关系，是研究马克思哲学思想形成过程中的一个不可避开的重要课题。从哲学自身发展的内在逻辑来看，马克思的哲学思想是在扬弃德国古典哲学的基础上形成的，而这种扬弃是包括对青年黑格尔派的哲学思想的扬弃的；在一定意义上，我们甚至可以说，前者是以后者为中介的。因此，研究青年黑格尔派的哲学思想同马克思的哲学思想的关系以及马克思如何扬弃青年黑格尔派的哲学思想，对于理解马克思哲学思想的形成和发展及其在哲学发展史中所展现的革命变革的意义，是十分重要的。但是，关于这一课题，我国国内的学者还很少有全面系统的专门研究。十分可喜的是，侯才博士的论著《青年黑格尔派与马克思早期思想的发展》，不仅弥补了我国哲学理论界关于这一课题研究方面的不足，而且是一项具有内容丰富性和见解独创性特点的学术研究成果。

论著根据西方哲学特别是德国古典哲学发展的内在逻辑，紧密结合当时欧洲特别是德国的具体社会历史条件和现实状况，同时，在广泛评论和借鉴了苏联、东欧和西方学者的有关研究成果的基础上，对青年黑格尔派哲学思想的理论内容，进行了历史的和理论的深入考察与分析。在作者看来，青年黑格尔派哲学思想的特点和理论贡献在于对主体意蕴的刻意探讨，他还指出了青年黑格尔派进行这种探讨的基本线索。根据这一基本线索的逻辑，论著分别考察了鲍威尔、费尔巴哈、赫斯、施蒂纳的思想；分析了马克思的哲学思想同这些思想的渊源关系和马克思对这些思想的批判。这些考察和分析有相当充分的资料根据，紧密结合青年黑格尔派哲学思想演变的内在逻辑和马克思思想形成的历史逻辑，因而使论著具有相当坚实可靠的科学性。通过这些考察和分析，不仅能够帮助人们具体了解青年黑格尔派哲学思想的内容及其演变，而且也能够帮助人们深入了解马克思的哲学思想是如何通过扬弃德国古典哲学和青年黑格尔派哲学思想而形成的具体过程。

还应该指出的是，作者在论著中所提出的关于以往哲学史中存在的"主体主义"和"客体主义"的对立的论点，是一种独到而新颖的见解。通过对这种对立的展开的分析和关于马克思对青年黑格尔派哲学思想的扬弃的分析，比较有说服力地指出马克思哲学实现了以实践为基础的主体和客体、精神和自然、人和社会诸范畴的辩证的、历史的统一。我认为，这对于理解马克思主义哲学的本质特征及其在哲学发展中所实现的革命变革的意义，对于我们今天如何坚持和发展马克思主义哲学，都有深刻的启迪意义。当然，作者所提出的关于哲学史中的主体主义和客体主义的内在含义及外在表现，还可以作进一步的具体分析和探索。

侯才博士研究青年黑格尔派的哲学思想及其同马克思哲学思想的关系，投入了扎实的功夫，掌握了充分的资料，把历史的分析考察同逻辑的分析考察紧密结合起来，使论文既有较强的历史感，又有相当的理论深度，因而是一部具有学术价值、具有可读性的著作。值此著作出版之际，我期望它将会受到有关读者的欢迎。

夏甄陶
一九九三年四月写于中国人民大学林园

援引文献[①]

（不含马克思、恩格斯、列宁著作）

一　中文文献（译著）

［波］兹维·罗森：《布鲁诺·鲍威尔和卡尔·马克思》，王瑾等译，中国人民大学出版社1984年版。

［德］阿尔弗雷德·施密特：《马克思的自然概念》，欧力同、吴仲昉译，赵鑫珊校，商务印书馆1988年版。

［德］奥斯瓦尔德·斯宾格勒：《西方的没落》（第2卷），齐世荣、田农译，商务印书馆1963年版。

［德］大卫·弗里德里希·施特劳斯：《耶稣传》，吴永泉译，商务印书馆1981年版。

［德］弗·梅林：《德国民主社会党史》，青载繁译，生活·读书·新知三联书店1963年版。

［德］弗·梅林：《马克思传》，樊集译，生活·读书·新知三联书店1965年版。

［德］弗·约德尔：《费尔巴赫底哲学》，林伊文译，商务印书馆1937年版。

[①] 说明：本书这里列的文献，都是文中直接引用的，许多相关但并未引用的参考文献并未列入。

［德］格奥尔格·威廉·弗里德里希·黑格尔：《精神现象学》，贺麟译，商务印书馆 1979 年版。

［德］格奥尔格·威廉·弗里德里希·黑格尔：《小逻辑》，贺麟译，商务印书馆 1980 年版。

［德］格奥尔格·威廉·弗里德里希·黑格尔：《哲学史讲演录》，贺麟、王太庆译，商务印书馆 1981 年版。

［德］汉斯·豪斯赫尔：《近代经济史》，王庆余、吴衡康、王成稼译，商务印书馆 1987 年版。

［德］汉斯－马丁·萨斯：《费尔巴哈与青年马克思》，载《德国哲学》第 2 辑，北京大学出版社 1986 年版。

［德］赫伯特·马尔库塞：《历史唯物主义的基础》，载复旦大学哲学系现代西方哲学研究室编译《西方学者论〈1844 年经济学—哲学手稿〉》，复旦大学出版社 1983 年版。

［德］亨利希·海涅：《论德国的宗教和哲学的历史》，海安译，商务印书馆 1974 年版。

［德］路德维希·费尔巴哈：《费尔巴哈哲学著作选集》，荣震华、李金山译，商务印书馆 1984 年版。

［德］麦克斯·施蒂纳：《唯一者及其所有物》，金海民译，商务印书馆 1989 年版。

［德］托马斯·迈尔：《民主社会主义的三十六个论点》，载《论民主社会主义》，刘芸影等译，东方出版社 1987 年版。

［德］瓦·图赫舍雷尔：《马克思的经济理论的形成和发展》，马经青译，人民出版社 1981 年版。

［德］约翰·戈特利布·费希特：《全部知识学的基础》，王玖兴译，商务印书馆 1986 年版。

［俄］格奥尔基·瓦连廷诺维奇·普列汉诺夫等：《论空想社会主义》，中国人民大学编译室译，商务印书馆 1980 年版。

［俄］格奥尔基·瓦连廷诺维奇·普列汉诺夫：《论一元历史观之发展》，博古译，生活·读书·新知三联书店1965年版。

［法］奥古斯特·科尔纽：《马克思恩格斯传》，刘磊等译，生活·读书·新知三联书店1963年版。

［荷］巴鲁赫·斯宾诺莎：《伦理学》，贺麟译，商务印书馆1958年版。

［荷］巴鲁赫·斯宾诺莎：《神、人及其幸福简论》，洪汉鼎、孙祖培译，商务印书馆1987年版。

［美］埃里希·弗洛姆：《马克思关于人的概念》，载复旦大学哲学系现代西方哲学研究室编译《西方学者论〈1844年经济学—哲学手稿〉》，复旦大学出版社1983年版。

［美］埃里希·弗洛姆：《生命之爱》，罗原译，工人出版社1988年版。

［美］埃里希·弗洛姆：《为自己的人》，孙依依译，生活·读书·新知三联书店1988年版。

［美］亨利·狄·阿金：《思想体系的时代》，王国良译，光明日报出版社1989年版。

［美］斯·汉姆普西耳：《理性的时代》，陈嘉明译，光明日报出版社1989年版。

［美］兹比格涅夫·布热津斯基：《大失败》，军事科学院外国军事研究部译，军事科学出版社1989年版。

［南］米哈伊洛·马尔科维奇：《马克思的社会批判理论》，载中国社会科学院哲学研究所编《南斯拉夫哲学论文集》，生活·读书·新知三联书店1979年版。

［南］普雷德腊格·费兰尼茨基：《马克思主义史》，李嘉恩等译，人民出版社1986年版。

［苏］鲍·季·格里戈里扬：《关于人的本质的哲学》，汤侠声、李昭

时等译，生活·读书·新知三联书店 1984 年版。

［苏］马利宁、申卡鲁克：《黑格尔左派批判分析》，曾盛林译，沈真校，社会科学文献出版社 1987 年版。

［苏］姆·库尔钦斯基：《施蒂纳及其无政府主义哲学》，载马恩列斯著作研究会编辑出版部编《马克思主义研究参考资料》1982 年第 21 期。

［苏］泰·伊·奥伊则尔曼：《马克思的〈经济学—哲学手稿〉及其解释》，刘丕坤译，人民出版社 1981 年版。

［苏］泰·伊·奥伊则尔曼：《马克思主义哲学的形成》，潘培新等译，生活·读书·新知三联书店 1964 年版。

［匈］格奥尔格·卢卡奇：《青年黑格尔》，王玖兴译，商务印书馆 1963 年版。

［匈］格奥尔格·卢卡奇：《社会存在本体论导论》，沈耕等译，华夏出版社 1989 年版。

［英］戴维·麦克莱伦：《青年黑格尔派与马克思》，夏威仪等译，陈启伟校，商务印书馆 1982 年版。

［英］佩里·安德森：《当代西方马克思主义》，余文烈译，东方出版社 1989 年版。

二 外文文献

A. Ruge, Briefwechsel und Tagebuchblätter, Beilin, 1886.

A. Ruge Sämtliche Werke, 2 Auf., Mannheim, 1847.

A. Schfflidt, Einleitung zum Anthropologischen Materialismus von L. Feuerbach, Frankfurt/M. 1985.

Auguste Cornu, Moses Hess et la gauche Hégélienne, Paris, 1954.

Bruno Bauer, Die Posaune des jüngsten Gerichts über Hegel. In: Die Hegelsche Linke, Herg. v. Heinz und I. pepperle, Leipzig, 1985.

Bruno Bauer, Kritik der evangelischen Geschichte der Synoptiker, Bd. l., Leipzig, 1841.

David Friedrich Strauss, Das Leden Jesu, Tubingen, 1836.

Edgar Bauer, Der Streit der kritik mit Kirche und Staat, Bern, 1844.

E. Hammacher, Zur Würdigung des wahren Sozialismus. In: Archiv zur Geschichte des Sozialismus und der Arbeiterbewegung. 1. Jg. H. I., Leipzig, 1910.

E. Silberner, Moses Hess, Geschichte seines Lebens, Leiden, 1966.

E. Silberner, Zur Hess-Bibliographie. Mit zwei bisher unveröffentlichten Manuskripten über Marx. In: Archiv für Sozialgeschichie, bd. VI/VII, Hannover, 1966 – 1967.

E. Thier, Das Menschenbild des jungen Marx. 2 Aufl., Göttingen, 1961.

Georg Lukacs, Moses Hess und die Probleme der idealistischen Dialektik, Leipzig, 1926.

G. W. F. Hegel, Begriff der Religion, in: Vorlesungen über die Philosophie der Religion, Leipzig, 1925.

Hans G. Helms, Die Ideologie der anonymen Gesellschaft, Köln 1960.

Hans-Martin Sass, B. Bauers Einfiuss auf K. Marx (Manuskript), 1974.

H. de Man, Der neu entdeckte Marx. In: Der Kampf, 1932.

Henri Arvon, *Aux Sources del'existentialisme: Max Stirner*, Collection "Epiméthée", Paris, 1954.

Henri Arvon, "Une polémique inconnu: Marx et Stirner". In: *Les temps modernes*, 7. Jg., Nr. 71, Paris, 1951.

I. Goitein, Die Probleme der Gesellschaft und des Staates bei Moses Hess. Leipzig, 1931. K. Grün, Baustein, Darmstadt, 1844.

J. Hommes, Der Technische Eros, Freiburg, 1955.

Jindrich Zeleny, Die Wissenschaftslogik bei Marx und "Das Kapital", Berlin, 1962.

J. P. Mayer, Die Gesellschaft, lnternationale Revue für Sozialismus und Politik, Bd. 1, 1931.

K. Löwith, Das Individuum in der Rolle des Menschen, 1928.

L. Feuerbach, Entwurf zur Einleitung zur Wesen des Chritentums (" Gattungsschrift") von Carlo Ascheri in Ordnung gebracht (unveröffentlicht).

Ludwig Feuerbach, Gesammelte Werke, B. 5, Herg. v. W. Schuffenhauer, Berlin, 1974.

Ludwig Feuerbach, Gesammelte Werke, B. 9, Herg. v. W. Schuffenhauer, Berlin, 1982.

Manfred Buhr, Entfremdung—Philosophische Anthropologie— Marx-Kritik. In: Deutsche Zeitschrift für Philosophie, 1996. 7.

Max Stirner, Der Einzige und sein Eigentum, Stuttgart, 1981.

Moses Hess, Briefwechsel, Herg. v. E. Silberner, Mouton &co, 1959.

Moses Hess, Philosophische und sozialistische Schriften, 1837 – 1850, Herg. v. W. Monke, Berlin, 1Aufl. 1961, 2Aufl. 1980.

Peter von Struve, Studien und Bemerkungen zur Entwickiungsgeschichte des wissenschaftlichen Sozialismus. In: Die Neue Zeit, 15. Jg. (1897), Bd. l.

R. Tucker, Karl Marx, Die Entwicklung seines Denkens von der Philosophie zum Mythos. Miinchen, 1963.

S. Landshut und J. P. Mayer, K. Marx. Der historische Materialismus, Die Frühschriften, Leipzig, 1932.

Thomas Meyer, Grundwerte und Wissenschaft in Demokratischen Sozialismus, Bonn, 1978.

Th. Zlocisti, Moses Hess: Der Vorkämpfer des Sozialismus und des Zionismus. 2 Auf 1., Berlin, 1921. Werner Schuffenhauer, Der Bild des

Menschen bei Feuerbach und Marx, Vortrag (unveröffentlicht), Beijing, 1988.

Werner Schuffenhauer, L. Feuerbach und der junge Marx, Berlin, 1 Aufl. 1964, 2 Aufl. 1972.

W. Essbach, Gegenzuge, Frankfurt a. M., 1982.

W. Mönke, Der "wahre" Sozialismus (Dissertation), Berlin.

W. Mönke, Die heilige Familie zur ersten Geimeinschaftsarbeit von K. Marx und F. Engels, Berlin, 1972.

W. Mönke, Einige neue Daten zur Marx-Biographie. In: Beiträge zur K. Marx und F. Engles-Forschung. Glashütten i. T. 1975.

W. Mönke, Neue Quellen zur Hess-Forschung, Berlin, 1964.

Zvi Rosen, Der Einfluss von Moses Hess auf die Frühschriften von Karl Marx. In: Jahrbuch des Instituts für deutsche Geschichte, Bd. 8, 1979.

Zvi Rosen, Moses Hess und Karl Marx, Ein Beitrag zur Entstehung der Marxschen Theorie, Hamburg, 1983.

初版后记

本书从构思到完成前后持续约六年之久。对这项课题的研究，是从 1984 年 10 月至 1986 年 10 月笔者访问、进修于联邦德国期间开始的。但那时由于时间、条件所限，主要是从事资料收集和学术交流，大部分研究工作直待回国后特别是在作者回国后攻读博士学位期间才得以完成。1991 年 1 月，本书的初稿以博士论文的形式经答辩获得有关专家的一致首肯和通过。

从那时到现在，已经一年过去了。除在答辩过程中专家们曾对书稿提出过一些有益的修改意见，在此期间，我自己的研究工作亦有进展。因此，乘这次出版之机，又对原书稿进行了必要的校订、修改和补充，尽管忙于教学和其他工作，这种校订特别是修改和补充不得不主要限于那些有关实质性的表述和那些较为重要的材料上面。

1989 年底，大约在本书初稿接近完成之时，德国友人曾盛情相邀，请作者尽早将本书译成德文，以便在联邦德国出版。遗憾的是因无暇相顾，至今未能践约。但有如德国谚语所云，"延期不等于取消"，作者仍希冀以后此项计划能如愿以偿。

本书在完成过程中得到了国内外众多专家、学者和友人的热情支持与大力帮助。在作者于联邦德国逗留期间，联邦德国的弗里德里希·艾伯特基金会（Friedrich-Ebert-Stiftung）及其德国同事曾为从事此项课题的最初研究工作提供了财力支持和许多便利条件。慕尼黑大学亨利希（Dieter Henrich）教授、波鸿大学萨斯（Hans-Martin Sass）教授、法兰克福大学费彻尔（Iring Fetscher）教授、马克思故居及研究中心负责人佩尔格（Hans Pelger）博士以及《费尔巴哈全集》编辑人舒芬豪威尔（Werner Schuffenhauer）教授等则为从事此项课题的研究提供了不少有益的意见和宝贵的资料。在作者进行博士论文答辩期间，曾参加书稿评议并提出宝贵意见的国内专家和学者有：中央党校邢贲思、杨春贵、张绪文、崔自铎、高光、沈冲、宋惠昌、蒋永福诸教授；北京大学黄枬森教授；中国人民大学萧前、夏甄陶、谢韬、庄福龄诸教授；中央编译局顾锦屏研究员；吉林大学高清海教授；南开大学陈晏清教授；杭州大学夏基松教授。在此，我谨对上述专家、学者和国际友人表示自己衷心的感谢。

最后，我要特别感谢我的导师韩树英教授在书稿写作过程中所给予的悉心指教和多方面的帮助，同时，也愿借此机会对邢贲思教授、汝信研究员、黄枬森教授等热情推荐此书出版，以及对中国社会科学出版社郑文林、李树琦、王生平诸先生以及出版社的其他有关同志为此书问世所付出的努力与辛勤工作，表示自己深切的谢意。

作　者

一九九二年五月三十一日

《当代中国学者代表作文库》书目

《老子古今——五种对勘与析评引论（修订版）》　刘笑敢著
《哲学的童年》　杨适著
《宗教学通论新编》　吕大吉著
《中国无神论史》　牙含章、王友三主编
《清代八卦教》　马西沙著
《甲骨学通论（修订本）》　王宇信著
《中国天文考古学》　冯时著
《原史文化及文献研究（修订本）》　过常宝著
《中国文明起源的比较研究》　王震中著
《"封建"考论（修订版）》　冯天瑜著
《世界经济中的相互依赖关系》　张蕴岭著
《中国近代史学学术史》　张岂之主编
《中国海外交通史》　陈高华、陈尚胜著
《希腊城邦制度》　顾准著
《老北京人的口述历史》　定宜庄著
《元代白话碑集录》　蔡美彪主编
《古籍版本鉴定丛谈》　魏隐儒等编著
《中国文学理论批评史》　敏泽著

《中国文字形体变迁考释》　丁易著
《王国维美学思想研究》　周锡山著
《青年黑格尔派与马克思早期思想的发展（修订本）》　侯才著